MAISON MARTIN MARGIELA

马丁·马吉拉

马丁·马吉拉时装屋 编
董方源 梁婧云 译

重庆大学出版社

Maison Martin Margiela

2008 年 3 月至 4 月 _ Maison Martin Margiela 维也纳 Song song 店的“Artisanal”[手工艺] 展览 _ 入口

1989 春夏 _ 1 系列 _ 第一件外套

2009 春夏 _ 女装秀 _ 20 周年展的企划秀。现场管铜乐队演奏，T 台上空洒下银色亮片，所有工作人员都走在 T 台上

0 1 2 3 4 5 6 7 8 9
10 11 12 13 14 15 16
17 18 19 20 21 22 23
Maison Martin Margiela
PARIS

---

(0)	Collection Artisanale for women & men
	The défilé collection for women *
(1)	The collection for women
(4)	A wardrobe for women
(8)	Eyewear collection
(10)	The collection for men
(14)	A wardrobe for men
(11)	A collection of accessories for women & men
(12)	Fine jewellery collection
(13)	Objects & publications
(22)	A collection of shoes for women & men
MM⑥	Garments for ♀

* Totally white label

展示 Maison Martin Margiela 十二个系列的宣传单＿每一个系列都由一幅标志性的图像进行展示，也就是这一系列的图签

1

Paris Mardi 16 Septembre 2008.

Joyeux Anniversaire Martin,

Ça fait maintenant 25 ans que nous nous connaissons !

Notre première rencontre : lors de la Remise de la "Cannette d'OR" à Anvers, où pour la 1re fois je faisais partie du jury.

Un mois plus tard, Michel CRESSOLE, journaliste "Culture" à Libération, me téléphone et insiste pour que je te reçoive, car tu voulais travailler chez moi.

Lors de notre entretien, je t'ai dit combien j'appréciais ton travail, mais que faisant moi-même toutes mes collections, je n'avais pas besoin d'un assistant de ton niveau, que tu ne nécessitais pas d'apprendre ce que tu savais déjà, que tu avais l'étoffe d'un premier, et que tu pouvais déjà défiler à Paris.

Cependant, je t'ai engagé pour m'assister et je ne l'ai pas regretté : Ce fut pour moi 3 années remplies de joie, d'émotion, de fous rires, et de Travail dans le Bonheur.

Aussi, le jour de ton départ, je n'étais pas surpris et m'estimais déjà très Heureux de t'avoir eu à mes Côtés.

J'étais sûr de ton Succès futur.
Ton Premier défilé fut grand : en Rupture totale avec ce qui se faisait alors, il annonçait déjà Tout ce qui fait un STyle.... TON STYLE ! Sans Concession, Honnête et PUR, fait de recherches fondamentales, que tu as su aussi, par la Suite, mettre au service d'HERMÈS, avec une extrême justesse.

20 Ans déjà, que tu décortiques méthodiquement, au Scalpel, les Vêtements pour en Sortir la "Substantifique Moelle", et les Réinventer.

20 Ans pour te dire Combien :

Je suis fier de toi

Je t'admire

Je te respecte

Je t'AIME !

MERCI enfin, Car quand on t'aime on a toujours 20 ANS -

BRAVO MARTIN !

Jean Paul

2008 年 9 月 16 号，周二，巴黎

马丁，周年快乐！

我们已经相识 25 年。

还记得初次见面是在安特卫普，相识于 Cannette d'Or 的颁奖典礼。当时是我第一次当评审。

一个月之后，《解放报》[*Libération*] 文化版块的记者米歇尔·克雷索莱 [Michel Cressole]，给我打电话，并且坚持认为我应该见一下你，原因是你想为我工作。

这就促成了我们的见面，我当时就告诉你，我很欣赏你的工作，但是由于一直以来都是我自己在做自己的设计，所以我不需要一位像你这样有能力的助手。对你而言没有必要再学习你已经知道的东西，你身上已经具有成为拔尖人士的潜质，而且你当时已经可以在巴黎举办自己的时装秀。

然而最后我还是雇用你当了我的助理，对此我毫无遗憾，在你当我助理的这三年期间，充满了欢乐，真情实意，欢声笑语， 工作非常愉快。

当你要离开的时候，我并不感到惊讶，而且我认为你曾经在我身边工作这么久，已经是非常幸运的一件事情了。

我当时就很肯定你以后会非常成功，你的第一次时装秀非常的宏大。它跟当时其他人做的东西完全不一样，它召示着一种风格的诞生：你的风格！里面没有任何的折中，非常的诚实、纯粹，而且展示了你非常扎实的研究。这种研究、这种风格后期也在你在 Hermès 的工作中展现得淋漓尽致。

时光荏苒，已经过去 20 年了。一直以来，你用一把时尚的手术刀有条不紊地对服装进行解剖，提取精髓，然后再重新演绎。

20 年了，
我依然以你为傲，
崇拜你，
尊重你，
爱你！

最后我想说的是，非常感谢你，因为当人们爱着你的时候，永远都觉得自己 20 岁。

你太棒了，马丁！

让·保罗

—
有"巴黎坏孩子"之称的让·保罗·高缇耶 [Jean Paul Gaultier]，在 30 多年前，其设计掀起了时尚圈的一场革命，挑战了当时的正统观念，打破时尚界的性别界限以及长期以来的种种规范。1984 年，高缇耶雇用马丁·马吉拉 [Martin Margiela] 担任助理设计师，两人并肩合作了 3 年。他们的合作为延续至今的友谊奠定了基础。

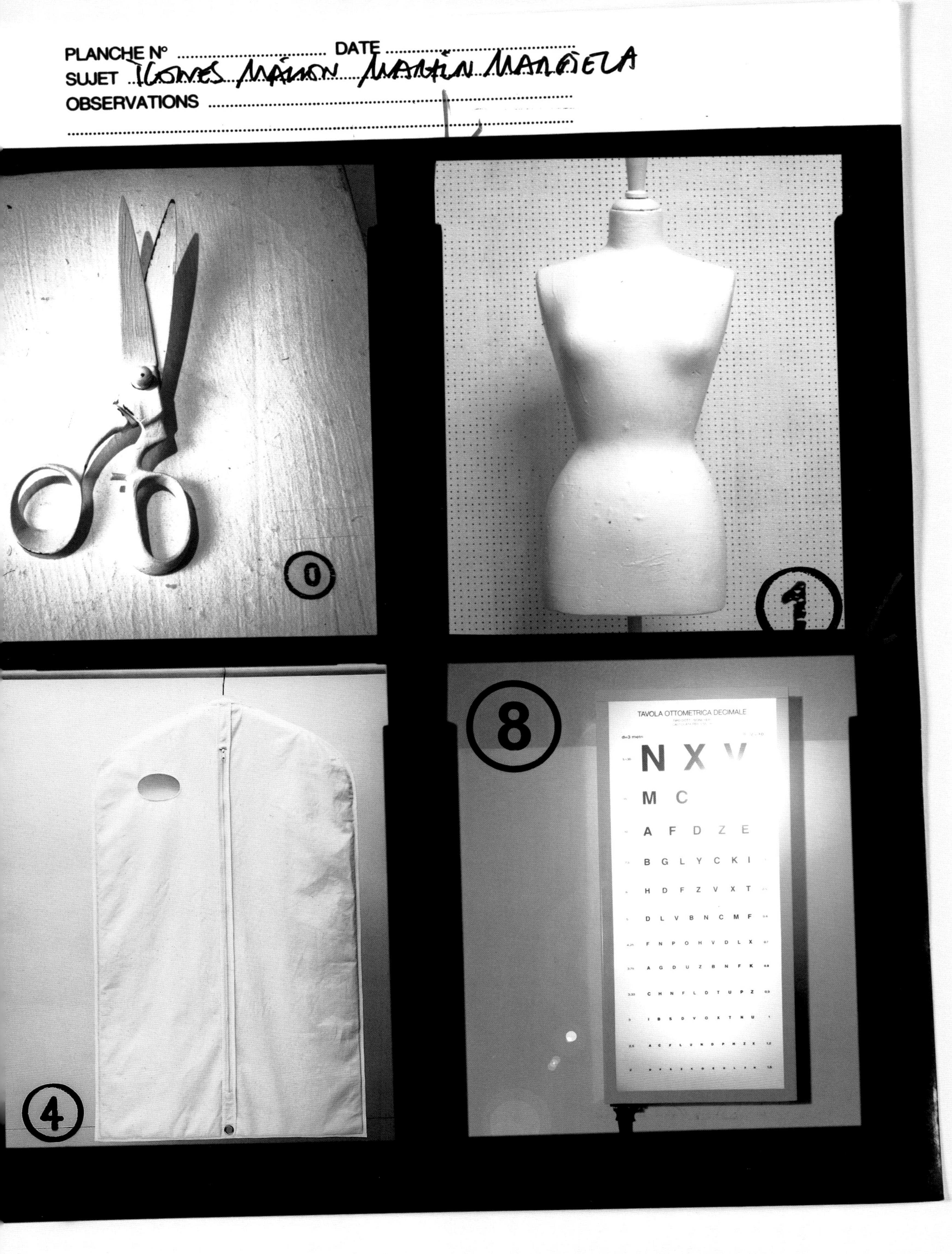
PLANCHE N°
DATE
SUJET ICONES MAISON MARTIN MARGIELA
OBSERVATIONS
0
1
4
8
TAVOLA OTTOMETRICA DECIMALE
N X V
M C
A F D Z E
B G L Y C K I
H D F Z V X T
D L V B N C M F

系列的图签

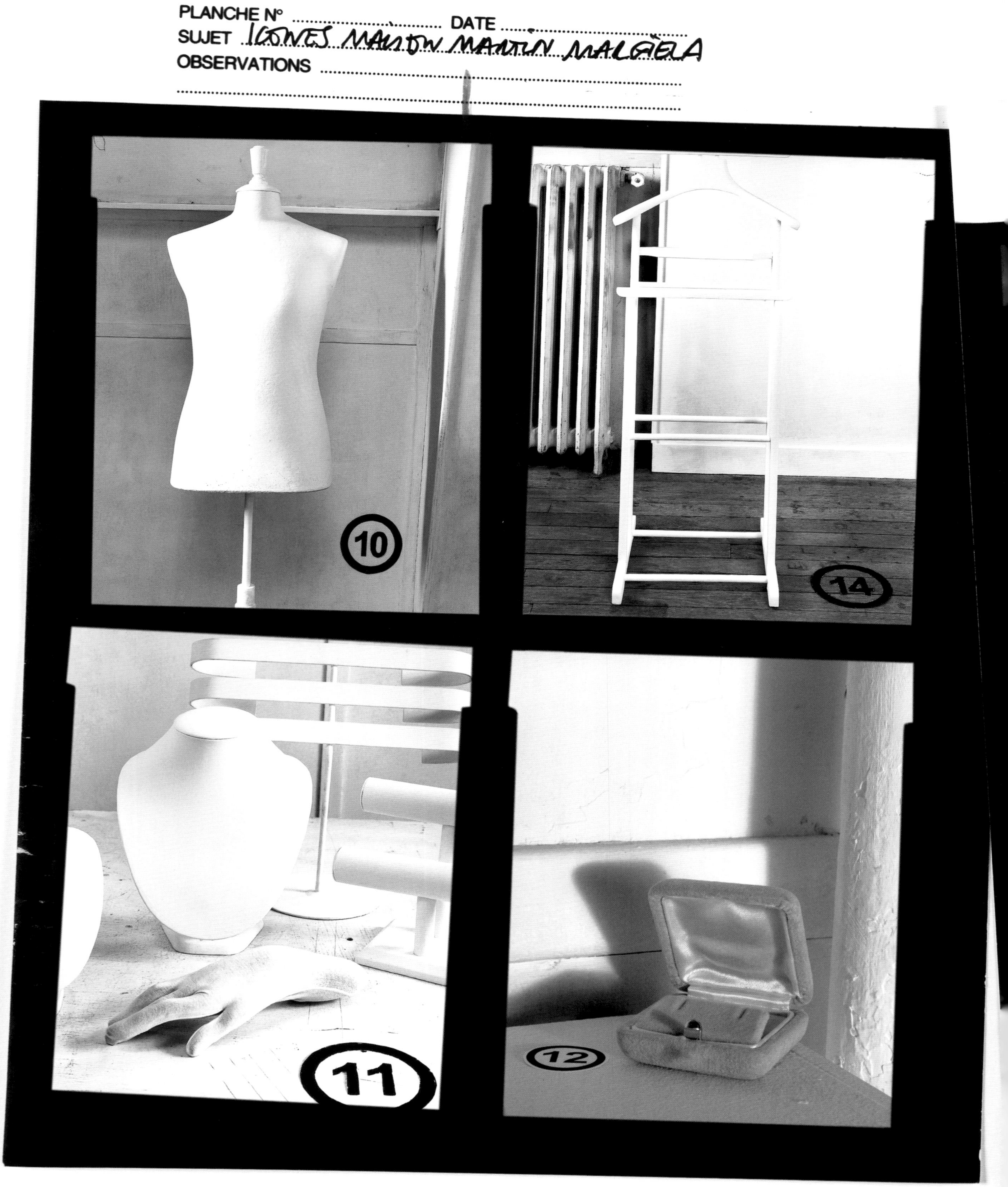
PLANCHE N°
DATE
SUJET ICONES MAISON MARTIN MARGIELA
OBSERVATIONS
10
14
11
12

系列的图签

PLANCHE N°
DATE
SUJET ICONES MAISON MARTIN MARGIELA
OBSERVATIONS
13
22
MM

系列的图签

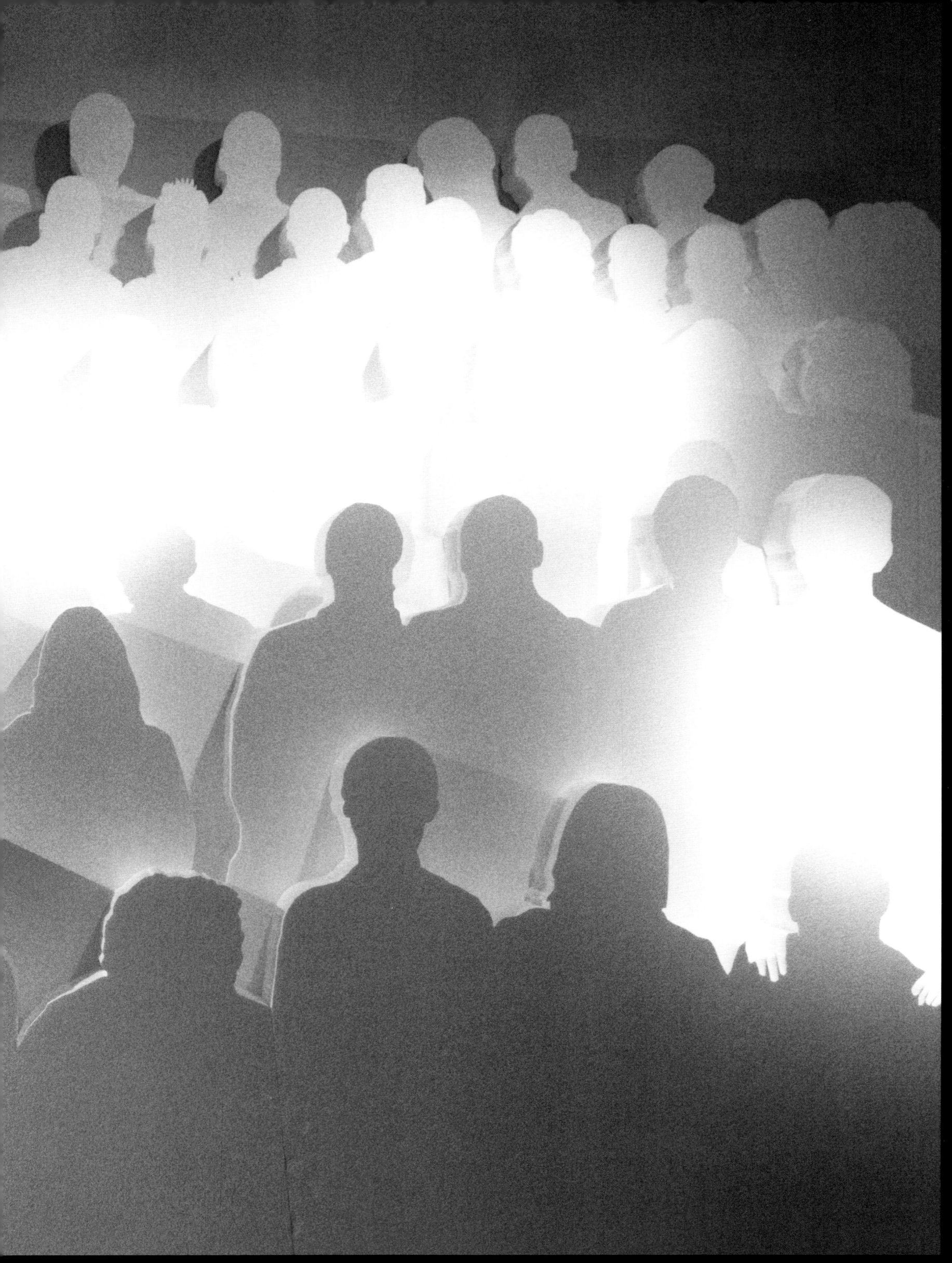

2008 年 9 月至 2009 年 2 月 _ Maison Martin Margiela 20 年展地点：安特卫普的 MoMu 时装博物馆。图为根据时装屋团队成员一张照片裁剪的一张原比例实物大小的白色图样

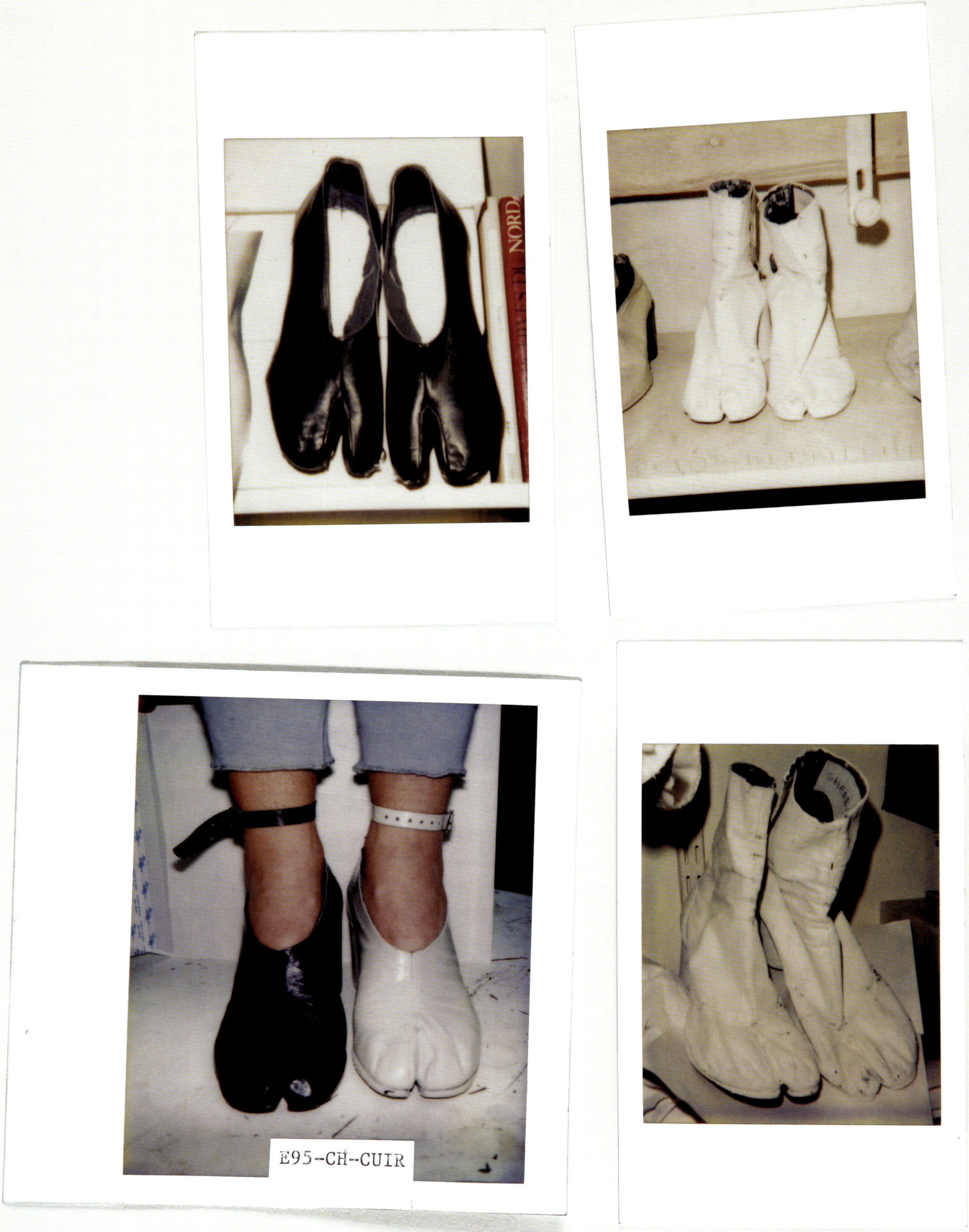
NORD
E95--CH--CUIR

1995 春夏 和 1996 春夏 _ 各式各样的 Tabi 靴。Tabi 靴于 1989 年问世，灵感来自传统的日本鞋袜，已成为 Maison Martin Margiela 最具标志性的设计作品之一

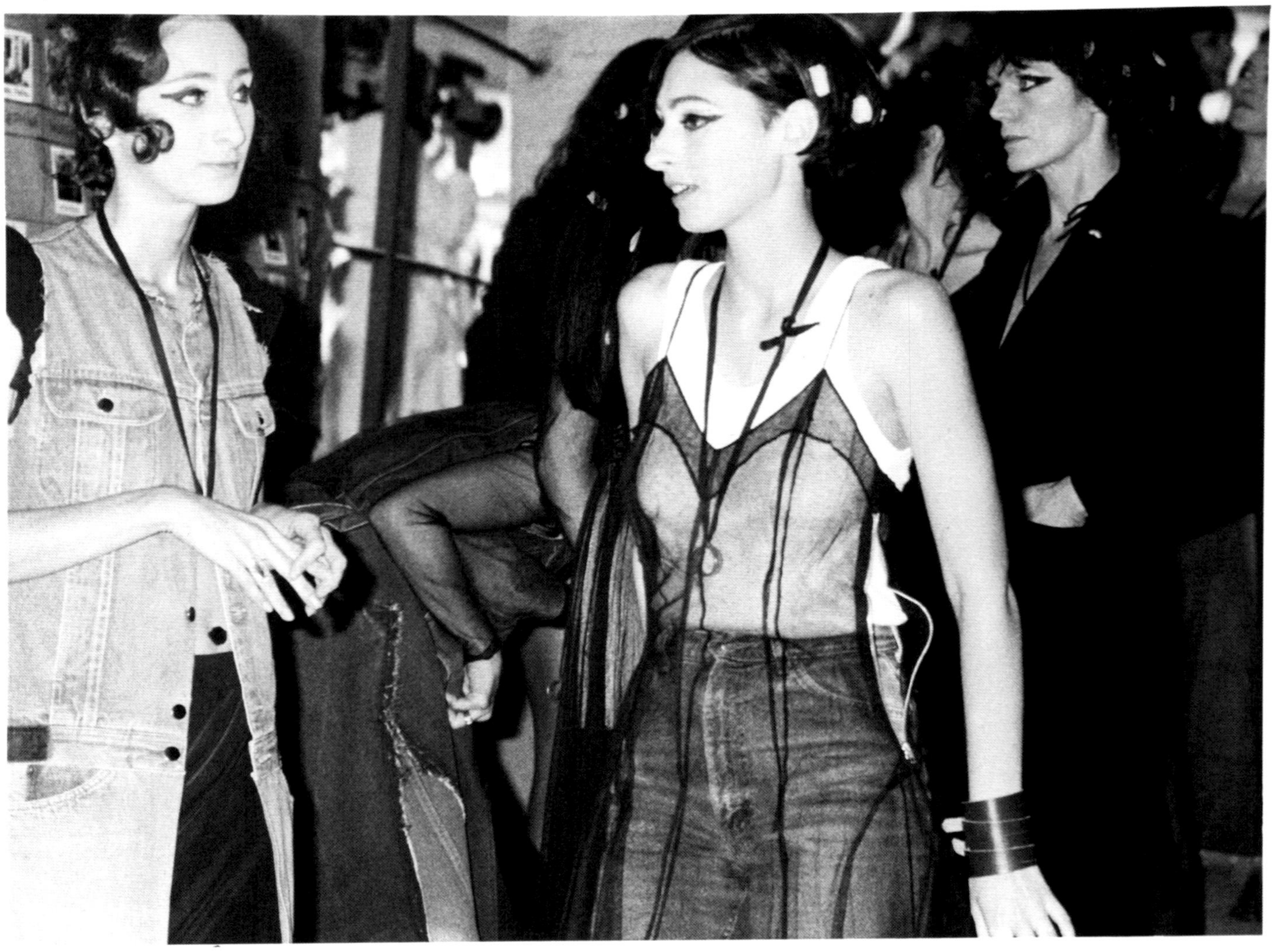

FRANCINE
PATRICIA
VERONIQUE
SANDRINE DUMAS
ANNA
SUZAN A.
ANNICK
ANA
ANNE-MARIE
23
24
25
ESTHER
MICKY

1991 春夏 _ 女装秀 _ 后台 _ 将二手的牛仔裤还有牛仔外套再加工，改成长外套

洛杉矶比弗利山庄店 _ 于 2007 年 9 月 5 日开业 _ 门店建筑的一些细节，包括：门、灰泥、印在透明薄膜上的装饰 [装饰取自 Maison Martin Margiela 在巴黎总部的建筑]

STEPHAN
H:1-89 S:44
S/S 2000
WILLY
H1:88 S:43
F/W 08 09
WILLY
H1:88 S:43
F/W 08 09
CHRISTOPHER
H:1-84 S:43
IAN
H:1-92 S:45
230 P/E 2001
FURIO
H:1-87 S:4
A/H 2000
JEAN – ALAIN
H:1-89 S:44
P/E 06
S/S 2000
JULIEN
H:1-89 S:44
P/E 06
LEVIO
H:1-97 S:45
S/S 2000
JULIEN
H:1-78 S:44
S/S 2000
LIONEL
H:1-93 S:44

1999 春夏至 2009 春夏 _ 男模的脸部特写，每季都使用这一办法选择模特

OLIVI ER
H:1-94 S:45
A/H 05/06
LUCA
H:1-83 S:44
024
S/S-99
MATTHIEU
H:1-85 S:42
S/S 2000
NICOLAS
H:1-85 S:44
A/H 2002-03
MANUEL
H:1-88 S:45
001
S/S-99
JEAN ROLAND
H:1-92 S:4
024
S/S-99
GREGORY
H1:88 S:43
F/W 08 09
GREGORY
H1:88 S:43
F/W 08 09
FABRICE
H:1.87 S:44
S/S 08
MIK
1-85 : 44
JOHANN
H 1:86 S:45

2008 春夏 _ 1 系列 _ 肩部夸张的白色外套，搭配破破烂烂的白色牛仔裤、“Incognito”［无法识别］太阳镜和白色无［低］帮靴子

1995/1996 秋冬 _ 女装秀 _ 结束时，女士们摘下了面纱，手持紫色气球

从马丁·马吉拉创立个人品牌起，每件衣服都带有一个空白或带编号的标签，由四根挑针缝在衣服上

PURPLE FASHION magazine
FEATURING Stella Tennant, Jared Leto 288, Richard Prince 364,
Alexander McQueen, William Eggleston 308, David Lynch 144,
Betony Vernon 114, Chan Marshall 206 and a book by Helmut Lang
FRANCE €15 | USA $22

2006 春夏 _《Purple》_ 杂志封面斯特拉 · 坦南特 [Stella Tennant] 穿着一件来自“Artisanal”系列的长袍：将不同的串珠项链手工缝制到骨制框架上，形成一件外套。每一串珠子都经过称重选择，从而在最后的成品中，达到完美平衡

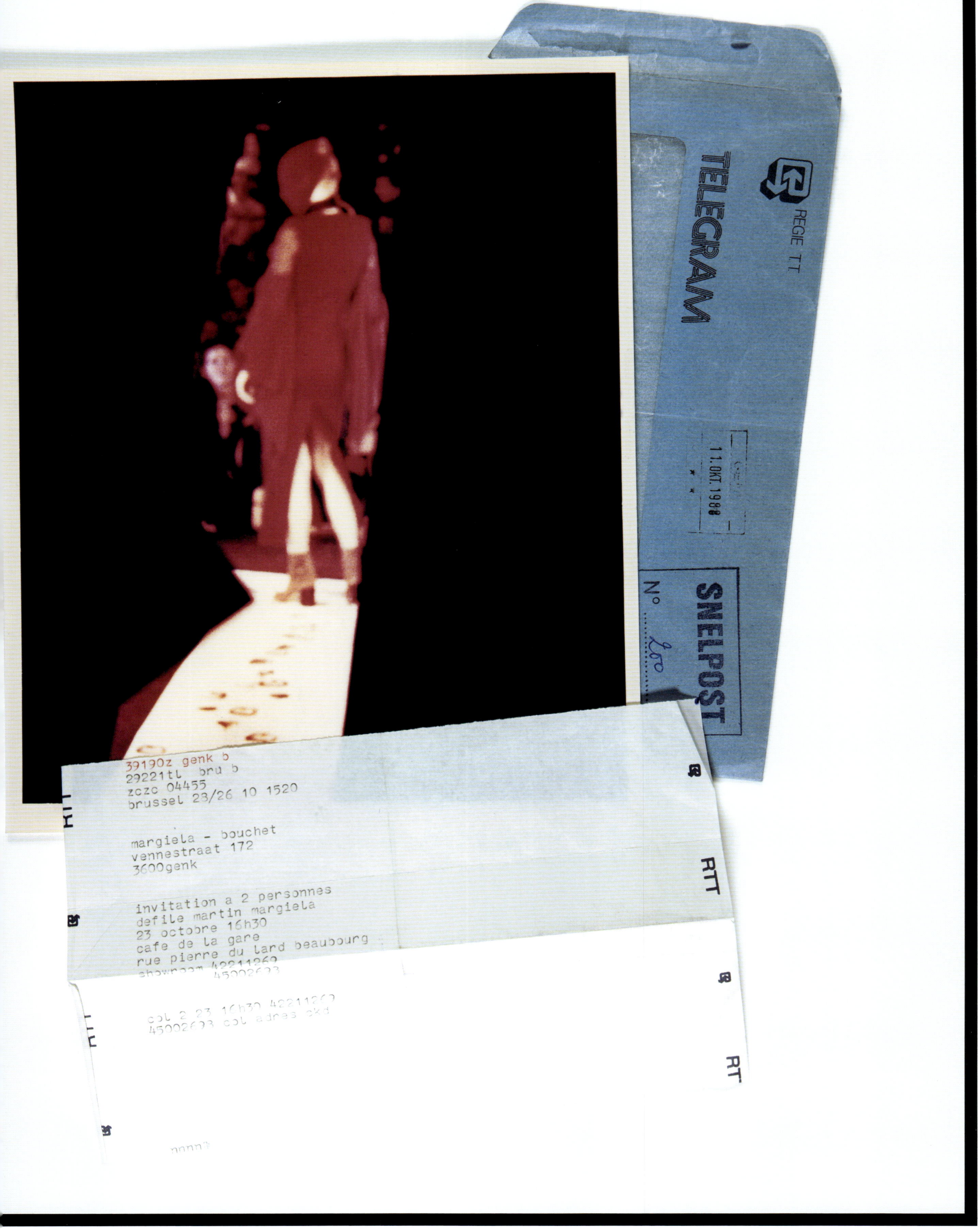
TELEGRAM
REGIE TT
11.OKT.1988
SNELPOST
Nº
39190z genk b
29221tl bru b
zczc 04455
brussel 23/26 10 1520
margiela - bouchet
vennestraat 172
3600genk
invitation a 2 personnes
defile martin margiela
23 octobre 16h30
cafe de la gare
rue pierre du lard beaubourg
RTT

1989 春夏 _ 女装秀 _ 当时的邀请函是一封电报。在这场服装展上，模特的鞋底提前在红色墨水中蘸了一下，当走在 T 台上时，所穿的 Tabi 靴，在铺台子的白步上留下了鲜艳的红色印记。这些布，将用在下一季的作品中，做成背心

1999 春夏 _ 第一次推出男装系列，图为刷成白色的复古鞋子

13 系列 _ 2002 年白色俄罗斯套娃

11
INVITAT
MARDI 13 MARS 2001
20H00
A/H 01-02
Martin Margiela

2001/2002 秋冬 _ 女装秀邀请函，亚历山大三世桥 [Pont Alexander III] 后台，演出的鼓手

VIEW

margiela, be mine

Sarah Mower lauds fashion's most elusive designer in the midst of his first retrospective.

Few of my friends know this, but I'm conducting a relationship with an invisible man. He's a 57-year-old Belgian recluse who long ago disappeared behind an oblong strip of white tape, a label with nothing on it. His last known appearance was in 1994 in New York at the now-defunct boutique Charivari, where he was seen to be a tall man in a flat cap, quietly driving journalists apoplectic by refusing to grant quotes about his collection.

Since then, not a thing has been seen or heard of Martin Margiela: only robotic written pronouncements issued from a white-painted former industrial-design school occupied by men and women in white couture coats in the Eleventh Arrondissement of Paris. These days, rumors even circulate that this man, whose intelligence I adore and clothes I accumulate, doesn't actually exist. Based on the public face of his work—his exaggerations, twists, puns, and strange appropriations—there are other people who shrug him off as one of the freakiest freak shows in fashion whose clothes could only be worn by avant-garde weirdos. Ha! How wrong can they be?

Because on my side, it's a case of abject Margiela dependency. Without him, my self-image and ability to function in the world would be imperiled. Should some hideous fashion creep burgle my wardrobe tonight and make off with my navy blazer, sharp-shouldered jackets, gorgeous black jersey one-shouldered gown, cap-sleeved day dress, three pairs of man-tailored pants, four shirts, various tube tops, skirts, belts, skinny scarves, Lucite wedges, pumps, bags, innumerable stockpile of T-shirts—oh, and that mad red lamé vest and chiffon cape—I'd wake up tomorrow with a shattered identity. It's that bad.

Given that I fancy myself a strenuous non-belonger to any fan clan, designer or otherwise, this is also quite a funny contradiction. I am a woman who'd be mortified to be caught wearing anything that smacks of recognizable designer trophy, ever—and I'm not one who'd risk any garment that might hang me out on the extreme edge of fashion to be sniggered at. What I require is straight, chic clothes of unidentifiable provenance that are turned just one or two notches up the dial toward UNUSUAL, WITTY, or SEXY (though always at a visual frequency conventional people can't pick up). Martin Margiela is the only designer who does that. Get into him, and you end up with a repertoire that lasts for years because, fabulously, no one can ever guess who made any of it, or when. I've lost count of the people at parties who, after staring a bit, have been forced to ask where I got my matte-black one-shouldered jersey dress. I love it when they have to lean in closer and *view* >598

THE HEIGHT OF FASHION TEAM MAISON MARTIN MARGIELA, SHOT BY ANNIE LEIBOVITZ FOR *VOGUE*, 2007. (THE EMPTY SEAT IS FOR THEIR CAMERA-SHY DIRECTOR.) LEFT: A TRIANGLE-HEEL BOOT FROM LINE 22, $1,295; MAISON MARTIN MARGIELA, NYC.

IN *VOGUE* ABOVE: RAQUEL ZIMMERMANN WEARS A DRESS FROM THE DEFILE COLLECTION, PHOTOGRAPHED THIS YEAR BY PATRICK DEMARCHELIER. LEFT: DAVID SIMS CAPTURED GISELE BÜNDCHEN IN THE WOOL-CASHMERE COAT FROM LINE 4, AUGUST 2008.

FORM FIRST MAISON MARTIN MARGIELA CUFF FROM LINE 12; IF BOUTIQUE, NYC.

Still lifes, from top: LUCAS VISSER; Courtesy of Maison Martin Margiela. Details, see In This Issue.

WWW.VOGUE.COM VOGUE SEPTEMBER 2008 595

2008 年 8 月美国版《Vogue》

LONE STAR RIGHT: THE DESIGNER'S MOTORCYCLE JACKET WAS SHOT BY ARTHUR ELGORT, *VOGUE*, 2000. BELOW: HIS TRENCH ON STELLA TENNANT, PHOTOGRAPHED BY MARIO TESTINO, *VOGUE*, 2005.

ask again, "Who?," either because they've never heard of Mr. Nobody (great!) or because they're struggling to align the information with their perception of Margiela as the man who shows clothes made out of party balloons (his latest "artisanal" collection) or sofa covers (fall 2006) or wigs out of recycled fur coats (fall 1997). And call me bad, but I can't help enjoying the irritated moue that crosses some women's faces when they hear that this dress is not available any longer: She's wearing an old dress. So how come it looks so damn right now?

While others have made a big noise about sustainable sourcing in recent times, Margiela's been practicing it for years

Wearing Margiela can bestow a satisfying cleverness upon you like that. Because he's so impersonal, his clothes become personal to you. And because his things are frequently several steps ahead of fashion (or because other designers look to him for a lead), Margiela purchases can end up reflecting glory upon you three, four seasons after you bought them because at some point, the world's caught up, and the stuff looks spot-on. Anyone who bought a jacket from his very first collection in 1988 would be laughing now. It had narrow shoulders with high-set puffed sleeves, in direct opposition to the dominant padded-linebacker silhouette of the power dressing of the time. It proved so long-range influential, you could wear it today, and people would still come up to you and ask where they could buy it.

But Margiela is so secretive, even deliberately obscurantist, he rarely takes the credit for this. When you really analyze it, everything he does is one big dynamic contradiction. He's a so-called deconstructionist who is actually one of the best constructionists in the business (he does excellent tailoring for women and men). He's an arch noncorporate anti-brander (the blank white labels) whose operation is actually branded through and through, from the whitewashed walls and secondhand furniture of his shops to the lab coats of his staff and white canvas shopping bags, right down to the cotton envelopes into which his press communiqués are stitched. An early proponent of alternative street-level fashion politics (he once literally showed on the Paris street, in the Métro, and in an abandoned supermarket), he is now a master of luxury clothes and accessories, and launching a fine-jewelry line and a perfume with L'Oréal next year. And though he's categorized by many as the most high-minded of intellectual designers, the way he converts one thing into another can be quite hilarious. Once, his people solemnly presented a boa to the press in a hushed showroom. It was a fat velveteen stuffed snake wrapped around a girl's neck. A boa constrictor. I had such a fit of the giggles, I had to leave the room. On the other hand, it's only right to appraise Margiela's methods with the seriousness they deserve. In appropriating "found" objects and reassigning them as fashion products, he stands in a direct line from the Surrealists, Dadaists, and Junk artists. One example is the white evening dress in his latest handmade collection. The bottom half is part of a silk mousseline dress; the top is made from two white plastic bags, complete with the handles.

Lots of the things in my personal collection belong to the Replica line he occasionally drops into stores. They're new, but a label inside each garment states its provenance: A BOY'S TAILORED JACKET, FRENCH, 1970S; AN EVENING CAPE, ITALIAN, 1980S; and so on. Is this "designer" creativity? No, just copies, honestly documented and brilliantly selected. Something else, too: While others have made a big noise about vintage, recycled materials, and sustainable sourcing in recent times, Margiela's been practicing them for years.

When I heard that Margiela was opening a 20-year retrospective exhibition at MoMu in Antwerp (where he attended the Royal Academy of Fine Arts) this month, I had a slight flicker of anxiety that all this—the things that only Margiela's secret appreciation society understands—would now become transparent to everyone. Still, I live in hope. As long and as studiously as I have tried to apply myself to understanding something as apparently methodical and sequential as Margiela's system of numbering his lines, zero to 23, I can't get it. Line zero denotes the "artisanal" handmade pieces and number six the accessibly priced sportswear, but beyond that I'm lost because several of the numbers are skipped over. That's just typical, I feel, of Margiela's meticulous confusing tactics. The exhibition won't be chronological, either: more a mix of personal themes out of which surprising and elucidating juxtapositions may spring. Or then again, I fervently hope, not. Having come this far with the man, I'd really rather prefer to keep him to myself. □

0 1 2 3 4 5 6 7 8 9
10 11 12 13 14 15 16
17 18 19 20 21 22 23
Maison Martin Margiela
PARIS

⓪	Collection Artisanale for women & men
	The défilé collection for women *
①	The collection for women
④	A wardrobe for women
⑩	The collection for men
⑭	A wardrobe for men
⑪	A collection of accessories for women & men
㉒	A collection of shoes for women & men
⑧	Eyewear collection
⑬	Objects & publications
MM⑥	Garments for ♀

COUNT THEM A GUIDE TO SOME OF THE MAISON'S COLLECTIONS, WITH THEIR CORRESPONDING LABEL NUMBERS.

Top: Condé Nast Archive

E.P.D.I
L'ÉCOLE PROFESSIONNELLE
DE DESSIN INDUSTRIEL
E.P.D.I
FONDÉE EN 1923 - RECONNUE PAR L'ÉTAT
DIRECTEUR-FONDATEUR : ANDRÉ PEUBLE
ANCIENNEMENT : ÉCOLE PRATIQUE DE DESSIN INDUSTRIEL, 20 et 22, Rue du Rhin (XIXe)
a été transférée
LE 1ER SEPTEMBRE 1939
ÉCOLE PROFESSIONNELLE DE DESSIN INDUSTRIEL
163, RUE SAINT-MAUR _ PARIS (XIE) tél. : OBERKAMPF 49-86
MARS 1940

巴黎总部建筑，坐落于圣莫尔街 [rue Saint-maur] 的一栋 18 世纪建筑中，该建筑之前是一家慈善机构的地址。1939 年，工业工程师兼艺术收藏家安德烈 · 普布尔 [André Peuble] 先生接手这座建筑，创建了一所工业设计学校。2004 年，Maison Martin Margiela 团队搬进来时，发现大部分教室与腾空当日的情况完全相同，上面覆盖着厚厚的灰尘

2006 年 6 月 _ “翻新前的展览” _ Maison Martin Margiela 在香港门店的展览。一进门是一个 3D 立体剪裁的圣莫尔街总部建筑模型，迎接着访客

巴黎总部 _ 印在圣莫尔街办公室白色楼梯上的欢迎标识

2007/2008 秋冬 _ 女装秀后台，图为绣有亮片的加厚棉圈制成的大衣

tendances

● shopping ● dvd ● numérique ● style ● disques ● livres

SHOPPING

Avant son bracelet fourchette, Margiela avait déjà commis des ceintures en tresses de cheveux, des colliers en bouchons et des broches beepers.

Margiela remet le couvert au poignet

Bracelet fourchette de Martin Margiela 700F (106,71 euros). En vente chez Onward: 147, bd Saint-Germain, 75006.

Gérard Majax fait disparaître des foulards, Martin Margiela transforme les fourchettes en bracelets. Le créateur belge nous avait déjà gratifiés de ceintures en tresses de cheveux, de colliers bouchons cuvée du millénaire ou de beepers antivol à accrocher en broche au revers des vestes. Chaque saison, parallèlement à son étonnant travail sur la déconstruction du vêtement, Martin Margiela se fend d'accessoires abracadabrants. Le voici aux prises avec les couverts. En argent ou en métal argenté, chaque bracelet est une pièce unique, réalisée à coups de maillet. Pour assurer la production de son bijou, la maison Margiela aura dû écumer bon nombre de marchés aux puces d'Europe. Plus encore que ses lignes de vêtements, ces accessoires révèlent l'ironie du propos de Martin Margiela, qui continue de voir le monde comme un jeu de l'esprit ● CÉDRIC SAINT ANDRÉ PERRIN

>Carrément Hermès
Depuis mars 1998, Martin Margiela s'occupe également de la création des collections prêt-à-porter Hermès.

semaine du 6 au 12 juillet 2001

Les tentations de Libération ● T 21

72

2001 春夏 _《解放报》[*Libération*] _ 0 系列 _ 由一个古董银叉子改造的手镯

COLLECTION
PRINTEMPS ETE

1989 春夏 _ 1 系列 _ 印有 Trompe - L' oeil [错觉系] 绘画文身图案的轻薄长袖 T 恤

圣彼得堡店 _ 于 2007 年 12 月 15 日开业 _ 店铺的施工现场，位于该地区一处 19 世纪的典型建筑中，保留了原始的拱形天花板

1996/1997 秋冬 _ 女装秀 _ 模特的腿被涂成白色，裤袜拉到了鞋子上

AW 2005/2006 秋冬 _ 0 系列 _ 将三套古着婚纱组合在一起，并将其缝在胸罩上，制成了一条由不同面料构成的裙装晚礼服

MART

1989/1990 秋冬 _ 女装秀 _ 一条黑丝带，用于当季的很多服装，穿过模特手指，当作首饰

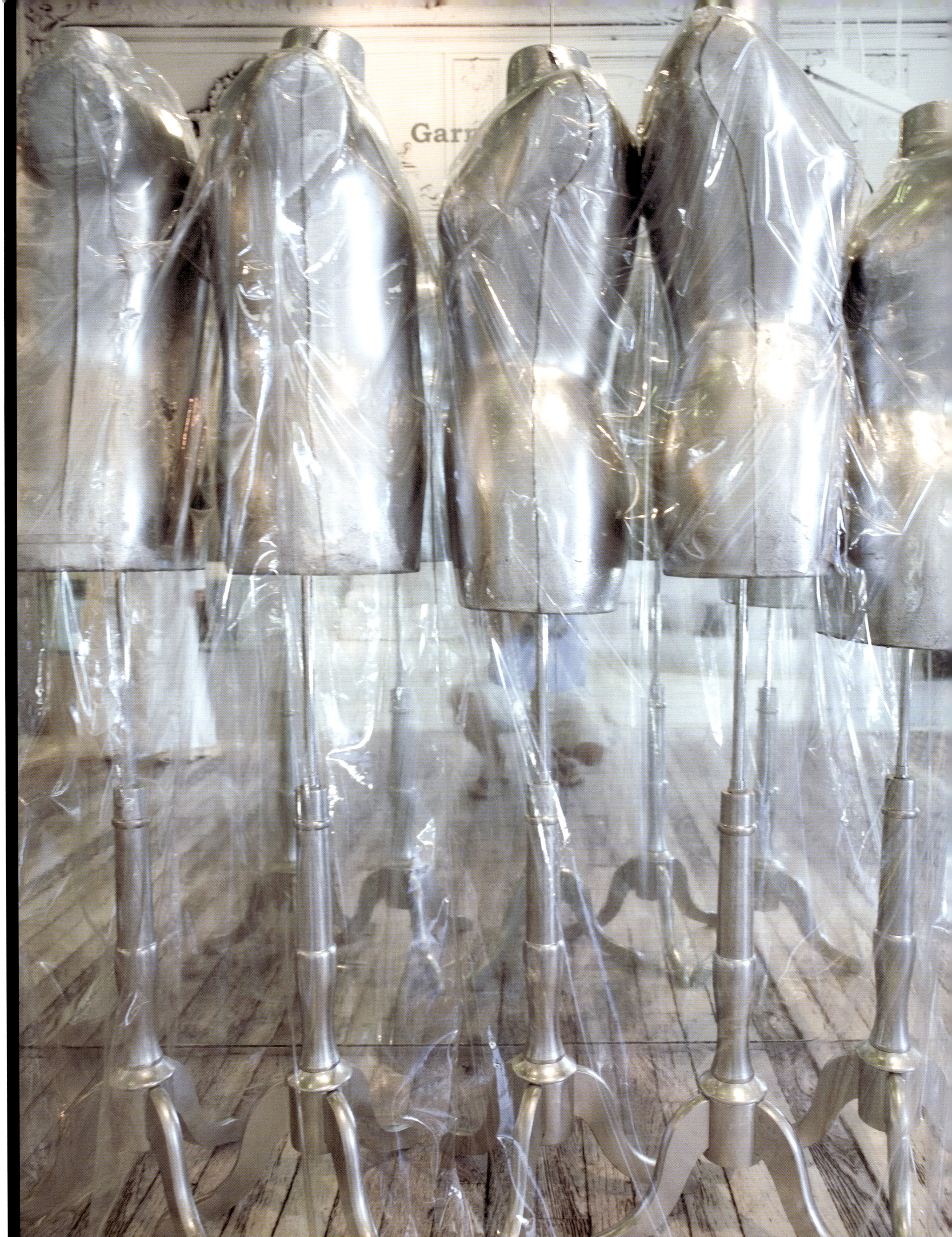
Garm

洛杉矶比弗利山庄的门店 _ 于 2007 年 9 月 5 日开业 _ 一排盖着塑料袋的银色人台 [裁缝用假人]

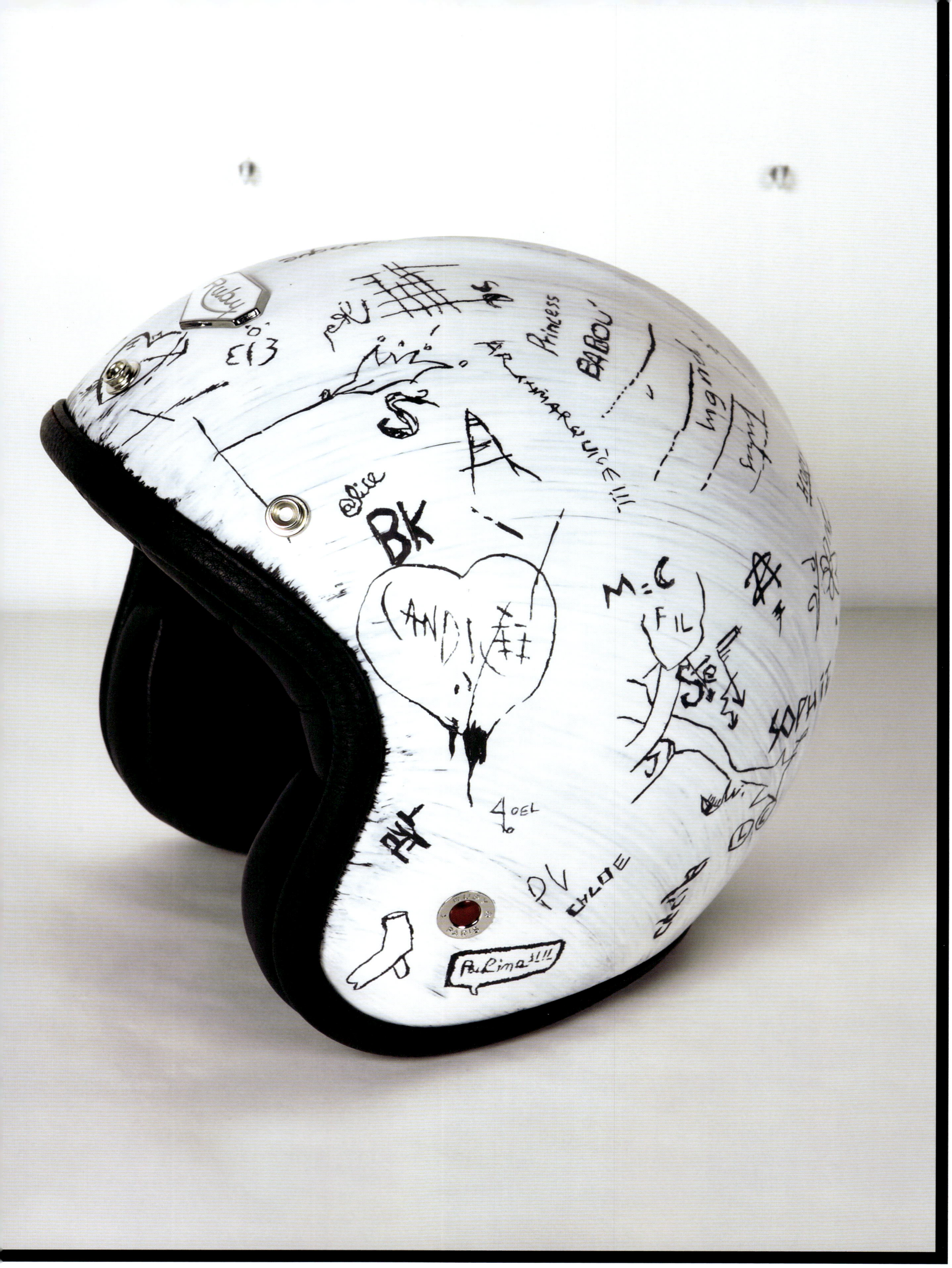
Ruby
Princess
BABOU
BK
CHLOE

2009 年 6 月，与 Ateliers Ruby［著名复古头盔品牌］联名出品的一顶摩托车头盔［加了标签］_ Maison Martin Margiela 团队的成员将他们的名字或名字缩写，刻在覆盖头盔的白色油漆层上

2

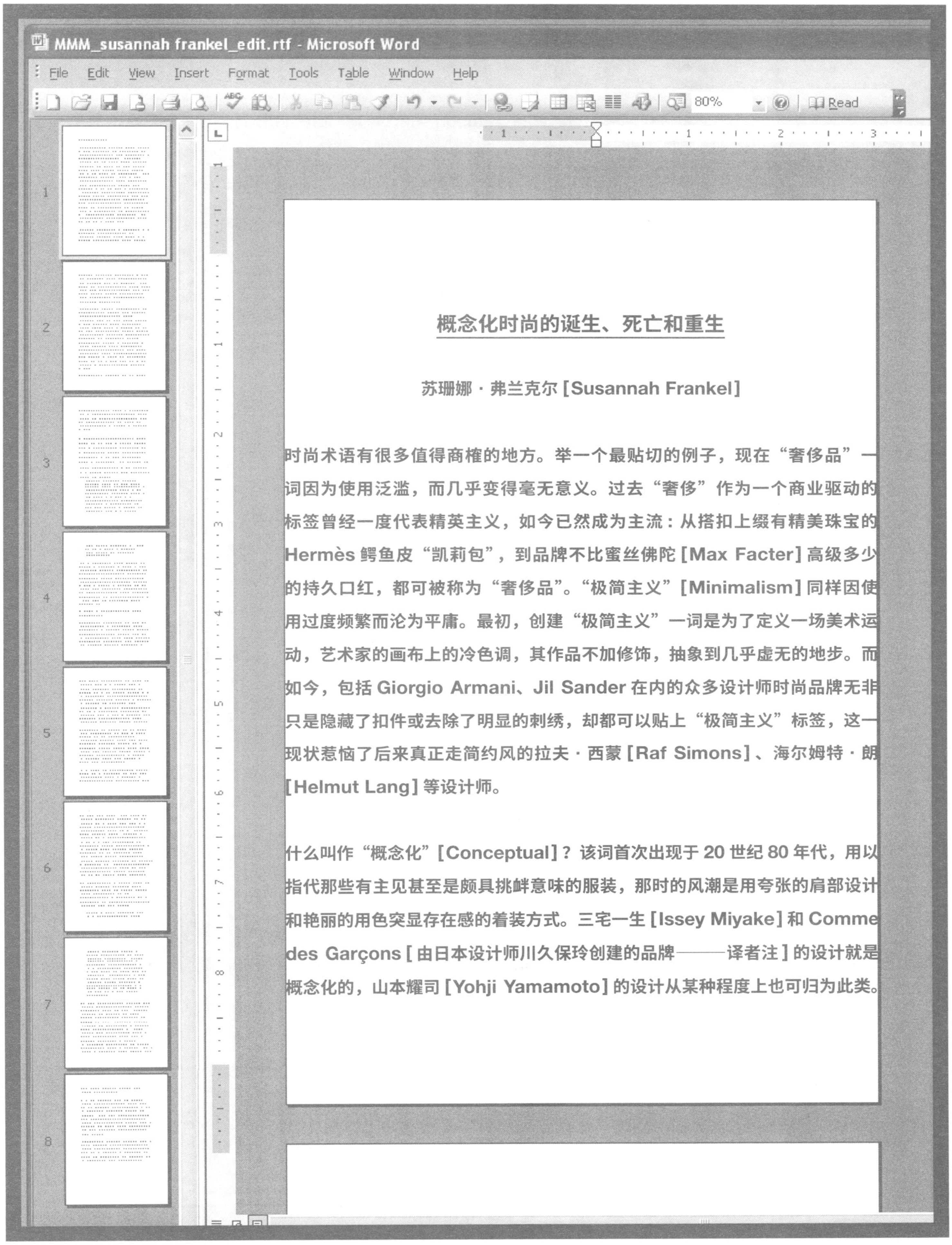
MMM_susannah frankel_edit.rtf - Microsoft Word
File Edit View Insert Format Tools Table Window Help
80%
Read

概念化时尚的诞生、死亡和重生

苏珊娜·弗兰克尔 [Susannah Frankel]

时尚术语有很多值得商榷的地方。举一个最贴切的例子，现在“奢侈品”一词因为使用泛滥，而几乎变得毫无意义。过去“奢侈”作为一个商业驱动的标签曾经一度代表精英主义，如今已然成为主流：从搭扣上缀有精美珠宝的 Hermès 鳄鱼皮“凯莉包”，到品牌不比蜜丝佛陀 [Max Facter] 高级多少的持久口红，都可被称为“奢侈品”。“极简主义” [Minimalism] 同样因使用过度频繁而沦为平庸。最初，创建“极简主义”一词是为了定义一场美术运动，艺术家的画布上的冷色调，其作品不加修饰，抽象到几乎虚无的地步。而如今，包括 Giorgio Armani、Jil Sander 在内的众多设计师时尚品牌无非只是隐藏了扣件或去除了明显的刺绣，却都可以贴上“极简主义”标签，这一现状惹恼了后来真正走简约风的拉夫·西蒙 [Raf Simons]、海尔姆特·朗 [Helmut Lang] 等设计师。

什么叫作“概念化” [Conceptual]？该词首次出现于 20 世纪 80 年代，用以指代那些有主见甚至是颇具挑衅意味的服装，那时的风潮是用夸张的肩部设计和艳丽的用色突显存在感的着装方式。三宅一生 [Issey Miyake] 和 Comme des Garçons [由日本设计师川久保玲创建的品牌——译者注] 的设计就是概念化的，山本耀司 [Yohji Yamamoto] 的设计从某种程度上也可归为此类。

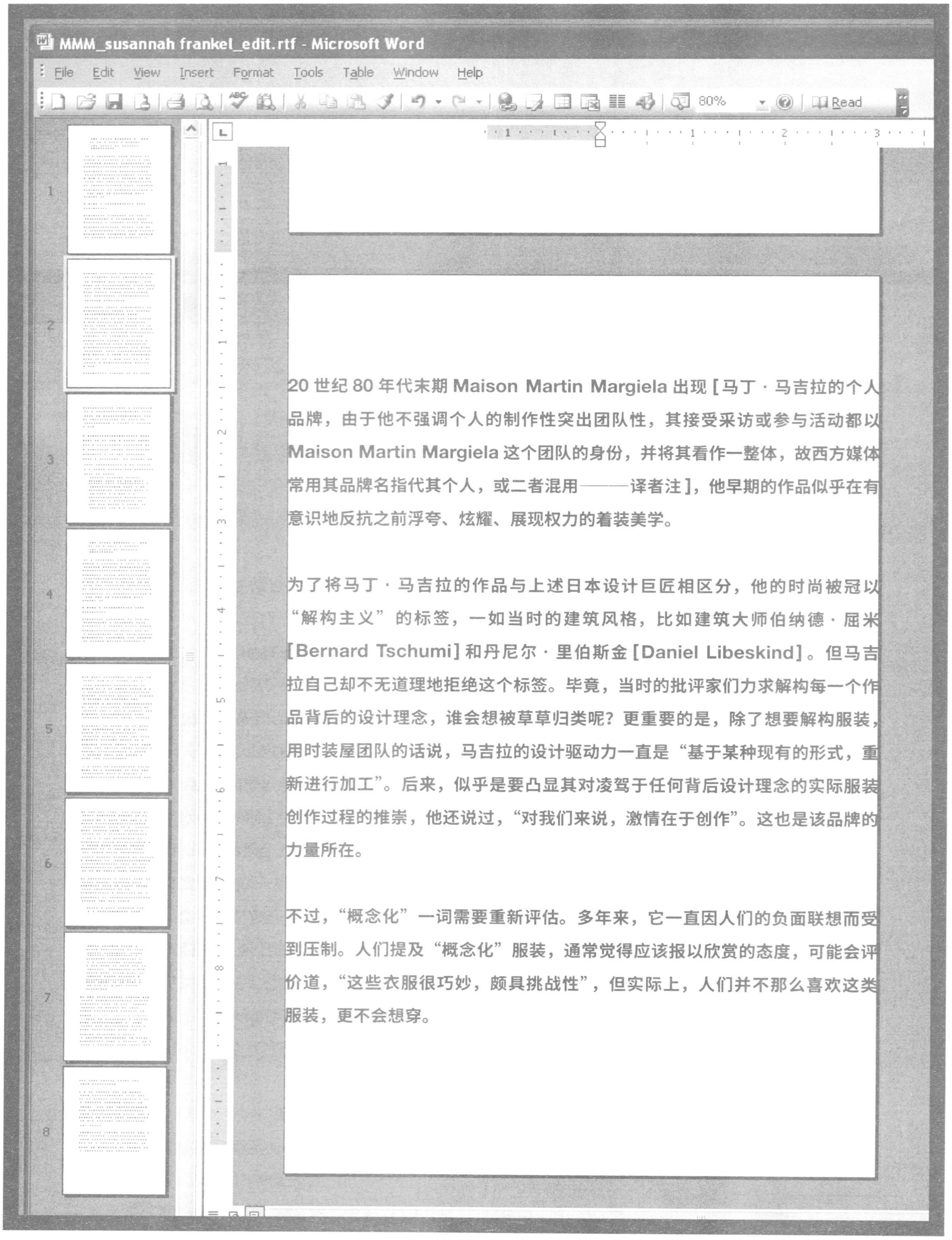
MMM_susannah frankel_edit.rtf - Microsoft Word
File Edit View Insert Format Tools Table Window Help
80%
Read

20 世纪 80 年代末期 Maison Martin Margiela 出现 [马丁 · 马吉拉的个人品牌，由于他不强调个人的制作性突出团队性，其接受采访或参与活动都以 Maison Martin Margiela 这个团队的身份，并将其看作一整体，故西方媒体常用其品牌名指代其个人，或二者混用——译者注]，他早期的作品似乎在有意识地反抗之前浮夸、炫耀、展现权力的着装美学。

为了将马丁 · 马吉拉的作品与上述日本设计巨匠相区分，他的时尚被冠以“解构主义”的标签，一如当时的建筑风格，比如建筑大师伯纳德 · 屈米 [Bernard Tschumi] 和丹尼尔 · 里伯斯金 [Daniel Libeskind]。但马吉拉自己却不无道理地拒绝这个标签。毕竟，当时的批评家们力求解构每一个作品背后的设计理念，谁会想被草草归类呢？更重要的是，除了想要解构服装，用时装屋团队的话说，马吉拉的设计驱动力一直是“基于某种现有的形式，重新进行加工”。后来，似乎是要凸显其对凌驾于任何背后设计理念的实际服装创作过程的推崇，他还说过，“对我们来说，激情在于创作”。这也是该品牌的力量所在。

不过，“概念化”一词需要重新评估。多年来，它一直因人们的负面联想而受到压制。人们提及“概念化”服装，通常觉得应该报以欣赏的态度，可能会评价道，“这些衣服很巧妙，颇具挑战性”，但实际上，人们并不那么喜欢这类服装，更不会想穿。

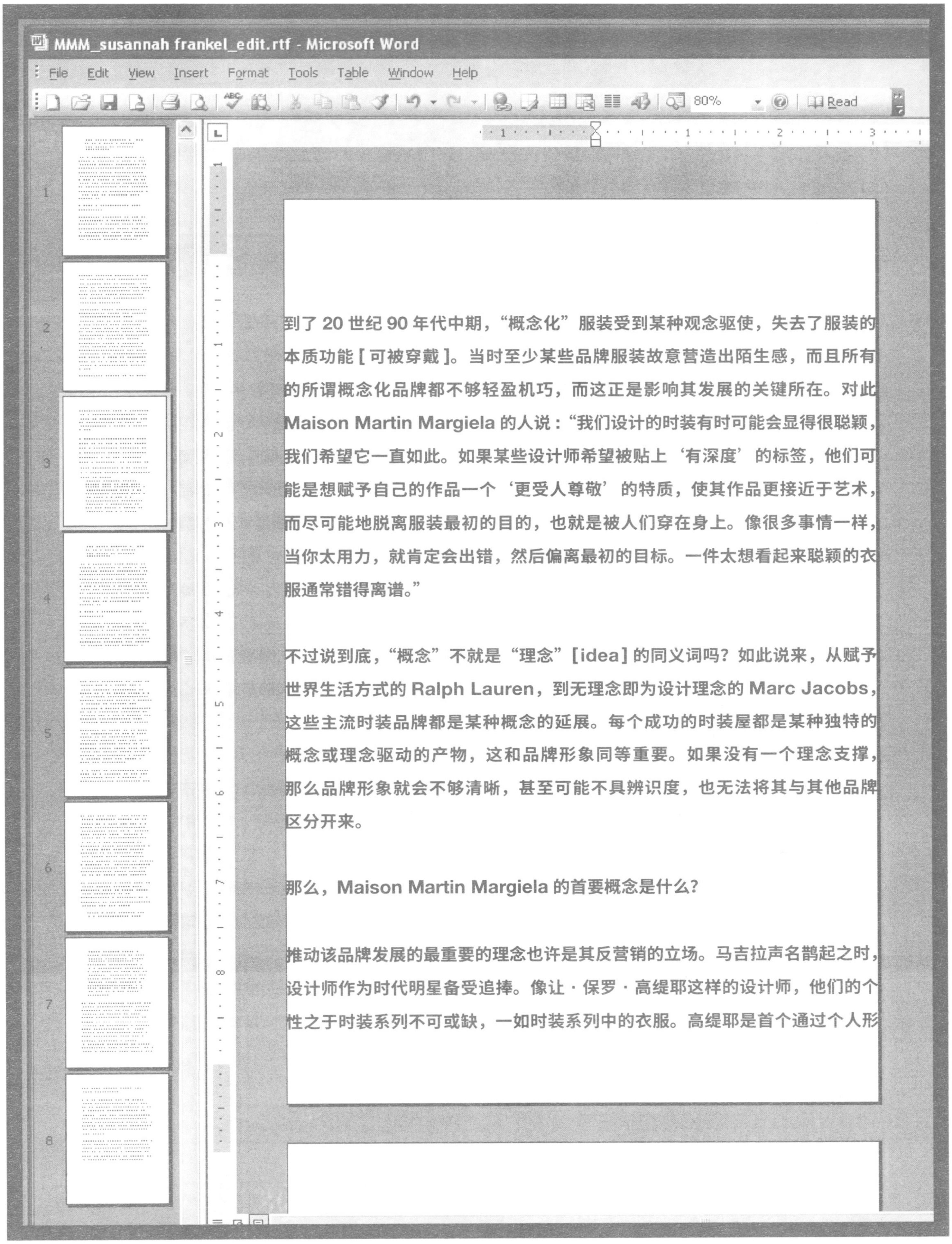
MMM_susannah frankel_edit.rtf - Microsoft Word
File Edit View Insert Format Tools Table Window Help
80%
Read

到了 20 世纪 90 年代中期，“概念化”服装受到某种观念驱使，失去了服装的本质功能 [可被穿戴]。当时至少某些品牌服装故意营造出陌生感，而且所有的所谓概念化品牌都不够轻盈机巧，而这正是影响其发展的关键所在。对此 Maison Martin Margiela 的人说：“我们设计的时装有时可能会显得很聪颖，我们希望它一直如此。如果某些设计师希望被贴上‘有深度’的标签，他们可能是想赋予自己的作品一个‘更受人尊敬’的特质，使其作品更接近于艺术，而尽可能地脱离服装最初的目的，也就是被人们穿在身上。像很多事情一样，当你太用力，就肯定会出错，然后偏离最初的目标。一件太想看起来聪颖的衣服通常错得离谱。”

不过说到底，“概念”不就是“理念”[idea] 的同义词吗？如此说来，从赋予世界生活方式的 Ralph Lauren，到无理念即为设计理念的 Marc Jacobs，这些主流时装品牌都是某种概念的延展。每个成功的时装屋都是某种独特的概念或理念驱动的产物，这和品牌形象同等重要。如果没有一个理念支撑，那么品牌形象就会不够清晰，甚至可能不具辨识度，也无法将其与其他品牌区分开来。

那么，Maison Martin Margiela 的首要概念是什么？

推动该品牌发展的最重要的理念也许是其反营销的立场。马吉拉声名鹊起之时，设计师作为时代明星备受追捧。像让·保罗·高缇耶这样的设计师，他们的个性之于时装系列不可或缺，一如时装系列中的衣服。高缇耶是首个通过个人形

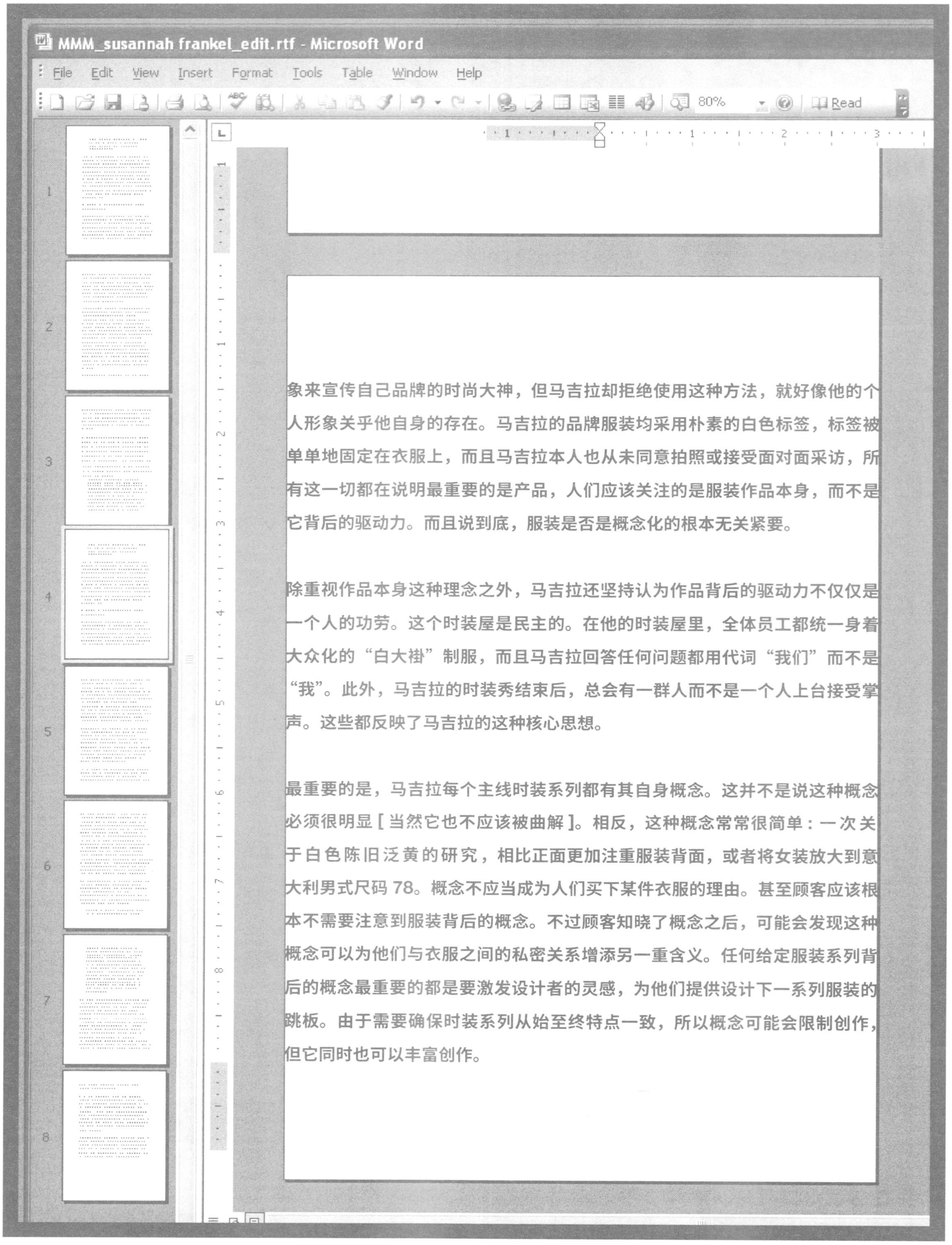
MMM_susannah frankel_edit.rtf - Microsoft Word
File Edit View Insert Format Tools Table Window Help

象来宣传自己品牌的时尚大神，但马吉拉却拒绝使用这种方法，就好像他的个人形象关乎他自身的存在。马吉拉的品牌服装均采用朴素的白色标签，标签被单单地固定在衣服上，而且马吉拉本人也从未同意拍照或接受面对面采访，所有这一切都在说明最重要的是产品，人们应该关注的是服装作品本身，而不是它背后的驱动力。而且说到底，服装是否是概念化的根本无关紧要。

除重视作品本身这种理念之外，马吉拉还坚持认为作品背后的驱动力不仅仅是一个人的功劳。这个时装屋是民主的。在他的时装屋里，全体员工都统一身着大众化的“白大褂”制服，而且马吉拉回答任何问题都用代词“我们”而不是“我”。此外，马吉拉的时装秀结束后，总会有一群人而不是一个人上台接受掌声。这些都反映了马吉拉的这种核心思想。

最重要的是，马吉拉每个主线时装系列都有其自身概念。这并不是说这种概念必须很明显［当然它也不应该被曲解］。相反，这种概念常常很简单：一次关于白色陈旧泛黄的研究，相比正面更加注重服装背面，或者将女装放大到意大利男式尺码 78。概念不应当成为人们买下某件衣服的理由。甚至顾客应该根本不需要注意到服装背后的概念。不过顾客知晓了概念之后，可能会发现这种概念可以为他们与衣服之间的私密关系增添另一重含义。任何给定服装系列背后的概念最重要的都是要激发设计者的灵感，为他们提供设计下一系列服装的跳板。由于需要确保时装系列从始至终特点一致，所以概念可能会限制创作，但它同时也可以丰富创作。

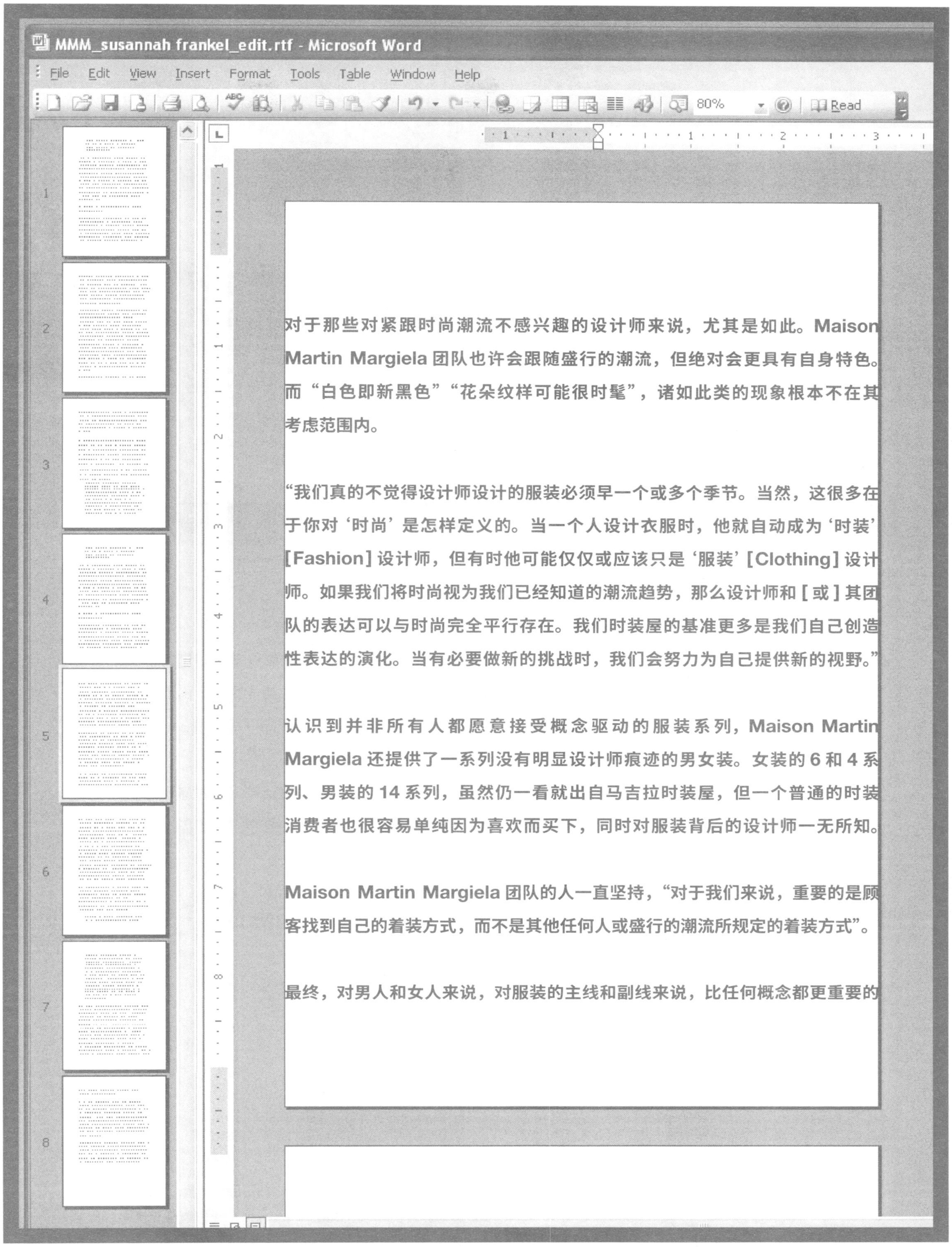
MMM_susannah frankel_edit.rtf - Microsoft Word
File Edit View Insert Format Tools Table Window Help
80%
Read

对于那些对紧跟时尚潮流不感兴趣的设计师来说，尤其是如此。Maison Martin Margiela 团队也许会跟随盛行的潮流，但绝对会更具有自身特色。而“白色即新黑色”“花朵纹样可能很时髦”，诸如此类的现象根本不在其考虑范围内。

“我们真的不觉得设计师设计的服装必须早一个或多个季节。当然，这很多在于你对‘时尚’是怎样定义的。当一个人设计衣服时，他就自动成为‘时装’[Fashion] 设计师，但有时他可能仅仅或应该只是‘服装’[Clothing] 设计师。如果我们将时尚视为我们已经知道的潮流趋势，那么设计师和 [或] 其团队的表达可以与时尚完全平行存在。我们时装屋的基准更多是我们自己创造性表达的演化。当有必要做新的挑战时，我们会努力为自己提供新的视野。”

认识到并非所有人都愿意接受概念驱动的服装系列，Maison Martin Margiela 还提供了一系列没有明显设计师痕迹的男女装。女装的 6 和 4 系列、男装的 14 系列，虽然仍一看就出自马吉拉时装屋，但一个普通的时装消费者也很容易单纯因为喜欢而买下，同时对服装背后的设计师一无所知。

Maison Martin Margiela 团队的人一直坚持，“对于我们来说，重要的是顾客找到自己的着装方式，而不是其他任何人或盛行的潮流所规定的着装方式”。

最终，对男人和女人来说，对服装的主线和副线来说，比任何概念都更重要的

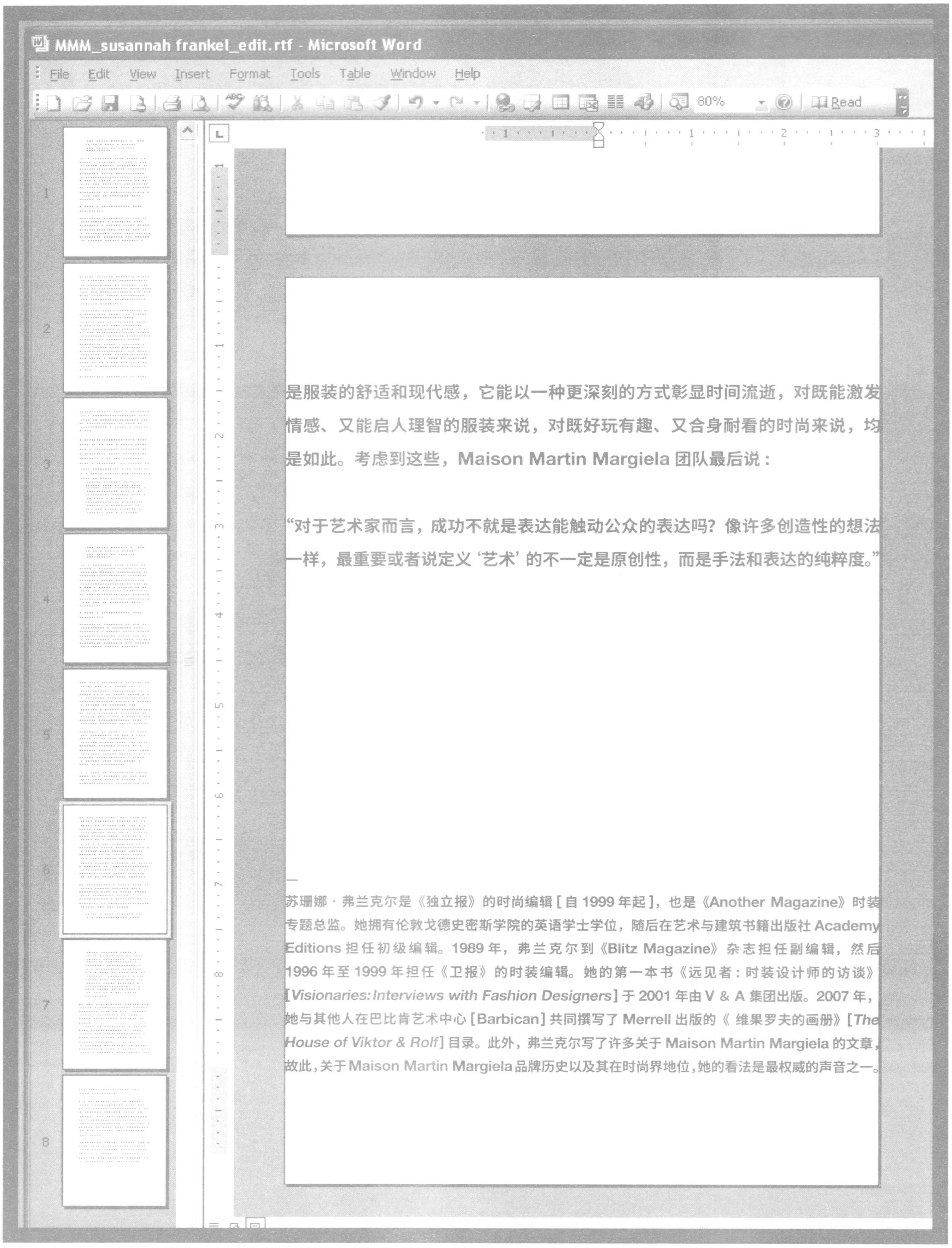
MMM_susannah frankel_edit.rtf - Microsoft Word
File Edit View Insert Format Tools Table Window Help
80%
Read

是服装的舒适和现代感，它能以一种更深刻的方式彰显时间流逝，对既能激发情感、又能启人理智的服装来说，对既好玩有趣、又合身耐看的时尚来说，均是如此。考虑到这些，Maison Martin Margiela 团队最后说：

“对于艺术家而言，成功不就是表达能触动公众的表达吗？像许多创造性的想法一样，最重要或者说定义‘艺术’的不一定是原创性，而是手法和表达的纯粹度。”

—

苏珊娜 · 弗兰克尔是《独立报》的时尚编辑［自 1999 年起］，也是《Another Magazine》时装专题总监。她拥有伦敦戈德史密斯学院的英语学士学位，随后在艺术与建筑书籍出版社 Academy Editions 担任初级编辑。1989 年，弗兰克尔到《Blitz Magazine》杂志担任副编辑，然后 1996 年至 1999 年担任《卫报》的时装编辑。她的第一本书《远见者：时装设计师的访谈》［*Visionaries: Interviews with Fashion Designers*］于 2001 年由 V & A 集团出版。2007 年，她与其他人在巴比肯艺术中心［Barbican］共同撰写了 Merrell 出版的《维果罗夫的画册》［*The House of Viktor & Rolf*］目录。此外，弗兰克尔写了许多关于 Maison Martin Margiela 的文章，故此，关于 Maison Martin Margiela 品牌历史以及其在时尚界地位，她的看法是最权威的声音之一。

×
三浦秀教
PROFILE
MAISON
MARTIN MARGIELA
×
村上 淳
スリーピーススーツ32万5500円（メゾン マルタン マルジェラ⑭）、ベルト5万4600円（メゾン マルタン マルジェラ⑪／ともにここのえ）
PROFILE
むらかみじゅん●73年7月23日、大阪府生まれ。俳優として、ドラマや映画、舞台、CFに出演するとともに、DJ、洋服のデザインを手掛けるなど、幅広い分野で活躍。現在、関西テレビ『タナゴコロッジ』（木曜24:35～25:05）に出演中。また、カンヌ映画祭でグランプリを受賞した河瀬直美監督の次回作、『七夜待』（今秋公開予定）にも出演。
ROLLING STONE JAPAN, JUNE 2008 082

2008 春夏 _ 日本版《滚石》杂志，肉色羊毛三件套

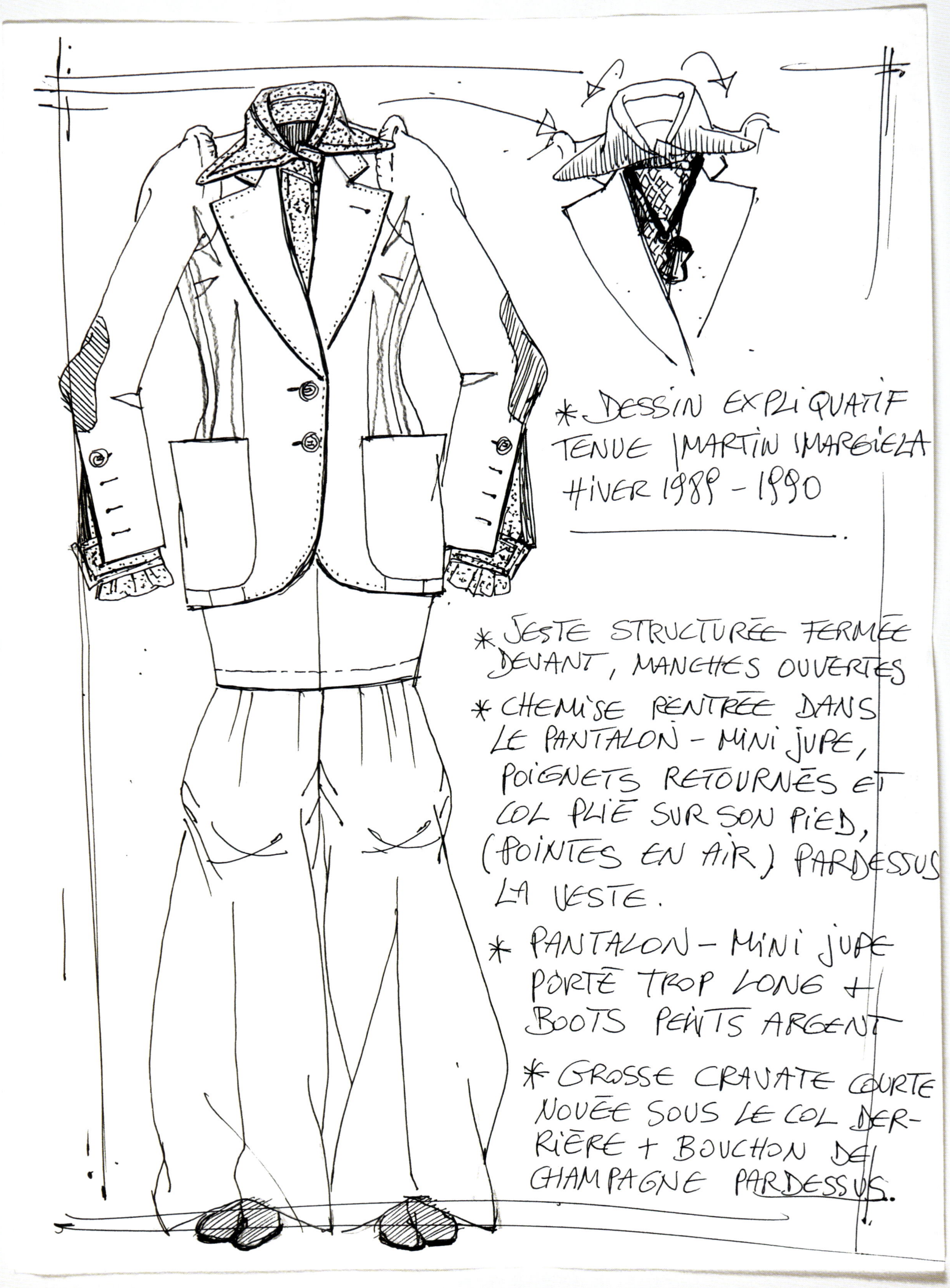
*DESSIN EXPLIQUATIF TENUE MARTIN MARGIELA HIVER 1989 - 1990
*VESTE STRUCTURÉE FERMÉE DEVANT, MANCHES OUVERTES
*CHEMISE RENTRÉE DANS LE PANTALON - MINI JUPE, POIGNETS RETOURNÉS ET COL PLIÉ SUR SON PIED, (POINTES EN AIR) PARDESSUS LA VESTE.
*PANTALON - MINI JUPE PORTÉ TROP LONG + BOOTS PEINTS ARGENT
*GROSSE CRAVATE COURTE NOUÉE SOUS LE COL DERRIÈRE + BOUCHON DE CHAMPAGNE PARDESSUS.

1989/1990 秋冬 _ 1 系列 _ 一件外套的设计草图 [explanatory sketch]

IL VINTAGE DELUXE DELLA MAISON MARTIN MARGIELA

La linea Artisanal della griffe gioca creando la nuova couture partendo da vecchi dischi in vinile, camicie old style e giornali

Prosegue lo studio che la Maison Martin Margiela dedica al riutiliz-
zo di abiti, accessori e capi di seconda mano raccolti sin dal 1988
nel corso del vario peregrinare per il mondo. L'idea di base non
cambia dunque nemmeno quest'anno e per la linea Artisanal rina-
scono a nuova vita oggetti che altrimenti sarebbero finiti nel dimenticatoio.
E che non sempre appartenevano già al mondo dell'abbigliamento nella lo-
ro vita precedente. Così i gloriosi vinili, caduti in disgrazia con l'avvento
di cd e ipod, vanno a ricoprire in ogni dove l'ossatura di un abito mono-
spalla come tante solide balze, che del corpo rivelano generose anche una
gamba. La prosaica plastic bag fa da irriverente corpino al candore di un
long dress. E i riccioli del nastro usato per decorare i pacchi da regalo si
mettono al servizio di un sensuale top, che vela e svela la figura. Mentre
le tante maniche di vecchie camicie, una volta ravvivate grazie a tinture da
giardino tropicale, si annodano diligenti per costruire una blusa. E la carta
compressa ricavata dai giornali diventa una giacca trattenuta verso il fondo
da una mono-chiusura. Il tutto rigorosamente fatto a mano all'interno del-
la maison con lavorazioni che vanno dai cinque ai sei giorni di tempo per
capo. E distribuito in edizione molto limitata esclusivamente nei flagship
store di Parigi, Londra, Milano, New York, Los Angeles, Tokyo e Osaka.
(riproduzione riservata)

Quattro creazioni couture di Maison Martin Margiela

2008/2009 秋冬_《MF Fashion》：对“Artisanal”系列的评价

2005 年 10 月至 11 月，安达姆［ANDAM］展，Tabi 靴的足迹，用于将行人从皇家宫殿博物馆卢浮宫地铁站引向安达姆展览的六扇窗户。2009 年 3 月 19 日，在慕尼黑艺术之家［Haus Der Kunst］美术馆举办 Maison Martin Margiela 20 周年预展时，同样用了这个方法，将客人从慕尼黑商店开业庆典带到展览现场

1989/1990 秋冬 _ 女装秀 _ 模特的脸庞被遮盖住了，浓密的黑色妆容拉长了双眼，嘴唇涂成了深褐色

2009/2010 秋冬 _ 男模展示，灵感来源：警察局的犯罪嫌疑人阵容。在这个展览中，访客化身目击者在玻璃墙的后面，假装为犯罪嫌疑人的男子进行展示

MODE

Zat. 1, zond. 2 april 1989 — DS

Martin Margiela met eigen kollektie

Een Limburger maakt mode in Parijs

Kijken in de kelder: silhouet van Margiela.

aak van se

VAN A

ourg

n Parijs

t natuurlijk nog niet als die van Dior of Chanel,
het in Parijs drummen voor de collectie van

1989／1990 秋冬 _ 秀场回顾

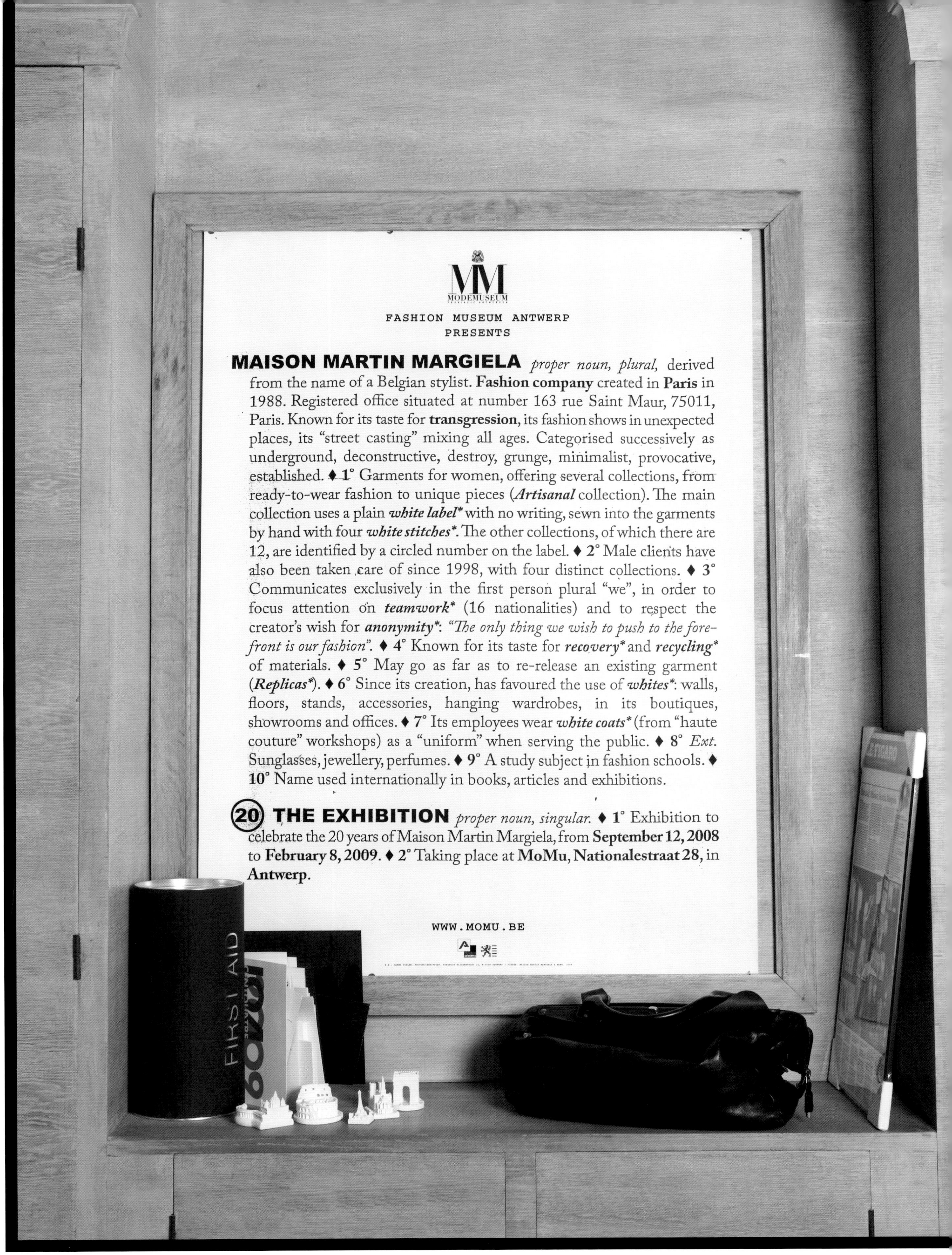
MM
MODEMUSEUM
FASHION MUSEUM ANTWERP
PRESENTS
MAISON MARTIN MARGIELA proper noun, plural, derived from the name of a Belgian stylist. Fashion company created in Paris in 1988. Registered office situated at number 163 rue Saint Maur, 75011, Paris. Known for its taste for transgression, its fashion shows in unexpected places, its "street casting" mixing all ages. Categorised successively as underground, deconstructive, destroy, grunge, minimalist, provocative, established. ♦ 1° Garments for women, offering several collections, from ready-to-wear fashion to unique pieces (Artisanal collection). The main collection uses a plain white label* with no writing, sewn into the garments by hand with four white stitches*. The other collections, of which there are 12, are identified by a circled number on the label. ♦ 2° Male clients have also been taken care of since 1998, with four distinct collections. ♦ 3° Communicates exclusively in the first person plural "we", in order to focus attention on teamwork* (16 nationalities) and to respect the creator's wish for anonymity*: "The only thing we wish to push to the fore-front is our fashion". ♦ 4° Known for its taste for recovery* and recycling* of materials. ♦ 5° May go as far as to re-release an existing garment (Replicas*). ♦ 6° Since its creation, has favoured the use of whites*: walls, floors, stands, accessories, hanging wardrobes, in its boutiques, showrooms and offices. ♦ 7° Its employees wear white coats* (from "haute couture" workshops) as a "uniform" when serving the public. ♦ 8° Ext. Sunglasses, jewellery, perfumes. ♦ 9° A study subject in fashion schools. ♦ 10° Name used internationally in books, articles and exhibitions.
(20) THE EXHIBITION proper noun, singular. ♦ 1° Exhibition to celebrate the 20 years of Maison Martin Margiela, from September 12, 2008 to February 8, 2009. ♦ 2° Taking place at MoMu, Nationalestraat 28, in Antwerp.
WWW.MOMU.BE
FIRST AID

2008年9月至2009年2月_Maison Martin Margiela 20周年展览_展览海报

1990/1991 秋冬 _ 女装秀 _ 后台

1990/1991 秋冬 _ 1 系列 _ 毛外套

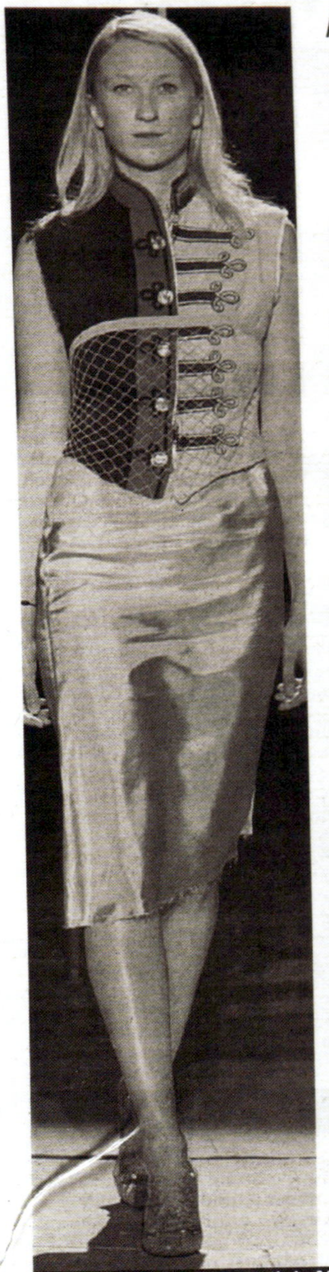

Martin Margiela

MINIMALISMO **surrealista**

L'abito s'indossa con la gruccia, la camicia maschile diventa una gonna, i collant dei guanti da diva e le calze a rete dei top trasparenti. **Gian Marco Ansaloni (Parigi)**

Ma che sei tutta matta? era un film con Barbra Streisand. Titolo che si addice perfettamente anche all'ultima collezione presentata da Martin Margiela. In passerella, previa la consueta somministrazione di vino rosso a 13,5 gradi alcolici, che ha reso immediatamente simpatiche diverse fashion editor, sfilano infatti modelle con addosso ancora le grucce, come se fossero state buttate giù dal letto all'improvviso. «Vèstiti, usciamo, ma in due minuti», sembra dire il compagno della donna Margiela, la quale si sbriga come può assemblando abiti indossati come gonne, collant infilati nelle braccia come guanti da divina, top realizzati con un patch degli stessi collant, trench con le maniche tagliate, camicie maschili aperte lateralmente e trasformate in gonne. Le scarpe paillettate si portano al collo o in mano come a fine party. L'abito diventa una minigonna e la calza a rete un top trasparente.

Giudizio. La sperimentazione di Margiela non conosce limiti. Il reworking ormai tocca tutti i pezzi del guardaroba, dall'abito alla camicia maschile che finiscono sotto le forbici del più misterioso dei designer e vengono trasformati in altro. Una couture neo-surrealista quella vista in pedana con ingegnose soluzioni, se non proprio per tutti i giorni, per non passare inosservate senza dover per forza ricorrere a paillette e leopardate varie. A volte basta una gruccia. (riproduzione riservata)

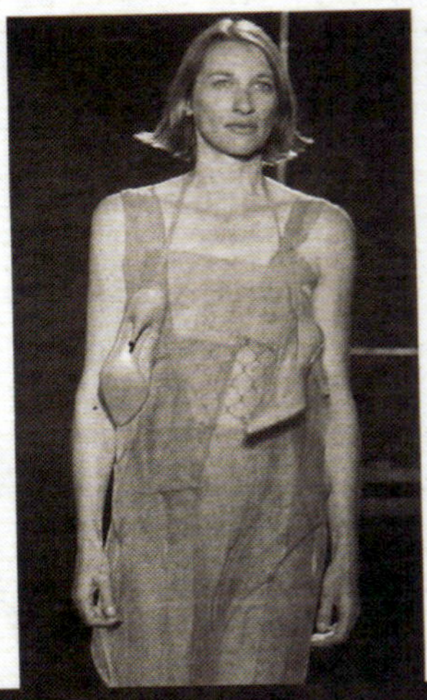

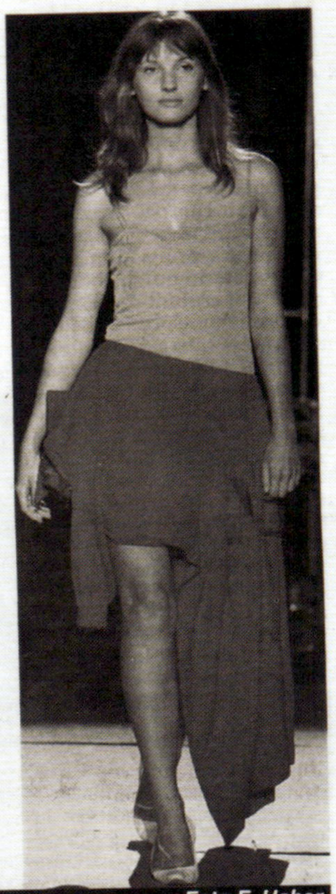

Alcuni modelli presentati da Martin Margiela

Foto F. Haber

Gilet de l'artisanal fait de bas nylon (34M012) porté sur pantalon en faux uni (31P221) ou rayé navy (29P029). Chaussures détruites noires (31ZJ015).// Unusual vintage 1950's stockings in nylon assembled by hand(line 0) worn with dark trousers and destroyed stilettoe shoes in black leather.

3

Double top en jersey fluide (ligne '4')(29L006) porté avec jupe-robe horizontale (31N286). Chaussures blanches (29ZJ005).// Double layer jersey top (line 4) worn with a horizontal dress skirt and destroyed stilettoe shoes.

4

Jupe-robe horizontale avec broderie sur le devant (31N277). Chaussures détruites noires (31ZJ015). // Dress reconstructed to be worn as a skirt with embroidery and destroyed stilettoe shoes in black leather.

5

2003/2004 秋冬 _ 女装秀 _ 彩妆设计的一部分，浓密的眼线沿着女性的眼皮延伸到太阳穴上

ERNA
LIEVE
PEGGY
STEL
60 i-D THE HIGH SPIRITS ISSUE

1989 春夏， 1989/1990 秋冬和 1990 春夏 _《I-D》杂志 _ 前三个流行季的各种造型

ADIA
ELS
KATRIEN
ALISON

unique

show with no catwalk and uneven ground. The models were concentrating too hard on not falling over to parade characteristically and too aware of the uncontrollable local children, sitting at the front and jumping up to mimic them, to pose seriously.

Margiela says the wasteland 'festival' evolved out of financial restrictions, not a desire to be different. Since the show, the pace has raced ahead at a speed he is not altogether comfortable with. For him, the rush to do interviews and write about his work seems unnecessary - he intends to be around for a long time. For the moment, what he has to say is best expressed in these photographs, which, he believes, speak for themselves...

Paris

MARTIN MARGIELA

Tel: (France) 4221 1269

④ A WARDROBE FOR WOMEN
Garments selected and designed with extra attention payed to fabric choices, finish and detailing.
Each season ④ contains eight 'Replica' - Garments found and exactly reproduced by Maison Martin Margiela.
Each replica will carry a label describing its provenance, description and epoque.
REPLICA

2005 春夏 _ 4 系列 _ 品牌型录 _ “Replica” 系列服装 2003 年首次推出，是各种来源和各个时期的原型经典服装的复制品。它们有特殊标签标识，是 4 和 1 4 系列的一部分

3

从沃斯到马吉拉

迪迪埃·戈巴克[Didier Grumbach]

由爱丽丝·莫尔盖[Alice Morgaine]主编的杂志《Le Jardin Des Modes》，在 1994 年 10 月发行的刊物上用 4 个页面刊登了《从 1850 年到现在，从沃斯到马吉拉》[*From 1850 to the present time, from Worth to Margiela*]，介绍了时尚品牌的历史。标题中提到了两个人物，从“时装之父”[引用保罗·波烈[Paul Poiret]的说法]，到最反常规的现代设计师，两者是非常不同的。实际上，沃斯[Worth]让时装设计师脱离匿名的状态。与这位时装设计师在一起，连朴实的供应商都变成了艺术家。沃斯敢于在自己的作品上签名，并发明了领标。从那时起，他一直处在社交生活的核心。波烈、香奈儿[Chanel]、圣·罗朗[Saint Laurent]和高缇耶都是他们同名品牌的代言人，并且是他们品牌成功的关键因素。

不留痕迹

相反，马丁·马吉拉却习惯缺席。他的腼腆影响了他的设计理念，也让他的时装屋显得与众不同。在他自己的时装秀结束时，人们从来看不到他的身影，更看不到他在掌声中跟观众们打招呼。他还拒绝任何采访和拍照，从来都没有，这种不留痕迹成了他品牌的标志。他的品牌标签也是难以捉摸的，服装的包装是有着优雅线条的袋子，商店的墙壁上装饰着白色的帆布，销售员身上也穿着这样的布料。当时尚杂志《ELLE》安排让 - 玛丽·佩里尔[Jean-Marie Périer]将 20 世纪末的主要设计师聚集到一起合照时，马丁·马吉拉则由第一排空着的一把椅子代为出席，在资历最深的索尼娅·里基尔[Sonia Rykiel]旁边。马丁·马吉拉即使缺席也是如雷贯耳的存在。

学徒期

缺席并不意味着被孤立。设计师们之间彼此认可，彼此之间还有师徒谱系的亲缘关系。

马丁曾经是高缇耶的助手，这解释了为什么高缇耶赞助了马丁，并为这本书写了序。高缇耶本人也曾在卡丹[Cardin]那里学习过，卡丹曾是迪奥[Dior]的首席裁缝，他也曾在皮盖[Piguet]麾下历练，这样的情况还很多。“父母是生下来就决定的，朋友则是自己选定的”，马丁虽然“不出现”，但却处在很多朋友关系的中心。

人们经常把马丁和他的日本同行们联系到一起，他曾与川久保玲一起在巴黎曾经的古监狱宏大的拱形大厅举办时装秀。人们提到他时，也总联想到“安特卫普六君子”，他们一起构成了欧洲最新一代的设计师风貌。

回忆

我一共只见过马丁四次。我并不确定，当他出现时，我是否能够认出他。

我第一次见他是在 1991 年。一位时尚记者梅尔卡·特兰顿[Melka Treanton]在 Jean-Goujon 街——彼时法国时装学院的地下阶梯教室里讲课，该校址后来因为塞纳河岸工程而消失了，在那之前一共有 22 届学生毕业。Maison Martin Margiela 的合伙人兼总裁珍妮·梅伦斯[Jenny Meirens]说服马丁陪同她访问了法国时装学院。他们悄无声息地走进梅尔卡讲课的大厅入口，梅尔卡邀请他们到讲台前面，并向大家介绍了马丁。一时间大家的问题蜂拥而来，马丁起初略微尴尬，后来就很自如地与被他征服的观众交谈起来。我一直保持沉默。对害羞的人来说，在这种场面开口总是很艰难。

第二年，也就是 1992 年，马丁·马吉拉成为耶尔艺术节的评委。参加艺术节的人们都乘坐公共汽车，导致公共汽车不准时，反而为当天增添了许多别样的精彩。非常偶然的机会，在一个短途行程中，我和马丁坐在一排椅子上。那时候，我是 Thierry Mugler 的总裁，我们两家公司有同样的观点：共同谴责时装秀时间安排的无效性。在这个话题上，我们滔滔不绝：为什么要向世界展示尚未被开发的作品？在 20 分钟的车程中，我们仿佛召开了一次峰会，不过最终的结论一直尚未写成。两个品牌 Mugler 和 Margiela 决定不在 3 月举行时装秀，而是推迟时装秀的时间：第一场安排在 7 月，作为传统高定时装的发布时间，能很好地利用新闻媒体的宣传效应；第二场则安排在 9 月，符合给主要客户送货的档期，这样能把服装展示在巴黎的 L'Eclaireur 精品店、伦敦的 Browns 百货和纽约的 Charivari 时装店的橱窗里。这个联盟本来可以发挥很大的效力，可惜后来没有实现。

从 1992 年起，我经常遇到珍妮·梅伦斯。我们达成一致，可以互相拜访各自的住所。于是我熟悉了鲁埃尔小巷，那里实验室的气氛与 Thierry Mugler 品牌下的戏剧气氛完全不同。后来，珍妮和马丁搬去了 Ours 街。我们在邻近 Thierry Mugler 前总部——奥弗涅大使馆旁边的一家餐馆里进行了四人午餐，有马丁、珍妮、我和我的合伙人米歇尔·杜亚德 [Michel Douard]。我们两家公司的情况非常不同，以至于我们的交流虽然很丰富，但却没能一起做些什么。

后来，我创办了 Mode&Finance 基金，这是我们时尚行业的投资基金，直到今年为止，都一直由卡罗琳·朱宾 [Caroline Joubin] 管理。这个基金购买了 Maison Martin Margiela 的小部分股权，卡罗琳还陪珍妮和马丁出席了 Only The Brave [OTB] 集团公司在比利时首都的发布会。

Maison Martin Margiela 将一直保持概念性和永恒性的特色。马丁的继承者也一定会像他登上领奖台时一样谨慎。

—

迪迪埃·戈巴克是法国时装界的著名人物，自 1998 年他担任法国巴黎时装设计师协会主席，也是巴黎服装设计师联盟主席。自 1997 年，他开始担任国际艺术与时装节主席，即现在位于海耶尔的 Villa Noailles 协会 [译注 : Villa Noailles 是法国的一座花园别墅式的展馆，已有 80 年的历史，一直以举办艺术、设计与时尚展览闻名]。1985 年，他参与创立了法国时装学院，自此他曾担任学院的市场总监 [1986 年]、学术总监 [1989 年]，并自 1997 年以来一直担任系主任。1966 年至 1978 年，他担任圣罗朗左岸的联合经理，1978 年至 1998 年担任法国 Thierry Mugler 公司的总裁。戈巴克从 Margiela 创立之初就一直支持时装屋的工作。

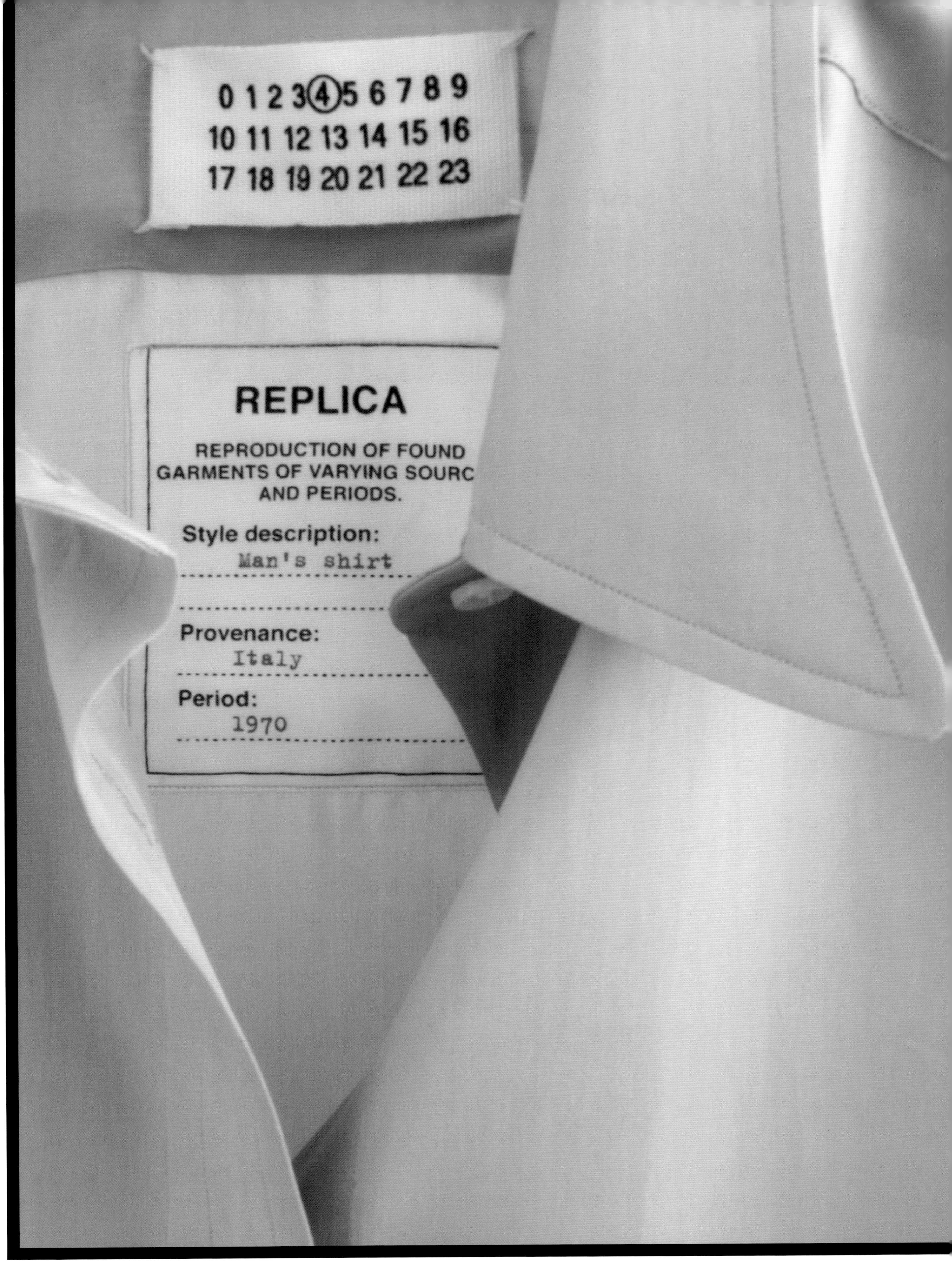
0 1 2 3 4 5 6 7 8 9
10 11 12 13 14 15 16
17 18 19 20 21 22 23
REPLICA
REPRODUCTION OF FOUND
GARMENTS OF VARYING SOURC
AND PERIODS.
Style description:
Man's shirt
Provenance:
Italy
Period:
1970

2005/2006 秋冬 _ 4 系列

PARIS

1991/1992 秋冬 _ 女装展 _ 由女士和嘉宾标记的涂鸦风格壁纸

MARTIN MARGIELA

1991/1992 秋冬 _ 女士服装展示期间，客人在空白的墙壁上贴上标签 _ 一系列长披肩和无侧边的长袍，通过对页的绑带固定住前部，背部和前部绑在一起

DE TELEGRAAF

Kleren zijn uit, vodden in

MARGIELA's REVOLUTIE

■ Lacroix' patchwork-breisels.

■ Margiela's gerecyclede mannencolbert met ceintuurtje.

■ Westwood's Schotse ruit en Burlington-print.

■ Grove breisels voor Dries van Noten.

1993/1994 秋冬 _《荷兰电讯报》_ 秀场回顾 _ 重新组装的服装：用回收的 20 世纪 70 年代毛羊皮制成的大衣；20 世纪 40 年代的花朵印花连衣裙经过解构和重组，制成了一种新的多重印花服装；肩膀未加衬垫并系有一条细皮带的男士外套

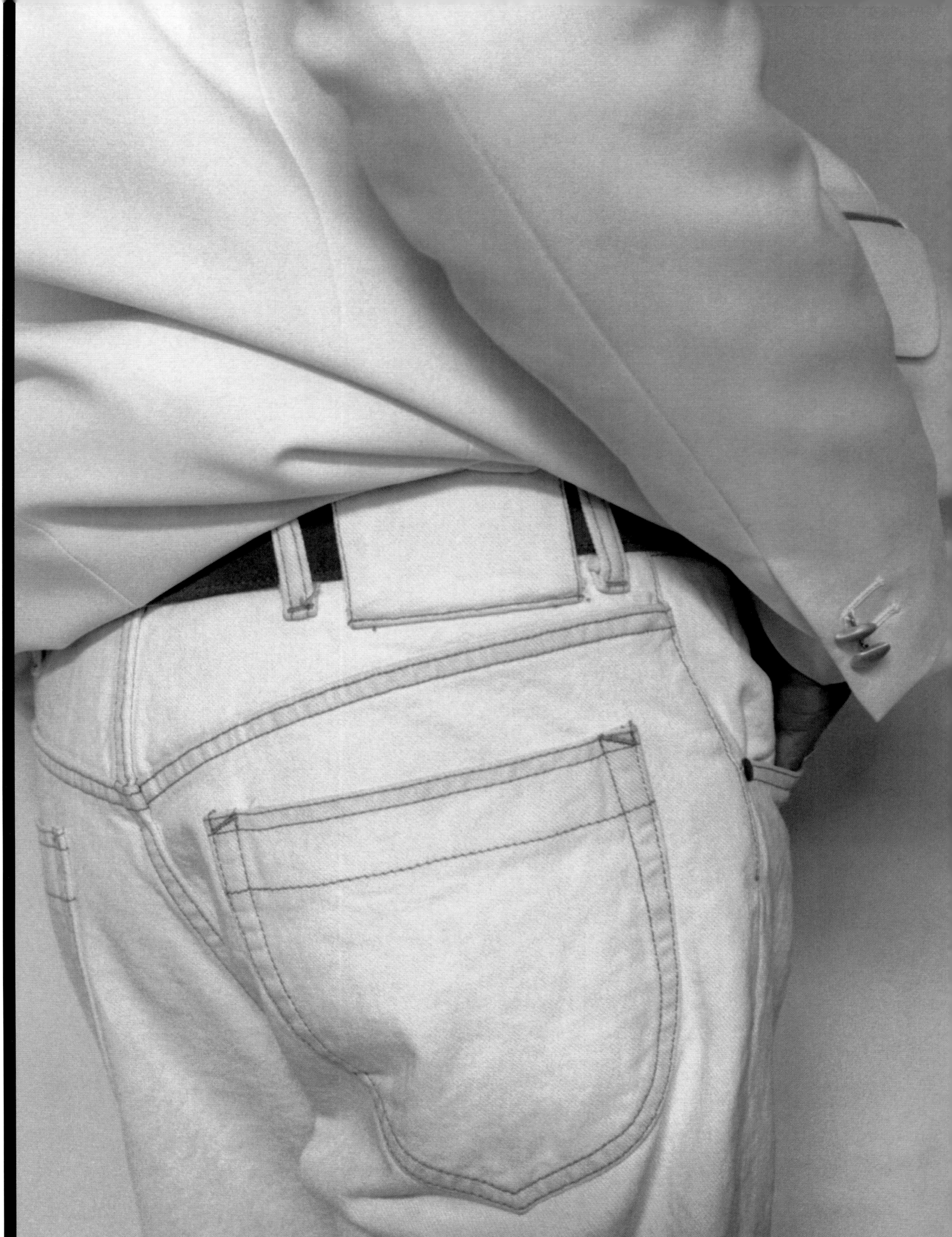

2000/2001 秋冬 _ 10 系列 _ 穿在带有本身布［self—fabric］腰带标签的白色漂白牛仔裤上面的白色晚餐外套

2008 春夏 _ 0 系列 _ 黑色露背皮革上衣，饰有镜面小瓷片，迪斯科球上的对角线图案和弯曲线条，被用在了上衣制作上

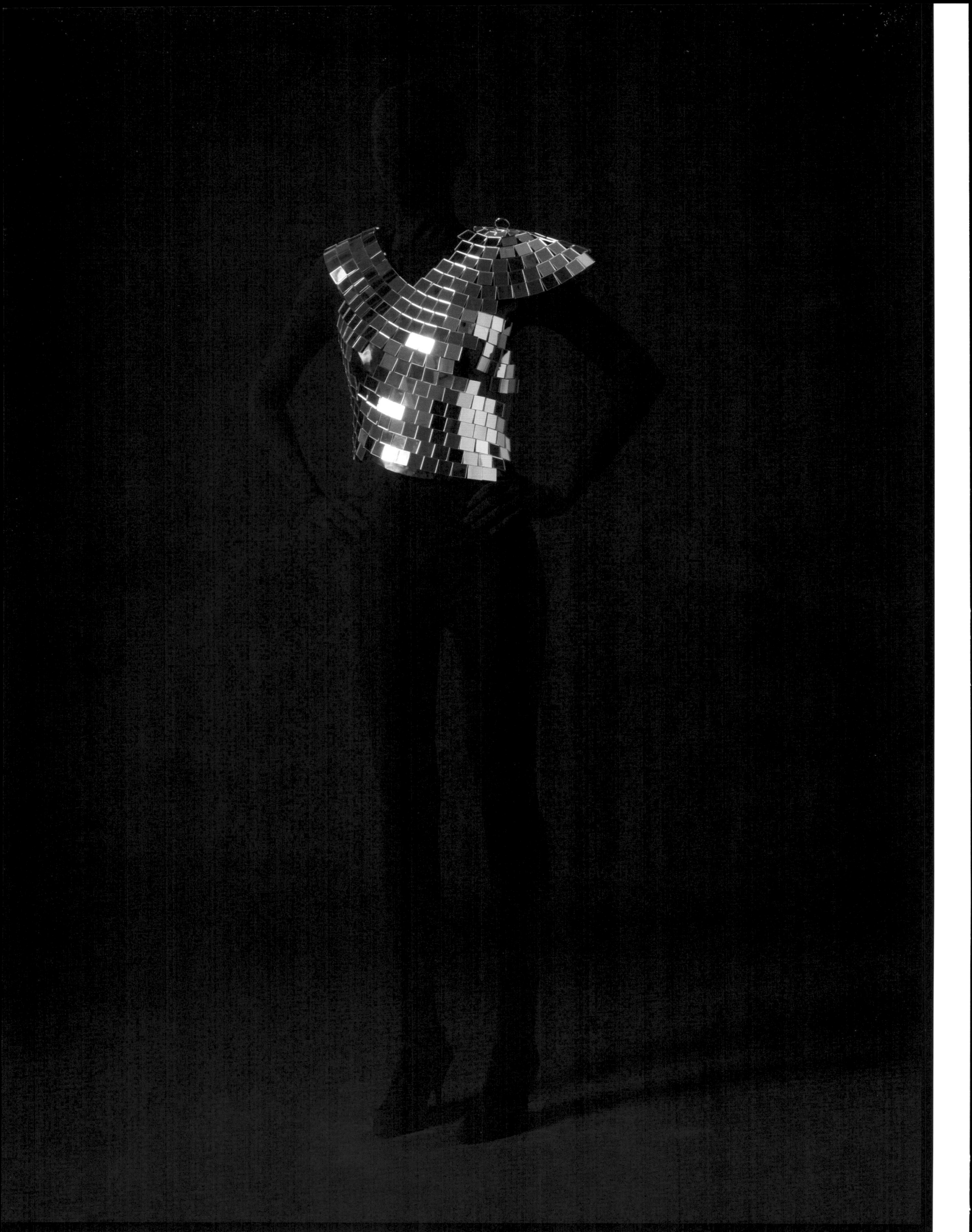

de rest
Fluo roze
Fluo oranje

1992 春夏 _ 女装秀 _ 涂在女士指甲上的颜色列表 _ 自成立以来，时装屋在所有时装秀的彩妆理念上与化妆师 Inge Grognard 合作

STEREOTYPE
[n. a person or thing that conforms to a standarized image]
STEREOTYPICAL MEN'S
BLAZER
100% Cotton

2000 春夏 _ 女装秀 _ 用白色棉制成的男士晚礼服上衣，突出其基本款、正装特征

22

1993 春夏 _ 女装秀 _ 后台 _ 两场展示同时进行，一场是白色的轮廓，另一场是黑色的轮廓。黑色轮廓秀场播放音乐，并在终场时保持静音。白色轮廓场颠倒了这个顺序

1993 春夏 _ 女装秀 _ 黑色场的后台，这场秀在一个车库里进行，女士们的眼部都被黑色动感喷绘扫过

TRAIT de PEINTURE
INSPIRÉE DU DÉFILÉ PRINTEMPS-ÉTÉ 93, UNE VARIATION ARTY DE L'ŒIL CHARBONNEUX, RÉALISÉE À L'ÉPOQUE DIRECTEMENT SUR PEAU AU PINCEAU, FAÇON BODY-PAINTING, PAR INGE GROGNARD. AVEC TOUJOURS CETTE IDÉE DE L'ANONYMAT CÉLÉBRÉE PAR LES MANNEQUINS AUX YEUX BANDÉS DE TOUS LES LOOK-BOOKS DE LA MAISON.

2008 年 10 月 _ 法国版《Vogue》_ 马丁 · 马吉拉作为庆祝 Maison Martin Margiela 成立 20 周年特刊的客座编辑，使用 1993 春夏女装秀的彩妆概念为克莉丝蒂 · 杜灵顿 [Christy Turlington] 打造晒伤妆肖像

AIDS T恤衫＿自从 1993／1994 秋冬以来，每个流行季都有不同颜色的 AIDS T恤衫，衬衫的文字在前部面板和 V 领口处用木刻表示："要抗击艾滋病，还有更多的工作需要做，但是这件 T 恤衫是一个不错的开始"＿销售收入捐赠给法国慈善机构 AIDS

IT'S
START

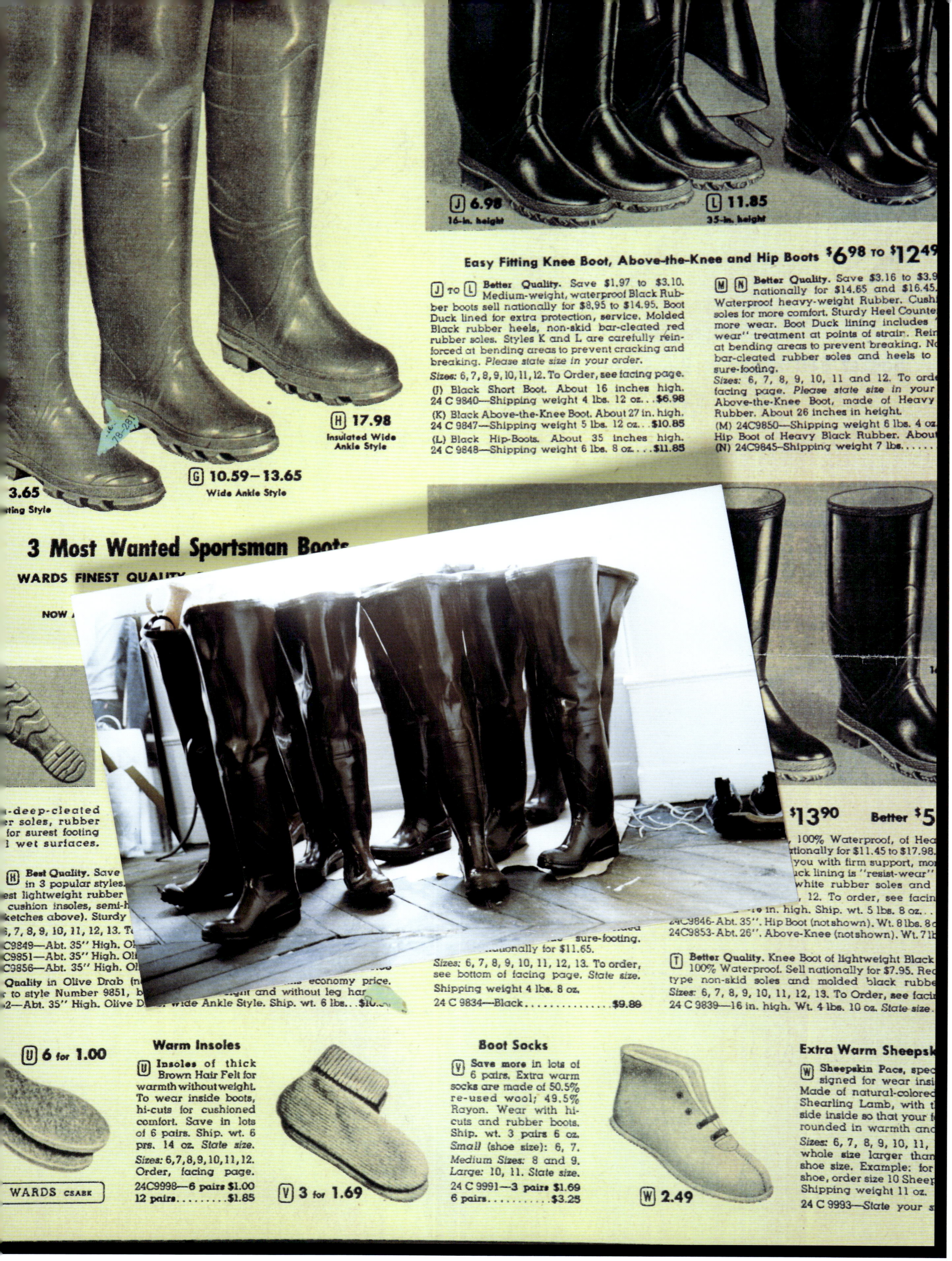
J 6.98
16-in. height
L 11.85
35-in. height
Easy Fitting Knee Boot, Above-the-Knee and Hip Boots $6.98 TO $12.49
J TO L Better Quality. Save $1.97 to $3.10. Medium-weight, waterproof Black Rubber boots sell nationally for $8.95 to $14.95. Boot Duck lined for extra protection, service. Molded Black rubber heels, non-skid bar-cleated red rubber soles. Styles K and L are carefully reinforced at bending areas to prevent cracking and breaking. Please state size in your order.
Sizes: 6, 7, 8, 9, 10, 11, 12. To Order, see facing page.
(J) Black Short Boot. About 16 inches high. 24 C 9840—Shipping weight 4 lbs. 12 oz. . .$6.98
(K) Black Above-the-Knee Boot. About 27 in. high. 24 C 9847—Shipping weight 5 lbs. 12 oz. . .$10.85
(L) Black Hip-Boots. About 35 inches high. 24 C 9848—Shipping weight 6 lbs. 8 oz. . . .$11.85
H 17.98
Insulated Wide Ankle Style
G 10.59–13.65
Wide Ankle Style
3.65
3 Most Wanted Sportsman Boots
WARDS FINEST QUALITY
NOW
$13.90
Better
Sizes: 6, 7, 8, 9, 10, 11, 12, 13. To order, see bottom of facing page. State size.
Shipping weight 4 lbs. 8 oz.
24 C 9834—Black $9.88
T Better Quality. Knee Boot of lightweight Black 100% Waterproof. Sell nationally for $7.95.
U 6 for 1.00
Warm Insoles
U Insoles of thick Brown Hair Felt for warmth without weight. To wear inside boots, hi-cuts for cushioned comfort. Save in lots of 6 pairs. Ship. wt. 6 prs. 14 oz. State size.
Sizes: 6, 7, 8, 9, 10, 11, 12. Order, facing page.
24C9998—6 pairs $1.00
12 pairs $1.85
WARDS
V 3 for 1.69
Boot Socks
V Save more in lots of 6 pairs. Extra warm socks are made of 50.5% re-used wool; 49.5% Rayon. Wear with hi-cuts and rubber boots. Ship. wt. 3 pairs 6 oz.
Small (shoe size): 6, 7. Medium Sizes: 8 and 9. Large: 10, 11. State size.
24 C 9991—3 pairs $1.69
6 pairs $3.25
W 2.49
Extra Warm Sheepsk

1990/1991 秋冬 _ 女装秀 _ 橡胶捕鱼防水靴和启发其设计的复古广告

PHOTO'S RONALD STOOPS
DÉFILÉ AUTOMNE.HIVER 90.81 PARIS

1990/1991 秋冬 _ 女装秀 _ 后台

2008／2009 秋冬 _ 女装秀 _ 后台 _ 造型上混合了棕色、黑色和灰色，并带有各种纹理和印花

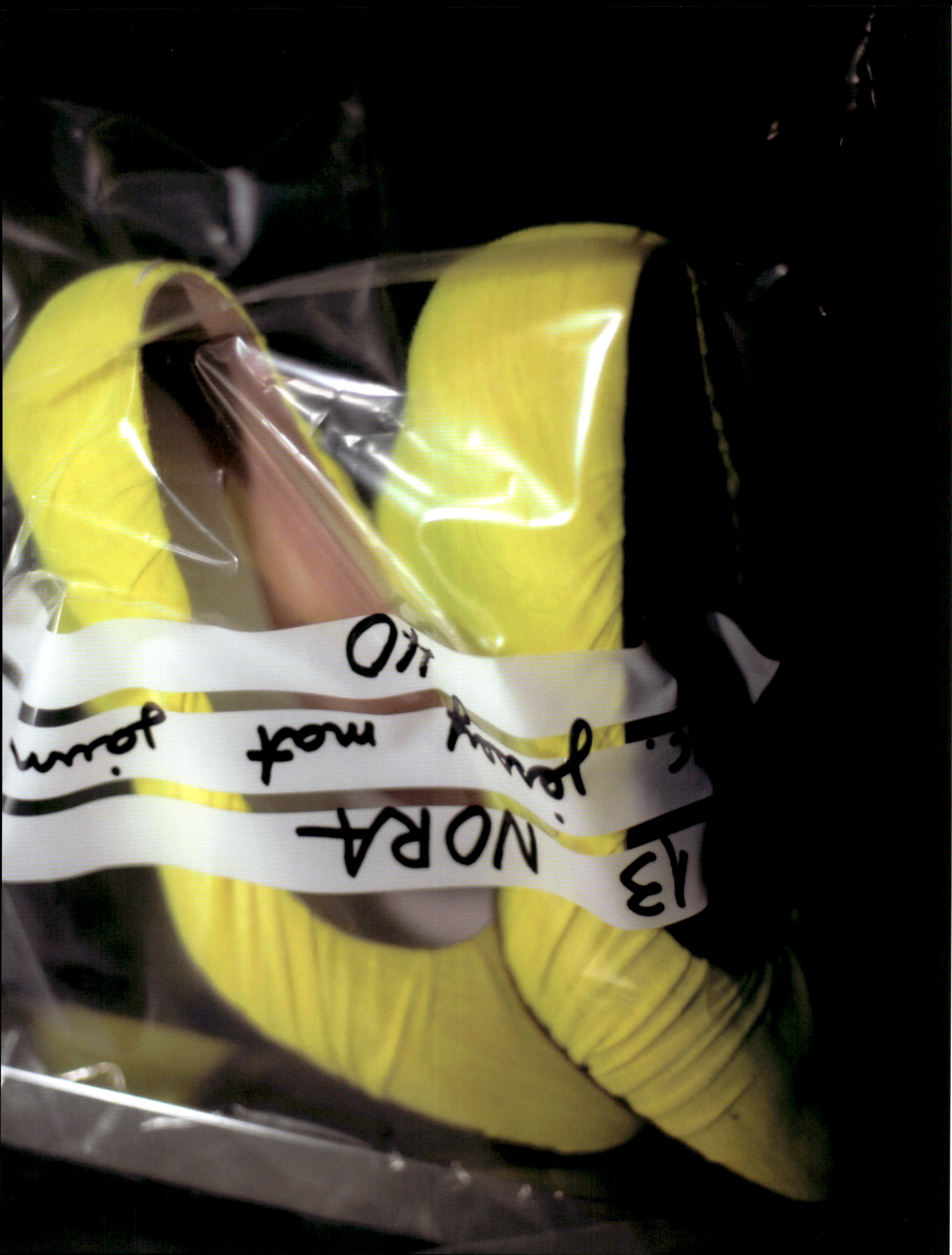
13 NORA

2007/2008 秋冬 _ 22 系列 _ 后台 _ 用荧光黄色的羊毛平织面料覆盖的高跟鞋

Maison Martin Margiela
'0'
Vêtements transformés pour femme(artisanal)
/Garments remodelled by hand for women.
Automne/hiver-Autumn/Winter 2005-06
TOUTES LES PHOTOS / ALL PHOTOS :
FREDERIC BERGUE,Paris.
Service shopping:
Pour emprunter des tenues,
veuillez appeler:
To borrow outfits, please call:
Tel: +33(0)1 44 53 63 24
Fax: +33(0)1 44 53 63 36
E-mail: presse martinmargiela.net
Service Presse:
163,rue Saint Maur 75011 Paris
Tel: +33 1 44 53 63 20 - Fax: +33 1 44 53 63 36
Col réalisé avec des perruques (34A002)// Collar made from wigs.
A
Top réalisé avec des perruques (34G002) // Top made from wigs.
B
Veste réalisé avec des perruques (34G002).
// Jacket made from wigs.
C
Jupe réalisée avec des compresses (34J002).// Skirt made from bandages.
D
Veste réalisée avec des compresses (34V003).
// Jacket made from bandages.
E
F
Robe réalisée avec des compresses (34R001).// Dress made from bandages.
G
Collier et bracelet réalisés avec des pampilles (34A003),(34A004).
// Necklace and bracelet made from chandelier crystals.
Bague realisé partir d'une cuillère en argent(34A005).
// Ring made of a silver spoon.
H
I

2005/2006 秋冬 _ 0 系列 _ 型录

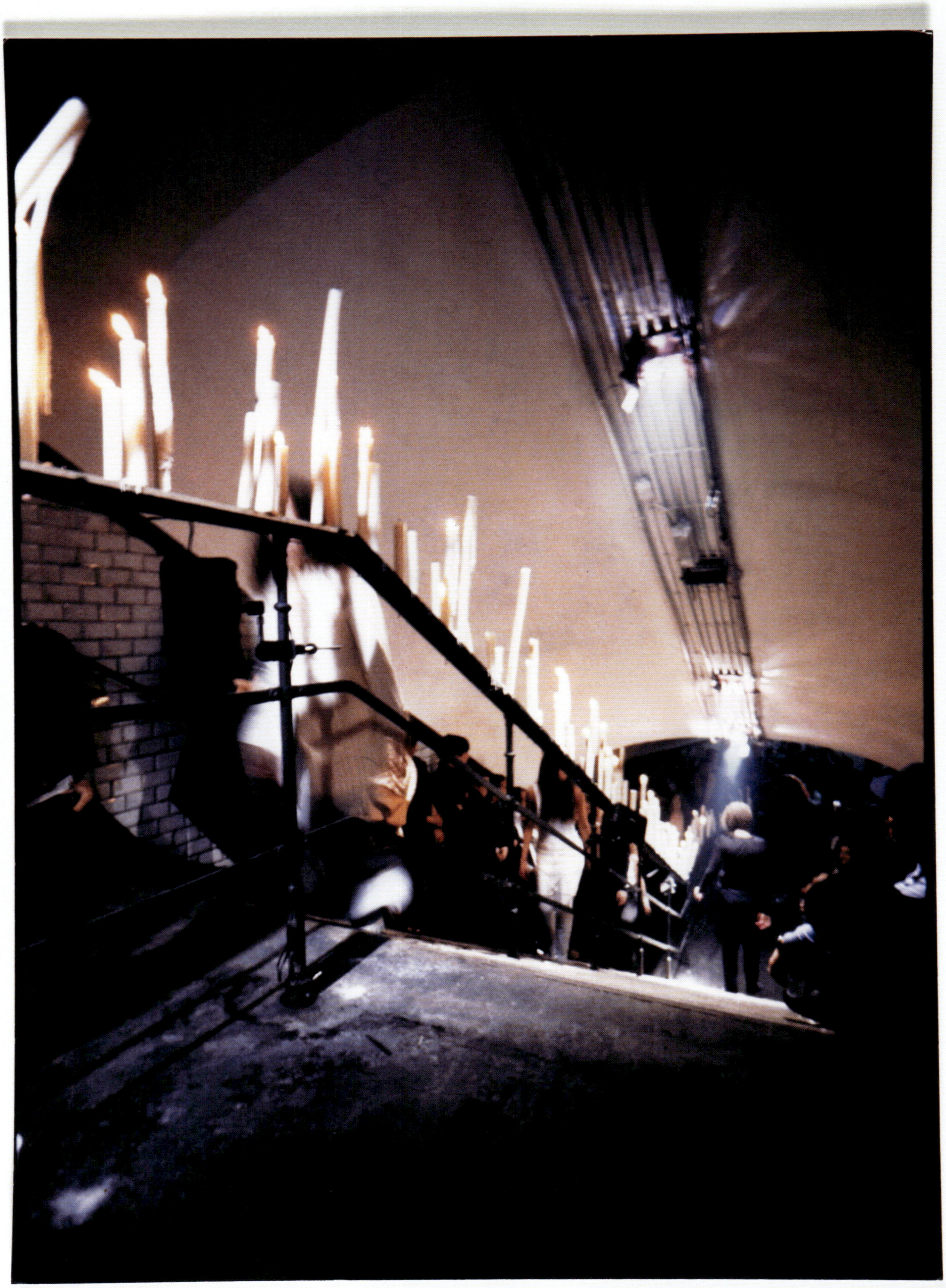

1992 春夏 _ 女装秀 _ 自 1939 年以来，圣马丁地铁站一直停用。这次演出用 1600 盏蜂蜡教堂蜡烛照亮了三个主要的楼梯间。女士们在摇滚音乐会上观众鼓掌的配乐中上下楼梯

1992 春夏 _ 女装秀 _ 复古方巾制成的服装

1992/1993 秋冬 _ 服装的塑料包装被模压在带有黏合剂的超大型人台上，并作为裙子穿在人台上

3

4

5

6

2007／2008 秋冬 _ 0 系列 _ 不同类型的珠宝交错排列，制成金属网眼连衣裙；一件男士花呢外套被改制成机车夹克；从古着皮夹克切下的链环重新制成了一件罩衫；金属亮片状的圆形牛仔布片被拼贴在一条漂白过的古董牛仔裤上，呈现出“渐变”效果

3. Bague à crystal oversized portée en collier (36UU004).// Oversized crystal diamond worn as a necklace.
3

kirt in viscose fastened
ist with a cotton tie over
and jeans.
Large scarf in fake fur tied in the
back with cotton ribbons worn over
a vest and jeans.
91
Zipped waistcoat or dress or tank-top
in open-work felt worn over T-shirt
or vest and trousers.
AH9091
3

1990/1991 秋冬 _《Regina》杂志

2007 年 2 月 _ Maison Martin Margiela 在米兰 Carla sozzanicorso como 10 画廊举办的“Artisanal”展览 _ 从“Artisanal”系列中精选的作品。展览的概念也是在成品和原材料或灵感之间建立联系

SNOWFLAKE
Kg.5

KODAK 506
18
5063 TX
18A
18
17A

1994 春夏 _ 女装秀 _ “回顾”［Retrospective］系列 :1989 年至 1993 年的标志性造型

HELLO
hong-Kong
EXHIBITION NOW
MAISON MARTIN
MARGIELA
june
13/06/06
Shop
soon
end of
july

中国香港中环店＿于 2006 年 7 月 31 日开业＿位于一栋古老的殖民地破旧房屋中，房屋内有古董混凝土砖、铁楼梯和传统阳台

2008 年 9 月至 2009 年 2 月 _ Maison Martin Margiela 20 周年在安特卫普 MoMu 举行的展览 _ “Paint” 主题部分

ion
ZOÉ FELIX
CAROLINE DUCEY
AURE ATIKA
AMIRA CASAR
JOANA PREISS
MARINE DELTERME
ELODIE BOUCHEZ
ARLY JOVER
TARA SUBKOFF
BÉATRICE DALLE
15 EUROS FRANCE
Martin Margiela

2005 春夏 _《Purple》_ 穿着 Horizoutal 上衣和裙子的 Chloë Sevigny

2006 年 1 月 _ Maison Martin Margiela 在佛罗伦斯男装周［Pitti Imaging Uomo］的展览。在活动后的派对上，男模特穿着从过去发布的时装系列中挑选出来重新打造的白色服装走来走去

La Maison Martin Margiela fait salon

PITTI UOMO

La griffe avant-gardiste réputée pour sa discrétion s'expose pourtant en plein cœur du Pitti Immagine Uomo, salon (commercial) de la mode masculine qui se tient à Florence jusqu'au 14 janvier.

De notre envoyée spéciale à Florence

MMM (le nom que se donnent les équipes de la Maison Martin Margiela) ne fait jamais rien comme tout le monde. Habituellement, le titre de « designer invité du Pitti Uomo » annonce une grande exposition consacrée dans un magistral palazzo. *« Mais alors ça ne concerne qu'une élite,* déplore Patrick Scallon, porte-parole de la maison. *Nous voulions partager notre esthétique avec tous ceux qui participent au salon, proposer des moments de détente.* » Donc, grande première dans l'histoire du Pitti, l'exposition du « designer invité » est disséminée sur dix-huit stands, à côté de ceux des autres marques. Des échoppes blanches : ici on vend des fleurs vraies ou fausses, là des « boules de neige » vides, avec la figurine – tour Eiffel, tour de Pise... – à part. Une grande montgolfière, des drapeaux, un stand de glaces, un vendeur de barbes à papa, une machine de forain pour gagner des peluches...

Tout est blanc. Le blanc – ou plutôt les blancs (grisé, éclatant, ombré, etc.) –, couleur fétiche du créateur belge depuis ses débuts, le blanc *« à la fois fort et fragile ; présent et absent »*, comme l'est Martin Margiela qui fuit la presse, signe sous le nom d'une équipe et appose un bout de tissu blanc ou chiffré sur ses vêtements en guise d'étiquette.

Intriguer et provoquer

Autre spécialité de MMM : le décalage. De réputation austère, la maison choisit cette fois de miser sur le ludique. *« Nous aimons intriguer, provoquer. »* Une esthétique conceptuelle ? *« Ça paraît pompeux mais nous plébiscitons l'authenticité et le partage : notre objectif au Pitti était aussi de nourrir physiquement, d'où les glaces. »* Une démarche créative finalement très premier degré. Et bien moins élitiste que ne le suggérait il y a peu la communication de MMM : pendant longtemps, la seule boutique parisienne était dans une petite rue jouxtant les jardins du Palais-Royal. Dans la vitrine, ni nom, ni vêtements, juste des cartons entassés. Alors Margiela au Pitti, et de cette façon enjouée, cela révèle une stratégie inédite d'ouverture dont témoignent les récentes inaugurations de boutiques (rue de Grenelle à Paris et à New York en passant par Taïpeh).

Avant le rachat par la marque Diesel et son patron Renzo Rosso, la griffe comptait trois boutiques. Elle en détient onze aujourd'hui. Le groupe a investi 15 millions d'euros dans le label depuis 2002. Et le chiffre d'affaires de MMM a gonflé : 27 millions d'euros en 2004, 32 en 2005. Attendu jeudi pour visiter le Pitti made in MMM, Renzo Rosso explique : *« Si nous avons réorganisé la société en la dotant d'un nouveau management, nous souhaitons protéger l'esprit de la maison, évolutif, minimaliste et mâtiné vintage, d'ailleurs, le marché et la tendance convergent vers le style de la MMM. »*

CATHERINE MALISZEWSKI

La Maison Martin Margiela (MMM), designer invité du Pitti Uomo, a disséminé ses stands dans tout le salon : là des fleurs, ici une machine à barbes à papa, là des « boules de neige » revues et corrigées par l'esprit MMM, déclinent toutes les tonalités de blanc, couleur fétiche de la griffe. *Alessandro Campi.*

EN DI… DU PI…

Viktor & Ro… La référence … vêtement de … pour trois an… stylistes néer… Horsting et R… a confié la co… à-porter et de… masculins et … toute la direct… Objectif : reco… des fashion ad… dévoile les piè… nouvel homm… lignes réajusté… performants bi… ceux qui aimen… en propre de Vi…

Acqua di Parm… La marque itali… parfums et d'ar… labellisée LVMH… Collezione Barb… mieux suivre les … visage ; blaireau … blaireau ; gel ou … préparer la peau … sensibilité, deux l… rasage. Le tout se… Colonia, la premiè… (née en 1916) d'Ac… Parma.

Pitti Immagine invites you to celebrate
Maison Martin Margiela at Pitti Immagine Uomo 69
at Teatro Puccini, via delle Cascine 41, Firenze
on Thursday January 12th 2006 from 19h00 sharp
to 21h00. Your timely presence will be greatly
appreciated. Shuttle Bus to Teatro Puccini from
18h15 to 18h45 leaving from Fortezza da Basso,
piazza Ognissanti and piazza dell'Unitá Italiana.
turn from 21h00 to 22h00. This invitation is
ictly personal.

2006 年 1 月 _ Maison Martin Margiela 在佛罗伦萨男装周的展览 _《Le Figaro》专题：通过将一系列的摊位、商店和设施带入男装周，并用白色的形象来呈现它们，从而展现 Maison Martin Margiela 的品牌精神

⓪⑩ Garments remodelled by hand for men
手仕事により、フォルムをつくり直した男性のための服
⑩ A wardrobe for men
男性のためのワードローブ

东京惠比寿店 _ 2000 年 9 月 21 日至 2006 年 2 月 22 日 _ 白色牛皮地毯覆盖着 10 系列专用房间的地板

1993/1994 秋冬 _ 1 系列 _ 反穿的提花针织毛衣

2006/2007 秋冬 _ 女装秀 _ 后台

OCCASIONE!
FAUTEUIL DE
import
Désignation FAUTEUIL DE BUREAU
Référence 31AM009
Composition CUIR
Dimensions 76 X 113 X 60 cm
Prix
Fournisseur DUPONT
Couleurs interieures
Gris
Promotion exceptionnelle
Import
CODE ARTICLE 31AM010
DESIGNATION RELAX
COMPOSITION VELOURS

2006/2007 秋冬 _ 女装秀 _ 把带有扶手椅照片和信息的标签贴到相应的服装上，这些服装的创作灵感来自这些扶手椅

SERVATIONS
PASSAG
PASSAG
PASSAG
Nº.2738 p. 2
hi. Mi basta il meglio
tatie bereikt dat ontzettend veel mensen die in de mode werken zijn
kleren willen dragen. Zeker mannen. Margiela heeft een groot publiek
van ingewijden en het is makkelijk om aan die mensen te verkopen.
De winkels van Martin Margiela
Vlaanderenstraat 114, Brussel 25 bis, Rue du Montpensier, Parijs (eerst
23 rue du Montpensier (toegang via Passage Potier), Parijs (winkel ge
de herenlijn) 3-3-3 Ebisu Minami, Tokyo (de allereerste shop) From First
Minami Aoyama, Tokyo
0 Vêtements
1 La collectio
72 ELLE BELGIE NOVEMBER 03

男女装商店分别于 2002 年 6 月和 2002 年 10 月在巴黎 montpensier 开业。两家商店位于巴黎市中心一条安静的住宅街道上的邻近建筑物，在皇家宫殿 [Palais Royal] 的后面

1 version recadré +
1 version normale.

25 BIS

elle piazze
tout-court e
di arrampicata
tta in compagnia,
alto, ci si può
etico che
anti possibile,
urfisti e gli
oprio look, con
etta di riferimento
e divise, però»,

Un universo tutto bianco

Martin Margiela
25 bis rue du Montpensier, Parigi
tel. 0033.1.401.507.55.

Che cosa ha fatto la moda all'architettura? Con questa domanda provocatoria Dejan Sudjic, critico e direttore della rivista *Domus*, apre il suo scritto su *Total Living*, il libro prodotto da Pitti Immagine (Charta). Appunto, che cosa ha fatto? «Perché», si chiede Sudjic, «oggi i più grandi stilisti affidano a griffe dell'architettura l'immagine di negozi e show-room? E perché, architetti superfamosi accettano commissioni che fino a poco tempo fa sarebbero sembrate solo uno svago per un architetto vincitore del Pritzker Prize?». La risposta è nel concetto di *Total Living*, nell'ambizione di ogni stilista di ritagliare una propria immagine precisa e inconfondibile che inglobi ogni particolare, dagli abiti, al *packaging*, all'architettura. Così anche il belga Martin Margiela, artista/stilista d'estrema avanguardia, ha concepito le sue ultime collezioni e il suo primo negozio parigino secondo un'unica idea che distilla l'essenza della sua immagine. Completamente bianco dai pavimenti ai soffitti, dai camini ai libri, fino ai fiori e agli oggetti "trovati" e riproposti come arredamento, il negozio riflette completamente la collezione. **C.P.**

8 MARZO 2003

Marleen Daniels

巴黎总部＿圣莫尔街办公室的大多数门都贴着带有其他门图像的壁纸，营造出一种黑白图形美感，也具有街头海报的观感

2006 春夏 _ 女装秀 _ 女士站在用来放置电影摄影机的手推车上，并由专业摄影机和灯光设备管理人员推着她走上 T 台

1990/1991 秋冬 _ 女装秀 _ 陈列室和后台

1990 春夏 _ 带有手绘涂鸦标记的 Tabi 靴

1991 春夏 _ 女装秀 _ 后台 _ 彩妆：白色眼皮上有黑色假睫毛的痕迹

2007 春夏 _ 女装秀 _ 后台 _ 带有有机玻璃鞋跟的靴子、细高跟鞋、一脚蹬和凉鞋 _ 模特穿着带有星星图案的蝙蝠袖上衣，里面穿着连体紧身衣，上衣的肩部做了垫肩，突显了宽肩线条

MARTIN MARGIELA

マルタン・マルジェラ

デ・プレから少し離れた、古い洋館で開催されたマルジェラのコレクション。解体したパンツの前身頃をギャルソンのエプロン風に取り付けたり、トレーンのように後ろに流して、全く新しいスタイルを提示する。くたびれたジーンズ、しわ加工のコットン、なめしたレザーなどの使い古されたファブリックでデザインされた“再利用された服”が主張するのは、オプティカルなアバンギャルド・スピリット。 ㊐オリゾンティ☎03(5411)6520

1999 春夏 _《Mode Mode》_ 时装秀评论

2007/2008 秋冬 _ 女装秀 _ 用平织面料包裹的锁和钥匙，它可以像项链一样佩戴

August
2008
八月号
€15
CHIC START
8种早秋造型
抢先看！
10件可入秋的
春夏行头
DIRECTIONAL SHAPING
想瘦哪就瘦哪
定向塑身亲体验
HYDRATION SECRETS
高效率补水30计
FASHION IN MOTION
独家演绎奥运灵感时装
8名奥运明星的美丽与坚韧 中外艺术家的奥运诠释
VOGUE 百年运动时装回顾 极致金色运动妆容
ISSN 1671-010X
总第 90 期 邮发代号：2-921 定价：人民币 20 元整

2008 年 8 月 _ 中国版《Vogue》_ 用收集的羽毛球制成的一件露背上衣，张曼玉 [Maggle Cheung] 穿着这件衣服参加了 Faslion in Motton 时装展。羽毛球是用白色、黄色塑料以及鹅毛制成的

4

L’insolence novatrice - Martin Margiela

Pourquoi le travail de Martin Margiela est-il si profond ?
Plutôt que de se sentir victime, on fond d’extase devant la rigueur de son travail délivré des usages classiques. Il ne m’a pas fallu longtemps pour me sentir proche de cette attitude qu’on ne peut pas qualifier de sombre, mais plutôt de tonique.
Ses lieux sont rugueux et peuvent être hostiles, mais, comme à l’intérieur d’un thermos, un bouillonnement se cache. Ils sont la confrontation d’un cynisme, d’un humour et d’une rage qui aboutissent à l’épanouissement.
De ses lieux, je ne connais que les boutiques. Gourmand d’une habitude monochromatique, le blanc y est omniprésent et permet de s’adonner à mille autres couleurs. Ce sont des écrins qui introduisent l’ordre et le calme. C’est aussi un terrain d’expression dans lequel il peut détourner, relire ou réviser la fonction des objets. Tant mieux, je n’aime pas que l’on enferme ceux-là dans des cages. Il n’eût pas été intéressant de faire ce lieu pour étonner s’il ne portait pas en lui-même une séduction réelle. Ce qui m'y attire c'est une sorte d'étrangeté qui n’est pas dénuée de charme, de sincérité ou de sens.
Son recyclage des vêtements nous permet d’ouvrir les yeux sur la misère sans déclencher l’angoisse, mais plutôt l’optimisme. Martin Margiela a su attraper au vol quantité de problèmes qui se posent à un être si sensible.
Je ne doute pas qu’il se garde avec prudence pour la suite. Consolé à l’avance de l’accueil qui sera réservé à son travail, j’imagine quel peut être le coût de cette insolence novatrice.
Martin Margiela doit être très tendre et très délicat.

Andrée Putman

A.

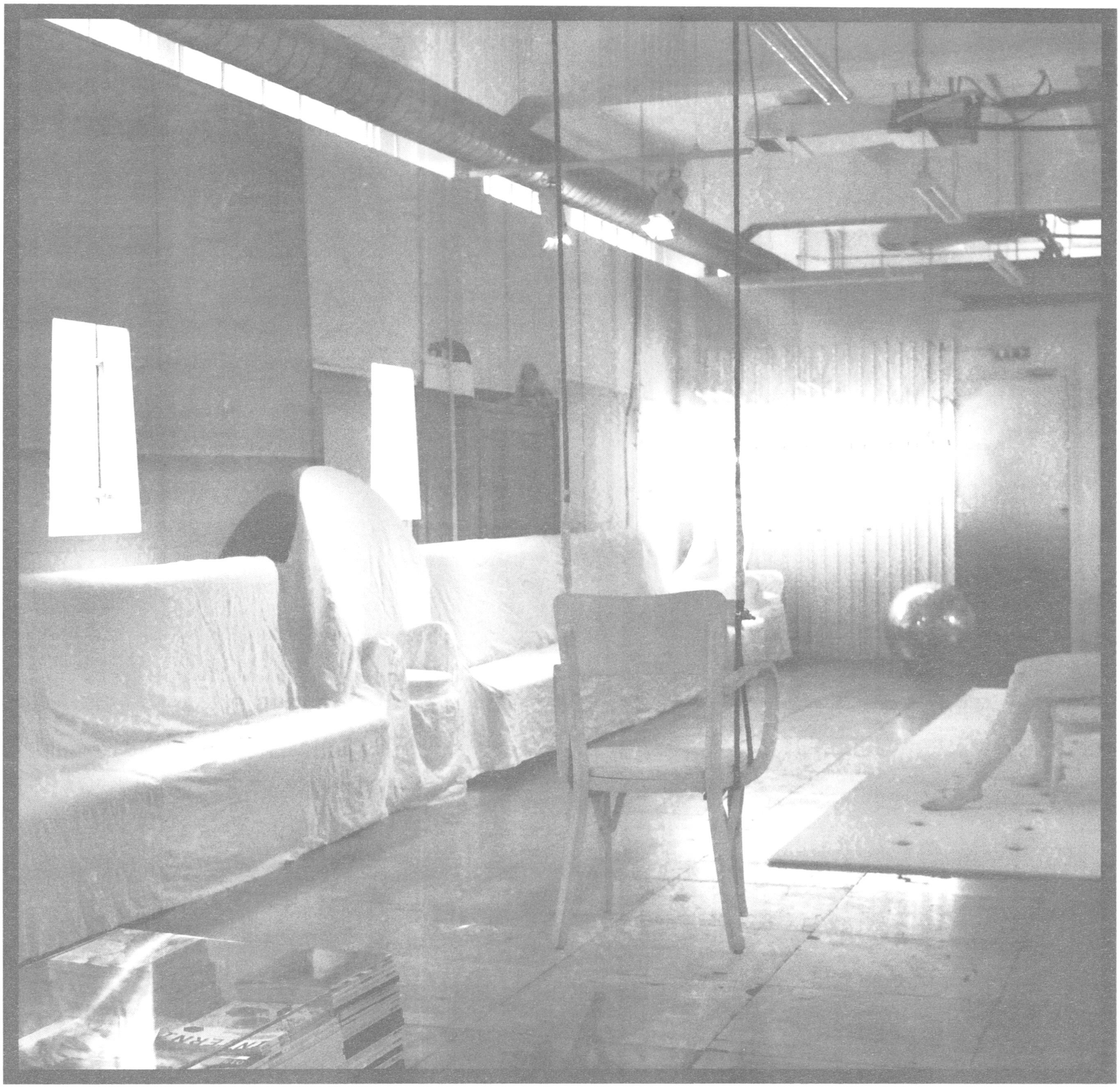

—

“亚光，光滑，闪耀”［Mat, Satiné, Brillant］主题装置，拍摄于 2009 年 4 月米兰国际家具展［Salone del Mobile］。

“白色代表了脆弱中蕴含力量，同时也预示着时间的流逝不堪一击。白色的独特在于同时包含了统一、纯净和坦诚。白色不仅仅是白色，还有更多的变幻莫测，不同的阴影能变幻出不同的白！我们通常使用亚光白，让时间的流逝变得显而易见。”

——Maison Martin Margiela

充满新意的傲慢——马丁·马吉拉

为什么马丁·马吉拉的作品能如此深刻呢？

人们在他的作品面前，不但没有感到被伤害，反而感到一种欣喜，被他用心诠释经典的工作态度打动。我没过久就被他的这种态度所吸引，这不是一种忧郁的，而是使人振奋的态度。

他的装置作品有时候粗糙，有可能还带着情绪，但是就像在热水瓶中也有东西在沸腾一样。它们是玩世不恭、幽默和愤怒的碰撞，最终融合到一起让人眼前一亮。

在他的作品中，我只知道他设计的商店，马吉拉有着使用单色的习惯，白色无处不在，同时与上千种其他的颜色组合。这些商店就像是摆放得井井有条、安安静静的首饰盒。它们也是一个个充满表现力的领域，在其中可以自由转移、重新审视或改变物体的功能。这样很好，我不喜欢人们把物体都关在笼子里。如果这个地方本身没有真正的吸引力，那么打造这样一个令人惊奇的地方就一点意思也没有了。我被一种奇特的气质所吸引，这种气质中不乏魅力、真诚和深意。

他发起的衣物回收使我们睁开双眼看看这个世界上的苦难，这不是为了传递焦虑，而是传递乐观的精神。马丁·马吉拉非常清楚如何能捕捉到很多敏感的问题。

我毫不怀疑他对未来保持的谨慎之心。他在为将来的工作做准备之时，我就能想象这种“充满新意的傲慢”可能会付出多少代价。

马丁·马吉拉的内心应该是非常温柔和细腻的。

安德鲁·普德曼［Andrée Putman］

—

Maison Martin Margiela 对“空白”概念的各种运用，包括店铺装潢、总部设计以及其他的物件。

1992/1993 秋冬 _ 女装秀 _ 女模特包括凯特 · 摩丝 [Kate Moss]，她的头发染成了红色，将一根鞋带当作项圈戴着

2008 春夏 _ 1 系列 _ 带有夸张肩部线条的肉色连体衣，和肤色融为一体

1999 春夏 _ 首场男装展 _ 后台

1992 春夏 _ 女装秀 _ 背心上的水平黑色条纹随着手绘延伸

2008/2009 秋冬 _ 女装秀 _ 后台

MARTIN MARGIELA ÉTÉ 90
martin margiela été 90
INVITATION
Martin Margiela été 90

1990 春夏 _ 女装秀 _ 展厅附近一所学校的孩子们手绘的邀请函

Le Monde

LA COMÉDIE H
TOME 4
LA MAISON NUCINGUEN
9€,90
En plus du prix du « Monde »
Uniquement en France métropolitaine

RANCE MÉTROPOLITAINE
VENDREDI 3 OCTOBRE 2008
FONDATEUR : HUBERT BEUVE-MÉRY - DIRECTEUR : E

n pour soi : ropéens sent sur la nancière

erlin s'opposent sur un fonds le Dublin sème la zizanie

ɔèrent
on par
tiné à
Euro-
tobre
nière
deux
d'un
ar les
trale
ivées
oi, le
Sau-
opli-

alier
ale-
ant
de
ne
ux
ier
ap-
ux,
tie
se-
Les
ues
s en
en-
an-
ive,
Eu-
de
flé-
e et

multiplie les propositions. Mais les Allemands la font exploser en direct, provoquant une grave crise entre les deux capitales. A 18 h 27 mercredi, l'agence Reuters, informée par une ambassade à Bruxelles, annonçait qu'un plan français prévoyait de créer un fonds fédéral européen de 300 milliards d'euros pour renflouer les banques. Rien à voir avec les propos tenus le matin par le premier ministre luxembourgeois, Jean-Claude Juncker, qui indiquait que l'Europe n'avait pas besoin de *« plan Juncker »* parce que la situation des banques européennes était assez saine... Berlin met sept minutes à réagir. *C'est « Nein ! »*, fait savoir le ministre des finances, Peer Steinbrück. *Une réaction si prompte que Paris accuse Berlin d'être à l'origine de la fuite.*

ARNAUD LEPARMENTIER
(AVEC NOS CORRESPONDANTS EUROPÉENS)

Lire la suite page 6

Mode La célébration de Sonia Rykiel

THIBAULT CAMUS/AP

Pour célébrer les quarante ans de la maison Sonia Rykiel, mercredi 1er octobre, trente créateurs – dont Martin Margiela *(photo)* – avaient accepté de créer des modèles « à la manière de » cette créatrice qui, d'abord surnommée « la reine du tricot », est parvenue à imposer un style qui a toujours ses inconditionnels. Avec les matières souples et les couleurs tranchées de ses tenues, alliant originalité et confort, elle a séduit des femmes qui commençaient à trouver une nouvelle place dans la société et qui ont contribué au succès du prêt-à-porter de luxe. Dans la même journée, Dries van Noten, Christian Lacroix, Givenchy, Hussein Chalayan, notamment, ont présenté des collections tantôt inspirées de la peinture ou de thèmes plus futuristes. *Lire page 26*

Les pérégrin fantastiques et fastueuses Salman Rush

Le Monde des livres

De l'Empire moghol au X cité des Médicis, *L'Ench Florence*, le dernier rom man Rushdie, entrelace en u fables splendides. Un retour, vain britannique d'origine ind qui, *« dès l'enfance »*, a éveill *sion d'écrivain »** : *« les histoire d'enchantement débordantes inouïes ».*

Epopée comique, chronique se, le livre est également riche enjeu historique qui tient l'auteur controversé des *Vers ques*, longtemps menacé de m islamistes. ■

Lire aussi dans le s des articles consacrés à J.M.G. Catherine Lépront, Norma

Frégates de Taï la justice frança rend un non-lie

En raison du secret-défen par les gouvernements comme de droite, la justi mercredi 1er octobre, après sept truction, un non-lieu général da dite des frégates de Taïwan.

L'ancien ministre des affaire res, Roland Dumas, avait pourta nu que la vente de ces six fré Thomson à Taïwan en 1991 av lieu à 500 millions de dollars de sions. Outre des soupçons de c et de financement de partis politi te affaire a été émaillée de morts suspectes, en France et à Cette décision ne met pas fin a tieux entre les deux pays, qui réglé par un tribunal arbitral. ■

Lir

l'architecture enne

Matières premières La bataille de l'Arctique

Il y a les Russes,

Automobile L'analyse du patron de BMW

Norbert Reithofer, PDG du groupe BMW

Etats-Unis Joe Biden, célèbre inconnu

《法国世界报》[*Le Monde*]_特别项目 :2008 年 10 月，Maison Martin Margiela 为索尼亚 · 里基尔 [sonia rykiel]40 周年展览终场秀和她在巴黎的 Ucad 举办的回顾展制作了一件由手工染红的假发制成的夹克

1992/1993 秋冬 _ 女装秀 _ 救世军乐队 [The Salvation Army Band] 带领女模特穿过场地

Maison Martin Margiela

Printemps/Eté 2002 - Spring/Summer 2002

Photo: INTRO, Londres

Photo tirée du film d'INTRO présenté pour la collection printemps-été 2002 dans un café parisien. La collection se présente en trois groupes: les cercles, les pliages et les vêtements coupés. Ici, une chemise en coton blanc retravaillée en forme de cercle, portée sur une jupe en damassé stretch.

ARCHIVE

Image taken from the film by INTRO, London, presented for the spring-summer collection at a Parisian café. The collection comprises three groups: Circles, Folded and the Cut garments. Here, a vintage Man's Oxford shirt has been cut by hand to form a circle. Skirt in pastel pink stretch damask.

Bureau de Presse / Press Office:
175, rue du Faubourg Poissonnière, 75009 Paris.
Tel: +33 1 44 53 43 20 - Fax: +33 1 44 53 43 36

2002 春夏 _《AXIS》 杂志 _ 展览卡

1 2 3 4 5 6 7 8 9
AXIS 3

37

32

2006 春夏 _ 女装秀 _ 后台和 T 台秀

2006 年 2 月 23 日，东京惠比寿店 _ 于 2006 年 2 月 23 日开业 _ 不同色调的白色窗帘覆盖着墙壁和窗户

1994 _ 工作室，鲁埃尔路［1994 年至 1999 年 Maison Martin Margiela 总部］

LA MODE DU XXL

Comment faire plus mince que l'on est réellement? Réponse: en s'habillant extralarge. Rien de tel qu'un trench à la carrure tombante et aux manches trop longues pour avoir l'air d'une petite chose fragile. La mode des rappers inspire des stylistes comme ***Martin Margiela*** *(photo)*, et les fringues trop amples investissent les boutiques.

SU

Ce
ga
trè
cra

La nou
fémini

Et encore
s'impose
Michelle R
des origin
un physiq
brune et u
d'actrice:
de boxeus
est épous

PHOTOS.SP / DUKAS/MPA

2000/2001 秋冬＿《Cooperation》杂志＿Oversize 系列特写和服装造型快照

IN A MASSIVE ATTACK ON THE TEENSY 90s SILHOUETTE, MARTIN MARGIELA KNOCKED A NEW PROPORTION INTO PLAY. HERE HE EXPLAINS WHY

150

Produced by MAISON MARTIN MARGIELA

FOR SPRING/SUMMER 2000, MARTIN MARGIELA'S MASSIVELY OVER-SIZED COLLECTION SHOOK HIS AUDIENCE LIKE AN INCENDIARY DEVICE. THIS WAS A SET OF CLOTHES SO GIGANTIC IT WAS A MYSTIFYING CONTRADICTION OF THE SKINNY MAINSTREAM SILHOUETTE OF THE TIME. BUT WHY? HIS HUNGER FOR A COMPLETELY NEW PROPORTION BEG WITH A WATERSHED COLLECTION – A RETROSPECTIVE IN AUTUMN/WINT 99/00 – THAT DREW THE LINE UNDER THE PAST FIVE YEARS BUT ALSO POSED A HUGE QUESTION MARK OVER FUTURE DIRECTION.

2000/2001 秋冬 _《Cooperation》_ Oversize 系列特写 _ 日常服装尺寸被放大了 1.5 倍、2 倍甚至 6 倍

200%

MARGIELA'S EXPERIMENTS WITH SCALE BEGAN IN AUTUMN/WINTER
94/95 with a collection inspired by the wardrobes of Barbie and Ken, which reproduced the unpressed, puffy shapes, dispropor-ionately large buttons, press-studs, stitching and outsize knitting arns of dolls' clothes in human size. It was a line of enquiry that ecurred in a different mutation five years later when he switched ninimise' to 'maximise'. The collection for autumn/winter 2000/01 lew up 'life-size' garments (denoted as 100%) to 150%, 200% and ven 600% over the norm. Fascinated with the idea, Margiela has eveloped it through three seasons, to see if public opinion would ome around to the new proportions, using the time to work at chnical elaborations. Right from the start, he had to push his Italian manufacturers to new levels of inventiveness in order to make the upscaling work technically. When first faced with Margiela's request for gargantuan patterns, the factory found that no computer could do the work and had to revert to the almost-forgotten skill of grading by hand, a touch Margiela liked. By last winter, when the second collection came around, he upped the ante again, adjusting his eye to even larger sizes – resetting his 'average' from a standard Italian size 42 to a vast 68. He also presented his manufacturers with another complication – making clothes with a 'double inside' – pieces made to repeat the construction of the inside on the outside, a nightmare of a tailoring job. The point was to make clothes so huge they'd 'float' around the body.

A/W 2001 BEAUTY
cover star: jolene reynolds photog
THE DNA ISSUE NO.209
i-D MAG
EYE OF THE NEEDLE
Photography by Ronald Stoops
Make-up by Inge Grognard
for Martin Margiela A/W2001
Model: Laetitia

2001/2002 秋冬 _《I-D》_ 女装秀彩妆

2006 春夏 _ 11 系列 _ 门钥匙被改造为夹子

i-D MAGAZINE OCTOBER 1999

MAISON MARTIN MARGIELA

Photography by Michel Momy

Shot at the Maison Margiela office, Paris

What are you wearing? An elevator **What do you do?** Work closely together trying, in the face of surmounting workload, to maintain space and time for creativity, growth, stimulation... and our private lives **Career highs?** a) Being able to find a stimulation in doing what we like to do and in a way we like to do it b) Finding that what stimulates us also stimulates others c) Building a team together d) 21 collections so far e) Introducing the different numbers of the collection over the past two years. 0, 6, 10, 13, 15 f) i-D i-Q page (July '97) **What are you working on now?** a) Continuing b) Growing stronger c) Allowing space for fragility d) Moving 'on' and 'over' e) Bringing others along us on our journey **Influences?** a) The mass elements and aspects of the day to day life that unfold around us b) Each other c) Others close to us and those who enjoy what we do d) Experience gained and the confidence it affords e) Experience gained and the doubt it sows **What makes life worth living?** The fact that this question shouldn't really need to be pondered! An openness and sensitivity to others and all things **Ideal elevator music?** A bit difficult! We'd have to settle on some form of compilation that at least makes a nod, no matter how small, to each of our varied musical tastes **Who would you hate to be stuck in an elevator with?** A mechanic who knows nothing about elevators... so near and yet so far

THE ELEVATOR ISSUE NO.191

i-D THE ELEVATOR ISSUE 213

1999／2000 秋冬 _《I-D》_ 访谈 _ 衣架上挂着员工的白色外套在 Maison Martin Margiela 工作室总部的电梯内部

MAISON MARTIN MARGIELA
Défilé P/E 2007
Dimanche 01 Octobre 2006 à 19h30

2007 春夏 _ 女装秀 _ 后台 _ 不同的服装造型和邀请函

22

2008/2009 秋冬 _ 22 系列 _ 型录 _ 用手工喷漆喷绘的靴子，限量发售 100 双

MAISON
MARTIN
MARGIELA

11 & 22 Accessories & shoes for women & men

洛杉矶比弗利山庄店 _ 于 2007 年 9 月 5 日开业 _ 铺满白色亮片的店面 _ 一层一层的笛型香槟杯搭成的鞋子展示台

2006/2007 秋冬 _ 女装秀场装饰

SAMEDI
Pleine Lune 22
soleil lever 7 h 38
Dernier Quartier 30
coucher 16 h 25
19
19
St Marius
347
JANVIER

2008/2009 秋冬 _ 男装展 _ 邀请函：年历中的一天 [一页]_ 二十套服装按照不同的搭配展出。在每一场展出中，男模特拿着一张印有他服装的展开的报纸，用报纸封面创造了一个 Trompe-L' oeil 效果

Maison Martin Margiela

La collection défilé pour femme/The défilé collection for women

Printemps-Eté 2009/Spring-Summer 2009

P/E 2009

ALL PHOTOS :
Giovanni Giannoni, Milano, Italie.

Service presse France et International:
Tel: +33(0)1 44 53 63 20 (mainline)
Tel: +33(0)1 44 53 63 49 (shopping)
Fax: +33(0)1 44 53 63 36
E-mail: presse@margiela.com

163, rue Saint Maur 75011 Paris

www.maisonmartinmargiela.com

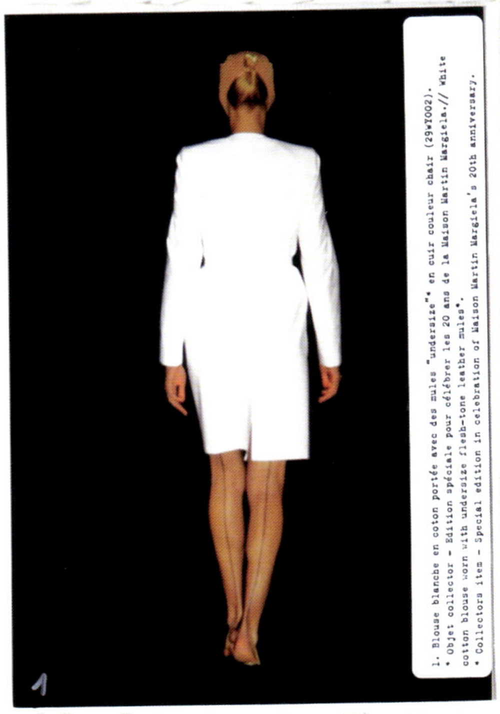

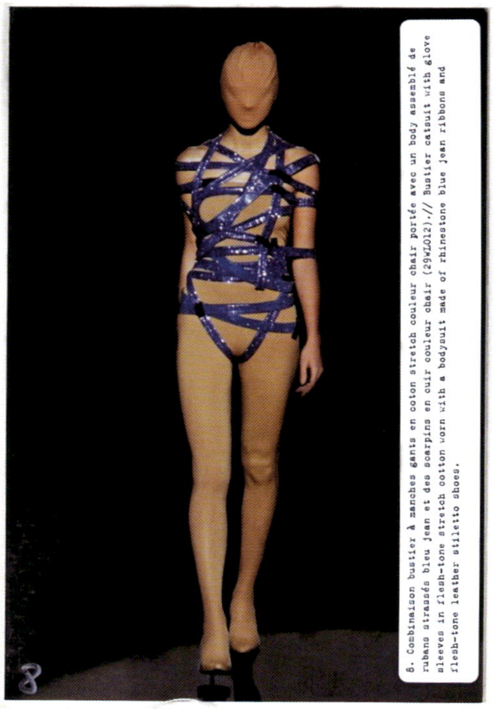

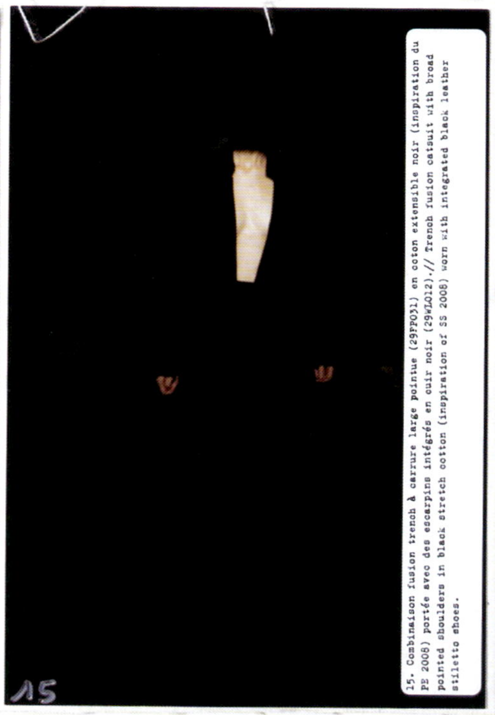
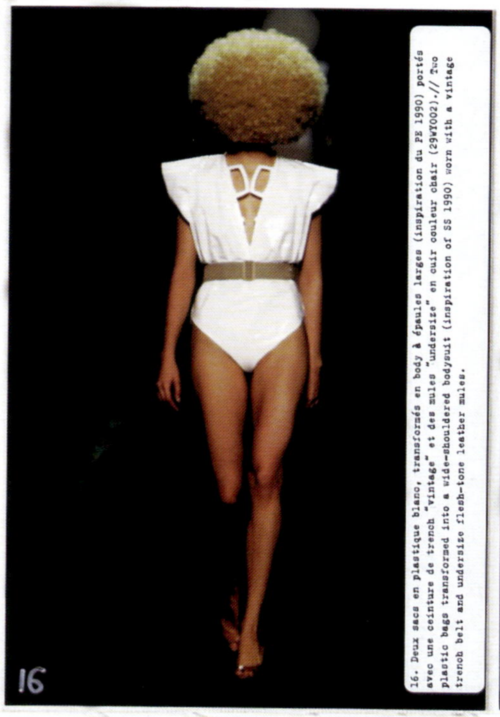
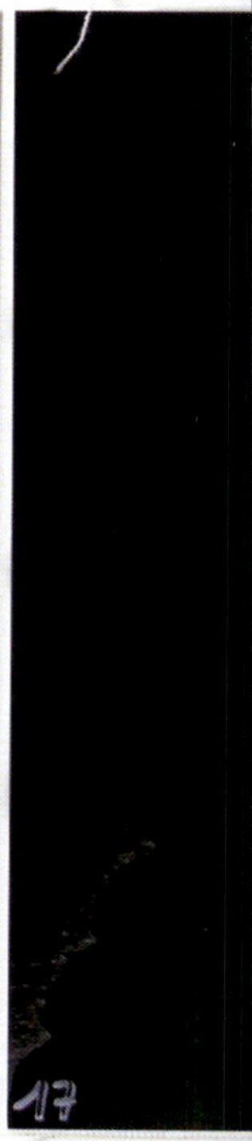

3. Réédition de la première veste (PE 1989) en coton noir (29BN068), repeinte en blanc, portée avec des mules "undersize" en cuir blanc (29WY002).// Re-edition of the first jacket (SS 1989) in black cotton, painted over in white worn with undersize white leather mules.

4

4. Moulage en plâtre de la première veste (PE 1989) porté avec des mules "undersize" en cuir couleur chair (29WY002).// Plaster moulding of the first jacket (SS 1989) worn with undersize flesh-tone leather mules.

5

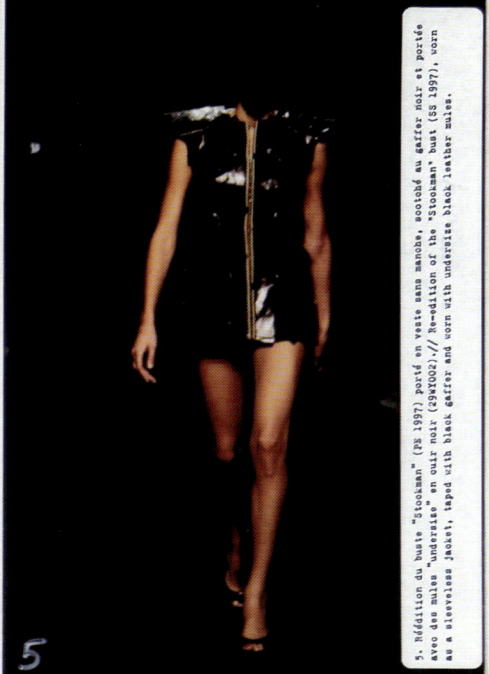

5. Réédition du buste "Stockman" (PE 1997) porté en veste sans manche, scotché au gaffer noir et portée avec des mules "undersize" en cuir noir (29WY002).// Re-edition of the "Stockman" bust (SS 1997), worn as a sleeveless jacket, taped with black gaffer and worn with undersize black leather mules.

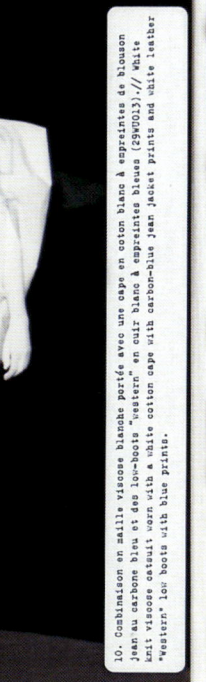

6. T-shirts oversize en coton blanc ou noir déchiré (29OC073) portés avec des structures épaulées en jersey couleur chair (29FB019) et des mules "undersize" en cuir noir (29WY002).// Oversize T-shirts in white or black ripped cotton worn with shouldered structures in flesh-tone jersey and undersize black leather mules.

6

7

10. Combinaison en maille viscose blanche portée avec une cape en coton blanc à empreintes de blouson jean au carbone bleu et des low-boots "western" en cuir blanc à empreintes bleues (29WU013).// White knit viscose catsuit worn with a white cotton cape with carbon-blue jean jacket prints and white leather "western" low boots with blue prints.

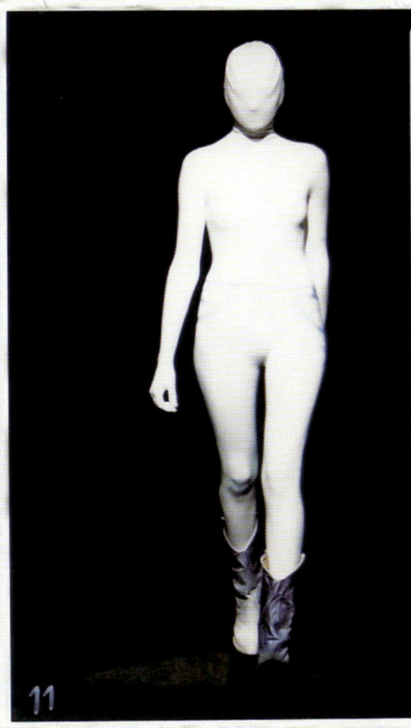
11

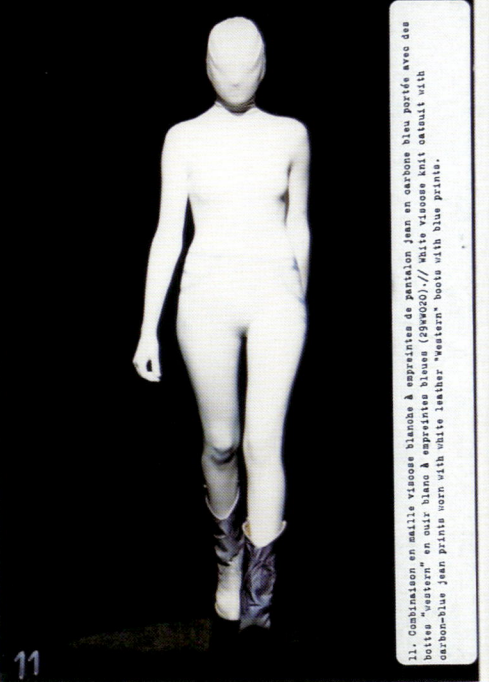

11. Combinaison en maille viscose blanche à empreintes de pantalon jean en carbone bleu portée avec des bottes "western" en cuir blanc à empreintes bleues (29WW020).// White viscose knit catsuit with carbon-blue jean prints worn with white leather "western" boots with blue prints.

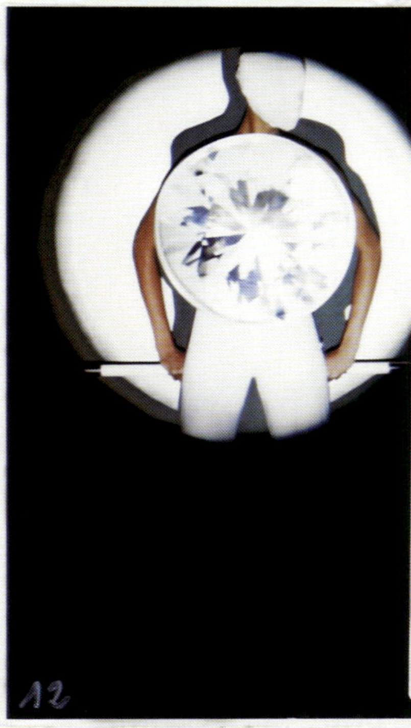
12

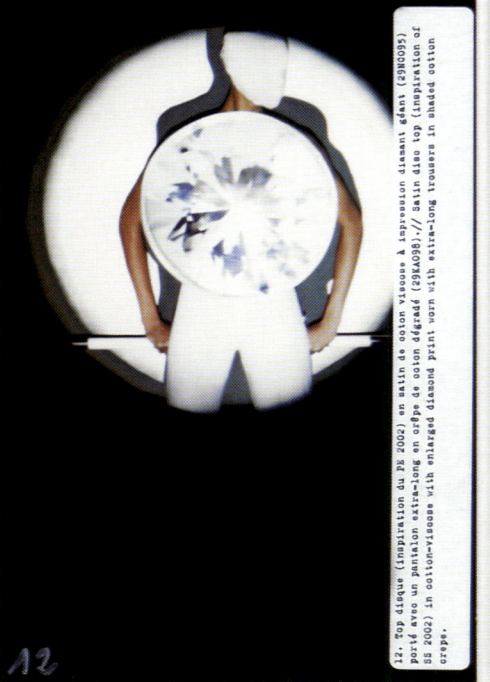

12. Top disque (inspiration du PE 2002) en satin de coton viscose à impression diamant géant (29NC095) porté avec un pantalon extra-long en crêpe de coton dégradé (29KA098).// Satin disc top (inspiration of SS 2002) in cotton-viscose with enlarged diamond print worn with extra-long trousers in shaded cotton crepe.

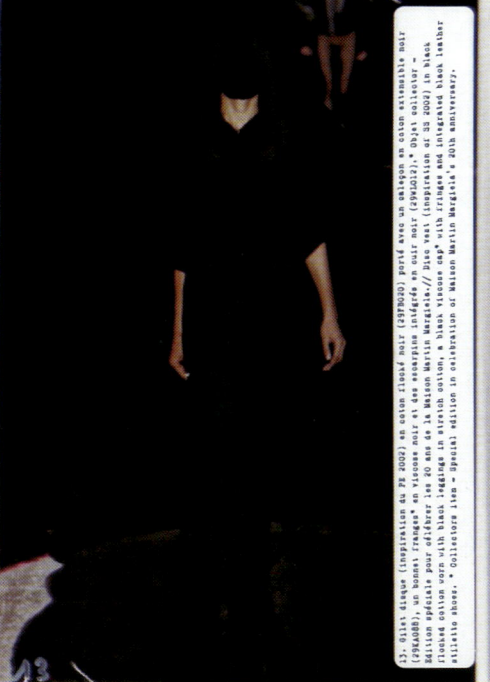

13

13. Gilet disque (inspiration du PE 2002) en coton flocké noir (29FB020) porté avec un caleçon en coton extensible noir (29KA088), un bonnet franges* en viscose noir et des escarpins intégrés en cuir noir (29WL012).* Objet collector - Edition spéciale pour célébrer les 20 ans de la Maison Martin Margiela.// Disc vest (inspiration of SS 2002) in black flocked cotton worn with black leggings in stretch cotton, a black viscose cap* with fringes and integrated black leather stiletto shoes. * Collectors item - Special edition in celebration of Maison Martin Margiela's 20th anniversary.

16

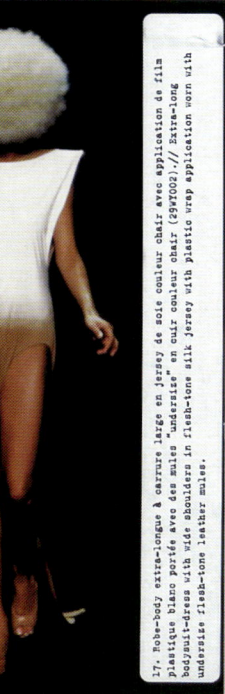

17. Robe-body extra-longue à carrure large en jersey de soie couleur chair avec application de film plastique blanc portée avec des mules "undersize" en cuir couleur chair (29WY002).// Extra-long bodysuit-dress with wide shoulders in flesh-tone silk jersey with plastic wrap application worn with undersize flesh-tone leather mules.

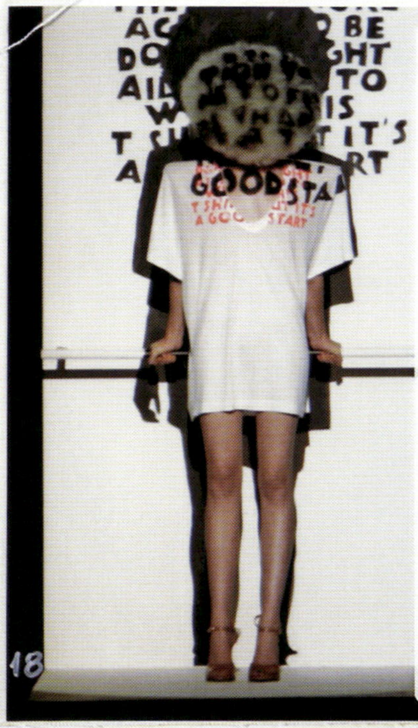
18

18. T-shirt "SIDA"* oversize à inscription rose fluo (29OC077) porté avec des sandales "oversize" en cuir couleur chair à talons (29WP011).
* Depuis 1993, un pourcentage des bénéfices des ventes est reversé à l'association AIDES.// Oversized "AIDS" T-shirt* with fluorescent pink inscription worn with oversize open toe high-heel shoes in flesh-tone leather.
*Since 1993, a percentage of the proceeds are donated to the AIDES association.

19

19. Top perruques (inspiration de l'AH 2005) en cheveux synthétiques bruns porté avec une combinaison bustier en maille viscose couleur chair et des escarpins en cuir couleur chair (29WL012).// Wig top (inspiration of AW 2005) of synthetic brown hair worn with a flesh-tone viscose knit bustier catsuit and flesh-tone leather stiletto shoes.

20

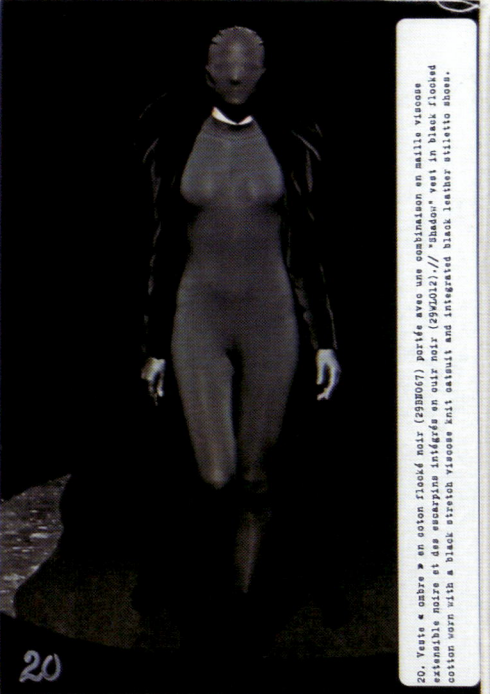

20. Veste « ombre » en coton flocké noir (29BN067) portée avec une combinaison en maille viscose extensible noire et des escarpins intégrés en cuir noir (29WL012).// "Shadow" vest in black flocked cotton worn with a black stretch viscose knit catsuit and integrated black leather stiletto shoes.

Maison Martin M

Bureaux de Pres

Germany, Henri
Schopenstehl 22
20095 Hamburg
Tel: +49 40 320
e-mail: frank@h

Italy, Maison M
Via Savona, 60
20144 Milano
Tel: +39 02 84
e-mail: press_i

Japan, Maison M
Kyoden Building
2-8-13 Ebisu, S
Tokyo 150-0022
Tel: +81 3 5794
e-mail: press-j

USA, Staff Inte
220 west 19th s
New York, NY 10
Tel: +1 646 613
e-mail: press_u

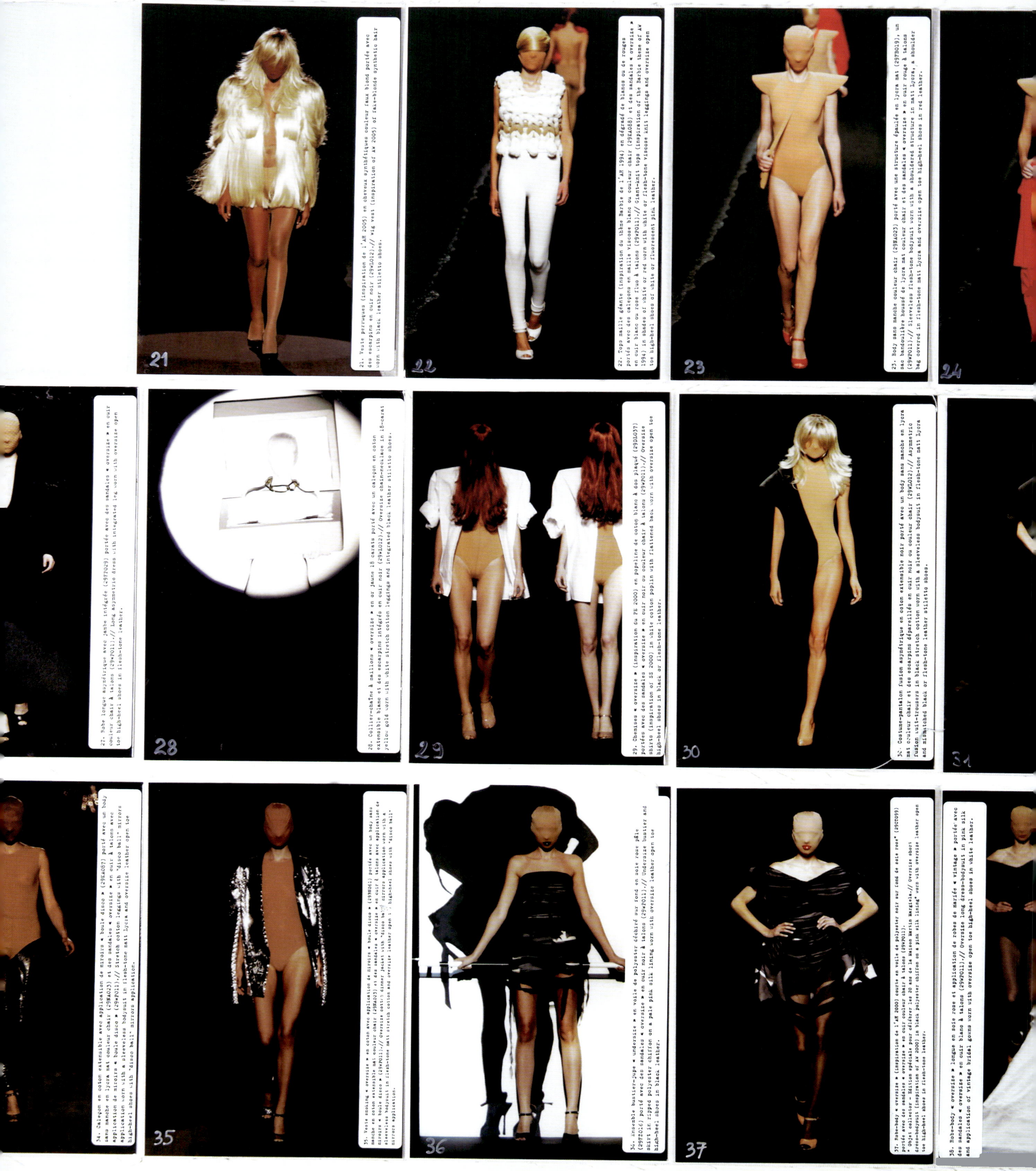

2009 春夏 _ 20 周年系列 _ 型录

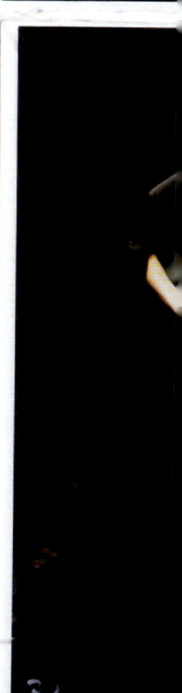

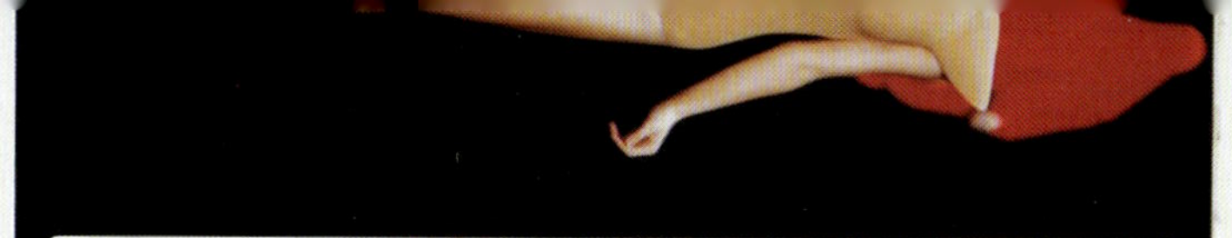

24. Body sans manche (29NA023) et structure épaulée en lycra mat couleur chair (29FB019) porté avec un sac bandoulière houssé de jersey viscose mat rouge effet châle et des sandales « oversize » en cuir couleur chair à talons (29WP011).// Sleeveless bodysuit and shouldered structure in flesh-tone matt Lycra worn with a shoulder bag covered with matt red jersey viscose for a shawl effect and oversize open toe high-heel shoes in flesh-tone leather.

25. Châle à sac intégré en jersey mat rouge (29TH012) porté avec un body sans manche en lycra mat couleur chair (29NA023), une structure épaulée en lycra mat couleur chair (29FB019) et des sandales « oversize » en cuir couleur chair à talons (29WP011).// Shawl with integrated bag in matt red jersey worn with a sleeveless bodysuit in flesh-tone matt Lycra, a shouldered structure in flesh-tone matt Lycra and oversize open toe high-heel shoes in flesh-tone leather.

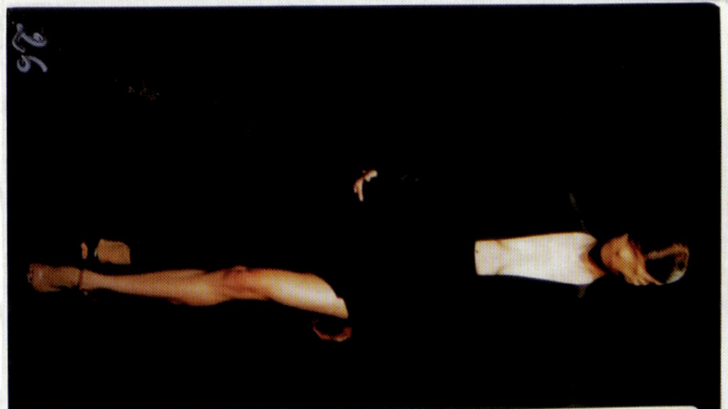

26. Cape combinaison fusion asymétrique à col revers (29FZ015) en jersey de viscose noir (inspiration de l'AH 1997) portée avec des sandales « oversize » dépareillées en cuir noir ou couleur chair à talons (29WP011).// Asymmetric fusion cape-catsuit with lapel collar in black viscose jersey (inspiration of AW 1997) worn with mismatched oversize open toe high-heel shoes in black or flesh-tone leather.

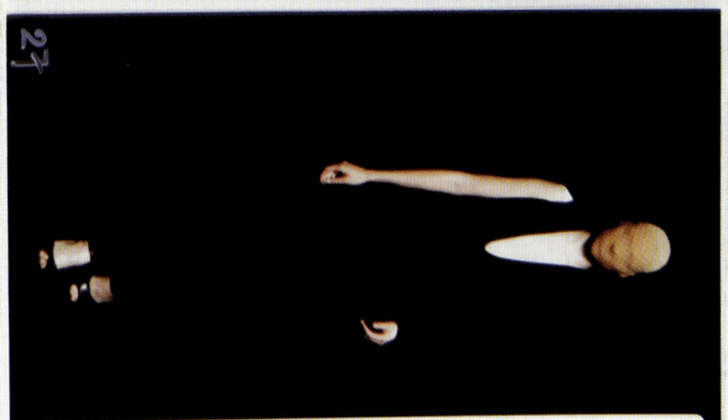

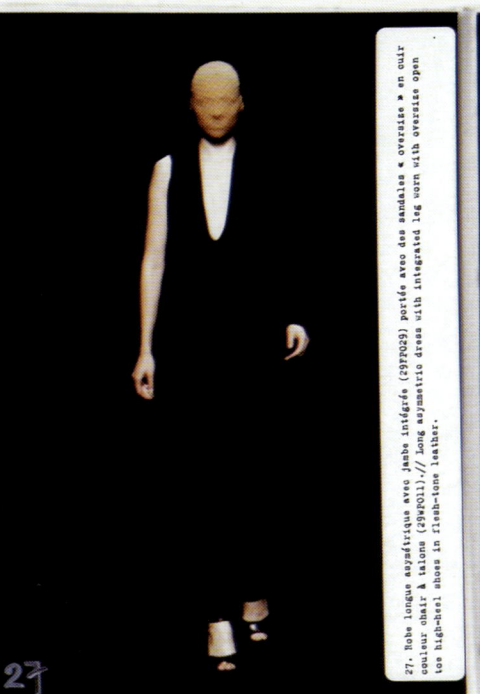

27. Robe longue asymétrique avec jambe intégrée (29FP029) portée avec des sandales « oversize » en cuir couleur chair à talons (29WP011).// Long asymmetric dress with integrated leg worn with oversize open toe high-heel shoes in flesh-tone leather.

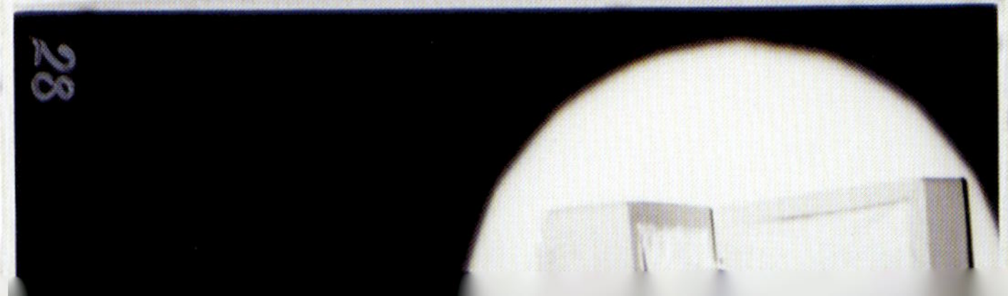

31. Veste smoking « oversize » et caleçon intégré en coton extensible noir (29FP032) portée avec un body sans manche en lycra à plastron avec application de miroirs noirs (29NA021) et des escarpins intégrés en cuir noir (29WL012).// Oversize dinner jacket and integrated black stretch cotton leggings worn with a sleeveless Lycra bodysuit, shirt front with black mirrors application and integrated black leather stiletto shoes.

32. Veste smoking « oversize » en coton avec application de miroirs noirs (29BN061) portée avec un body sans manche en lycra mat couleur chair (29NA023) et des sandales « oversize » en cuir couleur chair à talons (29WP011).// Oversize cotton dinner jacket with black mirrors application worn with sleeveless bodysuit in flesh-tone matt Lycra and oversize open toe high-heel shoes in flesh-tone leather.

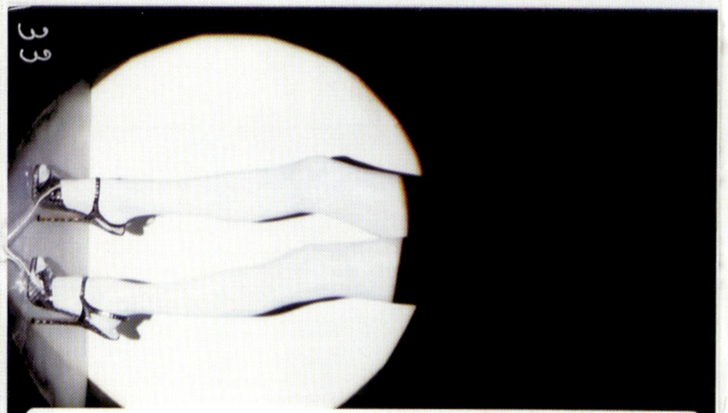

33. Sandales « oversize » en cuir avec application de miroirs « boule disco » à talons (29WP010).*
* Objet collector – Edition spéciale pour célébrer les 20 ans de la Maison Martin Margiela.// Oversize high-heel leather sandals with "disco ball" mirrors application.*
* Collectors item – Special edition in celebration of Maison Martin Margiela's 20th anniversary.

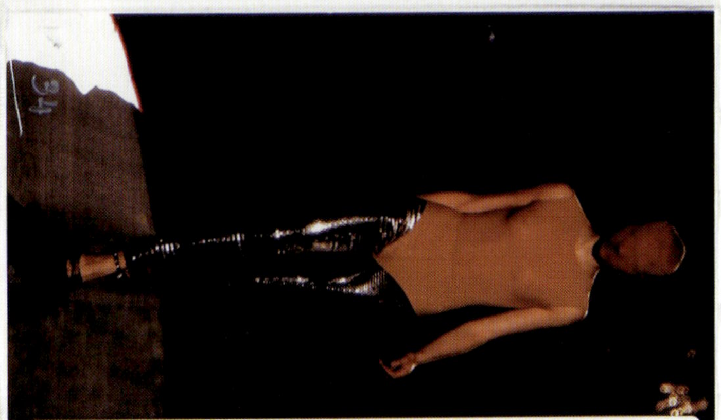

34. Caleçon en coton extensible avec application de miroirs « boule disco » (29KA087) porté avec un body sans manche en lycra mat couleur chair (29NA023) et des sandales « oversize » en cuir à talons avec application de miroirs « boule disco » (29WP011).// Stretch cotton leggings with "disco ball" mirrors application worn with a sleeveless bodysuit in flesh-tone matt Lycra and oversize leather open toe high-heel shoes with "disco ball" mirrors application.

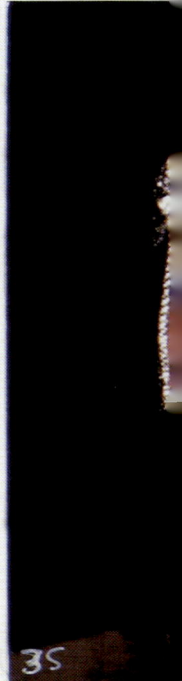

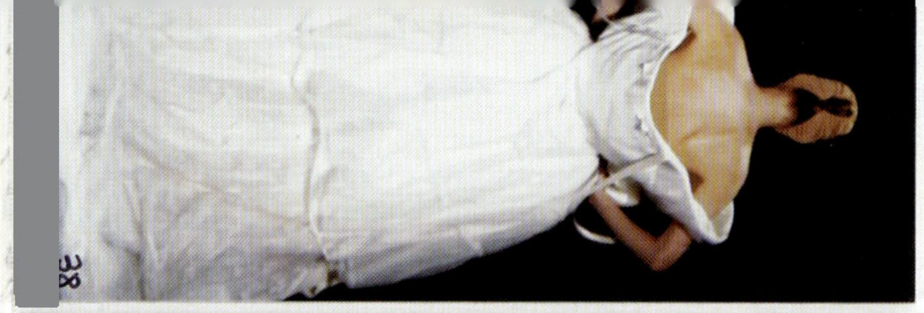

39. Robe-body « oversize » longue en soie noire* (29CT097) portée avec des sandales « oversize » en cuir couleur chair à talons (29WP011).
* Objet collector – Edition spéciale pour célébrer les 20 ans de la Maison Martin Margiela.// Oversize long dress-bodysuit in black silk* worn with oversize open toe high-heel shoes in flesh-tone leather.
* Collectors item – Special edition in celebration of Maison Martin Margiela's 20th anniversary.

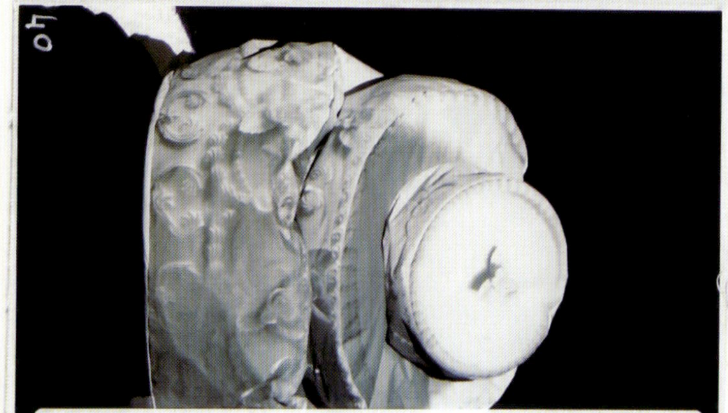

40. Robe pièce montée en 3 dimensions, impression photo noir et blanc de gâteau d'anniversaire.// 3-dimensional cake dress printed with black-and-white photos of a birthday cake.

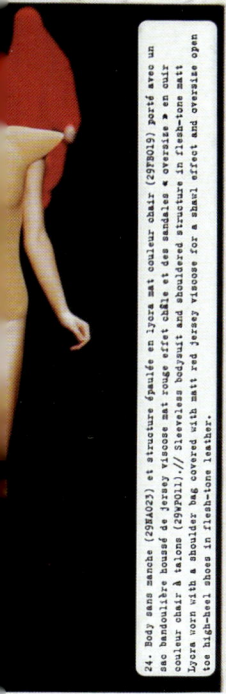

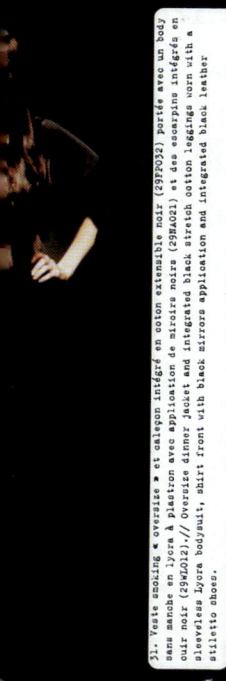

London's epicenter of cool

MAISON
MARTIN
MARGIELA
AMONGST
US

Christopher Moore

Martin Margiela's all-white store, the perambulating sandwich board and split-toe sneakers displayed in water pipes.

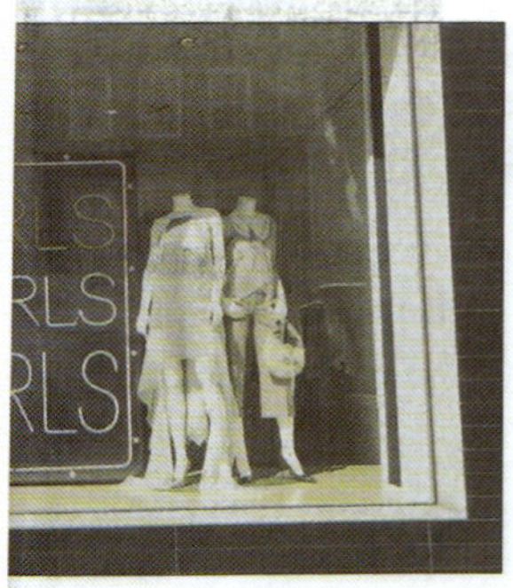

ore that put Bruton Street on the map.

customers. And if they find the glamorous top-of-the-range dresses too pricey, they can always go to Debenhams department store, where the designer has a more affordable range.

Margiela won't be meeting the fans who find his destination store tucked into a former stables (1-9 Bruton Place). The reclusive designer did not even attend the dinner last week that launched this first London store, after Paris and Tokyo. But since Renzo Rosso of Diesel invested in his label, Margiela has been able to extend the retail range of his Maison Margiela concept.

The first thing you see as you climb the stairs to where the artists Lucian Freud and Francis Bacon once painted, is a single white dress stretched over three torsos like a trio of singing nuns. Beyond a "wall" created from Belgian beer crates are deep, dimpled windows, where hay was once passed to the horses. Mighty molded doors, salvaged from a French apartment, conceal a dressing room where the mirror is surrounded with light bulbs, like a film star's dressing room.

As with the surroundings, so it is with the merchandise: made-over old clothes melded with modern glamour. The unique hand-made pieces comprise broderie anglaise petticoats dyed black and made into dresses (£305) and men's sweat tops reworked into a single piece (£350). The full range of Margiela offerings are under one roof and include a tailored trench coat or well-cut shirt with detachable collar, to show the designer's classic side. The different labels at varying price levels go from Margiela's signature twin-toe sneakers (£95) to pin-striped pants with an elastic waist (£195) and a shaded cardigan (£265).

The all-white store (even the coat hangers) invites graffiti, and when the designated wall is full, it will be photographed and painted blank again. The store proves how imaginatively Margiela has moved his image into retail, while keeping his distance — and his cool.

Walking past the McCartney store with "Girls Girls Girls" in neon in the window and her appealing mix of pallid, pretty clothes, Bruton Street runs into a designer crossroads with Bond Street. Corner stores for Burberry, Hermès and Ungaro all show how those labels have been rejuvenated with a wide range of goods in airy spaces.

The road then leads to Conduit Street — another axis of the more off-beat designer names. Those implanted here are Moschino, Issey Miyake and Yohji Yamamoto, Vivienne Westwood and Gibo, where Julie Verhoeven's quirky fairy-tale clothes emphasize the new whimsical retail spirit.

Conduit Street also harbors Sketch, at No. 9, the baroque restaurant that is one of London's hip spots to eat (or at least be seen) when the shopping bug wanes.

International Herald Tribune

《国际先驱论坛报》_伦敦布鲁顿店专题_该店于 2004 年 4 月 1 日至 2008 年 12 月 11 日营业

13 系列 _ 一个空的超大的白色纪念品雪球 _ 2009 年

MAISON MARTIN MARGIELA

10:

Une garderobe pour homme / A wardrobe for men

Printemps/Eté 2000 - Spring/Summer 2000

Photo: ANDERS EDSTRÖM, London

Pantalon de cuisinier artisanal en coton, imprimé avec son propre motif agrandi. Chaussures peintes en blanc à la main (prototype showroom).

Cotton chef's artisanal trousers printed with an enlargement of its own fabric motif.
Footwear handpainted white (showroom prototype).

Bureau de Presse/Press Office, Paris:
2bis, passage Ruelle, 75018 Paris, France.
Tel: +33 1 44 89 65 26 Fax: +33 1 44 89 65 29

P/E 2000

2000 春夏 _ 10 系列

5

Mode als de verborgen zijde van de maan: De Maan Ray
— Chris Dercon

1. Belgische chocolade

Betekende het subtiele spel van mode voor de surrealisten in de jaren twintig en dertig een verrijking voor hun dubbelzinnige beeld- en woord-experimenten, dan biedt voor Martin Margiela het surrealisme – met Man Ray als grote voorbeeld – een schat aan ideeën om de onderhandelingen en objecten van de mode tegelijkertijd speelser en intelligenter te maken. Bovendien steekt Martin Margiela zijn Belgische afkomst niet onder stoelen of banken. Zijn werk is zo Belgisch als Belgische chocolade. De kunst van James Ensor, Rene Magritte en vooral Marcel Broodthaers zit het werk van Margiela letterlijk en figuurlijk op de huid. Dubbele bodems en een spreekwoordelijke ironie, een aangeboren zin voor maskeraden en listen, een voorgespeelde ijdelheid en onschuld en een voorliefde voor gekunsteld oude interieurs en realia die in geen gewoonlijke categorie thuishoren zijn bij Martin Margiela schering en inslag, zowel letterlijk als figuurlijk. Martin Margiela interesseert zich wellicht zo sterk voor disciplines als de beeldende kunst, omdat hij beseft dat de eigenlijke dwang waar de mode zich voor gesteld ziet, is zich steeds te moeten aanpassen en tegelijkertijd aangespoord te worden die beperking te ondermijnen of te weerspreken.

2. Witte muren

Voor Maison Martin Margiela staat wit voor « de kracht van kwetsbaarheid en vooral de kwetsbaarheid van het voorbijschrijden van de tijd ». De witte muren, deuren, meubels, verpakkingen, orders en publicaties betekenen voor Maison Martin Margiela allemaal hetzelfde: « terwijl de tijd voorbijgaat blijven op het wit steeds meer sporen achter ».Wit is dus geenszins een neutrale, anonieme kleur. Dat alles is ook nog om een andere reden interessant, want juist in de ontstaangeschiedenis van de witte muur komt de mode zelf om de hoek kijken. In de jaren twintig is Le Corbusier de belangrijkste advocaat van de witte muur, hij propageert de witte kleur als een « designer dress ». Reeds in de 19de eeuw associeert Adolf Loos de architectuur met kleding, de bekleding van de wand moet volgens hem een duidelijk onderscheid maken tussen drager en kledij. Ze moet zich tot de essentie beperken, een gedachte die uiteindelijk leidde tot het witwassen van buiten – en vooral binnen-muren. In zijn verrassende boek *White Walls, Designer Dresses. The Fashioning of Architecture* voert architectuur-theoreticus Mark Wigley aan dat in het modernistische discours rondom de witte muur, spijts de betogen van architecten over mode, kleding als inspiratiebron volstrekt wordt genegeerd. Het kan verkeren. De mode werd lang bespot als een gratuite gebaar of mondain attribuut, een onderscheidingsteken zonder enige kulturele inhoud.

3. Anti-winkels

Ook de winkels van Maison Martin Margiela weerspreken dit achterhaalde oordeel. Ze spelen namelijk op weergaloze wijze met de conventies van uitstallingen, classificaties, reproducties en zelfs verpakkingen van luxus-waren. Ze lijken daardoor op anti-winkels. De winkels van Maison Martin Margiela zijn omgevingen met objecten, afbeeldingen, woorden en cijfers die slechts indirect verwijzen naar de eigenlijke verkoopswaren. De op het eerste gezicht nutteloze, witte inventaris – zelfs de kleerhangers worden met wit doek verhuld – doet denken aan de *Obstrukties*, de assemblages met kleerhangers, van Man Ray die in oplage geproduceerd werden tussen 1920 en 1971. Maar vooral Marcel Broodthaers is niet ver af. De winkels lijken als twee druppels water op de geheel witte *La Salle Blanche* van Marcel Broodthaers, voor het eerst getoond in Parijs in 1975. *La Salle Blanche* bestond uit een decor van wit geschilderde houten panelen in de vorm van een woonkamer, van boven tot onder voorzien met opschriften aangebracht in zwarte, ouderwetse sjabloon-letters. Het decor was een reconstructie door Broodthaers van zijn fictieve museum, *Le Musée d'Art Moderne (Section XIXe Siècle) Département des Aigles*, zoals dat was geinstalleerd op de benedenverdieping van zijn woning in Brussel in 1968. Broodthaers' fictieve museum was een anti-museum, waarin hij speelt met alle handelingen en conventies van het klassieke museum. Ter gelegenheid van de opening in Brussel waren er klassieke uitnodigingen verstuurd en een koud buffet verzorgde de gasten, maar in de ruimte zelf waren slechts transportkisten, reproducties en beschrijvingen van kunstwerken te zien. Een kunsttransportwagen stond voor de deur vertrekkensklaar. Op de vensters van de woning stond geschilderd « Musée d'Art Moderne ». De kisten met kunstwerken stonden er bij als hermetische sarcofagen waarop slechts de titel van het kunstwerk vermeld was. In de *Section des Figures*, een verdere afdeling van zijn fictieve museum, getoond in Düsseldorf in 1971-72, speelt Broodthaers zoals Margiela met typografische coderingen van objecten. De kunstwerken zijn gereduceerd tot « Figures », afbeeldingen. En wat voor Broodthaers de adelaar van het *Département des Aigles* betekende, betekent voor Margiela de paspop en het daarvan afgeleide kledingstuk « Semi Couture »: beide zijn toespelingen op het spel en de vele futiele voorbrengselen van de kunst en de mode.

4. Semi Couture

Wat is de betekenis van de vest « Semi Couture », een basisstuk uit de zomer-collectie 1997, die direct gebaseerd is op een paspop? Margiela hanteert dezelfde rudimentaire vorm, groffe linnen stof, naden, stiksels en zelfs cijfers en opschriften, die de bekende paspoppen van Siegel & Stockman kenmerken.Het bedrijf levert de mannequins voor de Franse « Haute Couture » en voor de etalages van Amerikaanse luxe-winkels. Margiela laat de originele merknaam weg, men leest alleen het gedrukte opschrift « Semi Couture ». « Semi Couture » betekent « bijna als de Haute Couture » of « alsof op maat gemaakt » , dat wil zeggen tussen « Prêt-à-Porter » en « Haute Couture » in. Inmiddels creëren heel wat ontwerpers « Semi Couture » omdat de producten ervan slechts een fractie kosten van de « Haute Couture ». De veelvuldige betekenissen van het kledingstuk « Semi Couture » lonen de moeite ze te ontrafelen omdat men heel wat opsteekt over de andere interessegebieden van Margiela. Voor surrealistische kunstenaars als Salvador Dalí en Man Ray was de paspop de fetisj van het naakte vrouwelijke lichaam par excellence. En alle surrealistische kunstenaars waren overtuigd dat ze net zo vindingrijk waren als Pygmalion. Ze kleedden en fotografeerden paspoppen dat het een lieve lust was, en behingen ze met de meest vreemde objecten. En modellen werden vaak in scene gezet en gefotografeerd als levende paspoppen. Bijna altijd waren het sexuele toespelingen zoals de levende, « vrouwelijke » kapstok, de *Coat Stand* van Man Ray uit 1920.

5. Rue Surréaliste

In 1938 organiseerde de gehele groep, naar een idee van Marcel Duchamp, een tentoonstelling in de Galerie Beaux-Arts in Parijs, met onder meer een winkelstraat – een « Rue Surréaliste » – in de vorm van een defile van bizar aangeklede en vooral veranderde mannequins. Ze suggereren « erotische ontmoetingen ». De blikvangers waren de overdadige mannequins van Raoul Ubac, André Masson en Salvador Dalí die een kledingstuk van Elsa Schiaparelli hanteerde. De ietwat schrale mannequin van Man Ray is naakt tot onder het middel, de benen verhuld in een cylinder-vorm zoals een lage smalle rok. Een dun lint met het raadselachtige opschrift « adieu foulard » is om de taille gebonden. De haartooi is versierd met gloeilampen. De ogen lijken te tranen, het zijn druppels gemaakt uit glas. Onder de oksels vandaan verschijnen... eveneens tranen. De mannequin van Ray heet *Portemanteau esthétique*. Een « portemanteau » is een kapstok of kleerhanger, maar verwijst ook naar het talige begrip « portmanteau » of « contaminatie », dat wil zeggen een verrassende combinatie van woorden. De mode-wereld was zo geïnspireerd door de presentatie van de « erotische couturiers » dat bijvoorbeeld Dalí meteen prestigieuze opdrachten bekwam om etalages te ontwerpen voor luxe-winkels.

6. Fetisjen

Martin Margiela laat niet alleen zijn modellen opdraven aangekleed als paspoppen, hij zet ze de herfst van 1994 in etalages van grootsteden als levende paspoppen. Zo poseren ze in Parijs, London en Milaan en kijken vanuit het winkelraam het nieuwsgierige publiek minzaam glimlachend aan. En niet ook een beetje geringschattend? Het schouwspel doet denken aan een scene uit de surrealistische film

denim
of the several factors in an occasion
of experience. Thus in its primary
is the mutual adaptation
of the several factors in an occasion
of experience. Thus in its primary
sense, Beauty is a quality which
finds its exemplification in actual
occasions: or put conversely, it is a
quality in which such occasions can
severally participate (...). "Adaptation"
implies an end. Thus Beauty is
when the aim of "
When the aim is secured,
There is the minor
form of Beauty, the
absence of painful clash,
the absence of vulgarity.
(... the major form of Beauty)
introduces new contrasts of obje_
content with objective content
défilé
vous me copierez 50 fois
Maison Martin Margiela
MAISON
Beauty is a quality which
finds its exemplification in actual

A Legend of Fountains van Joseph Cornell en Rudy Burckhardt uit de 50er jaren. In die film lijken de mannequins in een etalage in Manhattan levendiger dan de doordeweekse bewonderaars en voyeurs aan de andere kant van het uitstalraam. Het starende gepeupel is verward, want net zoals Narcissus worden ze geconfronteerd met hun vale verschijning in het spiegelende glas. En was het niet de geleerde Walter Benjamin die schreef: « In zulk een gevaarlijke situatie worden de zelfverzekerd uitgestalde goederen niet alleen verleidelijke fetisjen maar ook geïnfecteerde wonden »? In een defilé in de herfst 2005 worden models te voorschijn getoverd op cameratrolleys, zoals in een cabaret wiegen en draaien ze met hun lichaam dat het een lieve lust is. Er klinkt luide disco-muziek: *Love is in the air* de hit van John Paul Young uit 1977 .Sommige models dragen uitzinnige juwelen met gekleurde ijsblokken die door de hitte van de spots langzaam smelten. De gekleurde, waterige substantie glijdt langs de hals, de borsten, handen en benen op de sierlijke kledingstukken. Er blijven vlekken achter, zoals de rode vlek op Charlotte's prachtige witte jurk in de film *Stage Fright* van Alfred Hitchcock. Wordt in het defile gezinspeeld op de vrouwelijke fetisj en de traumatische herinneringen die zij voortbrengt? Dan worden de modellen afgevoerd en is het feest met de fetisj voorbij. In andere presentaties draait Margiela de regels van het spel om, wanneer het model zich in het vel van de fetisj zelf wringt, in het vest gemaakt uit resten van de opengesneden paspop « Semi Couture ». Bezweert het model daardoor de fetisjizering van haar eigen lichaam? In vele presentaties wikkelt Martin Margiela het gezicht en het hoofd van de modellen, en recentelijk ook de ledematen, in huidkleurige stof. Men denkt onmiddellijk aan de « gliederpuppen » die Man Ray ondermeer heeft vereeuwigd in een foto uit 1975.

7. Man Ray

« Wow! Ongelooflijk. Het lijkt wel of Man Ray hier was » zo staat te lezen op een prikbord in het decor-atelier van Maison Martin Margiela. Voor Man Ray was de mode een belangrijke bron van inkomsten en zijn professionele modefotografie voor ondermeer *Harper's Bazaar* – hij maakte zeer geconcentreerde foto's waarin de objecten van de mode centraal staan – vormt een sterk contrast met het « anything goes » van de huidige modefotografie . De fotografische en andere ingevingen van Man Ray en zijn surrealistische collegae komen in het werk van Margiela voortdurend terug: in de verkleedpartijen met paspoppen, marionetten en speelgoedpoppen, in de dubbelzinnige en erotische spelen met iconen en accessoires, in de obsessieve aandacht voor alledaagse details als straatnamen en huisnummers en in het gedoe met vlekken. Zelfs de door Man Ray zo geliefde ellenlange handschoenen en talloze fotografische verbeeldingen van handen, zoals bijvoorbeeld de met inkt besmeurde hand van Meret Oppenheim, vinden we terug in de iconografie van Maison Martin Margiela. En ook Meret Oppenheims eigen bijdragen aan de mode, zoals de met bont beklede theekop en lepel van *Dejeuner en fourure* uit 1936, een hoogst erotisch kunststuk dat verwijst naar Oppenheims eigen juweel-ontwerpen, eveneens in bont uitgevoerd, voor Elsa Schiaparelli, ontbreken niet. Denk aan de extravagante haartooien in de vorm van bontmutsen uit de wintercollectie 1997-98. En zelfs de vleeskleurige « Body sans manches soutien-gorge incrusté », uit de lente-zomer collectie 2007, waarmee het bedekken van bloot nieuwe betekenissen krijgt, vinden we terug op de foto *Woman in Bondage* van Man Ray uit 1928-29. « Schoonheid is een kwaliteit die slechts zichtbaar wordt bij bepaalde gelegenheden, anders gezegd het is een kwaliteit in welke zulke gelegenheden een belangrijke rol spelen », staat handgeschreven op een oude deur in de Rue Saint Maur. Aan sommige assemblages van Man Ray liggen eveneens zulke woordspelingen ten grondslag. Zo ook bij *Het raadsel van Isidore Ducasse* een assemblage dat Man Ray in 1920 ontwierp. Een onbekend voorwerp is verpakt in een paardendeken, dichtgebonden met een stuk touw. De vage vorm van het verhulde voorwerp doet een naaimachine vermoeden. Man Ray maakte het object speciaal om op een fotowerk te figureren. De titel en het object verwijzen naar de beroemd geworden schoonheidsvergelijking van de Franse schrijver Isidore-Lucien Ducasse, ook bekend onder het pseudoniem Comte de Lautreamont: « Mooi als de toevallige ontmoeting van een naaimachine en een paraplu op een snijtafel ». Deze zin beschouwde André Breton als de perfekte metafoor voor de principes van het surrealisme. De uitspraak van Ducasse kan ook als de perfekte definitie van de « Collection Artisanale » van Maison Martin Margiela dienen.

8. Intelligentie

Over weinig mode-ontwerpers is zo uitvoerig geschreven als over Martin Margiela. Al naargelang de inzet van deze of gene schrijver maakt Margiela niet alleen « mode na de mode », maar ook « mode voor de mode » en zelfs « mode over mode ». En hij is al jarenlang de lieveling van de kunstwereld. Is het omdat Margiela een soort duistere, romantische lichaamskunst maakt die emotionaal en toch conceptueel is? Omdat zijn mode uitdrukking geeft aan droom en trauma, schoonheid en lelijkheid, fijnbesnaarde erotiek en geile sex en alles tegelijkertijd? Of simpelweg omdat bij Maison Martin Margiela commercie en kultuur hand in hand gaan en zelfs glamour intellektuele trekken krijgt? Zo schrijft de kunsthisto-ricus Isabelle Graw, die als een van de weinige kunstcritica de mode kent en ernstig neemt: « Die Grenzen zwischen dem System « Mode » und der Kunstwelt sind immer durchlässiger, die Übergange immer fliessender geworden. Das wechselseitige Austauschverhältnis hat ein neues Ausmass erreicht... Heute arbeitet die Mode als Prinzip nicht nur latent in der Kunst, sondern wird buchstäblich Teil ihres Inhalt ». Sterker nog, misschien beleven we vandaag wel het hoogtepunt van de kolonializering door de mode van de beeldende kunst, die begon met de surrealisten en via Andy Warhol en de pop-kunst zich verder zette tot ze ook talloze jonge hedendaagse kunstenaars bereikte. Hoe het ook zij, de mode is het representatiemodel van deze nieuwe eeuw. De mode heeft zelfs de film voorgoed voorbijgestreefd als het nieuwe, optimale « Gesammtkunstwerk ». En aan de mode ontsnapt niets of niemand. Ze zit ons letterlijk en figuurlijk op de huid. Maar de mode heeft, vooral als we de mode- en lifestylebladen openslaan, langzamerhand ook alles, van de wereldpolitiek tot de biopolitiek van het menselijk lichaam, gereduceerd tot een leeg teken, waarbij kollektieve vrolijkheid de enige ideologische dimensie is die de mode zichzelf toestaat. De opwinding van *Le dernier cri* is omgeslagen in hulpeloos gekir. Dat heeft Martin Margiela als geen ander begrepen. Daarom maakt hij een mode en kledingstukken die volstrekt anders zijn, namelijk in de vorm van koncentratie en klaarheid, als een letterlijke en figurlijke belichaming van intelligentie. Maison Martin Margiela is een uitzondering op de regel. de mode van Martin is als de verborgen zijde van de maan. De maan Ray?

Augustus 2008

时尚好似月之阴暗面：月光

克里斯·德尔康 [Chris Dercon]

1_ 比利时巧克力

在超现实主义风靡的 20 世纪 20 年代至 30 年代，时尚界通过文字与图片诠释了时尚的双面性。对马丁·马吉拉而言，以曼·雷为首要范本的超现实主义打造了一个思想的宝库，使时尚相关的文字和物质立刻变得更加妙趣横生和充满智慧。马丁·马吉拉并没有隐藏他的比利时血统。他的作品，就像比利时巧克力，散发出比利时的特质。詹姆斯·恩索尔、雷尼·马格利特，特别是马塞尔·布达埃尔的艺术风格都在马吉拉的设计中有所体现。具有双重含义且众所周知的反讽意义、固有的伪装和欺骗、假装的浮华与无邪、对不知所归何类的仿古室内设计和装扮风格的偏好，这一切，在马丁·马吉拉的作品中都实属常见。马吉拉对视觉艺术的强烈兴趣也许来源于他意识到，时尚是被迫去不断适应打破限制的过程，同时也是被寄予希望去打破相同的限制。

2_ 白色墙壁

对 Maison Martin Margiela 而言，白色代表着“脆弱的力量，特别是时光流逝所带来的脆弱感”。白色的墙面、门、家具、包装盒和出版物，都传达着 Maison Martin Margiela 这个品牌的同一个理念：“流逝的时光终将在白色的表面留下印记。”因此，白色绝不是中性的或无个性的。当我们意识到时尚在白墙的诞生中扮演着主要角色时，一切都变得更加有趣。在 20 世纪 20 年代，勒·柯布西耶是白墙风潮的重要推崇者，他将白色宣传成“设计师的服饰”。20 世纪早期，阿道夫·路斯将建筑与服装相结合，他描述道，当一个人刷墙时，他必定就知道穿着者和穿搭之间的区别。还需要坚信最基础的东西，也是其核心——要坚信一面墙的外墙，特别是内墙，终将被刷为白色。在马克·瑞格利的巨著《白墙与设计师服饰：现代建筑的时尚化进程》[*White Walls, Designer Dresses: The Fashioning of Modern Architecture*] 中，他提出时尚作为灵感的来源，在现代主义的白墙概念发展过程中，是完全没有发挥作用的。长时间以来，时尚都被看作是不必要的一步，带有世俗气质的，仅仅是一个缺乏文化可持续性的标记。

3_ 反商店

Maison Martin Margiela 的店铺还抵抗着一些陈旧的商店的相关概念。它们聪明又幽默地推翻传统的陈列、分类和再生产模式，甚至是奢侈品的打包方式，这使得他们被贴上了反传统商店的标签。Maison Martin Margiela 店内陈列着不同系列的产品，以及与之相关的物件、图像、文字或数字。连衣架都用白色平布包裹，Maison Martin Margiela 的产品使人想起曼·雷在 1920 至 1971 年期间用衣架创作的作品《障碍》[*Obstruction*]。尤其还会让人想起马塞尔·布达埃尔的一幅全白的作品《白房间》[*La Salle Blanche*]，该作品 1975 年首次在巴黎亮相，由白色的板材构成了一个房间，房间的墙、地板、屋顶全都印上了老式的、黑色的钢印字母。这个作品其实是再现了布达埃尔的作品《Le Musée d'art moderne [Section XIX Siecle] Département des Aigles》。原作品在 1968 年的布鲁塞尔艺术圈中被广泛流传。布达埃尔的虚拟博物馆展现了反博物馆的一面，在虚拟博物馆里他也采用了经典博物馆的形式和惯例来展现他的艺术表达。宾客们收到传统的邀请函，受邀参加开幕式，欢迎方式也是传统自助餐。但这个空间本身只包含板条箱、复制品，以及关于艺术品的文字描述。一辆运输车停在前面，准备出发。“现代艺术博物馆”几个字被印在了车窗上。这些东西就像被密封的棺材，只传达这些作品的名字。1971 至 1972 年期间，布达埃尔在杜塞尔多夫展出的《Section des Figures》中继续保持了这一概念。他和马吉拉的做法一样，采用对物品的印刷排版来诠释该作品，将艺术的表现方式精简至“数字”。《Département des Aigles》中的雄鹰之于布达埃尔，就像被称为“半定制”[semi-couture] 的人台之于马吉拉。两者都暗指在时尚与艺术这场游戏中所创造出的许多不实用的作品。

4_ 半定制

作为 1997 春季系列的作品，以人台为基础的半定制马甲，到底是什么东西？马吉拉采用同样的基础形状、粗糙的亚麻面料、缝合方式、走线方式以及在 Siegel & Stockman 生产的人台上出现了数字和字母。Siegel & Stockman 是非常知名的供应商，专为法国高级时装和美国奢

(2)

In 1997 besluit de gevierde ... Jerry Mevens ... hebt te geven ... in Parijs ... Nico ... Haute Couture

Zu Street

"Rode lippen" Man Ray Fashion

Haute Couture -> Parelstad

Een ... collectie 97/98 ...

le Corbusier

... dress form ... Tailors dummy

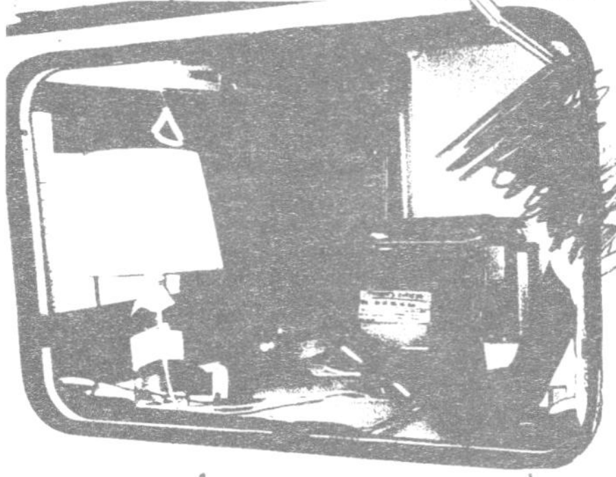

Estelle

David Crockett

call Samantha

侈品商店的橱窗展示提供商品。马吉拉放弃了原有的品牌名，仅留下了“半定制”字样。“半定制”被解释为“极度接近高定成衣”或“类似定制”，换句话说，就是介于成衣和高定制之间的类别。现在几乎所有设计师都会半定制，因为这只会耗费小部分的高定成衣材料。半定制意义丰富，值得深究，因为这向我们展示了更多了解马吉拉的偏好。像萨尔瓦多·达利和曼·雷这样的超现实主义者来说，人台形成了对裸女身体的终极迷恋。所有的超现实主义者认为自己像皮格马利翁一样别出心裁。他们会用多种多样的方式给人台试衣以及拍照，并且用最奇怪的物品装扮它们。他们经常会将真人模特摆成或拍成人台的样子，几乎都存在性暗示的含义，就像曼·雷 1920 年创作的真人女性作品《衣架》[*Coat Stand*]。

5_ 超现实主义街

1938 年，超现实主义艺术家们一起以马塞尔·杜尚的思想为基础，在巴黎的美术画廊 [Galerie des Beaux-Arts] 举办了一场展览。这场展览包括一条购物街——超现实主义街——它被打造成了一场由奇怪的人体模特组成的游行，象征着“情欲之间的邂逅”。由拉乌尔·乌贝克、安德烈·马森和萨尔瓦多·达利创作的奢华人台获得了最多的关注，达利与著名时装设计师伊尔莎·斯奇培尔莉 [Elsa Schiaparelli] 合作设计了一幅作品。曼·雷相对较少的人体模特多是臀部以上裸露，臀部用一个圆柱包裹，就像一条又长又薄的裙子，配上一根薄薄的绸缎在腰身处拼写出神秘的“再见，围巾 [Adieu foulard]”。它的头花是用电灯泡做成的，玻璃做的眼泪从眼睛一直掉到了腋窝。雷为他的人体模特取名为 Portemanteau esthétique. “Portemanteau” 也就是衣帽架，但这个名字也指一种语言学上的术语“混成词”，或是污染物，即是一种出人意料的文字的结合。时尚产业极大地受到这些“好色之徒”的启发，比如萨尔瓦多·达利多次接到“高级任务”，去给一些高端商店设计陈列。

6_ 迷恋

马丁·马吉拉不仅会把他的模特装扮成人台，在 1994 年秋季，他甚至把她们放进商店的橱窗里，扮演活的人台。在巴黎、伦敦和米兰的陈列窗后，她们面对下面那些对她们充满好奇的购物者亲切地微笑着，甚至有些卑微。这幅画面的灵感来自《喷泉传奇》[*A Legend for Fountains*]，20 世纪 50 年代由约瑟夫·康奈尔和鲁迪·柏克哈特制作的超现实主义电影。影片中曼哈顿岛上橱窗中陈列的人体模特比对面玻璃窗内有窥阴癖的人更有生命的特征。这种凝视聚集了部分人群，当他们自己苍白的身影和如水仙般的模特有了比较时，他们露出了疑惑的神情。不正如瓦尔特·本雅明写到的：“在这种非常危险的情况下，极具诱惑性的陈列商品不仅成了诱人的猎物，也成了被感染的伤口。”马吉拉 2006 春夏秀场中，模特们通过相机滑轨被送出场，摇晃并转动着身体，就像表演卡巴莱歌舞一样。喧闹的迪斯科舞曲在回响，歌曲是约翰·保罗·杨 [John Paul Young] 在 1977 年发行的歌曲《爱如空气》[*Love Is in the Air*]。其中有些模特穿戴着奢侈的珠宝，而这些珠宝是用五颜六色的冰块打造的，在聚光灯的照射下慢慢地融化。这些鲜艳的、水做的饰品顺着模特们的脖子、胸部、手和腿往下流，流到她们高雅的服装上，并留下了印记，就像阿尔弗雷德·希区柯克的电影《欲海惊魂》中夏洛特的白裙子上染的红色血渍。这是否暗示着女性的恋物癖以及由此唤起的创伤记忆？滑轨送走了模特，恋物的盛宴结束。在另一场秀中，马吉拉倒置了游戏规则，模特将自己塞进一层外衣里，这层外衣由裁缝用剩的人台和半定制的物料制成。这是否削减了模特们身体本身的肉欲性？在他的众多展示中，马丁·马吉拉用肉色的布把模特的脸和头包裹起来，在近期的设计中甚至包裹住整个臀部。这很快使我们想起曼·雷 1975 年的摄影作品《木偶》[*Gliederpuppen*]。

7_ 曼·雷

Maison Martin Margiela 的工作室留言板上有这样一句话：“哇！太不可思议了。就像曼·雷本人的也曾在这里一样。”时尚是曼·雷获取收益的一项重要来源。他为《时尚芭莎》拍摄的照片紧紧围绕时尚这一目标，与现在的时尚摄影师们“随遇而安”的态度形成了鲜明对比。曼·雷的摄影和其他领域的思想，包括超现实主义思想都在马吉拉的作品中有所体现：比如在人体模特的服装、提线木偶、玩偶设计上，比如在有性暗示的图标和饰品上，比如在一些引人注目却又平凡的细节上，类似街道名字和号码，以及在所有与污渍相关的事情上。甚至是曼·雷对长手套的热爱和他无数张关于手的图片，梅雷特·奥本海姆染墨的手，也在马吉拉的作品中有所体现。梅雷特·奥本海姆自身对时尚的贡献也都集中在皮毛制品上，比如 20 世纪 30 年代用皮毛制成的茶杯和茶匙《皮草午餐》[*Déjeuner en fourrure*] 就是艺术非常勾魂的一面，她借鉴了她为伊尔莎·斯奇培尔莉设计的珠宝。再回想下 1997 / 1998 秋冬系列中那个夸张的像毛茸茸的蝙蝠一样的头饰。2007 春夏系列中出现的肉色字体“无袖连体衣镶嵌文胸”[Body sans manches soutien-gorge incrusté] 可以追溯到 1928 至 1929 年期间曼·雷拍摄的《束缚中的女人》[*Woman in Bondage*]，这种做法是一种新式的遮盖裸露肌肤的手段。“美是一种品质，只有在特定场合下才得以显现，换句话说，特定场景在美的显现过程中扮演着重要角色。”这句话是圣莫尔街上一扇老旧的门上的手书。相同的文字游戏在曼·雷的一些基础作品集中也有所体现，例如他 1920 年创作的《伊西多尔·杜卡斯的奥秘》[*The Mystery of Isidore Ducasse*]，在这幅作品中一件不明物品被一条毯子包裹着，还用绳子拴了起来。这个造型隐晦地展现了一台缝纫机的样子。曼·雷这么做的目的是为其拍照提供素材。作品名和物品的使用参考了法国作家伊齐多尔·吕西安·迪卡斯 [别名洛特雷阿蒙] 著名的关于美的对比言论："美，就像一台缝纫机和一把雨伞在解剖台上意外相遇"，安德烈·布勒东认为这句话是形容超现实主义的本质的完美比喻。它也是对 马丁·马吉拉 "Artisanal" 系列的完美定义。

8_ 智慧

很少有时尚设计师像马丁·马吉拉一样创作出这么多的风格。从作家的角度来看，马吉拉不仅创造了"后时尚风潮"，还创造了"时尚界的时尚"，甚至是"元时尚"[metafashion]。他成为时尚界的宠儿已经多年，是因为马吉拉创造了一种黑暗又浪漫，感性却概念化的人体艺术吗？还是因为他的设计同时表达了梦想与伤痛、美丽与丑陋、柔和的情欲与热辣的性感这些所有元素？抑或仅仅是因为艺术和商业在 Maison Martin Margiela 中携手并进，甚至只是他的魅力上升到了理性层面。艺术史学家伊莎贝尔·葛诺作为少有的既懂时尚又欣赏时尚的艺术评论家之一，她写道："'时尚' 体系和艺术世界之间的界限越来越具有相互渗透性，二者之间的转变也越来越具有不固定性。实现转变的比率已经达到一个新的范围……如今的大部分时尚不仅潜藏在艺术里，而是它们本身就无可挽回成为艺术的一部分。"事实上，如今我们可能正在经历着时尚对艺术的殖民化高潮，这种殖民化以超现实主义为起点，通过安迪·沃霍尔和波普艺术得以扩张，直到被现在大量的年轻艺术家所熟知。无论任何情况下，时尚都是一个世纪具有代表性的模范。时尚已经永久性取代了电影的地位，成为新型的终极的"总体艺术"。无人无事可避开时尚，可以毫不夸张地说时尚活在我们每个人身上。但如果从时尚画报和生活杂志来看，从国际政治到人类身体的生物政治，时尚使任何事都简化成了一个中空的物体，使集体的娱乐变成一种独立的意识形态。"le dernier cri" 意为 Lastay，引申为 The Latest Fashion [最新时尚] 所带来的兴奋感已经变成了无助的低语。马丁·马吉拉能以与众不同的方式理解这种状态，这也是为什么他创作的时尚和服装比任何人的作品都更加别出心裁——他塑造的浓缩和清透的形态、具化后的文学和比喻的智慧是与众不同的。Maison Martin Margiela 是规则以外的创造，马丁的时尚风格就像月之阴暗面：月光。

—

克里斯·德尔康，时尚历史和社会学的权威专家，投身于全世界的展览事业中。从阿纳姆到京都，从慕尼黑到安特卫普，在担任鹿特丹博伊曼斯·范伯宁恩美术馆馆长期间 [1996-2003]，他和 Maison Martin Margiela 共同举办了展览 [9 / 4 / 1615]，在 2009 年慕尼黑的昆思特豪斯博物馆中，与安特卫普时尚博物馆共同举办了 Maison Martin Margiela 20 周年回顾展览。

2002/2003 秋冬 _ 女装秀 _ 由两件古着皮革大衣制成的非对称夹克

Sequinned jacket by
Maison Martin Margiela

2008 春夏 _《Another Magazine》_ 乌玛 · 瑟曼 [Uma Thurman] 穿着错视效果亮片夹克，在哑光织物上营造出反射表面的错觉

1994 春夏 _ 女装秀 _ “Artisanal”系列的手绘牛仔裤的生产过程

FINANCIAL TIMES

WEEKEND NOVEMBER 27/NOVEMBER 28 1993

Belgian chic – from riches to rags

*Does anyone actually wear the deconstructionists' designs? **Avril Groom** looks at the clothes on the catwalks, below, and, right, on some real-life customers*

■ SARA BLONSTEIN, 28, media event organiser: "I've never been a power-dresser. I prefer street fashion but now I'm older I want a more elegant version. I have worn second-hand clothes which the beautiful tiny details and fabric of Demeulemeester's designs remind me of.
"Margiela fits a curvy figure brilliantly. I love the flowing look of floaty, monochrome layers. I feel very attractive in them. The ideas are fun – to me, this is the first time in ages something new has happened in fashion."
She is wearing a black silk/wool brocade sleeveless coat by Ann Demeulemeester, £590, silver metallic/acetate top by Martin Margiela, £165, nylon/polyamide top by Helmut Lang, £150, wool apron skirt by Dries van Noten, £200, all from Browns, South Molton Street, London W1.

The most interesting and challenging clothes right now come from a man who makes jackets out of old Metro posters and a woman whose idea of decoration is hospital-style tape ties. This sounds like the same avant-garde freakiness that spawned fashion-victim long black layers, impossible to wear for anyone other than scrawny superwaifs, but the growing band of sophisticated women who love these clothes tell a different story.

Ann Demeulemeester, Martin Margiela and Dries van Noten are the tongue-twisting Belgian triumvirate leading the "deconstruction" movement which turns the traditional precepts of clothes-making literally inside out, putting lining fabrics, raw edges, seams and so on on the outside.

These are controversial ideas that originally made a strong point about consumerist fashion in recessionary times but, as the threesome insists, such ideas are only a tiny part of their output.

The designers are the direct descendants of the older avant-garde grouping of Rei Kawakubo, Yohji Yamamoto and Issey Miyake, who have long toyed with such themes. But whereas the Japanese looked to their own culture and the future for their uncompromising shapes, the Belgians are infused with a powerful nostalgia for Europe's fashion past.

Anarchic shows in derelict hospitals featured plastic-bag dresses bound round with Sellotape

The Belgians graduated from art school in Antwerp in the mid-1980s. They share a philosophy which then seemed revolutionary, that clothes should be a quiet mix of individual pieces, new and old, to enhance the personality. With brash, gilt-buttoned logoland all around them, they needed shock tactics to get noticed.

Hence Margiela's anarchic shows in derelict hospitals and car parks featuring plastic-bag dresses bound round with Sellotape, or waiter's aprons worn with thigh-high waders, Demeulemeester's overlong sleeves and tape-ties looking suspiciously like ideas from straitjackets or hospital robes, and van Noten's retreat into institutional-looking baggy grey or beige linen.

Now that fashion has undergone a sea-change and recycling, plain clothes and tiny details are desirable, they find themselves in the vanguard and they have softened their position. Far from clothing women in ugly black layers, they say, they want them to look their natural best. The result in their spring collections, and those from kindred spirits such as Martine Sitbon and Helmut Lang, is a delicate, lyrical freshness that makes the efforts of better-known designers to follow the same lines look like the bumbling of clumsy dinosaurs.

These Belgians are far from the snarling nihilists some of their publicity suggests. Margiela is a charming, gentle giant whose chunky marled sweater and sea dog's cap make him look more like a North Sea fisherman than a designer. He finds beauty both in precious old clothes and the ability to remodel them in modern form.

His ideas tread a fine line between the witty and the wacky, usually coming down on the right side because of their quality. The soft, chunky Aran-style sweater shrouded in a layer of fine net, the clingy crop-top apparently made from a pair of long socks, the antique-looking crêpe dress with its darts and hem carefully unpicked and pressed open (yet still flatteringly cut), the man-styled jacket cut with a narrow shoulderline and overlong sleeves to emphasise femininity – the list seems endless.

Margiela's influence on current fashion is eloquently displayed by his spring collection. There is not a single new piece, just his favourites from previous collections, all coloured grey and carefully dated with their year of design. There they all are – the apron skirt, the flesh-coloured chiffon body with tattoo print, even the recycled paper jacket, all invented here but seen on many international catwalks for the first time this season.

Sheila Cunningham, a 60-year-old East End social worker and one-time assistant to New York fashion doyenne Diana Vreel, is one of his fans. "His clothes are a private pleasure. They don't cry out 'designer' and could be second-hand but they are well-made and feel wonderful. Dark colours are good for work and public transport. The shapes are individual enough to transcend trends. I buy such things in sales and need them to last."

Ann Demeulemeester, a small, pale blonde with limpid blue eyes, is a perfectionist whose business is self-financed and controlled. She says she "only started designing when I felt I had something different to say, to put my soul into clothes. Mainstream fashion was about comedy then but I was trying to design poetry."

Her clothes are detailed with craft-like care. Tiny ties that bind and fasten, fine tucks in the back of a swirling soft dress that give it a flattering sensuousness, the femininity of a bias-cut velvet skirt under a narrow, but mannish, brocade frockcoat – wearing these clothes is a subtle pleasure.

Her spring look is soft and fragile, with tiny linen camisoles suspended over mesh tops and hitched-up Victorian skirts, and pale, delicate colours replacing some of the black. "I wanted to dispel the idea that my clothes are sad," she says, "though sadness is a fine emotion."

Dries van Noten, who looks as beautiful and delicate as his printed chiffons, is the most accessible of the three in design terms. Always more inclined to use colour, he likes fragile, ethnic fabrics, antique embroidery and beading which he mixes with plain textures. His spring collection of nostalgic chif-

Pale chiffon and silk by Dries van Noten

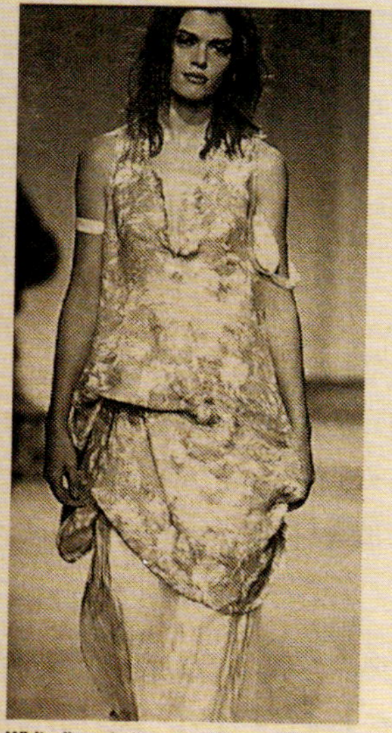

White linen layers, Ann Demeulemeester

Jeans and chiffon by Martin Margiela

1994 春夏 _《金融时报》_ 女装秀评

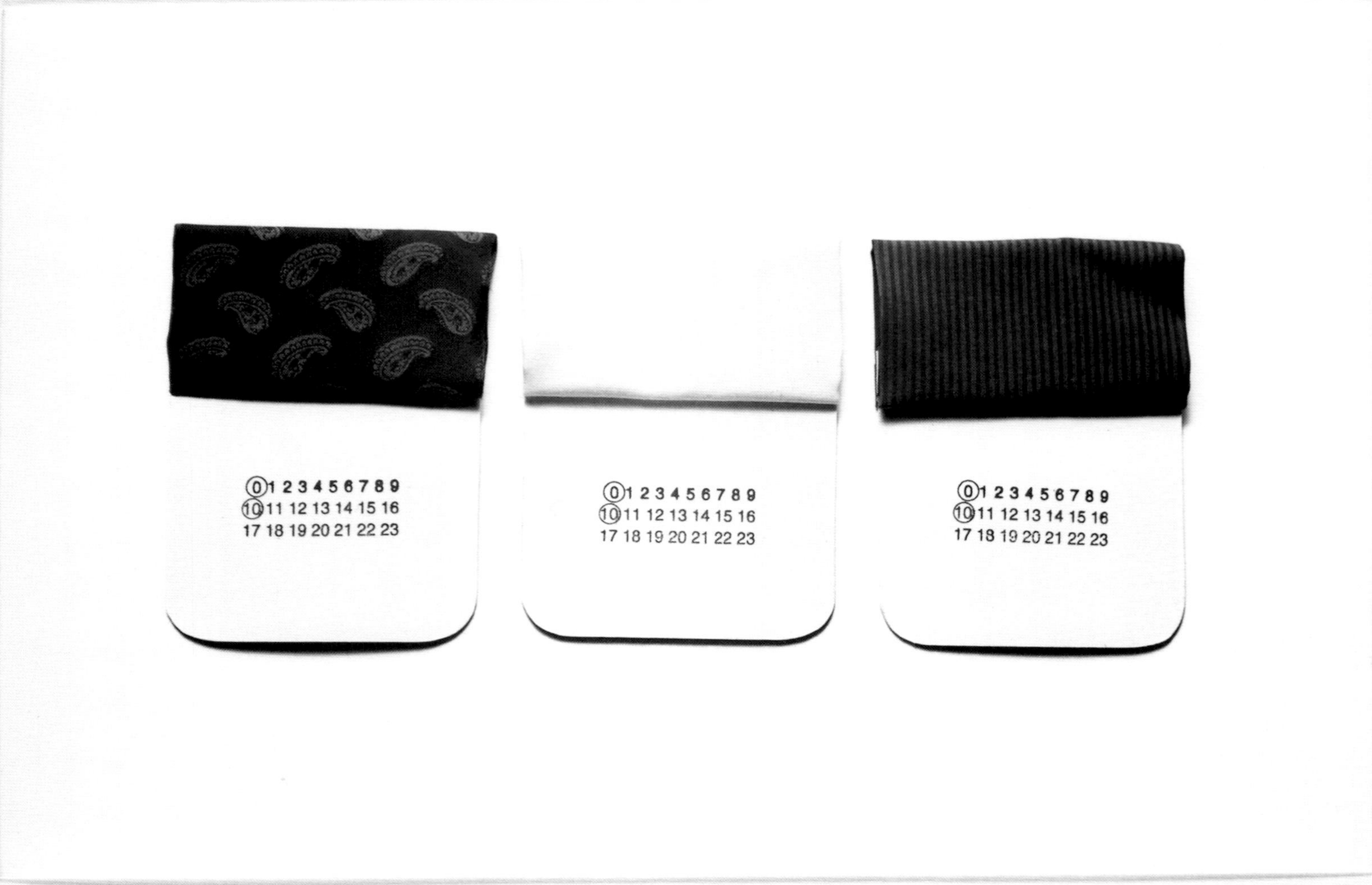

0 1 2 3 4 5 6 7 8 9
10 11 12 13 14 15 16
17 18 19 20 21 22 23
0 1 2 3 4 5 6 7 8 9
10 11 12 13 14 15 16
17 18 19 20 21 22 23
0 1 2 3 4 5 6 7 8 9
10 11 12 13 14 15 16
17 18 19 20 21 22 23

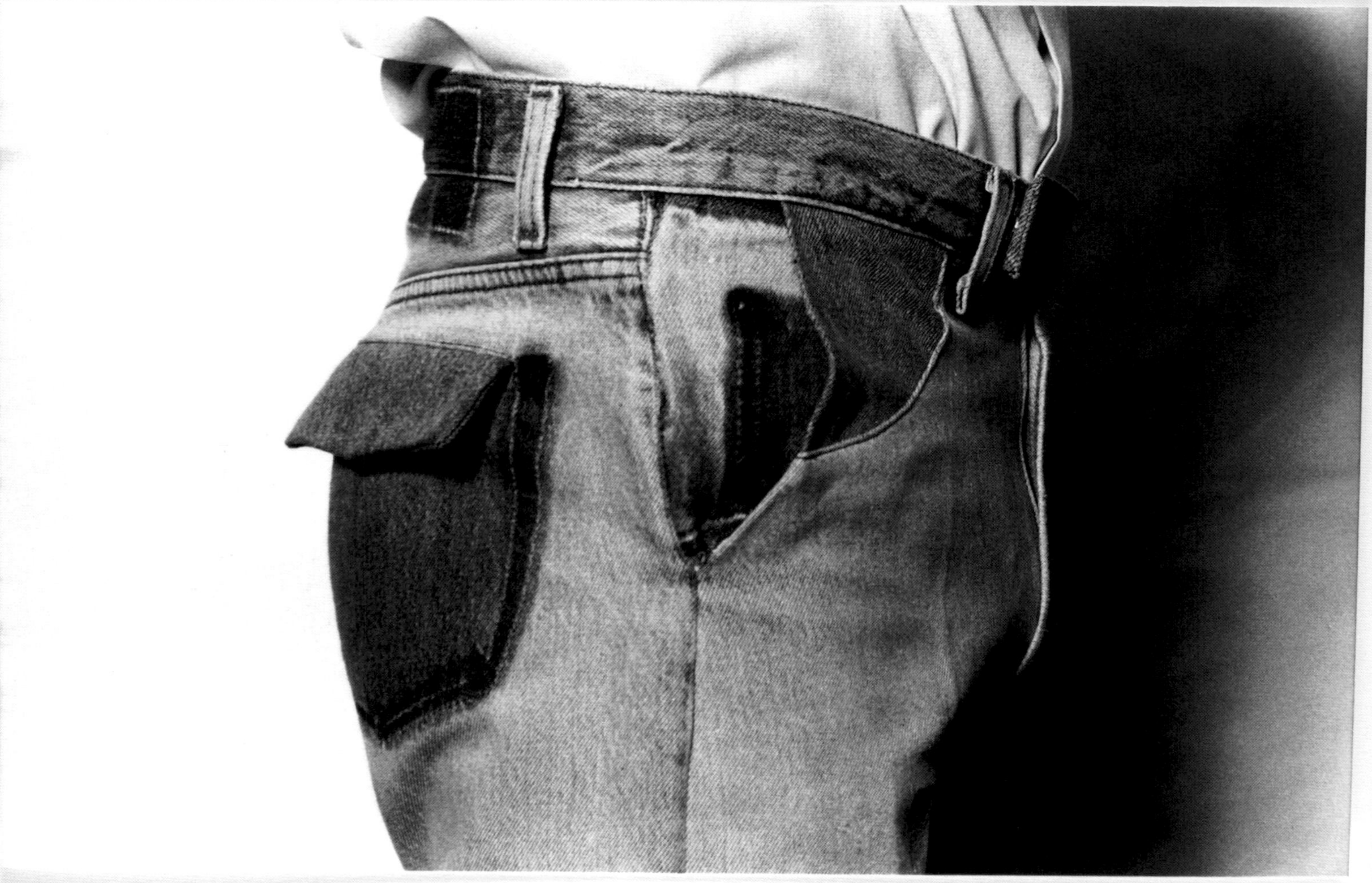

2002/2003 秋冬 _ 0 系列 _ 一系列方型假口袋 _ 古着牛仔裤再造成经典款裤子：皮带和前口袋被改造，后袋被移除，制成带翻盖的经典口袋造型结构

MILIEU OUVERT
ACCUEIL
DU LUNDI AU VENDREDI
2E ETAGE TÉL 236 78 74
CABINET
de CHIRURGIE DENTAIRE
DOCTEUR L.COTTENCIN
DOCTEUR J.L. HUARD
SUR RENDEZ-VOUS 236-76-74
MARTIN MARGIELA
SARL NEUF
3 ÈME ÉTAGE.
SUCCESS
FAE
ÉLECTRIQUE

1998 _ 门的标志，圣丹尼斯大道［1990 年至 1994 年时装屋总部］

2006/2007 秋冬 _ 女装秀 _ 后台

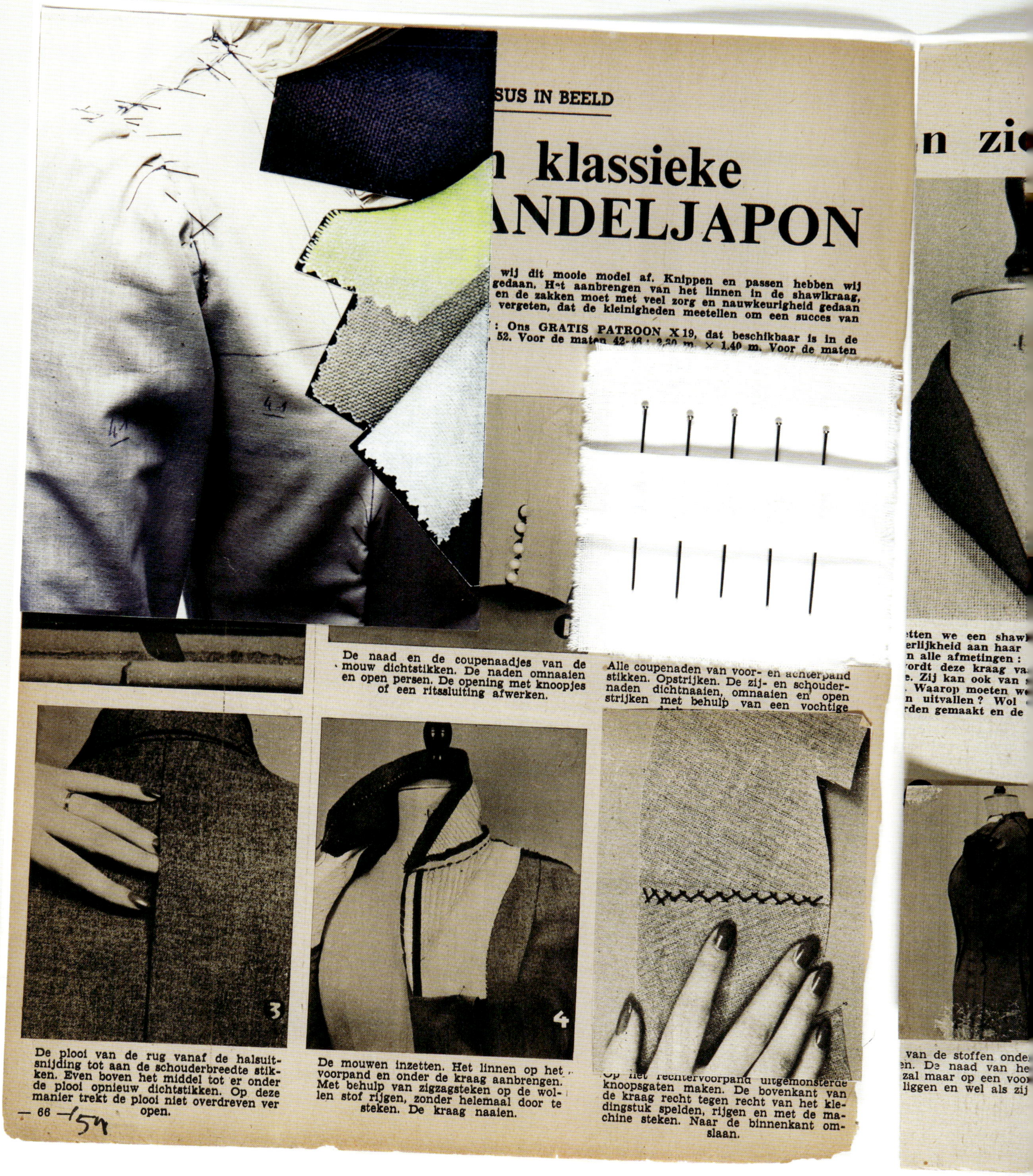
SUS IN BEELD
n klassieke
ANDELJAPON
wij dit mooie model af. Knippen en passen hebben wij
gedaan. Het aanbrengen van het linnen in de shawlkraag,
en de zakken moet met veel zorg en nauwkeurigheid gedaan
vergeten, dat de kleinigheden meetellen om een succes van
: Ons GRATIS PATROON X 19, dat beschikbaar is in de
52. Voor de maten 42-46 : 2,20 m. × 1,40 m. Voor de maten
De naad en de coupenaadjes van de mouw dichtstikken. De naden omnaaien en open persen. De opening met knoopjes of een ritssluiting afwerken.
Alle coupenaden van voor- en achterpand stikken. Opstrijken. De zij- en schoudernaden dichtnaaien, omnaaien en open strijken met behulp van een vochtige
De plooi van de rug vanaf de halsuitsnijding tot aan de schouderbreedte stikken. Even boven het middel tot er onder de plooi opnieuw dichtstikken. Op deze manier trekt de plooi niet overdreven ver open.
— 66 —
De mouwen inzetten. Het linnen op het voorpand en onder de kraag aanbrengen. Met behulp van zigzagsteken op de wollen stof rijgen, zonder helemaal door te steken. De kraag naaien.
knoopsgaten maken. De bovenkant van de kraag recht tegen recht van het kledingstuk spelden, rijgen en met de machine steken. Naar de binnenkant omslaan.
n zi
etten we een shaw
erlijkheid aan haar
n alle afmetingen :
ordt deze kraag va
. Zij kan ook van
. Waarop moeten we
n uitvallen ? Wol
rden gemaakt en de
van de stoffen onde
en. De naad van he
zal maar op een voor
liggen en wel als zij

1997/1998 秋冬 _ 这个系列由服装和物品组成，这些物品可追溯到服装生产的各个阶段

Not a colour for cowards

It may seem unlikely, but yellow is the must-have colour for spring/summer. Even more unlikely, it was Martin Margiela who set the tone, says **SUSANNAH FRANKEL**

At the unveiling of Martin Margiela's autumn/winter 2003 collection in Paris last March, yellow confetti was scattered on the cobbled set, delineating the models' path. More petals of that same hue were thrown from above as they walked. The colour is not one that one would necessarily expect from a designer who generally favours muted, even dark and distressed tones. It doesn't come much more happy-clappy than yellow, after all, and happy-clappy clothing is not what Maison Martin Margiela is about. Leave that to the Guccis and Dolce & Gabbanas of this world.

But wait! This is no ordinary yellow.

"The yellowing associated with the ageing of [white] fabrics over time provides the dominant colour palette," says a statement issued by the house, confirming that, in this designer's hands, yellow carries a rather different message. Martin Margiela famously eschews face-to-face interviews, instead preferring to provide anyone interested with suitably stern faxes explaining any concept. The fax continued: "As well as the clothes, there were clear PVC belts and buttons in aged yellow or smoked colours, old scissors and bunches of keys embedded in yellowed Perspex, designed to be used either as pendants or key fobs." This all fits in nicely with fashion's current quietly romantic and nostalgic mood, evoking, in particular, the "make do and mend" mentality of the inter- and post-war periods.

Given the nature of the design house in question, it comes as no surprise to learn that the choice of colour was not one determined by anything as mundane as a seasonal visit to a fabric fair, either. Instead, it was inspired by the yellowing façade of an Italian building, seen by fashion's most elusive character while on vacation, not long before he was due to set to work.

Whatever the thinking behind it, the designer's use of the colour appears to have touched a nerve. Suffice it to say, *après* Margiela, *le déluge*... As the spring/summer stock finds its way into stores next month, yellow will be confirmed as the colour of choice for every label from Burberry Prorsum – a pale-primrose shrug of a trench coat – to Emma Cook – delicate Deco-inspired dresses with pretty butterfly sleeves – and from DKNY – an itsy-bitsy teeny-weeny sunshine-yellow bikini, *sans* polka dots, sadly – to Miki Fukai – neon-yellow parachute-silk shorts.

Stating the obvious, it will be easier to carry off a pale-yellow handbag courtesy of Marni than a canary-yellow marabou jacket and ɡold-fringed sequined dress to match, as seen t Gucci. The former could almost be mistaken r cream, after all. The latter could only be istaken for Big Bird from *Sesame Street*.

Unsurprisingly, Margiela's use of the colour encompasses nothing more dazzling than mustard and buttermilk. Instead of being used as an accent or attention-seeking fashion statement, yellow is treated simply as another neutral, which makes it a tempting proposition for even the most colour-shy consumer with the most apparently challenging complexion. But then, this is one of the world's more sensitive design talents. Even his more experimental moments have the needs of the woman who will ultimately wear the clothes in mind.

Here's what's known about Martin Margiela. He was born in Limburg, Belgium, in 1959. At the age of 18 he went to Antwerp and studied fashion at the Royal Academy of Fine Arts, then spent three years assisting Jean Paul Gaultier. It is said that Margiela learnt much from Gaultier, who supported him generously when he started out on his own in 1988. In particular, the young designer's suspicion of publicity is said to be at least in part a reaction to the backlash suffered by Gaultier following his starring role on *Eurotrash*, which was deemed, in high-fashion circles at least, rather too mainstream for his own good.

Margiela's own appearance on the international stage was all the more remarkable given that the conspicuous consumption that characterised the 1980s was still in full swing when he launched. Thierry Mugler, Claude Montana and, indeed, even Gaultier made Margiela's dark, deconstructed take on design appear like the ultimate anti-fashion statement. Among his triumphs at the time were the transformation of a butcher's apron into an elegant dress, and of a vintage tulle ballgown into a collection of jackets – both to very lovely effect. If that weren't bucking convention enough, the Maison Martin Margiela label itself also appeared to be a reaction to the brash, flash alternative. It was – and still is – a blank bright-white square tacked roughly on to the clothes. Leave it where it is and it makes a mess of your jacket. Remove it and no one will even know that your clothing is "designer". And what's the point of that?

For the past five years, Margiela has enjoyed an unlikely collaboration with the esteemed status label, Hermès. This came to an end in October and, perhaps ironically, Gaultier has been named his successor. While Margiela may have designed some of the most luxurious and desirable clothes for the label, they were almost as understated as his persona. This is one fashion talent who simply won't play the game. Happily, his retirement from Hermès frees him up to introduce his own more classic label, Margiela 4, coming to a store near you at the dawn of the spring/summer season. Less obviously belonging to the avant-garde than the main-line collection, this is primarily aimed at the fashion-savvy customer who would rather not wear her label on her sleeve.

OTOGRAPH BY **JB** STYLING BY **BETH DADSWELL**

DEL **MARINA AT PREMIER** ▶ MAKE-UP **SHINOBU AT UNTITLED USING COSMETICS A LA CARTE** ▶ STYLIST'S ASSISTANT **GEMMA HAYWARD**

Long-sleeved yellow dress, £185; oatmeal waistcoat, £175; plastic belt, £35, all by Martin Margiela, from a selection at Harvey Nichols, Knightsbridge, London SW1 (020-7235 5000)

2003/2004 秋冬 _ 女装秀 _ 黄色的纸屑散落在地板，并划分出 T 台区，纸屑也被涂在 Tabi 靴子上。开衫由复古钩针披肩制成

2000/2001 秋冬 _ 0 系列 _ 一条由纯黑色织物包裹金属链做成的项链

INVITATION DEFILE

MAISON MARTIN MARGIELA

15 Octobre 1998. (M) : St Sulpice

Parking : Sous la p

25-09-98

CALENDRIER PROVISOIRE DES COLLECTIONS
PRET-A-PORTER PRINTEMPS-ETE 1999
DU 12 AU 20 OCTOBRE 1998

Dimanche 11 octobre

16h30	- JOSE LEVY	Le Carrousel du Louvre - Salle Soufflot
17h30	- STEPHANE PLASSIER	Le Carrousel du Louvre - Salle Gabriel
18h30	- DAVID PURVES	Le Carrousel du Louvre - Salle Soufflot
19h30	- DANIEL JASIAK	Le Carrousel du Louvre - Salle Gabriel
20h30	- FRED SATHAL	Le Carrousel du Louvre - Salle Soufflot

Lundi 12 octobre

9h30	- JOHN RIBBE	Mairie du 3ème
10h30	- ERIC BERGERE	Espace Carole d
11h30	- JEAN-LUC AMSLER	Le Carrousel
12h30	- JEROME L'HUILLIER	Le Carrousel
13h30	- MOON YOUNG HEE	Espace Commi
14h30	- LOUIS VUITTON	Serres du Parc A
15h30	- ISABEL MARANT	La Halle aux Cl
16h30	- ISABELLE BALLU	Le Carrousel
18h00	- COSTUME NATIONAL	Ecole des Beau
19h15	- HERMES	Adresse en atte
20h30	- DIRK BIKKEMBERGS	18, rue de Para
21h30	- HERMES	Adresse en atte

Mardi 13 octobre

8h45	- LUCIEN PELLAT-FINET	222, rue de Ri
9h30	- JUNYA WATANABE	La Halle aux I
		43, quai Panh
10h30	- JUNKO SHIMADA	Au Vêtement
11h30	- DRIES VAN NOTEN	Salle Wagram
12h30	- CHRISTOPHE LEMAIRE	Le Carrous
13h30	- COLLETTE DINNIGAN	Le Carrous
14h30	- CHRISTIAN DIOR	Adresse en at
15h30	- DICE KAYEK	Le Carrous
16h30	- MICHEL KLEIN	Le Carrou
18h00	- CORINNE COBSON	La Cigale, 1
19h00	- PACO RABANNE	Museum d'h
20h00	- COMME DES GARCONS	Adresse en a
21h30	- VERONIQUE BRANQUINHO	Salle Monte

Mercredi 14 octobre

9h30	- MASAKI MATSUSHIMA	Ecole des Be
10h30	- CHLOE	Palais Bron
11h30	- MARCEL MARONGIU	Le Carro
12h30	- EMANUEL UNGARO	Le Carro
14h00	- GIVENCHY	Palais des S
15h30	- OCIMAR VERSOLATO	12, place V
17h00	- MARTINE SITBON	Salle Wagr
18h30	- ISSEY MIYAKE	Ecole des E
20h00	- ANN DEMEULEMEESTER	Elysée Mo
21h00	- THIERRY MUGLER	Le Carro

Jeudi 15 octobre

9h45	- LANVIN	Palais Bro
11h00	- GUY LAROCHE	Le Carrousel du Louvre - Salle Delorme
12h15	- JEAN-CHARLES DE CASTELBAJAC	15, rue Cassette, 75006 Paris
13h30	- CLAUDE MONTANA	Le Carrousel du Louvre - Salle Le Nôtre
15h00	- SONIA RYKIEL	Théâtre de l'Olympia, 28, boulevard des Capucines, 75009 Paris
16h15	- LOLITA LEMPICKA	Le Carrousel du Louvre - Salle Delorme
17h15	- ATSURO TAYAMA	Le Carrousel du Louvre - Salle Soufflot
* 20h00	- MARTIN MARGIELA	6, rue Férou, 75006 Paris

1999 春夏 _ 女装秀 _ 邀请函 _ 把带有亮片的晚礼服的底片和正片图像印在平织面料上，制成连衣裙

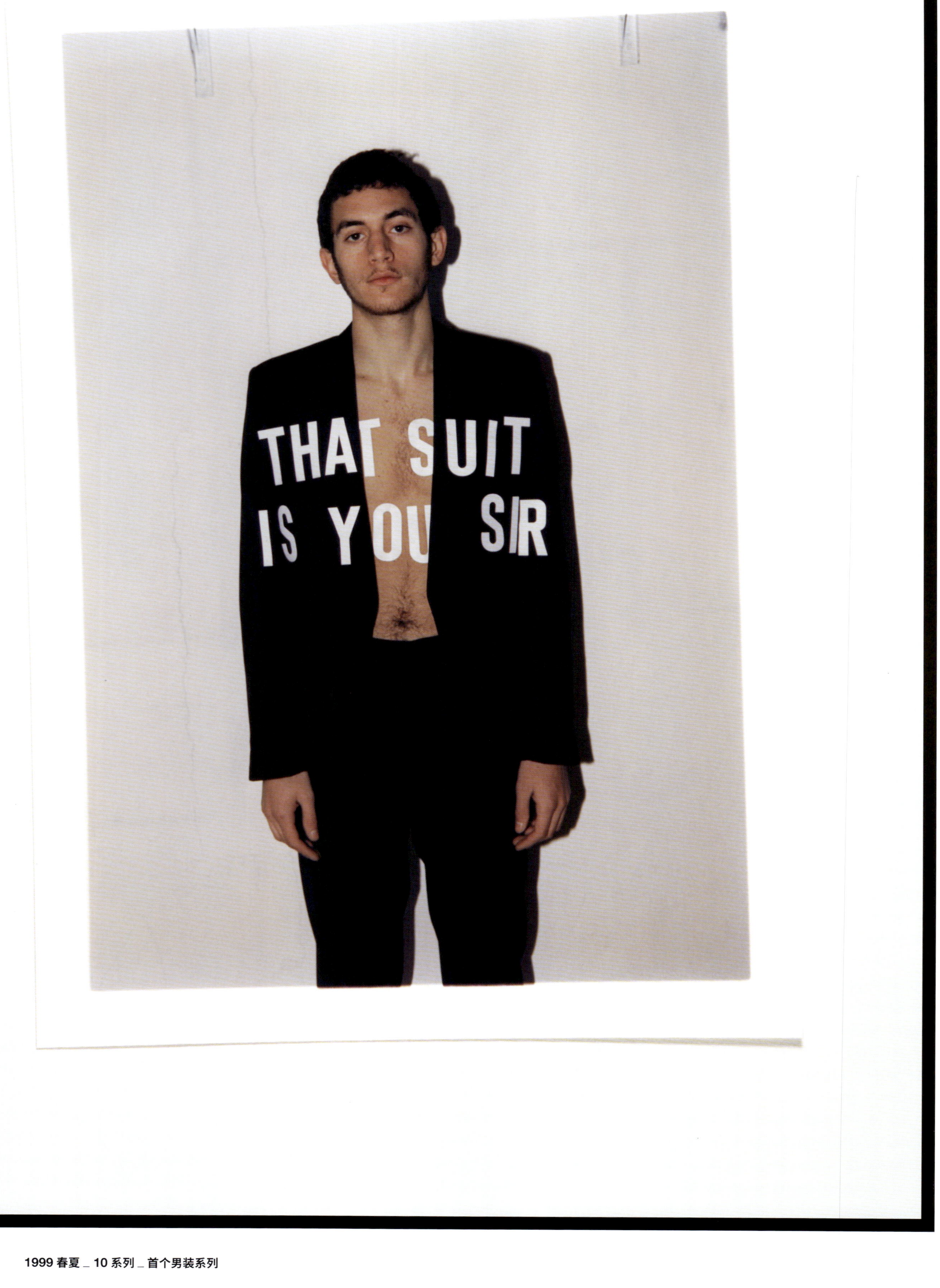
THAT SUIT
IS YOU SIR

1999 春夏 _ 10 系列 _ 首个男装系列

2007 春夏 _ 女装秀 _ 后台 _ 长度及膝的红色条纹靶心裙

1997 年 6 月至 8 月 _《Siksi》_ [9/4/1615]，在鹿特丹博伊曼斯 · 范伯宁恩美术馆 [Boijmans Van Beuningen Museum] 举办 Maison Martin Margiela 展览

Recycled clothes with a twist

Martin Margiela was trained at the Antwerp Academy and briefly worked as assistant to Jean Paul Gaultier. Since 1989, La Maison Margiela has had 18 shows, combining fashion and art. Recently he was appointed Fashion Director of Hermes in Paris, and this summer La Maison Martin Margiela's *9/4/1615* was shown at Boijmans Van Beuningen Museum in Rotterdam.

by Simon Grant

He's seen as one of the most influential forces in fashion, the man who spearheaded the grunge look on the catwalk. Famously reclusive, he never gives interviews face to face and you won't find a photograph of him anywhere, Martin Margiela has become one of the most respected and innovative fashion designers working today. His uncompromising approach to his raw materials has set him apart from his contemporaries. While they are content to focus on the surface aesthetics of the finished product, he has taken fashion right back to its roots. With process as key, his style, characterised by unravelled seams and unusual cuts, reveals a designer who has a deep passion for his raw materials that visually play with traditional notions of wearibility. Plastic bags, porcelain shards, Barbie doll knit scaled to human size, tattoo t-shirts; These are recycled clothes with a twist.

Raw and immediate but delicate and feminine Margiela's clothes have maintained an 'outsider' feel. Partly down to his desire for invisibility (his clothes bear blank labels, with no sign of who and where they were made), the self-imposed marginalisation until now, has undeniably intensified interest in his modus operandi.

This marginalisation has no doubt attracted interest from many disciplines and it is no surprise to learn that he has been invited by many 'high art' institutions to show his designs. The latest of these comes from Boijmans Van Beuningen Museum in Rotterdam. Known for its collection of 15th and 16th century Netherlandish art, the museum invited Margiela to present work in an architectural context to tie in with the refurbishment of its pavilion. Instead of following this request, which required a project with clear architectural links, Margiela decided to collaborate with the microbiologist Dr AWM van Egeraat.

This page: Martin Margiela, collection 1993. Opposite page: Documentation of Martin Margiela's season 1995, held in a circus tent. The models, walking in a figure of eight configuration, weaved in and out of the audience, the colour of the line changing from black to red as time passed.

La Maison Martin Margiela, Autumn/Winter 1997/98. Left: Pieces recycled from an old fur coat reassembled as a wig. Center: Moulded form of a Tailor's Dummy made up in its usual rough linen worn as a jacket or waistcoat. Right: Assembled pattern for a jacket in un-tearable industrial paper, worn as a jacket.

In a clear attempt to keep attention on the clothes, he characteristically chose to focus on the essence and basic properties of cloth, in this case, the decaying properties of fabrics over time. Taking a prepared and controlled bacteria, an example of the clothes, one for every season he has shown, was treated with a bacteria and left to the elements, thereby producing 18 'silhouettes' or dressed dummies to erode by the elements.

It is a refreshing approach, one which strips bare the commercialised intricacies of the fashion process and one that reminds us of the ultimate utilitarian function of these beautiful objects. Margiela has made it plain that what he is doing is craft, an old trade that has to be learnt. Hence, exhibitions of the this kind, while stirring up debate about the crossover potentials within art and fashion, reveal the gulf that exists between the two. While a selection of fashion items exhibited in the context of the white cube may initially displace their usual perceived aesthetic, this sensation is merely held in limbo, until we are reminded of the reality of its function. "Fashion inhabits the world as an externalised libidinal membrane," wrote artists Jake & Dinos Chapman, "ubiquitous, omnipotent and hyper-fluent. Art remains marginal; strictly self-elevated, above fashion as arbiter of the 'human condition'".[1]

The difference, it seems, is clear; fashion is sexy, art is 'up in the clouds'. This is what makes Margiela's case a bit more difficult to work out. He is both. However, Olivier Zahm, co-editor of Purple Prose magazine and a long time admirer of his clothes is more specific. He sees the 'rebel provocateur' as a designer who 'marginalises his designs as pure experimentation, satisfying those who prefer to see his clothes in museums than in the streets".[2]

The experimentation, from his eclectic use of materials to his novel season shows held in unusual venues, from circus tents to supermarkets, appeals to those who enjoy the performance-related aspect of Margiela's idiosyncratic style. Rather than bowing to the pressures of Vogue-reading fashion buyers, his designs play with traditional representations of fashion, looking to the core of what it takes to make clothes, as if turning the tailors dummy inside out for clues.

The Boijmans Museum exhibition, with all its sociological seductiveness, has affinities with many other collaborative projects that artists have taken on. The appropriation of elements of other disciplines (it can only function as appropriation as the disciplines rarely work on an equal footing) has proved a popular and increasingly used way of 'making' art. Christine Borland's collaboration with forensic scientists to recreate a complete human skeleton from a pile of bones or Carsten Höller's delving into zoological practice, all bear with them an anthropological base that seems novel to art institutions.

However Margiela's collaboration differs on several levels. There is no concession to the politics of art representation. *9/4/1615* is not an art show, despite being shown in an art gallery and the context only momentarily allows this unhelpful characterisation. The straightforward presentation and juxtaposed imagery; design silhouettes with photos of bacteria products looking like milk and fungus, helps to distance such links.

Part of Margiela's appeal has been the combination of the truly thoughtful and playful, as well as his insistence on the character of the clothes taking centre stage.

With Margiela's recent appointment as Fashion Director of Hermes, one of the most traditional fashion houses in existence, it will be fascinating to see how this new association will turn out, if the more global commercial pressures will affect the originality of this enigmatic and brilliant designer.

> Fashion is sexy, art is up in the clouds. This is what makes Margiela's case a bit more difficult to work out. He is both.

1. Jake & Dinos Chapman, *New Persona/New Universe*, Flash Art, Jan/Feb 1997, page 74.
2. Olivier Zahm, Martin Margiela, Artforum, March 1995, page 74.

Q & A

SIMON GRANT: With reference to your exhibition at the Boijmans van Beuningen Museum in Rotterdam, why did you choose to collaborate with a microbiologist?

MARTIN MARGIELA: The Museum approached us with a proposition for an exhibition. They requested that, if we were to mount an exhibition, it should be in their glass pavilion and figure in a series of collaborative exhibitions that they have had there. Our exhibition was to be the last held in the pavilion prior to its closure and refurbishment.

We were in fact a little conscious or sensitive to 9/4/1615 being our first 'solo' exhibition. We have taken part in so many exhibitions at museums and other spaces over the past nine years that

PH. MARINA FAUST

1997 年 6 月至 8 月 _《Siksi》_ [9/4/1615]，在鹿特丹博伊曼斯 · 范伯宁恩美术馆举办 Maison Martin Margiela 展览

we view our participation in any of them, group or solo, as an expression of our work. We invest the same work and expression in any of them.

Our decision to collaborate with the microbiologist Dr AWSM van Egeraat, professor at the Wageningen Agricultural University in the Netherlands arose from our wish to collaborate with a domain other than the architectural field proposed by the museum and one not connected to our daily work. We opted to have the 18 dressed mannequins in the exhibition on the exterior of the space so that they could only be viewed from the inside of the pavilion through its glass structure, the pavilion left completely empty, respecting its own form.

SG: The clothes are in a state of constant flux, as the moulds change the surface, texture and state of the white fabric. How does this exhibition fit into the aesthetics of your collection?

MM: We see the exhibition more as two stories told simultaneously. The story of our collection over 18 seasons, from Spring/Summer 1989 to Autumn/ Winter 1997/8. Eighteen silhouettes, each one representing its original season, and the bacteria, moulds and yeast's developing. How the two inter-relate and any interpretation of this we prefer to leave up to those who see the exhibition or have it described to them.

Martin Margiela, 9/4/1615, 1997, Boijmans Van Beuningen Museum, Rotterdam.

PH. KAREN O'DONNEL

SG: Many of the materials that you use are recycled, for example plastic bags, porcelain fragments. Why do you use these materials?

MM: We have always been interested in a switching of the perspective on the role of a material. An object worn as a garment—materials or garments given a second life—or a different demand posed of a material all form part of this.

SG: There is an aura of artificiality in your work, of products that fuse the machine aesthetic with the man made—for example the collection dates printed on the neck of models, the tabi ankle boots. Is there a conscious effort to distance yourself from the everyday?

MM: We do not view our work and the garments we propose as being apart from day to day life. The spectacle of a show or presentation should not be confused with the reality of the collection. Often in a show, the sum is greater than the parts, yet for our collections all garments shown are commercially available.

SG: There seems to be an emphasis on de-humanising your models (blacking out their eyes, covering their heads and faces in materials) during some of the shows. If the models are secondary, why bother using glamorous ones?

MM: For the majority of our collections we believe that it is importune to focus on the combined forces of the physical presence of women of many ages and backgrounds and the clothes we propose. For three collections of our total 18, we believed that it was important to draw the audience's attention to the clothes. Glamour is also a very subjective entity.

SG: You are showing in a museum. Some might feel that this makes your collaborative experiment art. What do you think?

MM: Fashion is a craft, a technical know-how and not an art. Each world shares an expression through creativity, though through very divergent media and processes.

Simon Grant writes for The Guardian, and was recently appointed information officer at Whitechapel Art Gallery, London.

Experiment Martin Margiela and Dr AWSM van Egeraat Boijmans Van Beuningen Museum, Rotterdam conducted 15 April 1997

Supplies required
a) cultures see pl c vii
The cultures you need are
no1 red bacteria
no3 pink yeast
no4 green mould
A yellow bacteria
Cultures (nos 1,3 & 4) in test tubes with 8ml water. Culture A in test tube with medium and after 6 days of development

Method & Procedure

Phase 1: Preparation of structures. Tailors Dummy No 1. Dummy is encircled by a perforated tube carrying water. A layer of cotton wadding is then put in place. The original cover of the dummy is then stretched over the tubing and wadding.
Tailor's Dummy no2
As for tailor's dummy omitting perforated tubing.

Phase 2: Separation of support. Fabric samples in 100% cotton are dipped in water, wrung and applied to structures: Tailor's Dummies 1&2

Phase 3: Application of cultures.
Tailor's Dummy 1
Unented agar is poured on two defined segments of the dummy (front and back)
Two variations of ented spray liquid (nos 1&4) are applied to each segment of the dummy with an atomiser.

Tailor's Dummy 2. Four variations of ented agar (nos 1, 3 & 4 and A) are poured on four defined segments of the dummy (front and back, left and right).

Phase 4: Incubation. Specially devised incubating structures are installed outdoors. Tailor's dummy (1 & 2) are each placed in a separate structure for four days.

Phase 5: Result. Tailor's dummies are removed from their units after four days., Tailor's Dummy 1 is watered via the perforated tubing for a further number of days. Tailor's dummy is allowed to dry in the open air.

Result: cultures will grow on the clothes (see photographs of test tubes, agar plates and shot of tailor's dummies).

The Daily Telegraph

13

WORLD NEWS

STEPHEN LOCK

Margiela's collection of 'coat hanger shoulders' tops tapered into boots veiled in tulle

Big, bold and bright and not for the faint of heart

By Hilary Alexander
Fashion Director in Paris

MARTIN MARGIELA, the reclusive Belgian designer, may be fashion's "international man of mystery" but there were no secrets in his autumn/winter collection at the Paris prêt-à-porter season yesterday.

Margiela, who has never been knowingly photographed and never gives interviews, offered a big, bright and bold collection that emphasised the upper body with "coat-hanger shoulders" and outlined the hips in body suits that tapered from thigh to knee, leaving the remainder of the leg to be encased in boots, veiled in tulle or shod in silvered and fluorescent leather.

The collection explored a modern and graphic shape through circular and triangular forms. This translated as pink and lime "hoops" of shocking-pink, padded rabbit fur or neon-yellow, shaggy goat hair which were looped around the shoulders like inflated inner tubes. Cashmere "ropes" in fluorescent hues and padded tulle embroidered with sequins and beads were worn as oversized necklaces or scarves over long, tight, stretch dresses which turned into catsuits from the back.

Tunics featured strangely pointed "epaulettes" like an alien version of Joan Collins' jackets in *Dynasty*. The conceptual creativity almost overshadowed the fact the pieces were highly wearable, albeit not for the faint-hearted, when jackets sometimes featured one lapel, trousers merged into half-toga skirts and loose, shawl-collared trenchcoats thinly-disguised as shirts.

Miranda Richardson, the British actress who has been buying Margiela's clothes for 17 years, was a front row guest. "I love his clothes because they are eclectic. They don't look like anyone else's," she said, before disappearing backstage.

WATCH
All the latest collections from Paris

2007/2008 秋冬_《每日电讯报》_秀评_被黑色和肉色平织面料包裹的靴子

2007/2008 秋冬 _ 1 系列 _ 荧光黄色环袖高领衫，与肉色绑腿和肉色平织面料包裹的靴子搭配穿着

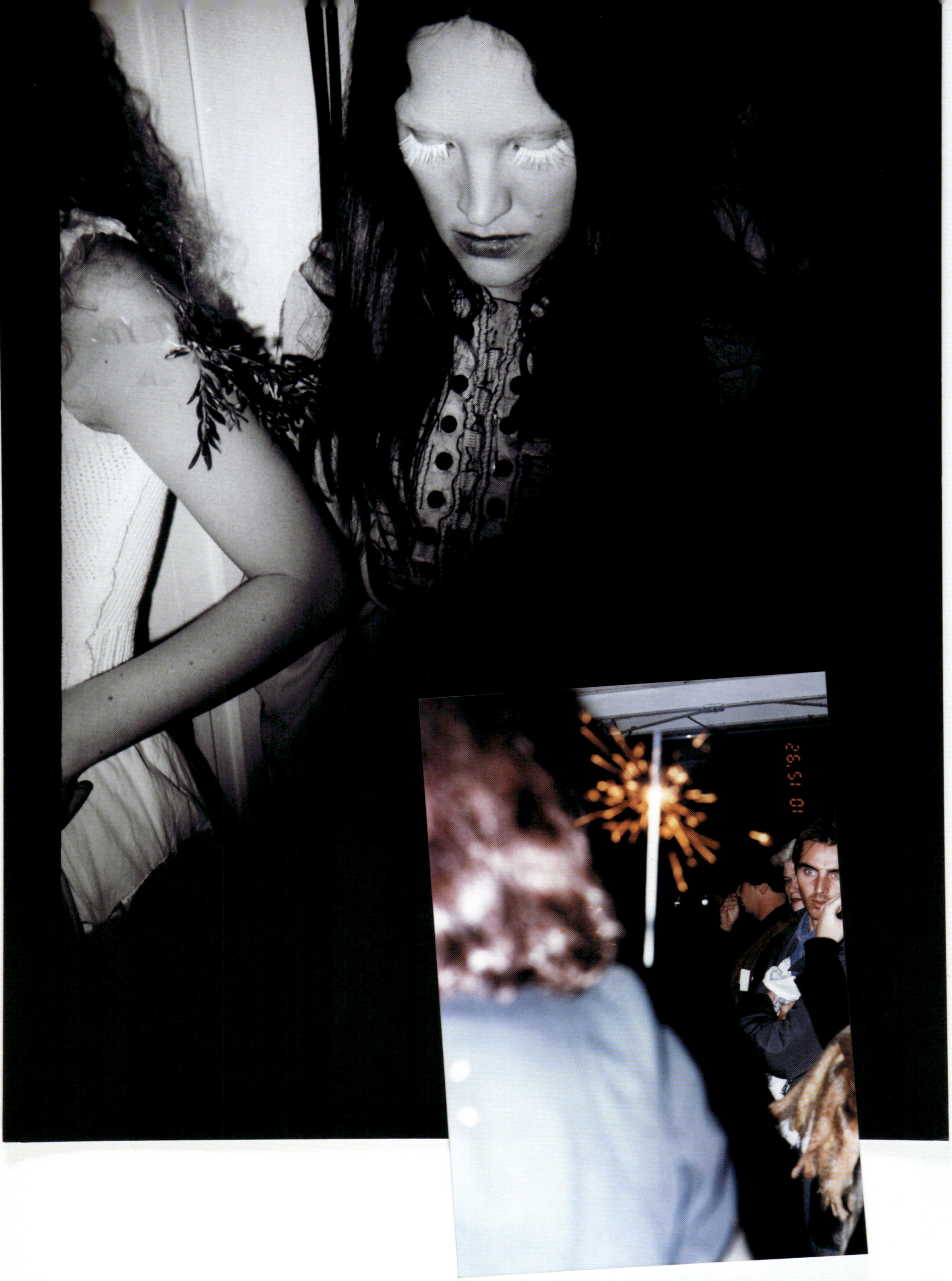

1993 春夏 _ 女装秀 _ 在 Hôpital Éphémère 的白色秀场后台，女模特戴着长长的白色假睫毛，盒木树枝作为吊坠或贴在身上 _ 黑色秀场在博里斯维安的废弃房子里进行，女模特画了黑色眼影，在终场秀中眼睛闪闪发光

2007 年 2 月 _ 瓦妮莎·比克罗夫特 [Vanessa Beecroft] 在首尔新世界百货表演《VB60》_ Maison Martin Margiela 为这次活动制作了特殊服装

Heineken

2004/2005 秋冬 _ 女装秀 _ 晚上 8 点，一部由奈杰尔 · 贝内特 [Nigel Bennett] 拍摄的电影在选出的咖啡馆同时放映

INVITATION
LUNDI 1 MARS 2004
20H00
Maison Martin Margiela
A/H 04-05
L'ESPLANADE SAINT-EUSTACHE
Café - Brasserie
Service Brasserie continu
1, rue Turbigo - 75001 Paris - Tél. 01.45.08.53.03
BAR - BRASSERIE
LA COQUILLE
30, rue de la Coquillière
75001 PARIS
01 40 26 55 36
Quigley's Point
5 Rue Du Jour
75001 Paris
Tél: 01 45 08 17 04
Le Corona
CAFÉ - BAR - TABAC
BRASSERIE
PARIS
Café-Restaurant
Le Bougainville
Spécialités d'Auvergne et vins de propriétés
5, rue de la Banque
75002 Paris
LE VENTADOUR
BISTROT - RESTAURANT - JEUX
Spécialités de viandes et de poissons
Plats du jour
M et Mme SPASOJEVIC
rue des Petits Champs 75002 Paris - Téléphone : 01 42 96 52 98
CAFÉ
Rive droite
Café - Brasserie
Animation tous les soirs
2, rue Berger - 75001 PARIS
Tél. : 01 42 33 81 62
www.caferivedroite.com
LE MISTRAL
BAR BRASSERIE
SALON DE THÉ
2, place du Châtelet
75004 PARIS
Tél: 01-42-78-13-99
La tour du Temple
Bar - Brasserie
Salon de thé
160 bis, rue du Temple - 75003 Paris
Téléphone : 42.72.13.44
VOUS ETES ICI
YOU ARE HERE
LA COUPE d'OR
Le Panache
44, Boulevard Henry IV
75004 Paris
Tel :01 44 61 77 68
BRASSERIE BAR TABAC
LA FRONDE
(M. Mme PEREZ)
33, rue des Archives - 75004 PARIS
Tél : 01 42 72 27 34
Le Grand Bar de Cluny
82, bd Saint-Germain - Paris V
01 43 54 14 56
LE PARISIEN
CAFÉ - BRASSERIE
54, rue du Four - 75006 PARIS
01 45 48 32 21
Les Tours de Notre-Dame
Brasserie
Salon de Thé
23, rue d'Arcole, 75004 PARIS
Tél. 01 43 25 97 27
Fax 01 43 29 50 56
SARL «A LA FONTAINE ST-MICHEL»
11, Place St-Michel - 75006 PARIS
Tél. : 01 43 26 54 31
LE RABELAIS
BRASSERIE - BAR - TABAC
22, rue Jean MERMOZ
Tel. 01 43 59 69 27
75008 PARIS
BAR
BRASSERIE
01 42 66 18 01
PMU
LOTO
LE SURENE
7 Rue de SURENE
75008 PARIS
01 42 65 20 26
Metro MADELEINE
ouvert du lundi au vendredi
et Samedi matin
Fermé Samedi AM et dimanche
Le Bistro de Longchamp
Bar - Café
Restaurant
Rebelo et Linda

2004/2005 秋冬 _ 女装秀 _ 邀请函主题是 19 家巴黎传统咖啡馆的名片，该系列的相关影片在这些咖啡馆放映

1989/1990 秋冬 _《Street Magazine》_ 用芭比娃娃重新诠释女装秀造型

Maison Martin Margiela
'0+1'
Printemps/Eté - Spring/Summer 2000

P/E 2000

Photo: Marina Faust, Paris.

Trench, agrandi en taille 74 (Italien), noué avec une ceinture faite de bas, porté avec des escarpins rouges sans talons et des anneaux en métal autour des chevilles.

ARCHIVE

Trench-coat, enlarged to size 74 (Italian), tied at the waist with a stocking belt. Red stilettoes have their heels removed, worn with metal ankle rings.

Bureau de Presse:
2bis, Passage Ruelle, 75018 Paris.
Tel:+33 1 44 89 65 26 Fax:+33 1 44 89 65 29

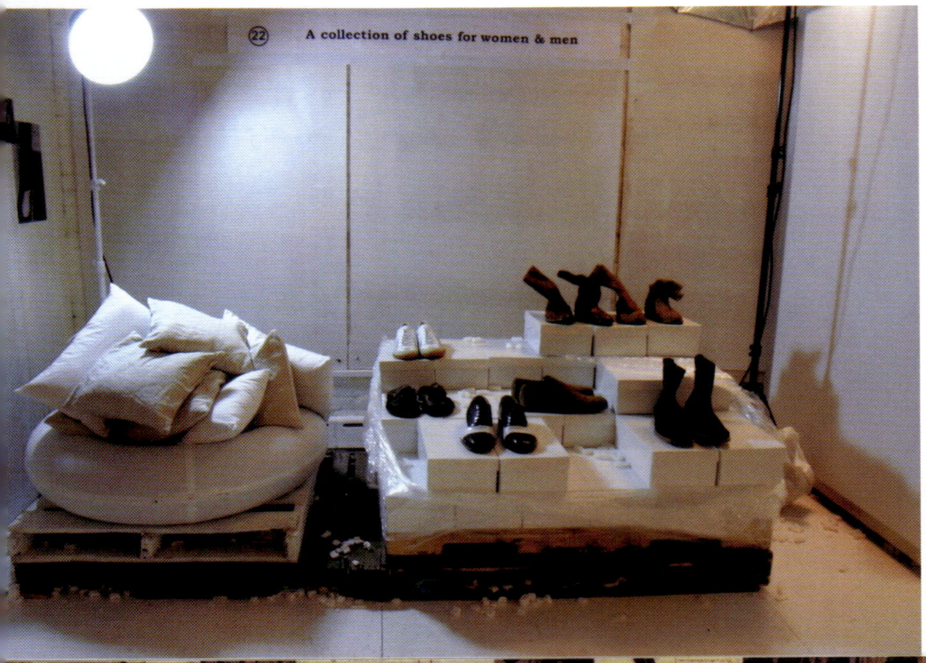
22
A collection of shoes for women & men

Garments remodelled by hand for women

STUDIO VOICE

for women

纽约西村店 _ 于 2005 年 12 月 14 日开幕 _ 一个白色的木制苹果被作为欢迎礼物 _ 几乎没有拆开的装运箱作为展览 _ 气氛中混合了照片拍摄和未完工建筑工地的元素

2008/2009 秋冬 _ 女装秀 _ 后台

1991/1992 秋冬 _ 女装展 _ 开放日的展厅门口放置红酒对公众表示欢迎

Duvet long REF:31A036. Couverture en drap surteint REF:FCOULG COTON. Robe doublure REF:31V132. // Long duvet REF:31A036. Long overdyed sheeting cover REF:FCOULG COTON. Lining of a garment dress REF:31V132.
11

1999／2000 秋冬 _ 1 系列 _ 100% 羽绒，带可拆卸袖子，外层面料是古着床单，可敞开穿着或用薄皮革细绳系紧

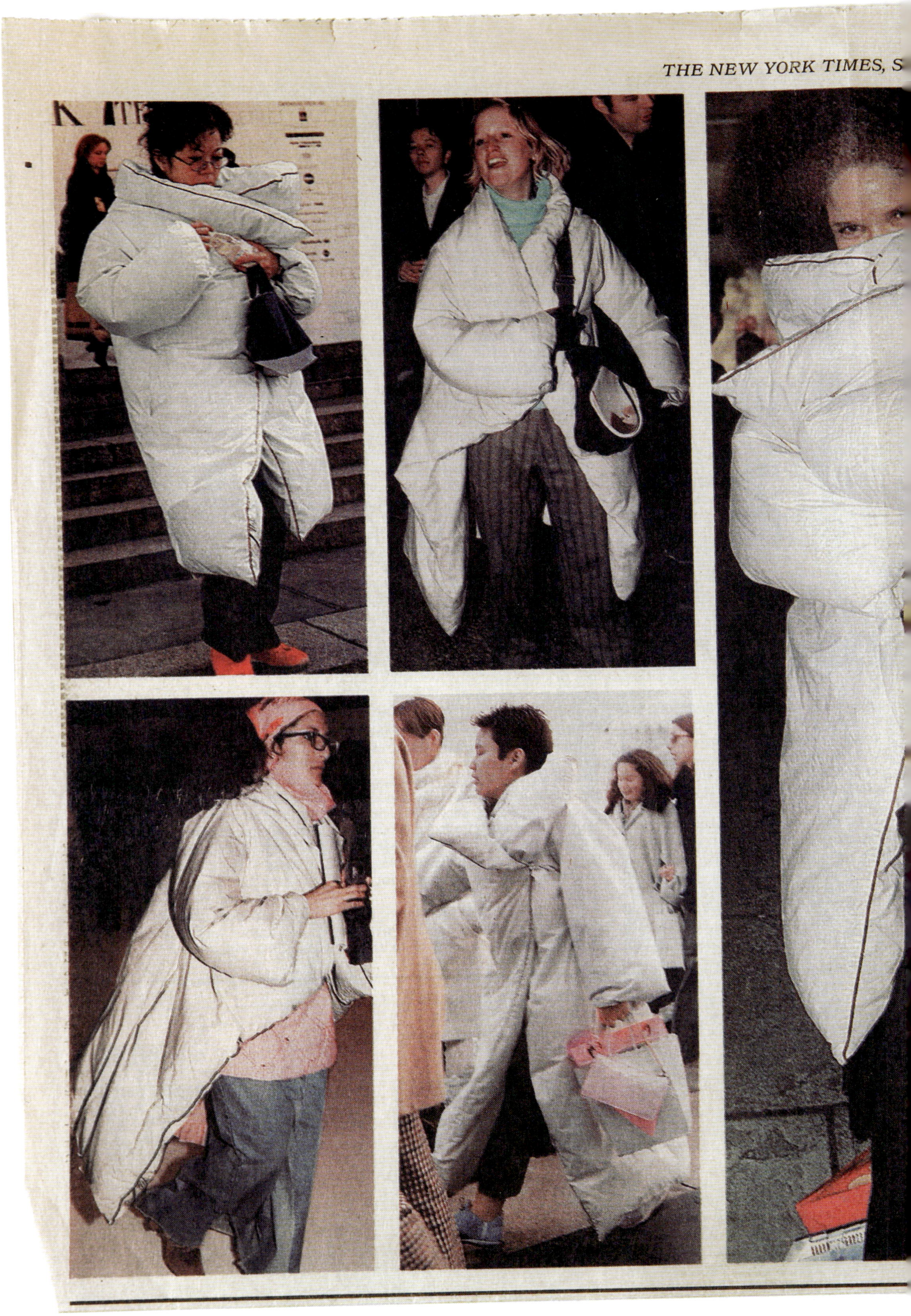
THE NEW YORK TIMES, S

1999/2000 秋冬 _《纽约时报》_ 鸭绒被芯制成的羽绒服，插入的袖子界定了外套的形状，外层面料有多种材质，如羊毛和塑料，以及带印花的古着床单，塑料是由羽绒被的包装制成

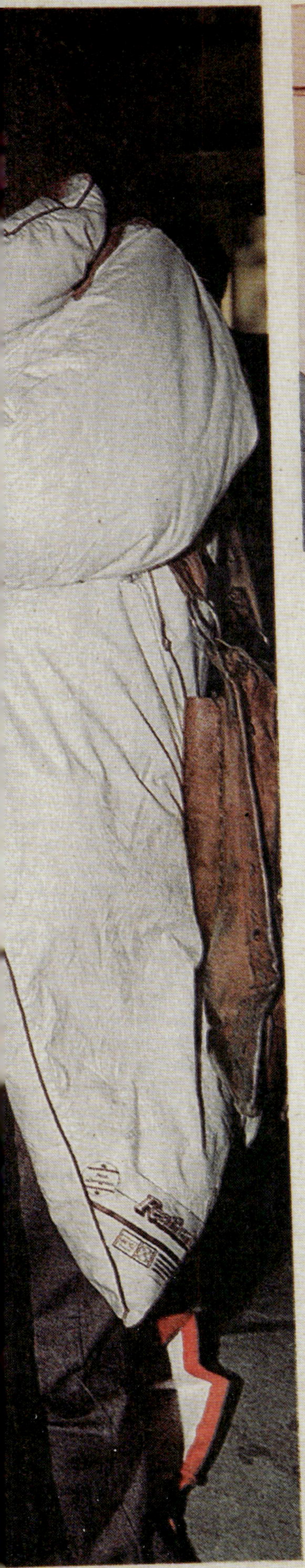

ON THE STREET

Bill Cunningham

Northern Comfort

JUST in time for the anniversary of the great blizzard of March 1888, a coat that looks like a bed comforter has made its appearance on the streets of New York and Paris. The design is an evolution of the quilted down coat. In 1937, the designer Charles James showed a prophetic eiderdown-filled quilted evening jacket in white satin, now in the collection of the Victoria and Albert Museum in London.

Three decades ago, at a New York Fashion Group presentation, Antonio, the fashion artist, who sketched James's designs for his archives, suggested long coats modeled after sleeping bags as a lightweight replacement for furs. Designers in the audience picked up the idea; Norma Kamali's version was widely worn.

Last year, the Belgian designer Martin Margiela made the coats shown here, which resemble square feather-filled bed comforters, with inset sleeves to define the coat shape. His coats came with multiple dust covers — in wool, plastic for snow or rain, and a flower-patterned sheet-like print for dressing up. Perhaps it is time for a return of the down coat, just as the fur revival is getting a full head of steam.

1996 年 9 月至 1997 年 1 月 _ Maison Martin Margiela 展览在布鲁塞尔美术馆展出 _1989 年至 1995 年间设计的一系列服装专门为这次展览重新制作成白色

2007/2008 秋冬 _ 0 系列 _ 牛仔靴、运动鞋和骑手靴被拆解并重新组装，制作出一双与众不同的靴子。这种元素的重组保持了单个组件的本质，同时突出了其雕塑质感

30-08-94 10.000

l'Argus de la presse PARIS

Klanten mogen e[...]

P1

Mode-ontwerper Margiela: simultaan defil[...]

PARIJS — Ooit waren de defilés van Martin Margiela de zwaarste beproeving die je tijdens de Parijse mode-week kon ondergaan: een lange kalvarietocht met te veel groupies in lugubere lokaties, georganizeerde opstootjes en een gevoel van „waar zijn we in godsnaam mee bezig?" Voltooid verleden tijd, want dit seizoen mogen de klanten zijn kleren éérst zien. Op 7 september om 19 uur worden in zes wereldsteden zijn nieuwe kollekties getoond. In de belangrijkste verkooppunten, met verkopers, lokale pers, klanten en passanten als eerste gegadigden.

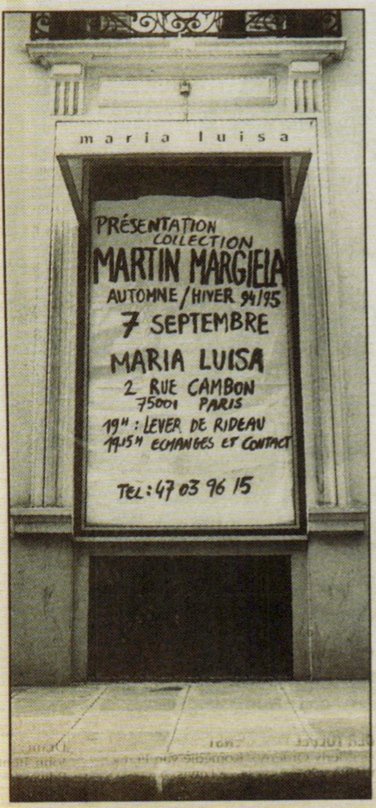
maria luisa
PRÉSENTATION COLLECTION
MARTIN MARGIELA
AUTOMNE/HIVER 94/95
7 SEPTEMBRE
MARIA LUISA
2 RUE CAMBON
75001 PARIS
19H : LEVER DE RIDEAU
19.15H ECHANGES ET CONTACT
TEL: 47 03 96 15

Aankondiging voor passanten in de rue Cambon. (a)

Martin Margiela (37), een produkt van de Antwerpse akademie, die door Gaultier naar Parijs werd gehaald, heeft zes kollekties uitgebracht die telkens opvielen door een eigenzinnige, resoluut vernieuwende aanpak: smalle hoge schouders, bizarre materiaalmix, ingenieuze breisels en een recyclagelook die zelfs de grunge hem niet kon verbeteren.

Maar Margiela zocht weer nieuw en beter. En het stoorde hem dat er zoveel heisa was rond zijn persoontje, terwijl voor hem alleen de kleren belangrijk zijn. En de klanten die ze zullen dragen. Het leek hem dan ook verkeerd om die kleren eerst tijdens een defilé te tonen en pas zes maanden later aan de mensen in de winkel. Het feit dat hij in die tijdspanne ook verschrikkelijk gekopieerd werd, zal er ook wel voor iets tussen zitten.

Winkels

De nieuwe aanpak is ongetwijfeld de wensdroom van iedere mode-ontwerper: een kollektie brengen op het ogenblik dat ze ook in de winkels komt. Het publiek zal bestaan uit klanten, leden van de lokale pers en „gewone belangstellenden".

In iedere stad waar de prezentatie plaatsvindt — Parijs, Londen, New York, Tokio, Milaan en Bonn — wordt een beroep gedaan op twaalf vrouwen die in deze steden leven en ze zullen telkens dezelfde kleren dragen. Bovendien zal getoond worden welke variaties op hetzelfde tema mogelijk zijn.

Omdat de prezentatie wereldwijd op hetzelfde tijdstip gebeurt, hoeft Margiela deze keer dus geen massale volksverhuizingen van groupies te verwachten. Al zullen de Belgische liefhebbers dus wel naar Parijs moeten waar op vier adressen een Margiela-defilé wordt gehouden.

(LHE)

Kashiyama, 147 Bd St-Germain 75006 Paris
L'Eclaireur, 3 rue des Rosiers 75004 Paris
Maria Luisa, 2 rue Cambon 75008 Paris
Printemps, Bd Haussmann 75008 Paris

PRESENTATION COLLECTION
MARTIN MARGIELA
automne-hiver 1994-1995
chez L'ECLAIREUR
3 RUE DES ROSIERS
75004 PARIS
Le 7 Septembre
L'ECLAIREUR

PRESENTATION KOLLEKTION
MARTIN MARGIELA
HERBST WINTER 1994/1995
7. SEPTEMBER 19.05 UHR
SYNDIKAT MODE
THOMAS MANN STRASS

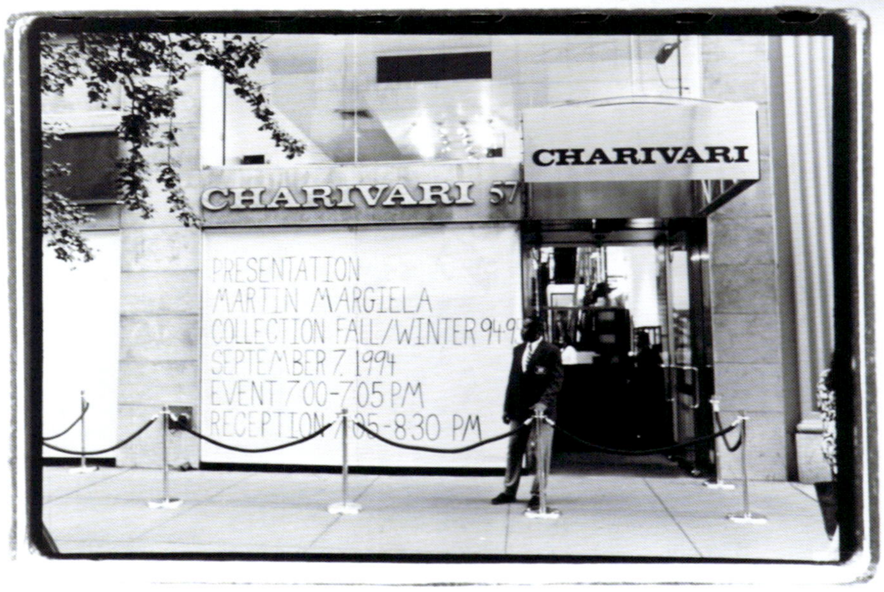
CHARIVARI
CHARIVARI 57
PRESENTATION
MARTIN MARGIELA
COLLECTION FALL/WINTER 94
SEPTEMBER 7 1994
EVENT 7:00-7:05 PM
RECEPTION 7:05-8:30 PM

1994/1995 秋冬_《Gentenaar》_女装秀_该系列在六个城市［巴黎、伦敦、纽约、东京、米兰和波恩］同时展出，这些时装被运送到商店进行展出，取代了传统的巴黎时装秀

1994/1995 秋冬 _ 女装展 _ 伦敦约瑟夫商店橱窗

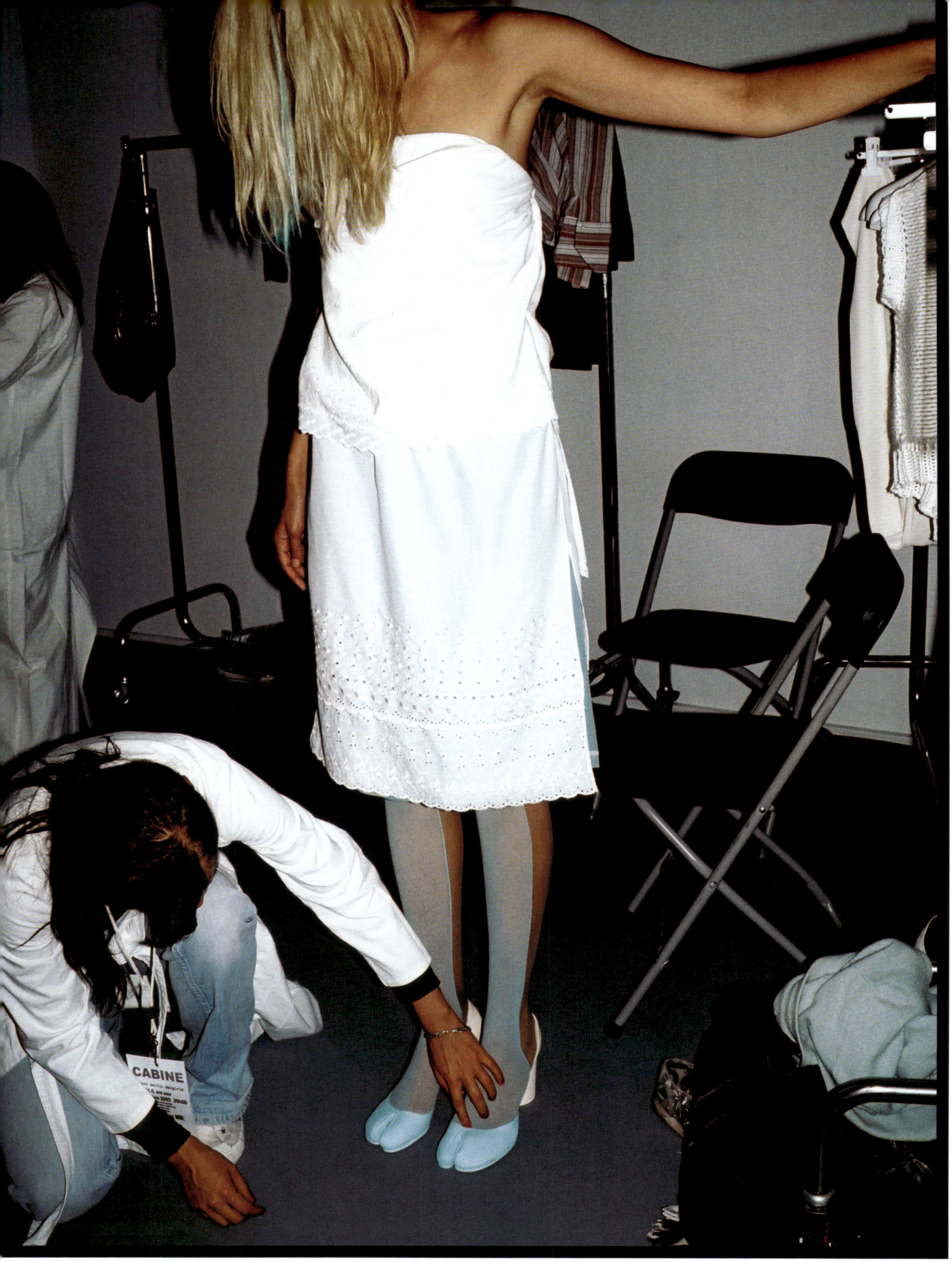
CABINE

2004 春夏 _ 女装秀 _ 后台 _ 本系列主题是突出正面轮廓：三件古着衬裙被重新做成露肩露背连衣裙。丝袜只覆盖了腿的前部，头发被设计成遮住脸的造型

HARVEY NICHOLS MAGAZINE
SPINE TINGLING!
ISSUE 15

menswear profile

Who is Martin Margiela?

This Belgian designer may not openly court attention, but his low-key approach and imaginative collections keep him in the limelight. By Mark Holgate

Over the last ten years Martin Margiela, the Belgian designer who has produced intriguing, influential collections, has adopted a public persona with a similar visibility to that of Salman Rushdie during his *fatwa* era. Only those at his Parisian atelier know what he looks like as, unusually for a designer of such influence and importance, Margiela shuns the fashion limelight, taking the let-the-clothes-speak-for-themselves approach. Even his appointment to design the women's collections for Hermès, and the launch of his first menswear line this spring, haven't forced him into the public eye. Margiela's image is, perhaps, best represented by the blank white label sewn into the clothes.

Of course, deploying the white label is at once self-effacing and self-affirming. While Margiela is pushing anonymity for his label, the tacking stitches that hold it in place – and which are often externally visible – signal that it's a piece of clothing by him. Likewise, being ultra-low key is often the best way to gain visibility and recognition. It's also a curious stance from a designer who arrived in Paris nearly 15 years ago from Antwerp's Royal Academy of Arts to work for the exuberant Jean Paul Gaultier, whose publicity tactics couldn't be more different. No matter – Margiela's clothes are outstanding thanks to his considerable talent, imagination and integrity.

His last show in Paris proved just how many womenswear ideas he has offered up, and how many have reached critical mass elsewhere: printing the *trompe l'oeil* image of the surface texture and stitches of a sweater onto a silk chiffon top, for example, or deconstructing a pair of tweed trousers to become the train attached to another pair. The show itself was also vintage Margiela. Held at fashion patron Sao Schlumberger's *hotel particulier*, it was like an impromptu house party: the audience lined the walls as models strode down corridors, some of them sporting sandwich boards with photocopied images of his womenswear pieces which are repeated every season. And, of course, it allowed the first viewing of the menswear range. True to form, the clothes were typically idiosyncratic yet traditional at the same time. The collection, called '10', forms a complete and realistically eclectic men's wardrobe. Margiela has taken the kind of classic jacket you might find on a market stall, or a piece of industrial clothing, and re-interpreted them using modern fabrics. He has also recycled vintage clothes into something new by re-cutting them.

There are traces of these ideas at work throughout the menswear collection: the denim jeans are deliberately faded with the back pockets later removed to expose darker patches; a range of crumpled cotton garments come with their own storage bags to retain the creases; cotton T-shirts are stamped with slogans which have seeped through to the fabric beneath; and crew-neck sweaters which at first glance seem simple, on closer inspection turn out to be knitted from high-quality wool and expertly shaped to become the kind of purchase which will be worn for years to come.

It is time-honoured tailoring and finishing skills that seem to excite Margiela. His 'suits' comprise of mismatched jackets and trousers, with the kind of quality linings and touches that are more usually associated with Savile Row workmanship. His humorous play with proportions even turns up on a classic black leather jacket with enormous zips running from the breast to the waist that allow access to the inside pockets. It's a collection of clothes that will please the men who have admired the quiet, quirky clothes he has produced for women. It's investment fashion – designed to have a wardrobe life that far exceeds its shelf life ●

Mark Holgate is Senior Fashion Writer at British Vogue

Niall McInerney, Marina Faust

Top: *A cryptic publicity picture depicting Margiela's first menswear collection, '10', a complete wardrobe of garments from various origins: recycled from vintage denim; inspired by traditional tailoring; influenced by real life.* **Above:** *Spring/Summer '99 show*

HARVEY NICHOLS MAGAZINE 85

1999 春夏 _《Harvey Nichols Magazine》_ 首个男士服装系列特写

Maison Martin Margiela

2008 春夏 _ 8 系列 _ 店内 “Incognito”[无法识别] 太阳镜销售显示屏。眼镜的设计灵感来自时装屋模特型录，通过黑色眼影隐藏人物的身份

WEAREREPLAY.COM
18
ARE REPLAY

Ecran total par Pascale Renaux

Maison Martin Margiela, toujours à la pointe, a lancé, lors de son dernier défilé été 2008, ses premières solaires. Plus "bandeau" que lunettes, elles reposent invisiblement sur le nez grâce à une véritable prouesse technique. Cet écran de verre, dépourvu de monture, masque le regard et le maquille d'une aura de mystère… un joli clin d'œil aux yeux gommés de marqueur noir, qui ornent toutes les silhouettes des catalogues Maison Martin Margiela depuis les débuts. Décliné en cinq couleurs teintées main, le modèle a été baptisé à juste titre L'Incognito. Pour vivre mode, vivons caché.

Maison Martin Margiela, 25 bis, rue de Montpensier, Paris Ier.

Waarom zijn haar tanden witter dan de mijne

1996 _ 展厅，鲁埃尔通道 [1994 到 1999 年时装屋总部所在地]

10* LE SOIR ● SAM. 2 ET DIM. 3 DÉCEMBRE 1995

Le 7ème

1. Margiella.
2. Marongiu.
3. Helmut Lang.
Photos Reporters.

1

MC

C

ment « over »
mettre à to
raisons clima
sir les bons
modèles ont
lé, ajusté, à
qui, style « P
Lang », s'ass
la jupe long
cardigan. Plu
ci peut soit
premier, vers
que à la Gi
s'arborer ferr
fine ceinture-
rence — à l
se glisser n
épaules dan
« 50's » à la D
encore s'exhi
boutonné dan
cel Marongiu.
contournables
son, la petite
ment, access
façon plus ludi
forme d'une
chez Ann Dem
dossard sport
Dirk Bikkembe
des neiges ch
« show » garant

AUJOURD'HUI
Nos suppléments
AUTO
Le 7ème SOIR
Notre page spéciale
EMPLOI

LE SOIR

SAMEDI 2 ET DIMANCHE 3 DÉCEMBRE 1995

BRUXELLES — BRABANT

QUOTIDIEN
28 FRANCS
109e ANNÉE Nº 280

ÉDITION DU WEEK-END

1995/1996 秋冬 _《Le Soir》_ 秀评

2007/2008 秋冬 _ 14 系列 _ “Replica” 皮草大衣

BERNINA

1990 _ 工作室，圣丹尼斯大道［1990 年至 1994 年时装屋总部所在地］

MARTIN MARGIELA (10)
P/E '05 S/S '05
JUILLET 2, 3, 4, 5. JULY.
10h00 – 18h00.
SUR RDV / ON APPOINTMENT:-
MARTIN MARGIELA (10), PARIS.
PASSAGE POTIER, 23 RUE DE
MONTPENSIER, 75001 PARIS.
POUR RDV TEL OU FAX:
FOR APPOINTMENT TEL OR FAX:
→ 02/07 – T: 0144534320.
Fx: 0144534336
02/07 → – T: 0140150644
MOB: 0676947477

2005 春夏 _ 男装展 _ 邀请函和展示这个系列服装的电影剧照

PLACEZ ICI
LE BOUCHON
DE VOTRE 1

1999/2000 秋冬 _ 0 系列 _ 银色手绘“Artisanal”雨衣和软木项链

6

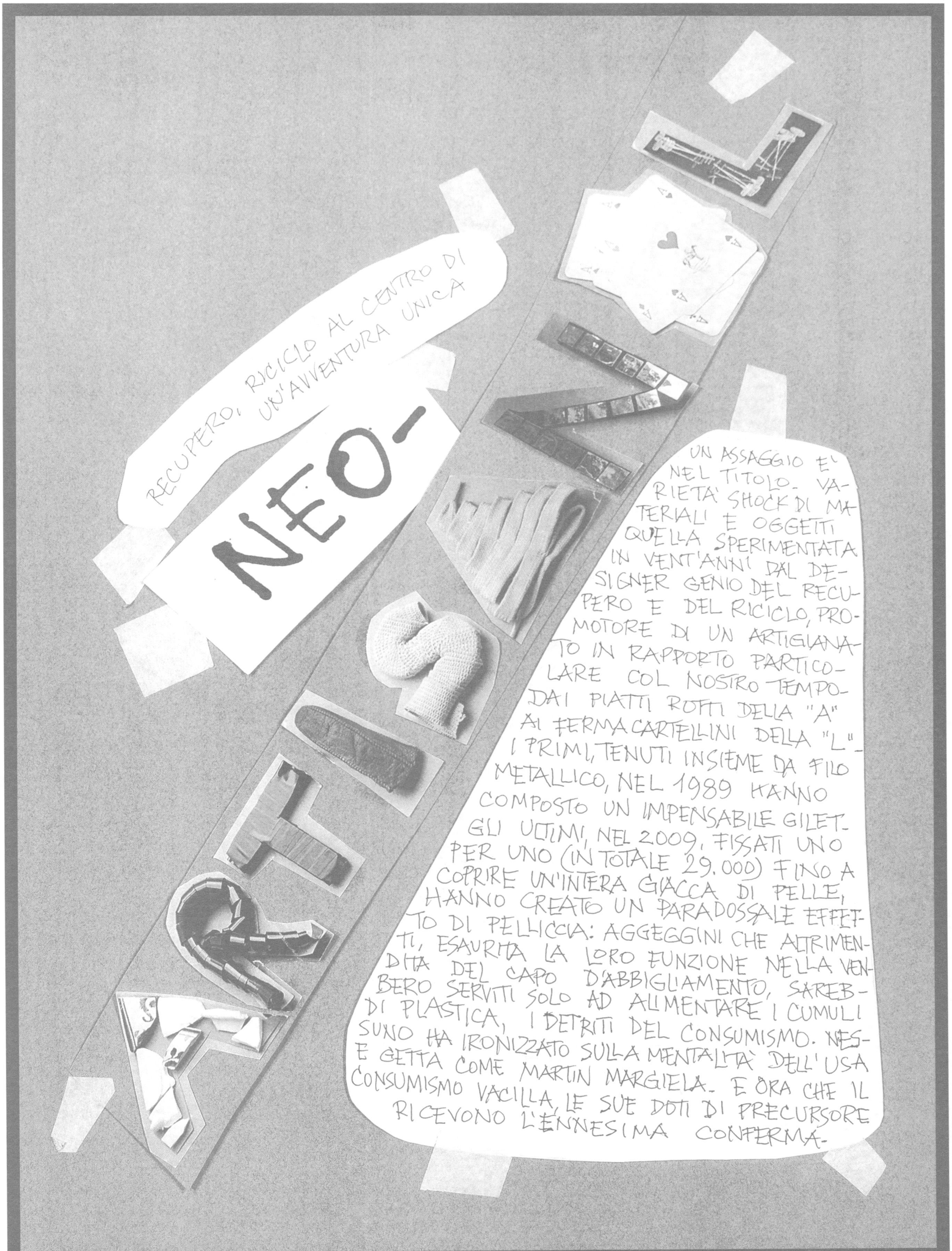
RECUPERO, RICICLO AL CENTRO DI UN'AVVENTURA UNICA
NEO-
ARTISANAL
UN ASSAGGIO È NEL TITOLO. VARIETÀ SHOCK DI MATERIALI E OGGETTI QUELLA SPERIMENTATA IN VENT'ANNI DAL DESIGNER GENIO DEL RECUPERO E DEL RICICLO, PROMOTORE DI UN ARTIGIANATO IN RAPPORTO PARTICOLARE COL NOSTRO TEMPO. DAI PIATTI ROTTI DELLA "A" AI FERMACARTELLINI DELLA "L". I PRIMI, TENUTI INSIEME DA FILO METALLICO, NEL 1989 HANNO COMPOSTO UN IMPENSABILE GILET. GLI ULTIMI, NEL 2009, FISSATI UNO PER UNO (IN TOTALE 29.000) FINO A COPRIRE UN'INTERA GIACCA DI PELLE, HANNO CREATO UN PARADOSSALE EFFETTO DI PELLICCIA: AGGEGGINI CHE ALTRIMENTI, ESAURITA LA LORO FUNZIONE NELLA VENDITA DEL CAPO D'ABBIGLIAMENTO, SAREBBERO SERVITI SOLO AD ALIMENTARE I CUMULI DI PLASTICA, I DETRITI DEL CONSUMISMO. NESSUNO HA IRONIZZATO SULLA MENTALITÀ DELL'USA E GETTA COME MARTIN MARGIELA. E ORA CHE IL CONSUMISMO VACILLA, LE SUE DOTI DI PRECURSORE RICEVONO L'ENNESIMA CONFERMA.

SIN DALL'INIZIO IL SUO MESSAGGIO PIÙ FORTE E' STATO AFFIDATO AD UNA LINEA DI EDIZIONI LIMITATE, VIA VIA DIVENUTE PIÙ LIMITATE E SORPRENDENTI: CHICCHE PER COLLEZIONISTE/I. IN UN MONDO STANDARDIZZATO, QUESTO INDIVIDUALISTA IRRIDUCIBILE NON SOLO HA POSTO LA PRATICA DELLA LAVORAZIONE A MANO ALLA BASE DELLA COLLEZIONE CHE HA CHIAMATO "ARTISANAL", MA LE HA DATO UN VALORE INEDITO (E INAUDITO) RISPETTO ALLA TRADIZIONE COUTURE DELL'ORLO PERFETTO E DELLA CUCITURA INVISIBILE. PROPRIO ORLI SFATTI O ASSENTI, CUCITURE A VISTA, MEGLIO SE SFILACCIATE E INTERNI RIBALTATI

ALL'ESTERNO HANNO MARCATO I VESTITI VINTAGE RICREATI CON ARDITI INTERVENTI DI DISSEZIONE E ASSEMBLAGGIO. AFFASCINATO DALL'ASPETTO NON FINITO (MA SEMPRE CALIBRATO CON PERFETTA INGEGNERIA) HA INDAGATO I PROCESSI STESSI DELLA CREAZIONE FINO A FAR VIVERE ADDOSSO ALLE MODELLE IL MANICHINO DI TELA GREZZA D'ATELIER. SOPRA, AL POSTO DELLA MARCA, ERA STAMPIGLIATA LA MALIZIOSA SCRITTA "SEMICOUTURE" E APPARIVANO PEZZI D'ABITO COME WORK IN PROGRESS.

AL CENTRO DELLA VISIONE DI MARGIELA SEMBRA ESSERCI IL TEM-
PO_ PERSINO IL TEMPO DELL'ESECUZIONE: COME L'INIZIATIVA (FRA
PUNTIGLIOSA E ARGUTA) DI INDICARE PER OGNI CREAZIONE IL
NUMERO DI ORE RICHIESTO_ IN UNA SOCIETÀ IPERCRONOMETRATA,
LENTEZZA E MINUZIA DEL FARE A MANO DIVEN-
TANO UNA SFIDA_ MA SOPRATTUTTO GLI PIAC-
CIONO I SEGNI DEL TEMPO TRASCORSO, LE TE-
STIMONIANZE DI VITE VISSUTE CHE TROVA
IN ABITI E OGGETTI USATI_ PER I REPERTI
DEL MARCHÉ AUX PUCES HA UN INTERESSE
AFFETTIVO ED EMOZIONALE_ COL SUO INTERVEN-
TO CREATIVO È COME SE CONCEDESSE LORO LA
CHANCE DI UNA REINCARNAZIO-
NE (PIÙ O MENO BIZZARRA)-
DALLE VECCHIE FORCHETTE
D'ARGENTO INCURVATE
E TRASFORMATE IN
BRACCIALI FINO AI
VECCHI GUANTI
CONVERTITI IN
BORSELLINI O
DISPOSTI A
COLLAGE PER
FORMARE
UN TOP DAL
CORSETTO
METAMORFO-
SI DI VECCHIE
STRINGHE
ALLA GIAC-
CA PATCH-
WORK DI
VECCHI
SANDALI
DA
UOMO_

DALLE PARRUCCHE RICAVATE DA PELLICCE USATE AL PALLONE DA RUGBY RIMESSO IN GIOCO IN VERSIONE BORSA FINO ALLE SILHOUETTES SDOPPIATE: L'ABITO VINTAGE APPOGGIATO DAVANTI (COME QUANDO SI FANNO PROVE ALLO SPECCHIO) OPPURE LA PARTE FRONTALE DI UNA LUNGA GIACCA '700 (COSTUME TEATRALE MASCHILE) GIUNTATA A QUELLA DORSALE DI UN TRADIZIONALE GILET SOPRA UNA GONNA SEMPRE DI RECUPERO. SE IL RICICLO DEI JEANS È UN TEMA RICORRENTE È PERCHÉ SONO UN IMBATTIBILE CONCENTRATO DI VITA VISSUTA. CURIOSO COME QUESTO CAPOSCUOLA RIESCA SEMPRE A SPIAZZARE I SUOI INNUMEREVOLI IMITATORI, QUELLI CHE GUARDANO A LUI COME A UN SISTEMA E "MARGIELLIZZANO" SEGUENDO UNA LOGICA.

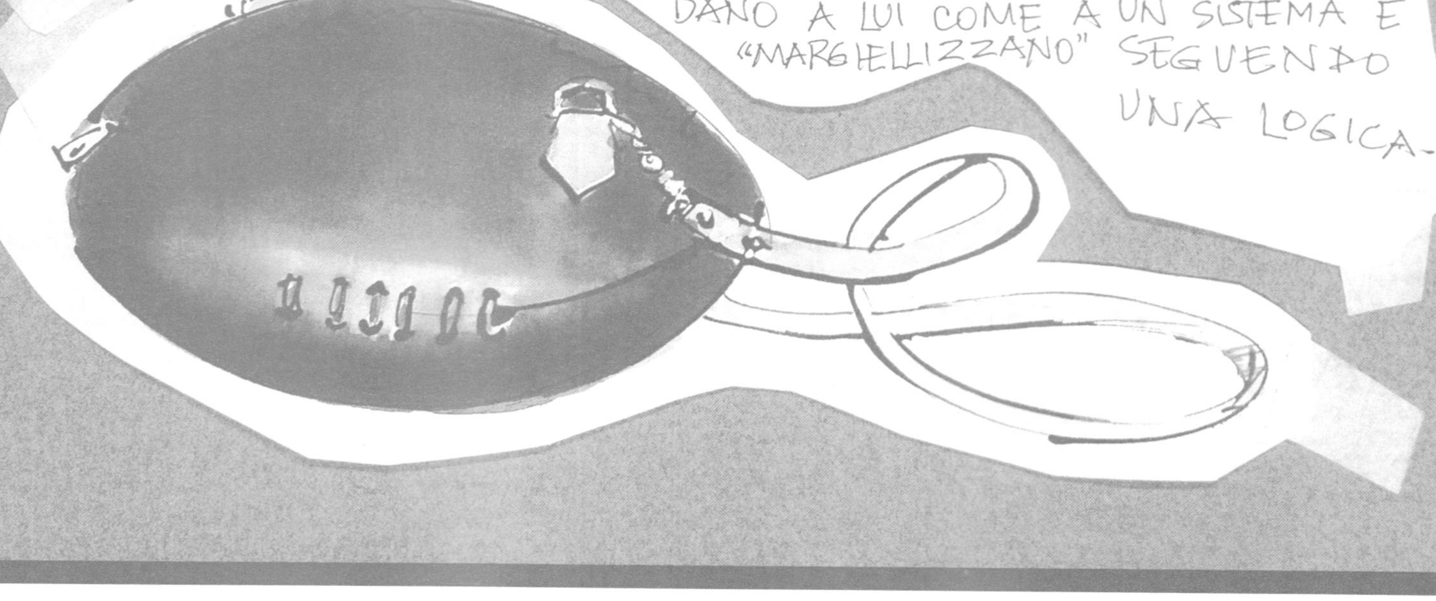

IL DESIGNER CHE HA
SPINTO AVANTI IL PIA-
CERE INTELLETTUALE
NELLA SCELTA DELL'ABITO
E HA FATTO DELLE SUE CREA-
ZIONI CAPOLAVORI DI
SINTESI PROCEDE IN
MANIERA PIÙ IN-
TUITIVA CHE
RAZIONALE.
LA FORZA DIROMPENTE
DELL'ASSURDO È IL
SUO ASSO NELLA MANICA,
COME PER I SURREALISTI,
CON CUI HA AFFINITÀ ANCHE
NEL GUSTO DEL TROMPE L'OEIL
E DELLA TRASPOSIZIONE.
CULTORE DELLA
LIBERTÀ DEL-
L'ANONIMATO
CONTRO LA
SCHIAVITÙ DEL-
L'IMMAGINE
MARKETING, NON
SOLO CERCA
DI RENDERSI
FISICAMENTE
INVISIBILE
MA ESCO-
GITA
TRUC-
CHI
PER CAN-
CELLARE LE
FACCE DELLE MO-
DELLE (PARRUCCHE
INVASIVE, CALZE INFI-
LATE IN TESTA ECC.). PER
CONTRASSEGNARE LA SUA
LINEA "ARTISANAL" FRA
TUTTI I NUMERI HA SCELTO
QUELLO ADATTO A INDICARE
LIBERTÀ TOTALE DA OGNI
SCHEMA: LO "0".

新手工艺 [Neo—Artisanal]：一场独特旅程中心的复原和循环

乐乐 · 阿克隆 [Lele Acquarone]

标题有深意。展现在我们眼前的是数不胜数的材料和物件：设计师的实验、复原和循环方面的天才、与我们这个时代关系独特的手工艺者。想想那些碎瓷片组成的字母“A”，在 1989 年这些牌子组成了由金属线组成的令人难以置信的背心。想想“L”商标 [一共有 29 000 个]，2009 年，这些商标被一个一个地贴在一件皮夹克上，制造出一种矛盾的“皮毛”效果。带有商标的衣服一经出售，这些商标所起到的作用仅仅增添了堆积如山的塑料和消费主义的其他废墟。没有人像马丁 · 马吉拉一样讽刺过“一次性”心态。如今，随着消费主义分崩离析，他的先锋地位再次得到了巩固。

从一开始，通过一系列限量版传达了他最突出的信息，这些限量版变得越来越稀有，也越来越带给人惊喜——是对收藏者的款待。在一个标准化的世界里，这个固执的个人主义者不仅带来了手工工艺 [在他的“Artisanal”系列得到突出体现]，而且和传统服饰的完美下摆和隐形针脚相比，还给他的作品增添了新鲜，甚至可以说是闻所未闻的价值。马吉拉未经处理或根本不存在的对服饰边缘的处理，清晰可见的针脚 [或者说是松线] 以及外化的服饰内部是他的经典作品最显著的特点，这是通过拆解和重塑实现的。这种“留白”式的魅力 [虽然总是和一种精致感取得平衡] 引发了对创造过程的实验，模特被穿上了定制的服饰，本应该贴上标签的位置却贴上了“半成品服饰”，裙子的边边角角似乎变成了正在制作过程中的作品。

马吉拉理念的核心是时间——执行的时间。想想用制成服饰所需时间标记每一件作品的提议 [介于谨小慎微和妙趣横生之间]。在一个人人遵循严格的时间限制的社会中，手工艺中蕴含的关怀和细节可以说是冒天下之大不韪之举。更重要的一点是，马吉拉也许喜欢时间流逝的痕迹，一如中古服装与物品见证已逝的生命。他对在“二手市场”的发现带有强烈的喜爱，他的创造性干预似乎给古怪程度各异的“再生”提供了机会：古老的银勺变成了手镯，经典手套变成了手袋或类似贴画的上衣，用鞋带制成的女士紧身内衣，男士凉鞋被改造成的拼接夹克衫……

毛发做成的假发，橄榄球做成的钱包，以及二等分的剪影——挂在身体前部的经典裙子 [就像模特在镜子前面试穿一样]，或是加在传统背心后面的一件长款十八世纪夹克衫 [男士戏服]，穿着一件回收的裙子。如果牛仔裤的回收是亘古不变的主题，那是没有什么能比牛仔裤更好地展示逝去的生命了。奇怪的是这一运动的领导者总想让模仿他的人窘态毕露，这些人将马吉拉视为体系，想要让自己的作品变得“马吉拉化”。

设计师从服饰的选择中获得智力快乐，并让自己的作品通过更直觉而非理性的方式来完成。

这些荒唐想法的爆发力是他的王牌，对超现实主义者亦是如此，他们都喜欢将匿名的自由和市场形象的奴役调换位置。他不仅仅寻求完整的物理隐形，同时也努力抹掉模特的脸 [侵略性的假发、套在头上的丝袜等]。为了标记他所选择的“Artisanal”系列，在所有可选的数字当中，表达完全自由的最佳数字是：“0”。

—

乐乐 · 阿克隆是意大利版《vogue》时装撰稿人，她的固定栏目“剪贴簿”将手写的文案，她自己对时装灵光乍现的见解相关的截图和简画结合起来。长期以来 Maison Martin Margiela 展厅的一个固定装置，她认为这里是获得灵感的最佳地。

INTERNATIONAL
Herald Tribune
THE WORLD'S DAILY NEWSPAPER PUBLISHED BY THE NEW YORK TIMES EDITED AND PRINTED IN PARIS
TUESDAY, JANUARY 11, 2005

By JOHN VINOCUR
Bush tangling with neocons?
PAGE TWO

Cheap seats offer view of Big Board's troubles
BUSINESS | 15

In central Paris, it's out with the bold
INTERNATIONAL LIFE | 20

Class act: Margiela moves up a grade

By Suzy Menkes

PARIS

Martin Margiela is going back to school. And the new headquarters of the Belgian designer, in a monolithic building that was once an industrial design college, seems apposite.

The creator of plain, unvarnished clothes has learned to craft his collections using existing elements, from a fashion vocabulary of the past to garments made over from flea market finds.

The reclusive Margiela, who is never photographed and does not appear at his shows, now has a vast place in which to hide. There are old schoolrooms complete with blackboards, where dummies are draped with cloth, and long white galleries with gauze swaddling crystal chandeliers. A glass-brick roofed area of a former machine-tool room is now filled with floral dresses from the 1950s waiting to be given a new life.

Behind the move of Maison Margiela, to Rue Saint Maur in the hip Oberkampf district in the northeast of Paris, is Renzo Rosso, the Italian founder of Diesel jeans and a fashion entrepreneur of cool. His purchase of two cutting edge brands — Dsquared and Margiela — has pumped investment into companies that had seemed destined to remain fashion outlaws.

"It is still 100 percent Margiela — he checks every single fabric and fitting, and I can propose but he can refuse," says Rosso, who has increased the company's revenue to €30 million from €24 million since he became a majority shareholder in 2002.

Rosso says that "this kind of little label" is losing market share, particularly with the shrinking of multi-brand boutiques. His aim therefore, by creating a management structure and putting Giovanni Pungetti in place as CEO, has been to free Margiela.

"He can just create, I take care of all the rest," Rosso says, stretching his arms across the vast space where windows look on to the neighboring church, which was once affiliated to

The interior of Martin Margiela's new headquarters on Rue Saint Maur in Paris.

the original structure. Margiela's new headquarters was once an 18th-century convent that also served as an orphanage for the Sisters of Charity.

The courtyard around which the 3,000-square-meter, or 32,000 square-foot, building was developed still has a monastic feel. But the complex was taken over in 1939 for the École Professionnelle de Dessin Industriel.One of its alumni of industrial draftsmen and artists even designed the now famed Gitane cigarette packaging.

Authenticity has been Margiela's mantra, and he has found it in the empty school rooms vacated a decade ago, where exam papers from 1994 still lay on the desks and chalked lessons could be seen on the dusty blackboards.

This new home is for a designer who founded his brand 17 years ago in rebellion against what he saw as the galloping consumerism of the 1980s. His winter 1989 show attracted an audience with an advertisement in a Paris free sheet and ended with models wearing the white cotton coats that are the uniform of all Margiela's staff. Cloth printed with tattoos, vests made from broken crockery, boots with separated toes, sweaters created from army socks and clothes covered in plastic dry-cleaner wrappings were all early signals of Margiela's fetish for recycling, for unfinished effects and for giving everyday objects a dysfunctional beauty.

From a show held in an urban waste-

Photographs courtesy of Maison Martin Margiela

Renzo Rosso, cross-legged at center, surrounded by the staff at Margiela wearing signature white lab coats.

land, Margiela graduated to a Salvation Army depot in 1992, where the designer's work seemed to be the incarnation of fashionable "grunge."

But in tandem with the more outré examples or one-off artisanal pieces, Margiela pursued his fascination with cutting and sewing by developing classics such as trench coats, Prince of Wales recycled suits, patchworks of old jeans or simple dresses with displaced necklines. By 1998, tailoring for both sexes seemed more like modernist couture than urban oddities. Following a circuitous route, the designer had reached a 21st-century elegance.

Rosso's aim is to bring the message and the merchandise to a wider public, hoping to replicate the success of the all-white London store in a former art gallery by changing the location of the small Paris store and by implanting Margiela in New York.

The chalk white school house puts Margiela on an industrial scale — something that should be conceptually a perfect fit and bring him the commercial success that such imagination and integrity deserve.

International Herald Tribune

who were eligible.
Abbas, 69, is a pragmatist and is calling for an end to Palestinian attacks against Israel. And with his victory in

law. However, Abbas says he will select Qurei to form a new government.
Jimmy Carter, the former U.S. president, who leads an international monitoring group, met with Abbas on Mon-

2005 年 1 月 11 日 _《 国际先驱论坛报》

Collars as HOODS
Collars as HOODS

巴黎格勒内勒[grenelle]店 _ 2005 年 9 月 21 日开业 _ 邮件散落在前面的台阶上 _ 岩石概念项目作为装饰元素 _ 散落在地板上的卷纸 _ “白色”开头的名单电话簿 _ 酒店手推车作为 11 系列展示项目

UTION
WET

2006 春夏 _ 女装秀 _ 溶解的战壕大衣，白色棉风衣和用紫色冰块制成的皮带搭配

Chat...la..la
1.2.3
Soleil!
DADA

2002 春夏＿《Io Donna》＿定制版 20 世纪 60 年代古着运动鞋

1995/1996 秋冬 _ 女装秀 _ 在布洛涅河的红色马戏团帐篷里举行 _ 时装秀在一种沉闷的主色调中开场，后来逐渐演变为粉红色和紫红色组合的服装

1997/1998 秋冬 _ 1 系列 _ 将一条未完工连衣裙当作短裙穿，其上身的紧身胸衣垂到腰部

巴黎总部＿圣莫尔街展厅的特殊装置

⓪

ARTISANAL

Vêtements transformés pour femme
Garments remodeled by hand for women

COLLECTION

A/H 2007-08
F/W 2007-08

REFERENCE

34AA002 FOURRURE DE GUIRLANDES / TINSEL AS FUR

DESCRIPTION

DES GUIRLANDES DE NOEL SONT UTILISEES COMME MATIERE PREMIERE POUR CREER UNE VESTE EN FOURRURE.
TINSEL USED AS FUR TO CREATE A COAT OR A JACKET.

COLORIS / COLOURS **QUANTITE CREEE / NUMBER CREATED**

- Veste / Jacket :

Surprise / Surprise 5

TAILLES / SIZES

- Veste / Jacket : Taille 1 et 2 / Size 1 and 2

HEURES PASSEES A SA REALISATION / HOURS SPENT OVER ITS REALISATION

- Veste / Jacket : 31 heures / 31 hours

2007/2008 秋冬 _ 0 系列 _ "Artisanal" 夹克与说明卡

Kodak 160NC
2401

Spencer (31G110). Jean d'homme coupé (00P103).
Cuissardes tabi en cuir (02Z082).
// Short evening jacket (31G110). Cut-off man's jeans (00P103).
Thigh tabi boots in leather (02Z082).

2001/2002 秋冬_1 系列_型录

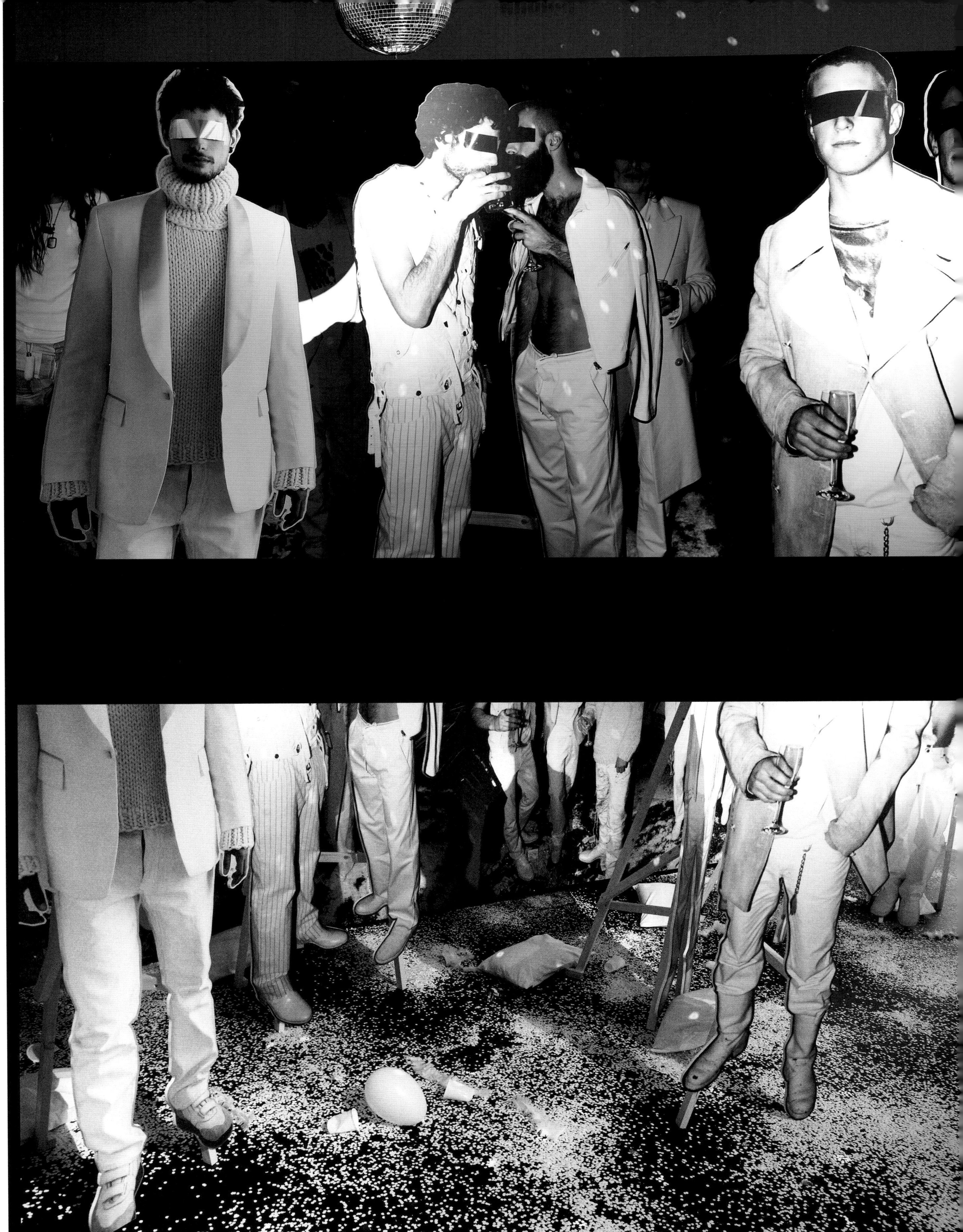

2006 年 6 月 _ 装修前的一个展览，香港店的 Maison Martin Margiela 展 _ 佛罗伦萨男装周秀后派对，实物尺寸大小的图片上的人物被剪裁下来，改造成可移动、竖立摆放的装置

Wood
plexiglas
leather
Careaux
MATERIO
Photocopies
Linea Naturelle
CATALOGUES REVUES EMBALLAGE

巴黎总部＿白色外套挂在圣莫尔街室内设计工作室

1995 春夏 _ 女装展 _ 设计元素揭露服装构造的隐藏细节

2005/2006 秋冬 _ 男装展 _ 一系列与音乐相关电影剧照展示了这个系列的服饰

ASSEMBLAGE

Bâtissez les pinces, les plis, et assemblez par un bâti à petits points, toutes les pièces du modèle en faisant correspondre les raccords et en vous conformant aux explications que vous trouverez dans chaque pochette.

ESSAYAGE

Mettez le milieu du devant et du dos de votre robe bien à leur place. Si le corsage n'est pas impeccable, faites les rectifications nécessaires sur un seul côté du vêtement. Vérifiez l'emplacement des pinces et des plis. L'encolure et les entournures seront crantées en dernier lieu, après avoir fait toutes les corrections nécessaires et posé les épaulettes le cas échéant. Vérifiez l'aplomb de la manche, puis essayez la manche, le bras plié; ramenez les coudes en avant pour juger si le dos est suffisamment large et la manche assez longue levez le bras pour vérifiez si votre taille n'est pas trop courte. N'oubliez pas qu'une entournure trop échancrée gâcherait irrémédiablement votre robe. Vérifiez l'emplacement des coutures et la largeur de la jupe (debout, assise et en marchant). Réglez l'arrondi. Indiquez les rectifications à l'aide d'une épingle ou d'un trait de craie. Une fois le vêtement enlevé, vous les marquerez d'un fil de couleur. Démontez le vêtement; si les deux côtés sont symétriques, mettez-les l'un sur l'autre (voir plus haut) en superposant les fils de sens.

COUTURE ET REPASSAGE

Piquez toutes les coutures dont vous êtes sûre. Repassez au fur et à mesure (sauf indication contraire, repassez les coutures ouvertes). Laissez le col, la taille, les emmanchures pour le dernier essayage. Donnez au vêtement un dernier coup de fer avant de poser les boutons, agrafes, fermeture à glissière, épaulettes, etc. Pour les tissus en biais, vous repasserez avec soin en suivant le droit fil. Enfin, surfilez les routures (de gauche à droite), le tissu étant bien tendu à plat pour les coutures droit fil, et sans tendre pour les coutures en biais.

Un seul Mannequin Idéal moule autant de fois que l'on veut toutes les silhouettes.

Le Mannequin Idéal est en vente chez nos dépositaires.
Demandez-en la liste aux Editions MAI,
4, rue des Dunes, PARIS 19e - 202-93-52

1989/1990 秋冬＿由铁丝网制成的夹克衫，灵感来自 20 世纪 60 年代的广告，夹克衫是在一个人台上打造的，其尺码是可变化的，走秀时，它被穿在白色连衣裙衬衫外面

Try something new, you might be pleasantly surprised.

Fortune Egg

13 系列 _ “幸运蛋” [Fortune eggs]: 装满蛋壳的白色鸡蛋盒，像幸运饼干一样裂开，释放出奇怪的信息 _ 自 2003 年以来这款产品在大阪店展出并销售

Newsweek
FRAME

香港九龙店 _ 2008 年 10 月 15 日开业 _ 覆盖着镜面瓷砖的收银台

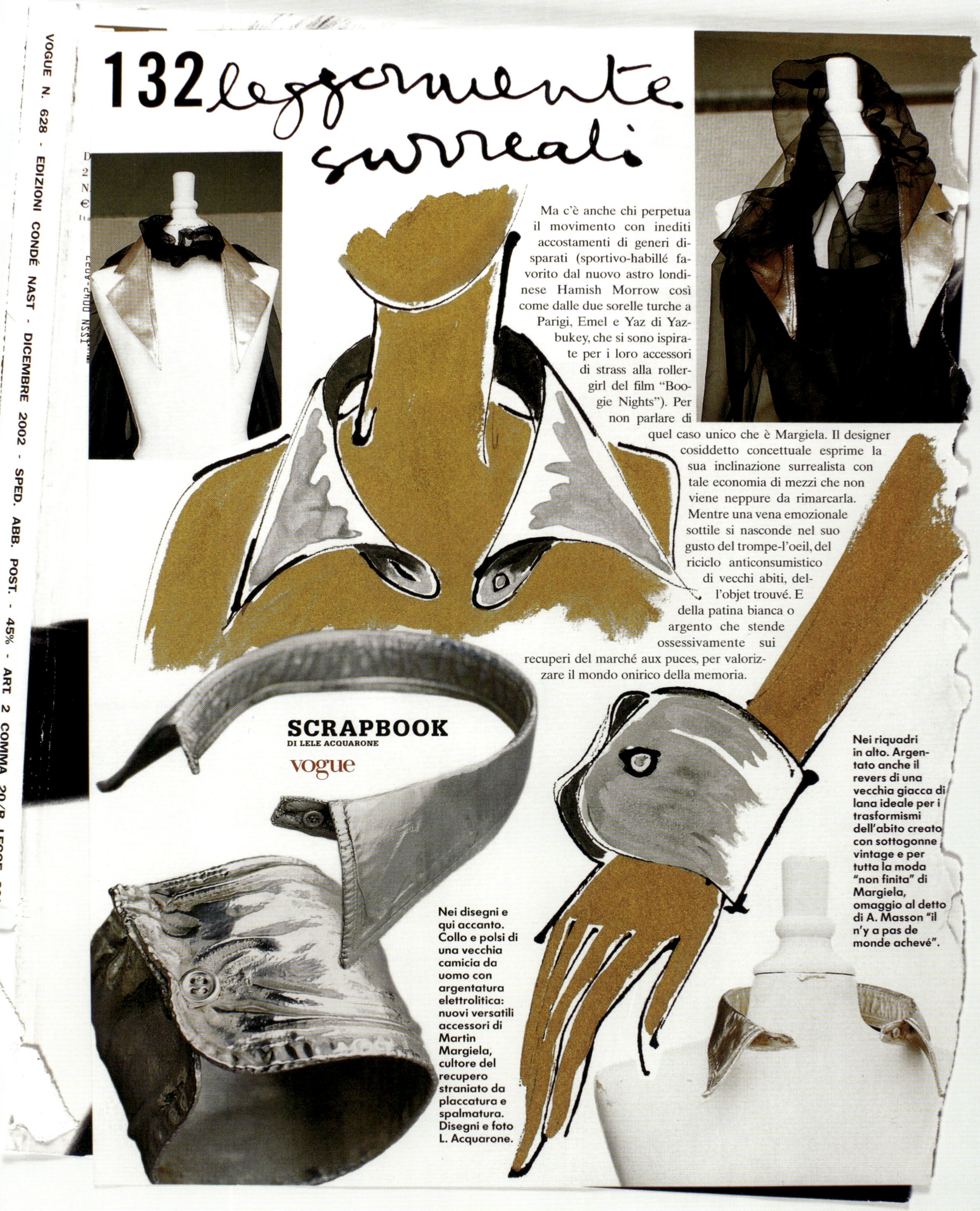

VOGUE N. 628 - EDIZIONI CONDÉ NAST - DICEMBRE 2002 - SPED. ABB. POST. - 45% - ART 2 COMMA 20/B LEGGE 66

132 leggermente surreali

Ma c'è anche chi perpetua il movimento con inediti accostamenti di generi disparati (sportivo-habillé favorito dal nuovo astro londinese Hamish Morrow così come dalle due sorelle turche a Parigi, Emel e Yaz di Yazbukey, che si sono ispirate per i loro accessori di strass alla roller-girl del film "Boogie Nights"). Per non parlare di quel caso unico che è Margiela. Il designer cosiddetto concettuale esprime la sua inclinazione surrealista con tale economia di mezzi che non viene neppure da rimarcarla. Mentre una vena emozionale sottile si nasconde nel suo gusto del trompe-l'oeil, del riciclo anticonsumistico di vecchi abiti, dell'objet trouvé. E della patina bianca o argento che stende ossessivamente sui recuperi del marché aux puces, per valorizzare il mondo onirico della memoria.

SCRAPBOOK
DI LELE ACQUARONE
vogue

Nei riquadri in alto. Argentato anche il revers di una vecchia giacca di lana ideale per i trasformismi dell'abito creato con sottogonne vintage e per tutta la moda "non finita" di Margiela, omaggio al detto di A. Masson "il n'y a pas de monde achevé".

Nei disegni e qui accanto. Collo e polsi di una vecchia camicia da uomo con argentatura elettrolitica: nuovi versatili accessori di Martin Margiela, cultore del recupero straniato da placcatura e spalmatura. Disegni e foto L. Acquarone.

2003 春夏 _ 意大利版《Vogue》

SEMI COUTURE

Martin Margiela

Spring / Summer 1997

Showroom

2 bis Passage Ruelle, 18th Arrondissement, Paris.

A white decor stands within the main area of the showroom space. A field of imitation sunflowers is planted in the floor. The sales of the collection as well as press meetings take place amid the flowers.

Collection

The form of a Tailor's dummy (or Dress form) is a foundation for the collection.

The object is worn directly on the skin, either with a slip skirt or a permanently dyed Blue Jean. Various elements, from the varying stages of an atelier's work, are pinned to the Tailor's dummy form: shoulder pads, binding and garment studies ....

A simple unfinished square of fabric becomes a skirt or a dress with an irregular hem-line.

Jackets, with or without sleeves, cut for a man's body are fitted with shoulder-pads which give a second, feminine, shoulder-line within their form.

Knit cardigans, some without sleeves, and washed T-shirts have the same shoulder-line as the jackets and are worn with only the front panel of a traditional skirt and the lining of a skirt.

A series of structured garment fronts, in yellow velvet, and their yellow linings is the only point of vivid colour amid a pallet ranging from white through pale greys, anthracite, navy blue to black.

Overly narrow dresses may only be worn by opening hidden zips which give the garment an individual and irregular form.

Studies for various parts of draped dresses in chiffon are worked by hand onto structures in elastic and corset bones, becoming garments in their own right.

Simply the soles of our shoes, mounted on heels, are worn on the feet.

MARTIN MARGIELA - 2 bis, passage Ruelle - 75018 Paris - Tél. 44 89 65 20 - Fax 44 89 65 29
S.A.R.L. NEUF au capital de 50 000 Frs - R.C.S. Paris B 347 662 132 - Code A.P.E. 514 C - T.V.A. fr 1934766213[illegible]

1997 春夏＿在系列秀媒体发展会上分发的说明性文本

PARIS

1997 春夏 _ 女装秀

Martin Margiela
Trompe l'oeil items dominate this small yet intriguing Margeila collection; tops (right) have scarves and chains printed on, while beige plimsolls come splattered in several colours of acrylic, artist's studio-style. Moreover, the leatherwear with denim touches (leather trousers with a jean waist) displays the skill of this intelligent, considered couturier
White T-shirt with black scarf print, grey leather and knit jacket with orange lining and black corduroy trousers with brown and navy patches, all by Martin Margiela
SEPTEMBER 2004 ARENA 211

2004/2005 秋冬 _《Arena》_ 带印花围巾的 Trompe-L' oeil T 恤

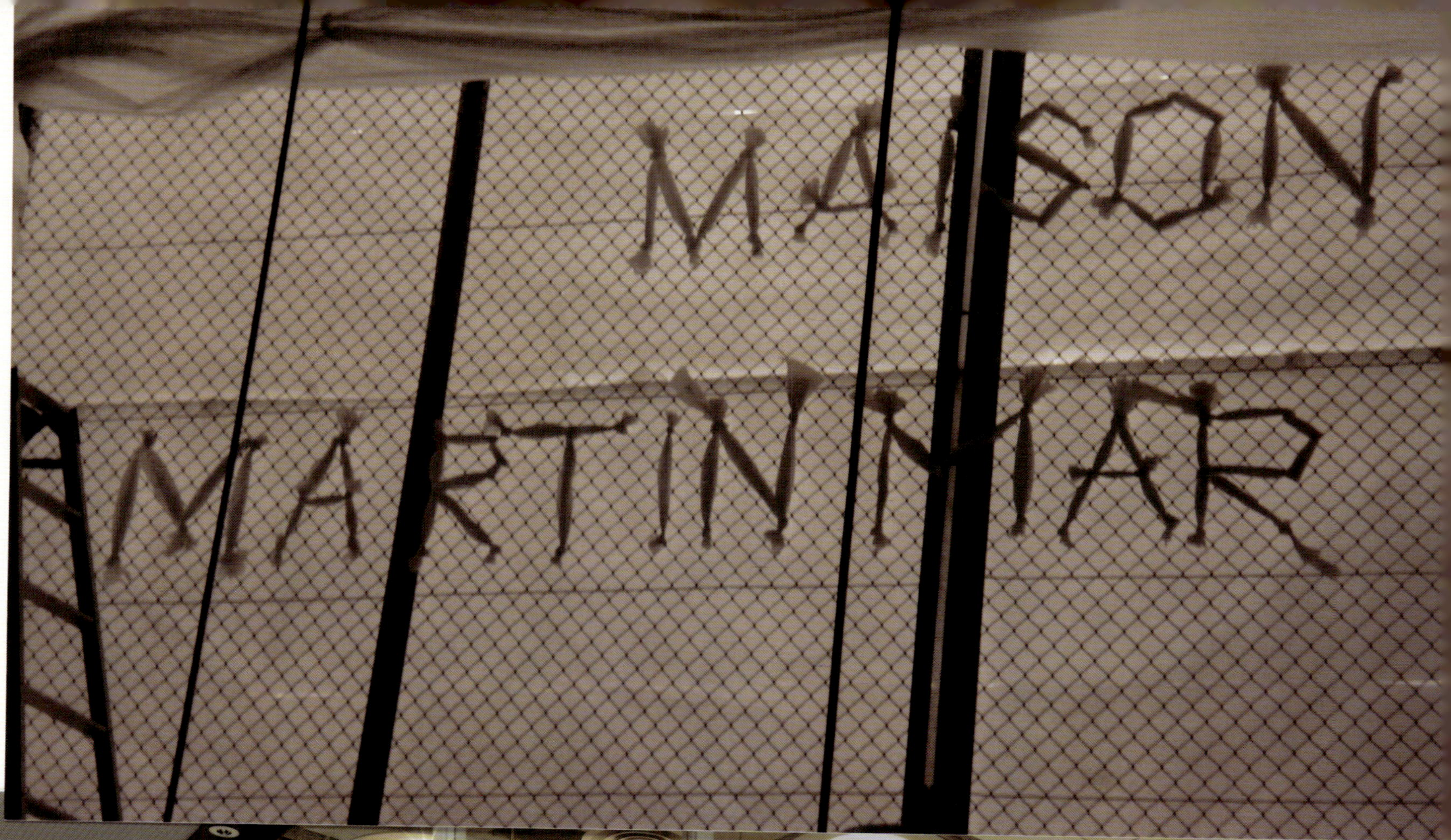
MARTINMAR

22 A collection o shoes for women & men
0 Garments remodelled by hand for women

东京表参道店 _ 2007 年 11 月 2 日开业 _ 试衣间、配饰展示和收银台隐藏在几扇门后

MARTIN MARGIELA
13, BOUL. SAINT-DENIS
75002 PARIS

MARTIN MARGIELA SPRING SUMMER '94

The favourite pieces of our last 10 seasons form the new S/S 94 collection. We linked the different seasons one to another by overdying in grey each garment.

This time, we invited in the same space, from the 9th to the 17th of october, buyers and journalists together.

In this open space (an abandoned supermarked, 55, rue de Meaux) were :

- the garments on racks, diveded by season, in the area were buyers could order.

- each of the 10 girls, presenting the collection had, stenciled on her body, the season of the outfits she wore.

- a movie made of shortcuts of the 10 previous presentations.

- an open workshop, showing the making of our handcraft production.

Each garment will be commercialized with a stamp of the season it originally belonged to.

MARTIN MARGIELA 13, BOULEVARD SAINT DENIS, 75002 PARIS · TÉL. 42 21 12 69 · FAX 40 39 04 49
SARL NEUF AU CAPITAL DE 50000 FRS · RCS PARIS B 347 662 132 00021 · CODE APE 5806
CEE FR 19 347 662 132

1994 春夏 _ 女装展 _ 关于该系列的说明性文本，带有品牌标志性的白色文件夹

COLLECTION
PRINTEMPS
ETE 90
COLLECTION
AUTOMNE
HIVER 90.91

1994 春夏 _ 女装展

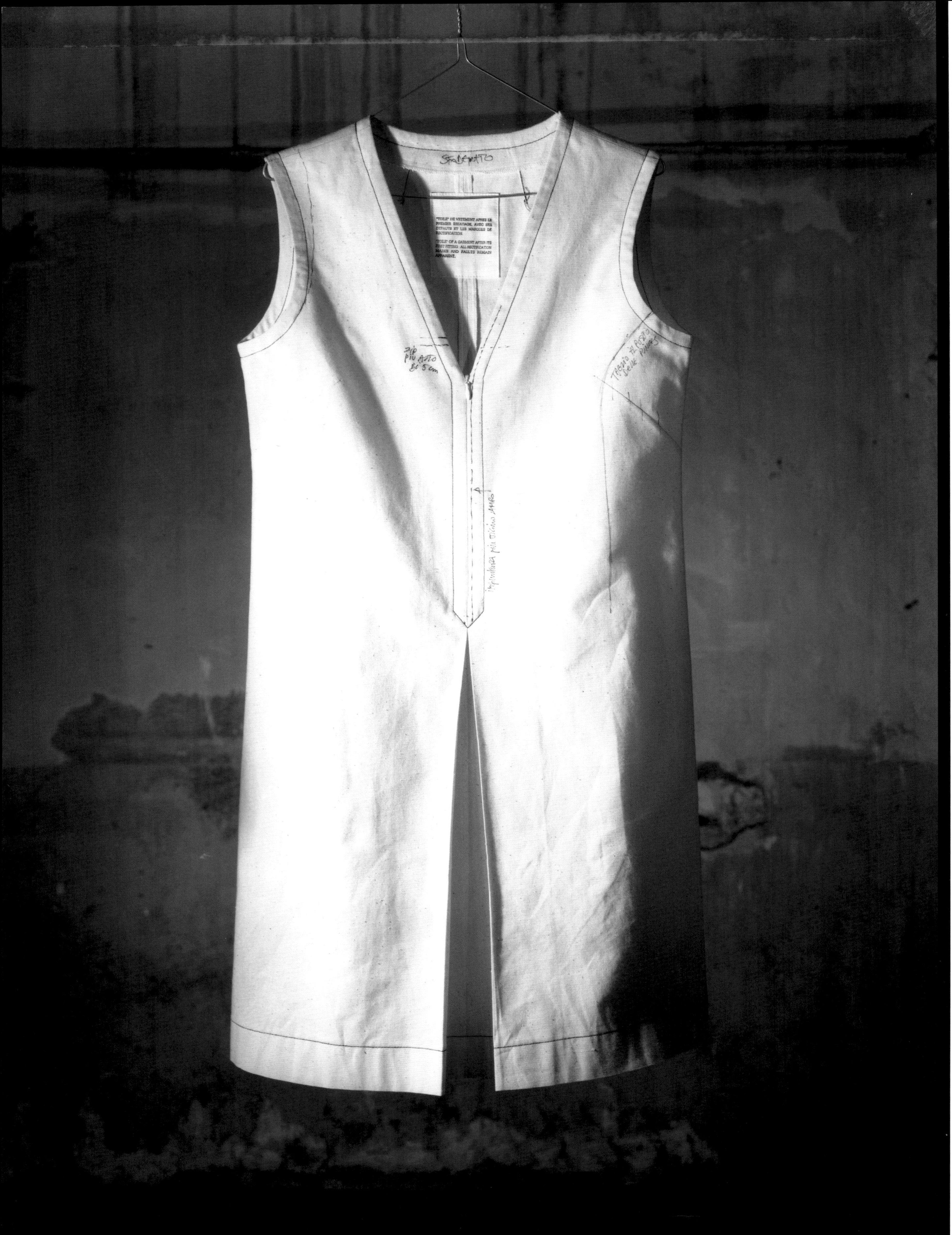
"TOILE" DE VETEMENT APRES LE PREMIER ESSAYAGE, AVEC SES DEFAUTS ET LES MARQUES DE RECTIFICATION.
"TOILE" OF A GARMENT AFTER ITS FIRST FITTING : ALL RECTIFICATION MARKS AND FAULTS REMAIN APPARENT.

1997/1998 秋冬 _ 1 系列 _ 该系列由一系列服装和物品组成，这些服装和物品追踪服装生产的各个阶段：此物品代表服装首次试制后的原型。原材料是本白布［calico，未漂白的棉］，所有的缺点和穿着磨损变化的详细说明都标记在织物上

1 2 3 4 5 6 7 8 9
0 11 12 13 14 15 16
18 19 20 21 22 23

巴黎总部 _ 圣莫尔街总部办公室窗户

Maison Martin Margiela
'0+1'
Printemps/Eté-Spring/Summer 2003
TOUTES LES PHOTOS / ALL PHOTOS:
JACQUES HABBAH, Paris.
SERVICE SHOPPING:
Pour emprunter des tenues,
veuillez appeler:
To borrow outfits please call:
TEL: +33 (0)1 44 53 43 24
FAX: +33 (0)1 44 53 43 36
Bureau de Presse / Press Office:
175, rue du Faubourg Poissonnière, 75009 Paris.
Tel:+33 1 44 53 43 20 - Fax:+33 1 44 53 43 36
1
2
3
7
8
9
10
14
15
16
17

2003 春夏_1 系列_型录

Jupe doublée retroussée autour du cou avec doublure apparente sur le devant (31V221)montre sans cadran(00A486)collants noirs portés par-dessus les chaussures,lunettes peintes/Skirt taken up to the neck leaving its lining apparent,watch case on ribbon,shoes worn under tights,painted glasses(00A4823).
Pantalon à coulisse en coton noir(31P168)jupe en lin noir portée en bustier (31L024)montre sans cadran attachée à la taille(00A486)collant,lunettes/Pair of drawstring trousers and watch case,linen skirt worn as top,shoes worn under tights, pair of black painted glasses(00A4823).
4
Jupe artisanale faite dans une combinaison de récupération(00J474)jupe beige portée en bustier(31L024)collants portés sur chaussures,lunettes peintes en noir(00A4823)/Artisanal skirt made out of vintage slips,beige skirt worn as a top,shoes worn under black tights,black painted sunglasses.
5
Robe à bretelles portée en robe bustier, les bretelles tombent sur la poitrine(31V220)collants roses roses en lycra portés par-dessus des chaussures des années 80,lunettes peintes en noir(00A4823)/Dress with shoulder straps worn falling at the breast,shoes under tights,sunglasses painted in black.
6
7
Veste sans manche à chevrons(31G129),portée à l'intérieur d'une jupe artisanale faite à partir d'anciennes combinaisons(00J474)collants portés par-dessus les chaussures,lunettes peintes en noir(00A4823)/Sleeveless jacket worn inside a skirt made out of vintage slips,shoes under tights,glasses.
11
Pantalon à coulisse noir(31P160)robe beige doublée noire retroussée sur l'épaule(321V225)collants violets portés sur les chaussures,lunettes noires/Black drawstring trousers,black dress lined in beige taken up onto the shoulder,shoes worn under black tights,black painted glasses(00A4823).
12
Robe beige doublée noire dont le côté est retroussé sur l'épaule(31V225)jupon artisanal noir porté sous robe(00J475)montre sans cadran,collants portés sur les chaussures,lunettes/Beige dress with black lining its hem line has been lifted and stitched to its shoulder,glasses,watch case,tights on shoes.
13
Robe noire retroussée sur l'épaule doublée beige(321V225)bustier-jupe porté en jupe(31L024)montre sans cadran(00A486)collants par-dessus les chaussures, lunettes(00A4823)Dress which hemline has been lifted and stitched to the shoulder,skirt-top worn as a skirt,tights worn over the shoes,painted glasses.
14
Robe retroussée à la taille portée en jupe(31V223)marcel à ouverture dos porté sur le devant(735600)collants par-dessus les chaussures,lunettes noires/Dress taken up to the waist worn as a skirt,white tank top with back opening worn to the front,shoes worn under tights,black painted sunglasses(00A4823).
18
Jupe ourlet défait(31N216)marcel avec ouverture dos porté sur le devant(735600)cardigan à ouverture dos porté sur le devant(733001)col de chemise en argent(00A480)poignets de chemise argent(00A479)/Skirt with unfinished trim tank top and cardigan with back opening worn to the front,electroplated jewels
19
Jupe artisanale plissée recouverte d'un film argenté sur le côté(00J489)pull sans manche avec ouverture dos porté sur le devant(731000)collants sur les chaussures,lunettes noires/Artisanal pleated skirt with silver film applied to its side,sleeveless jumper with opening on the back worn to the front.
20
Jupe plissée retroussée sur le côté avec doublure apparente(31N198)top recouvert d'un film argent(000466)collants par-dessus les chaussures,lunettes/ Pleated skirt taken up on the side,tank top covered with a silver film,black tights in lycra worn over the shoes and black painted sunglasses.

1998/1999 秋冬 _ 女装展 _ 与简 · 豪 [Jane How] 合作制作的 15 个真人大小的木偶由两个专业木偶人师操纵在舞台上表演，以此展示了该系列的服装

1998/1999 秋冬 _ 女装秀

巴黎总部 _ 圣莫尔街办公室最初的钥匙环

7

—
基于圣摩尔街区庭院里 Maison Martin Margiela 团队成员的照片，制作出的实物白色镂空效果。

发信人 | 索尼娅 · 拉赫林 [Sonia Rachline]
收信人 | Maison Martin Margiela
日　期 | 2008 年 12 月 15 日
主　题 | 缺席不算一个主题吗?

傲慢、时髦、神秘、自大、挑衅、古怪、质朴、腼腆、与众不同和讳莫如深。

20 年来，各种假设和猜想被演绎成各种各样的传闻。马丁·马吉拉不在这里，他永远不回归吗？由于他的缺席，我们被这些猜测、疑惑、理论，甚至有时候是故事控制了。他不说点什么吗？我们让他用沉默来回应。他不露面吗？我们对他的"隐身"指指点点。我们什么都不知道吗？我们又已设想了一切，幻想了一切。

所有的一切。除此以外的另一个空间里，在那里媒体不那么沉迷于八卦。在那里，时尚既不是一种用来吸引人的技巧，不是一场演出，不是轰动一时的新闻，也不是一种表演，而是一种既坚定又无所顾虑的体验，是对形式和本质的一种观察，是一种有力的表达方式，除了他自己，不需要任何其他发言人。

在我们这个世界里，除了马丁 · 马吉拉的缺席，什么也掩盖不了。其实也没有什么可隐藏的，但是最重要的是，没有什么可看的。在这里，这种缺席不是一个主题。在这里，我们可能会采取不同的行动，我们可能会像他一样看待这种"将自己抹去"，因为不偏离本质的最可靠方法就是回归到唯一的真理，最终依靠时装新闻的目光：一切回归于服装。当然，20 年后，也不算太晚。

—
索尼娅 · 拉赫林是巴黎的一位自由职业记者，马丁 · 马吉拉是她最喜欢报道的主题之一。

GOOD
LUCK

2006 春夏 _ 男装展 _ 潮湿效果：将表面处理应用于一系列服装，以模拟浸湿的外观，服装在水中浸泡，以便在演出期间使其潮湿效果更夸张

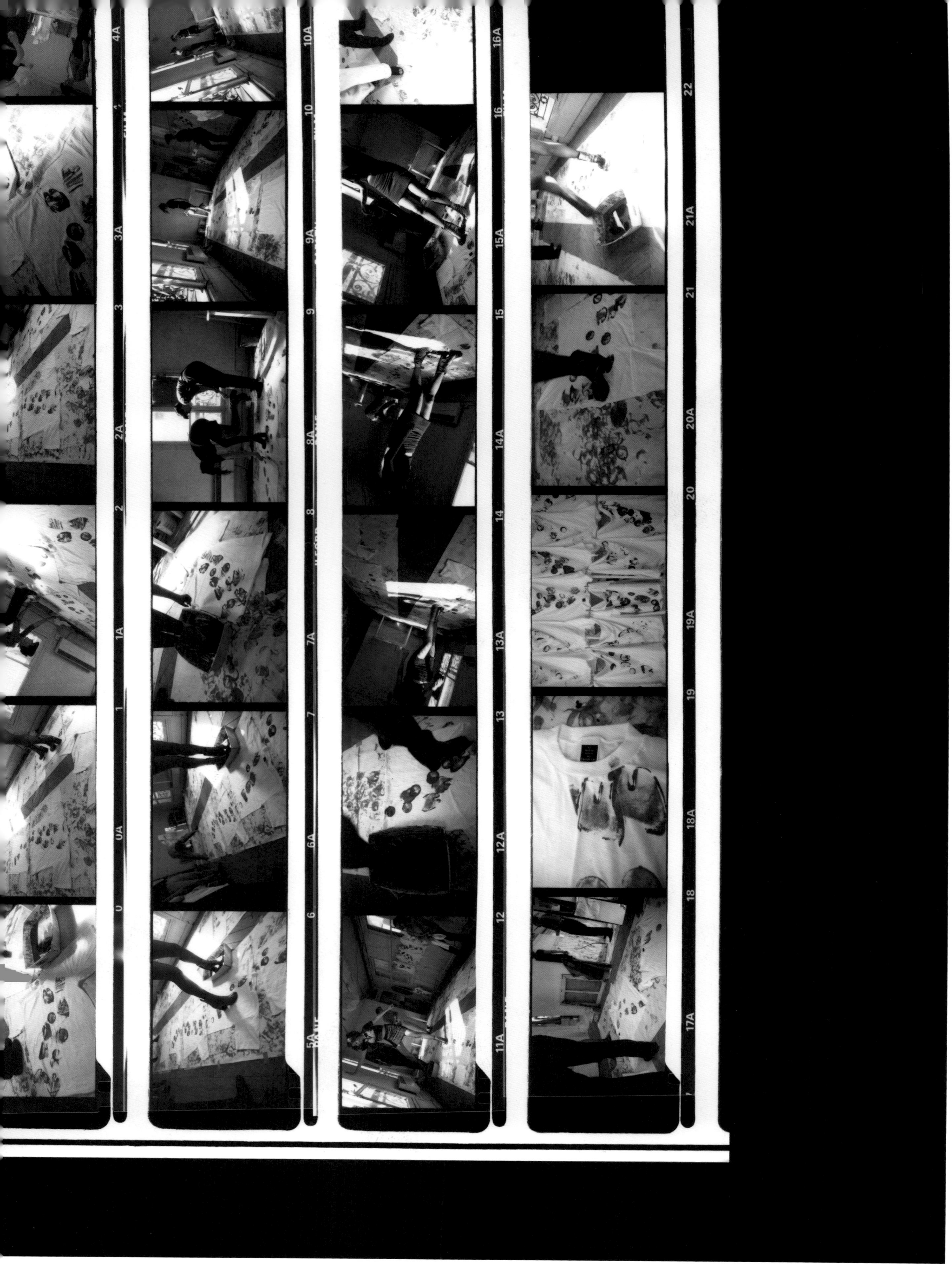

1991 年 6 月至 9 月 _《Le Monde Selon Ses Créateurs》［“设计师塑造世界”，这个展览全权委托给了六位设计师］巴黎市立博物馆展览 _ 和首展一样，一条由白色的棉布铺成的走秀通道上被 Tabi 靴印上了红漆脚印，并被裁剪制成 T 恤

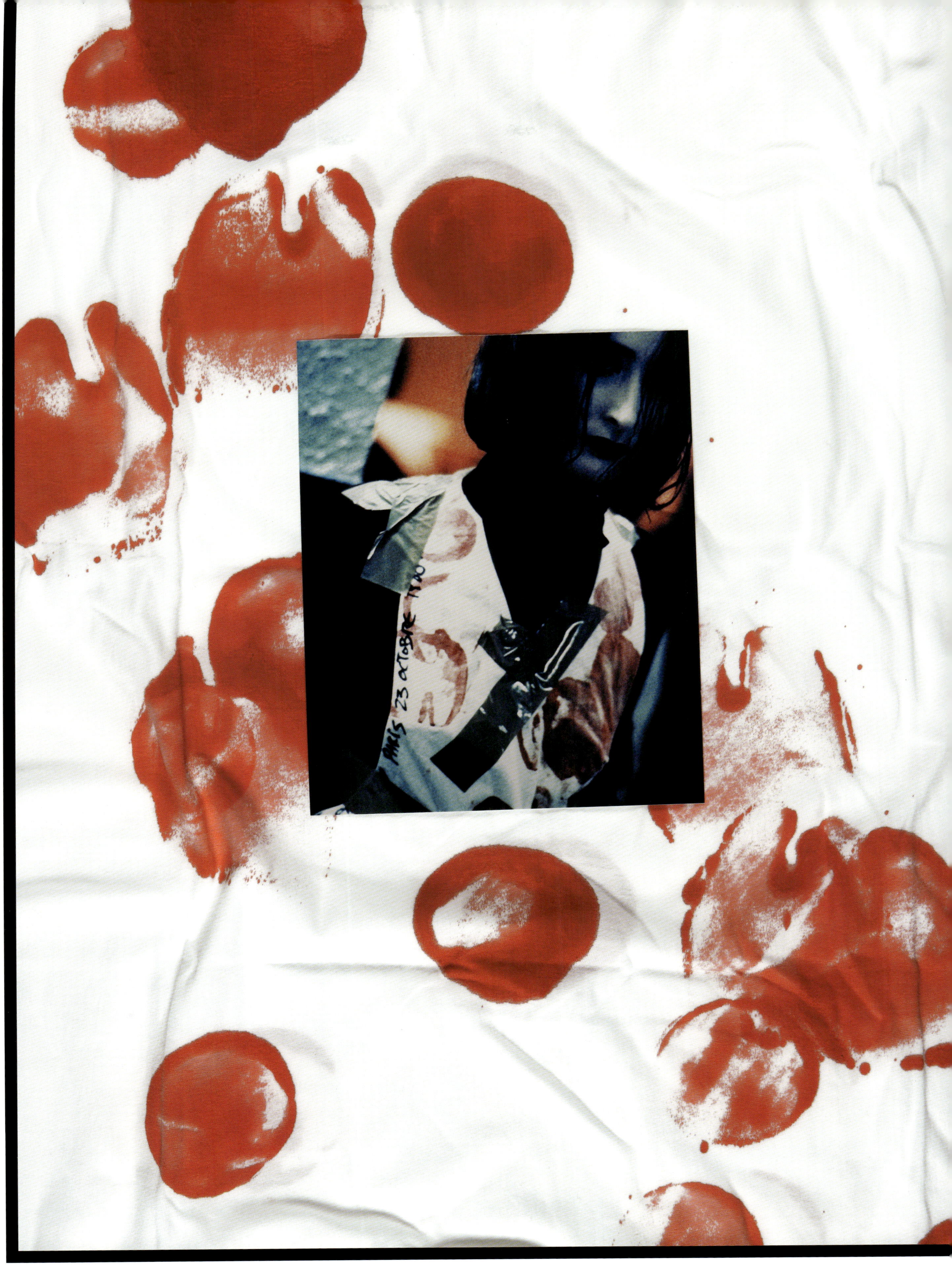

1989/1990 秋冬 _ 织物上的红色 Tabi 靴脚印细节，来自 1989 春夏时装秀秀场通道，以及由同款印花织物制成的带有插入图像的背心

MINA : Live'78
"Bussoladomani"

1996/1997 秋冬 _ 女装秀 _ 后台 _ 女模特面部的上部涂上棕色面具，牙齿被涂得亮白 _ 专辑《MINA LIVE' 78》是秀场原声配乐

1997 春夏 _ 展厅 _ 单色空间以白色装饰为主，突出了直接种植在地板上的人造向日葵的生动色彩

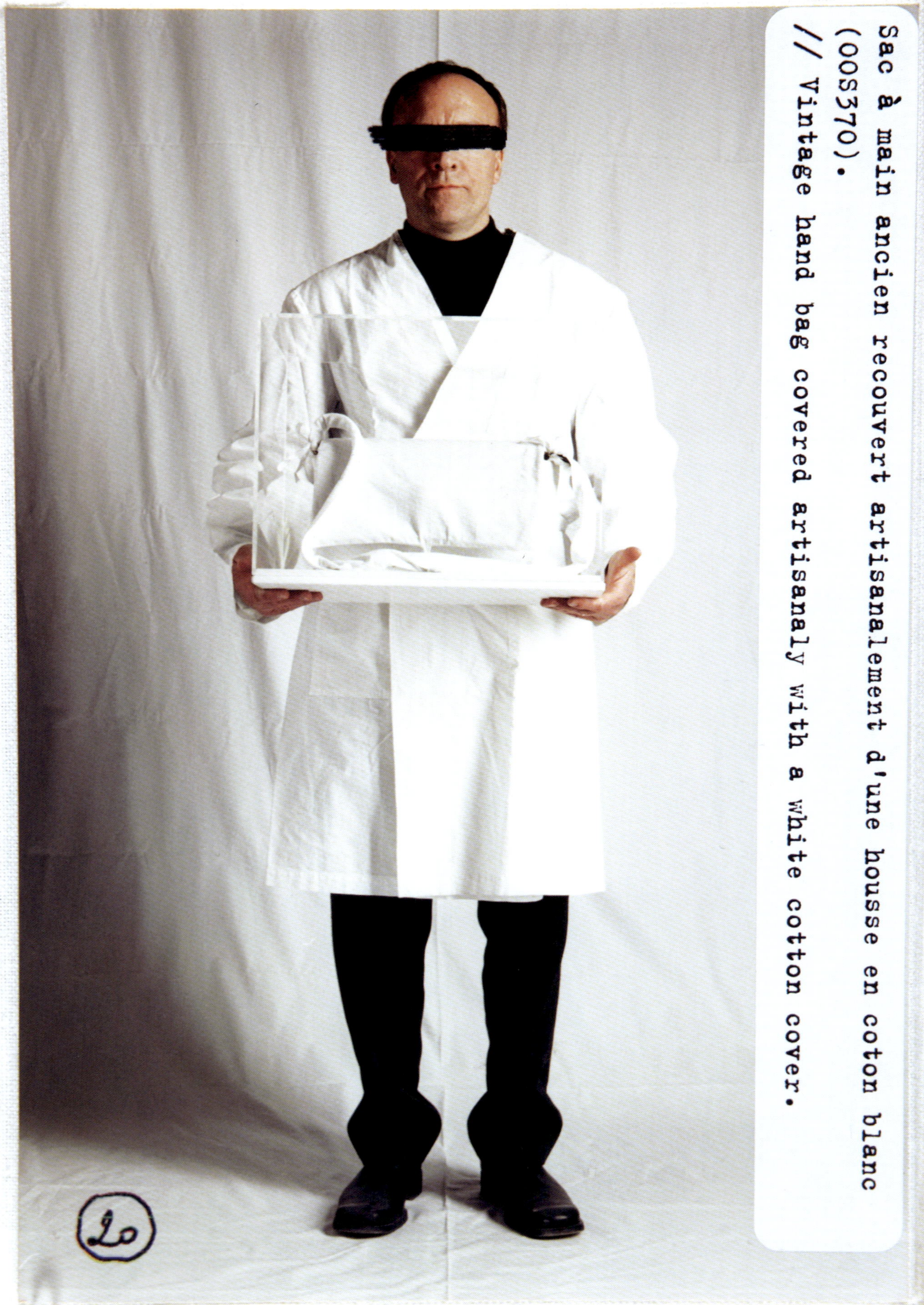

Sac à main ancien recouvert artisanalement d'une housse en coton blanc (00S370). // Vintage hand bag covered artisanaly with a white cotton cover.

Gilet zippé noir, le corps d'un pull forme le dos, les manches d'origine le devant, des manches sont ajoutées (731902). Robe en viscose bleu-marine à pois (010332). Bottines tabi en cuir noir (022080)//Zipped cardigan,the body of a jumper is the back,the original sleeves, the front and sleaves are added. Navy blue spoted dress. Black tabi boots.

2004 春夏 _ 女装秀 _ 后台

2000/2001 秋冬 _ 1 系列 _ Oversize 系列 _ 尺寸为 78 码的棕色麂皮革夹克，搭配尺寸为 78 码的灰色平纹针织连衣裙和白色衬衫

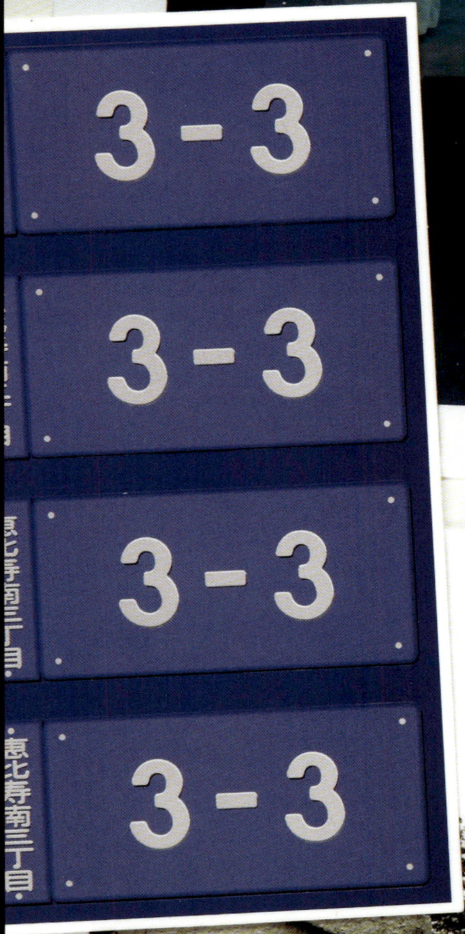
3-3
3-3
3-3
3-3
恵比寿南三丁目

ティアラ
ヘアメイク・プロデュース
文

东京惠比寿店 _ 2000 年 9 月 21 日至 2006 年 2 月 22 日营业 _ 带有地址牌的贴纸：位于南部惠比寿区第三街区的第三间房子 _ 开业时，车棚内装满了白色气球和白色的棉质平纹针织面料覆盖的柳条 Emmanuelle 椅子 _ 商店位于一所住宅内，周围环绕着一个小花园；店门前有一串白色的脚印引导顾客

ELLE
SAFE SUN REALLY SEXY RESORT STYLE
TEPEE TRENDS
BULLY CHIC
SIREN SEQUINS
JANUARY 1990 USA $3.00 CANADA $3.50

1990 春夏 _ 美国版《ELLE》_ “Artisanal” 无袖背心，由街头海报纸制成，内衬是白色棉布

香港中环店 _ 2006 年 7 月 31 日开业 _ 整个楼层全部采用银色装饰，专为女性系列打造

2009 春夏 _ 女装秀 _ 用黑色涤纶布料制作的被毁掉的 Oversize 连衣裙，粉红色丝绸作为衬里 _ 为纪念 Maison Martin Margiela 20 周年而制作的特别版收藏品

1990 春夏 _ 女装秀 _ 一件无袖紧身网状T恤下压了一件放大了 2 倍的背心，变成了一件垂坠的长裙 _ 克里斯蒂娜 [Kristina] 的肖像 _ 终场秀时模特撒下一包白色纸屑，被制成新年贺卡

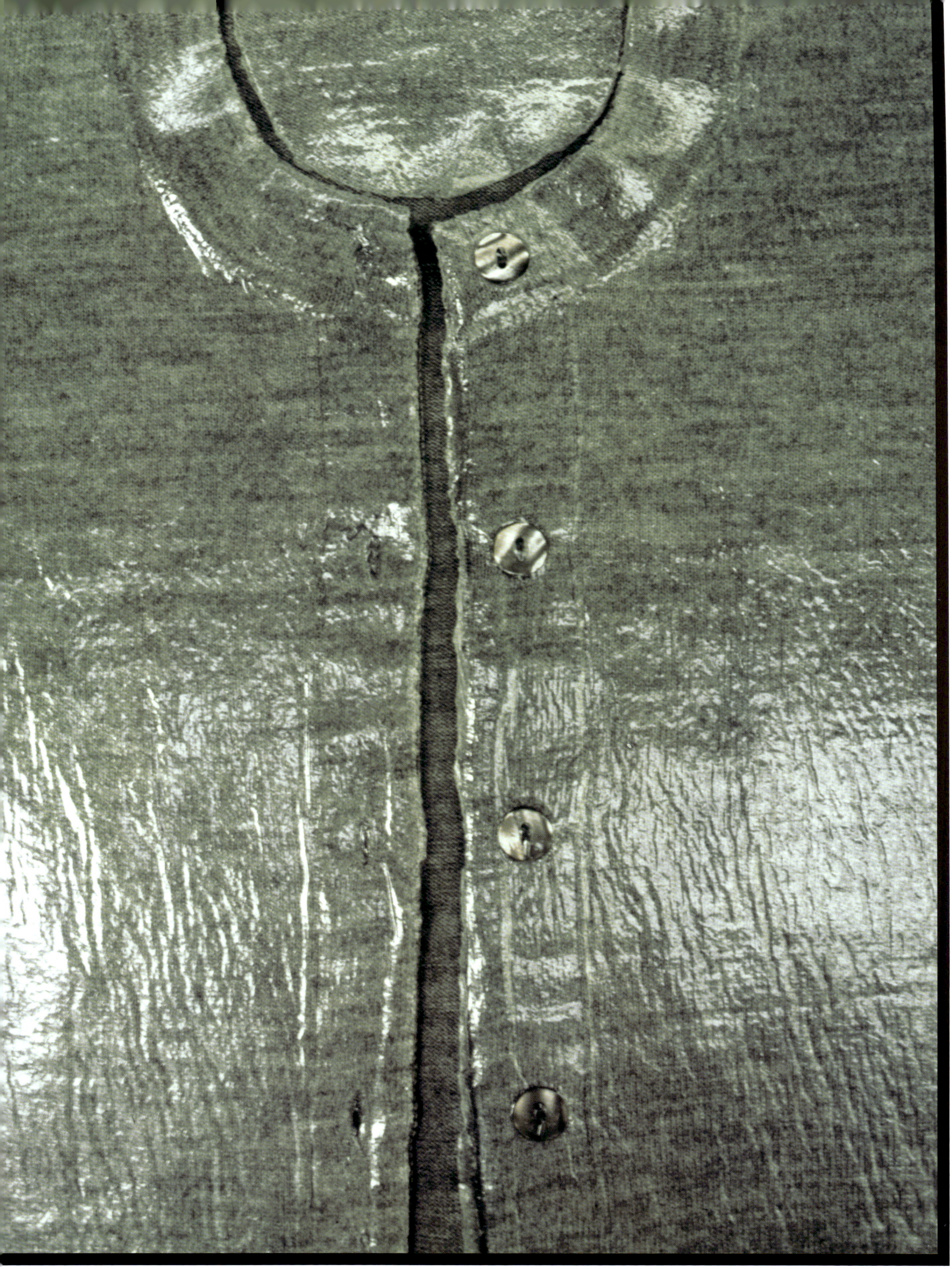

1998/1999 秋冬 _ 1 系列 _ 将透明塑料薄膜用在针织浅开衫上。穿上后，部分发亮的薄膜会附在毛衣的正面和袖子上，部分呈现出夹层效果

2007 春夏 _ 女装秀 _ 后台

WWD, FRIDAY, JULY 11, 2008 13
WWD.COM

Margiela Goes Big

PARIS — You won't need a magnifying glass to examine these jewels.

Maison Martin Margiela's debut fine jewelry collection, in partnership with Italy's Damiani Group, is supersized, including necklaces composed of giant oval links, a pierced earring magnified to become a chunky ring and a signet ring upsized to bracelet proportions.

The collection of 14 items is to arrive in November in 14 Margiela boutiques, along with a selection of fashion retailers, including Maxfield in Los Angeles, On Pedder in Hong Kong, 10 Corso Como in Milan, Exception in Madrid and Saba Song in Vienna.

Prices for the pieces — in yellow gold, pink gold and silver, with diamonds — will range from 700 euros to 39,500 euros, or about $1,100 to $61,800 at current exchange rates. The collection is being shown to retailers at Margiela's Paris showrooms.

Margiela plans to create one fine jewelry collection a year, said a spokesman for the Paris-based house.

Fine jewelry is the latest brand extension for the Belgian designer, whose business is majority owned by Renzo Rosso's Only the Brave Srl. Look for a new eyewear style for spring 2009 — and coming in fall 2009 is his first scent with beauty licensee L'Oréal.

— Miles Socha

Items from Martin Margiela's new fine jewelry collection with Damiani: A yellow gold signet bracelet; a silver and yellow gold pierced earring ring and a giant yellow gold chain necklace.

MEMO PAD

JAPAN MAN: Hedi Slimane is in Tokyo shooting Vogue Hommes Japan's debut cover but his involvement with the new magazine doesn't end there. He is also serving as the magazine's male muse as it gears up for its Sept. 10 launch. "In the men's fashion world there was a big

on sex, dieting and dating will round out the offering.

"Office ladies have so much money... they are [such] active consumers in Japan," she said, noting the propensity for young Japanese women to accessorize their domestic brand workwear with designer handbags.

Glamour Japan is entering a crowded field of mass-market fashion mags including AneCan, Oggi, Sweet and Glamorous, where Gunji previously worked as fashion editor. Still, she thinks there

editor at the title. Part of Harrison's new role will be to spearhead the launch of GQ's grooming awards, set to launch later this month. **— N.J.**

CAFÉ SOCIETY: Longchamp's latest ad campaign centers on the chemistry between a **Brigitte Bardot**-esque **Kate Moss**, who's notched six seasons working with the house, and the hip French actor **Gaspard Ulliel**. The black-and-white shots, taken by **Mert Alas** and **Marcus Piggott** on the terrace of Saint-Germain's Café de Flore, will run in leading fashion magazines from mid-August. These include W, Vogue, Bazaar, Elle and T Magazine. A making-of video

2008/2009 秋冬 _ 12 系列 _《Women's Wear Daily》_ 首个高级珠宝系列

25-02-09;16:58 ;DIESEL ;0424411639 # 2/ 2

OTB

I guess one could define my first encounter with Maison Martin Margiela as "enchantment" or "love at first sight".

Even if most people think that there couldn' t be two furthest away worlds and attitudes than Martin's and mine, they are actually very alike: the love for detail, the fascination with vintage, the search for innovation, the idea that fashion is and has to be a dream and a form of artistic expression, the fun taken in challenging all existing design and communication establishments – these are the beliefs that have bound us from the very beginning.

And I love the fact that our collaboration only made everything even more promising, real, visible, and successful for the Maison.

Love live creativity.

Long live oddity.

Long live Maison Martin Margiela.

Renzo Rosso

ONLY THE BRAVE S.r.l. | Via dell'Industria.7 | 36060 Molvena (VI) | Italy
Cap. soc. Euro55,000int. vers. | C.F. e REG.IMPRESE VICENZA 01242510269 | P.IVA IT01571110246 | R.E.A.N. 170761 CCIAA VI
P.+390424477555 | F.+390424411955 | www.onlythebrave.com | otb@onlythebrave.com

2009 年 2 月 25 日 _ 伦佐 · 罗索 [Renzo Rosso] 给 Maison Martin Margiela 发送的传真

2008 年 10 月 _ 特别限量版 Tabi 靴形状的蜡烛，作为庆祝 Maison Martin Margiela 20 周年的礼物

4
5
Sd

1990 春夏 _ 女装秀 _ 把塑料购物袋当作背心穿

1998/1999 秋冬 _ 女装秀 _ 与艺术家马克 · 博斯维克 [Mark Borthwick] 合作在纽约拍摄了一段视频：该系列中三名穿着本系列收藏的女性之间的口头互动，最终汇编成一本题为《2000—1》的书，并于 1998 年 10 月出版

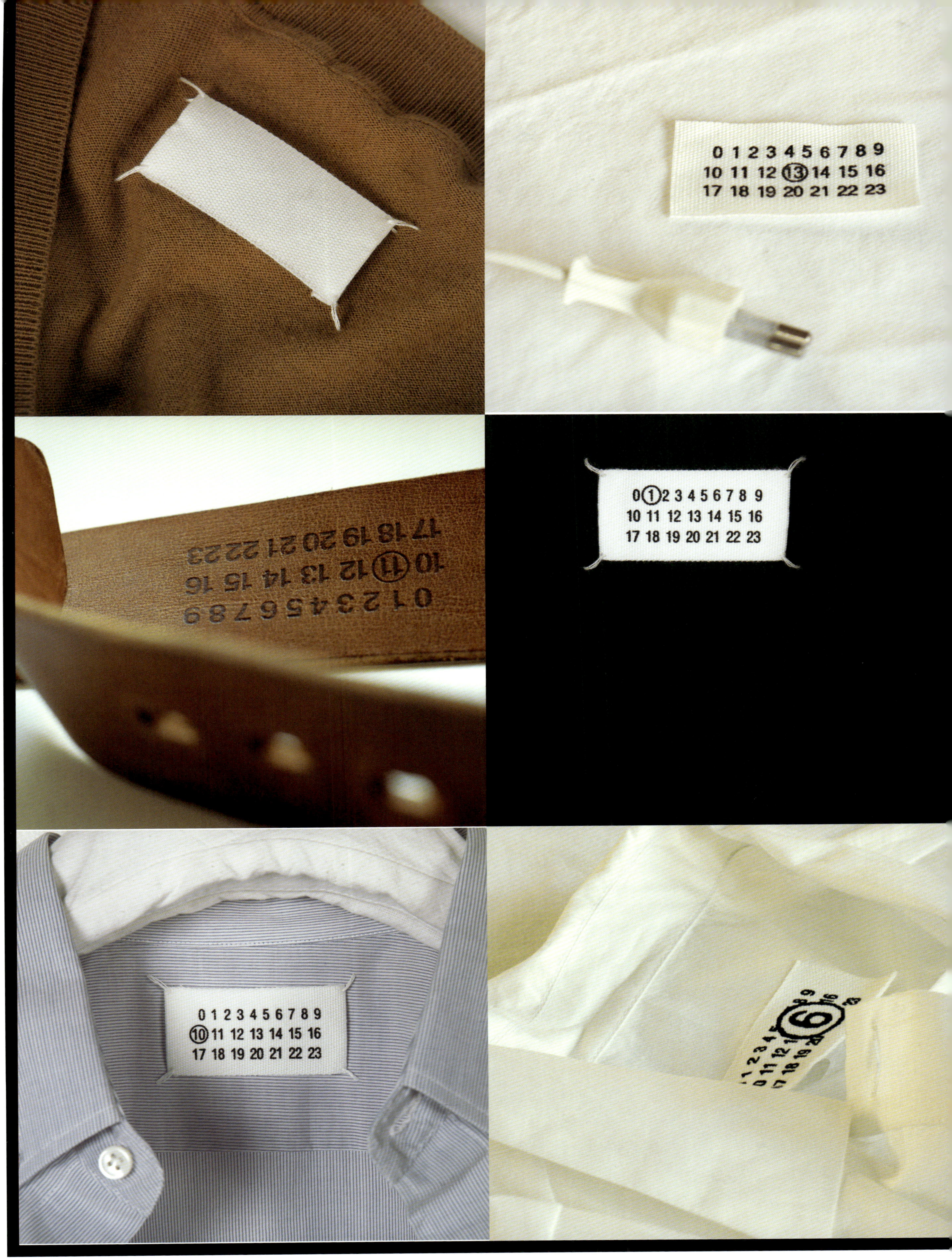
0 1 2 3 4 5 6 7 8 9
10 11 12 13 14 15 16
17 18 19 20 21 22 23
0 1 2 3 4 5 6 7 8 9
10 11 12 13 14 15 16
17 18 19 20 21 22 23
0 1 2 3 4 5 6 7 8 9
10 11 12 13 14 15 16
17 18 19 20 21 22 23

每个系列的标签都独具特色，并有各自的识别号码

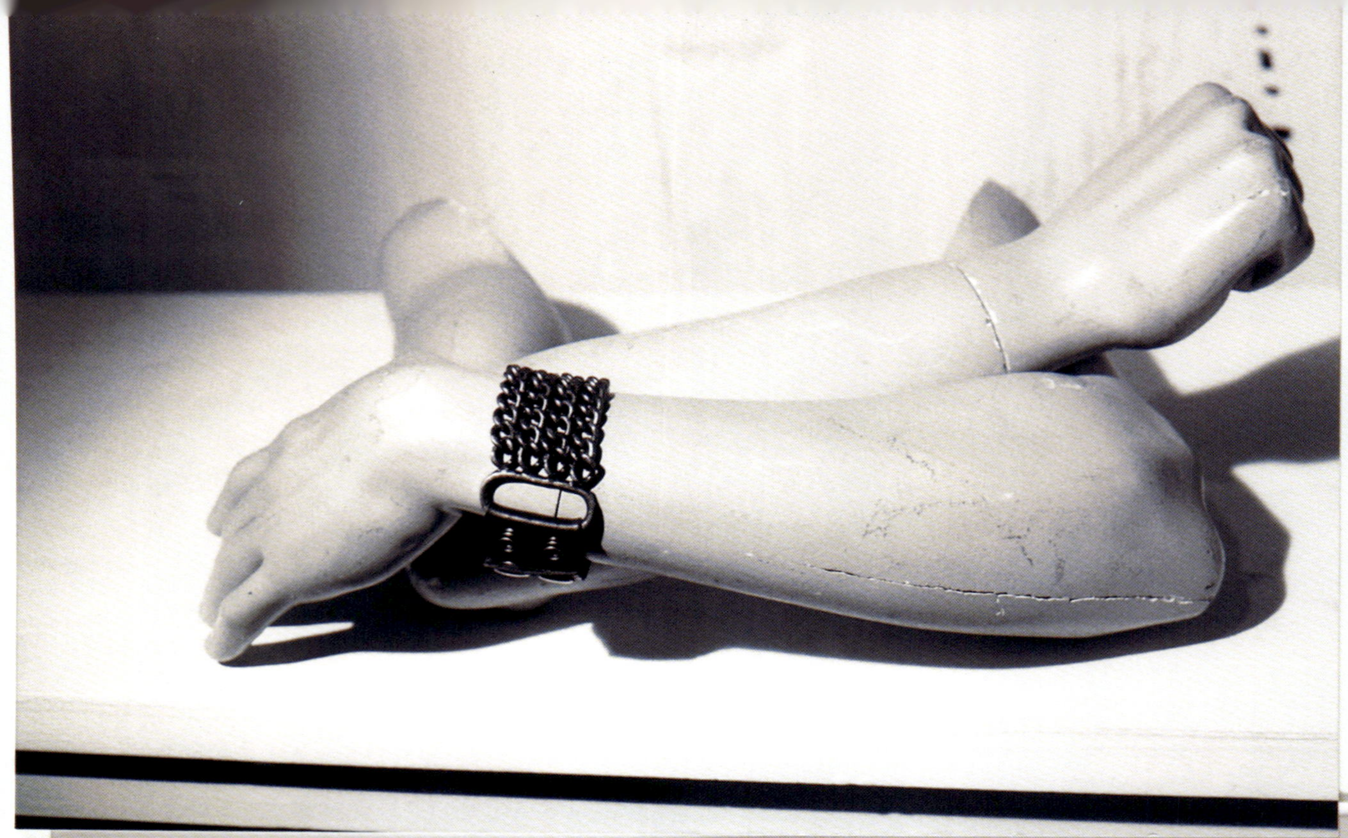

2004/2005 秋冬 _ 0 系列 _ 带有念珠的男士皮革手链 _ “Artisanal”牛仔裤经过重新设计，通过交叉使用浅色和深色牛仔布制成竖条纹

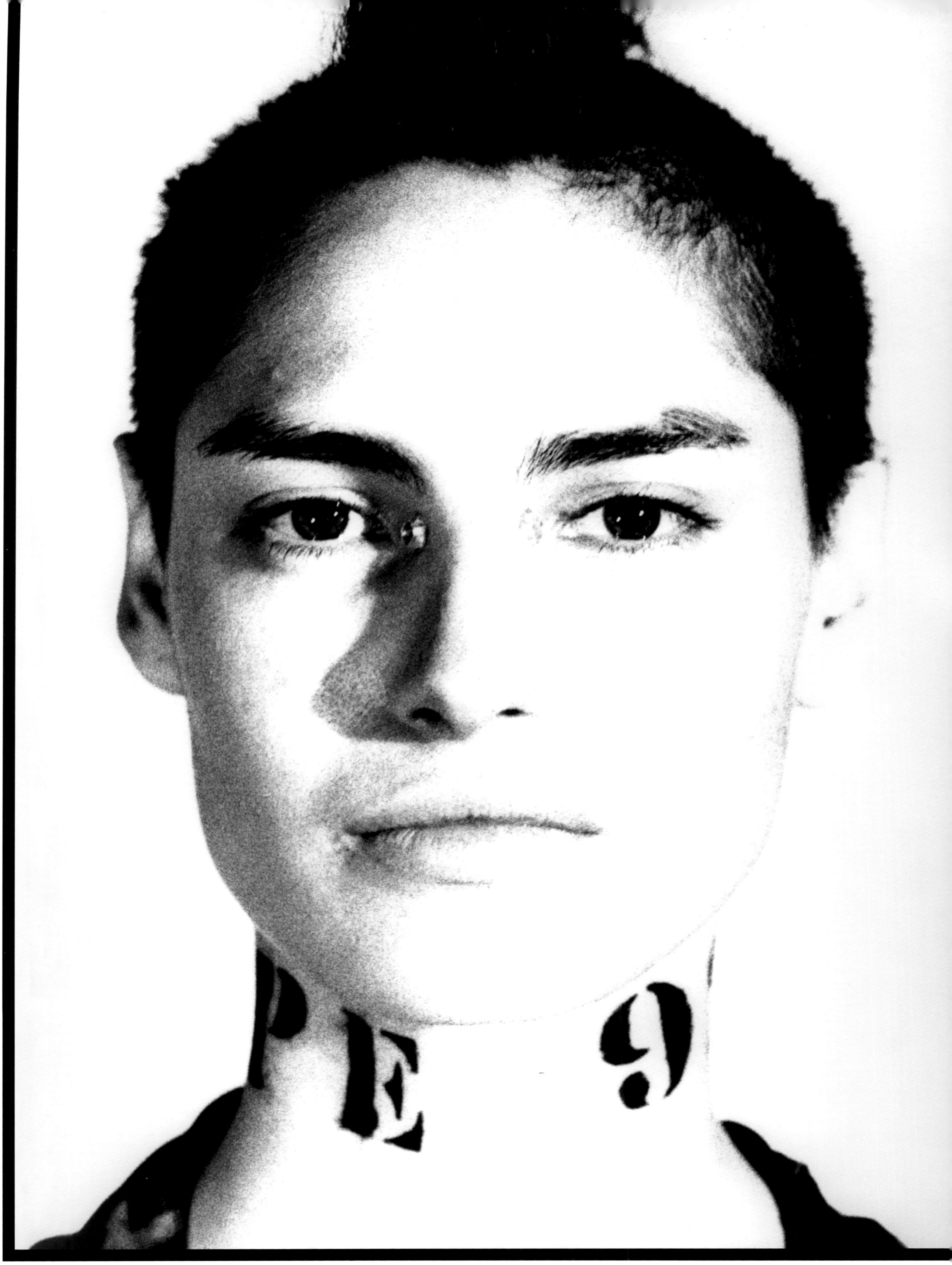
PE 9

1994 春夏 _ 女装展 _ 10 位女士展示了该系列的服装，每一位女士身上都印有蜡印

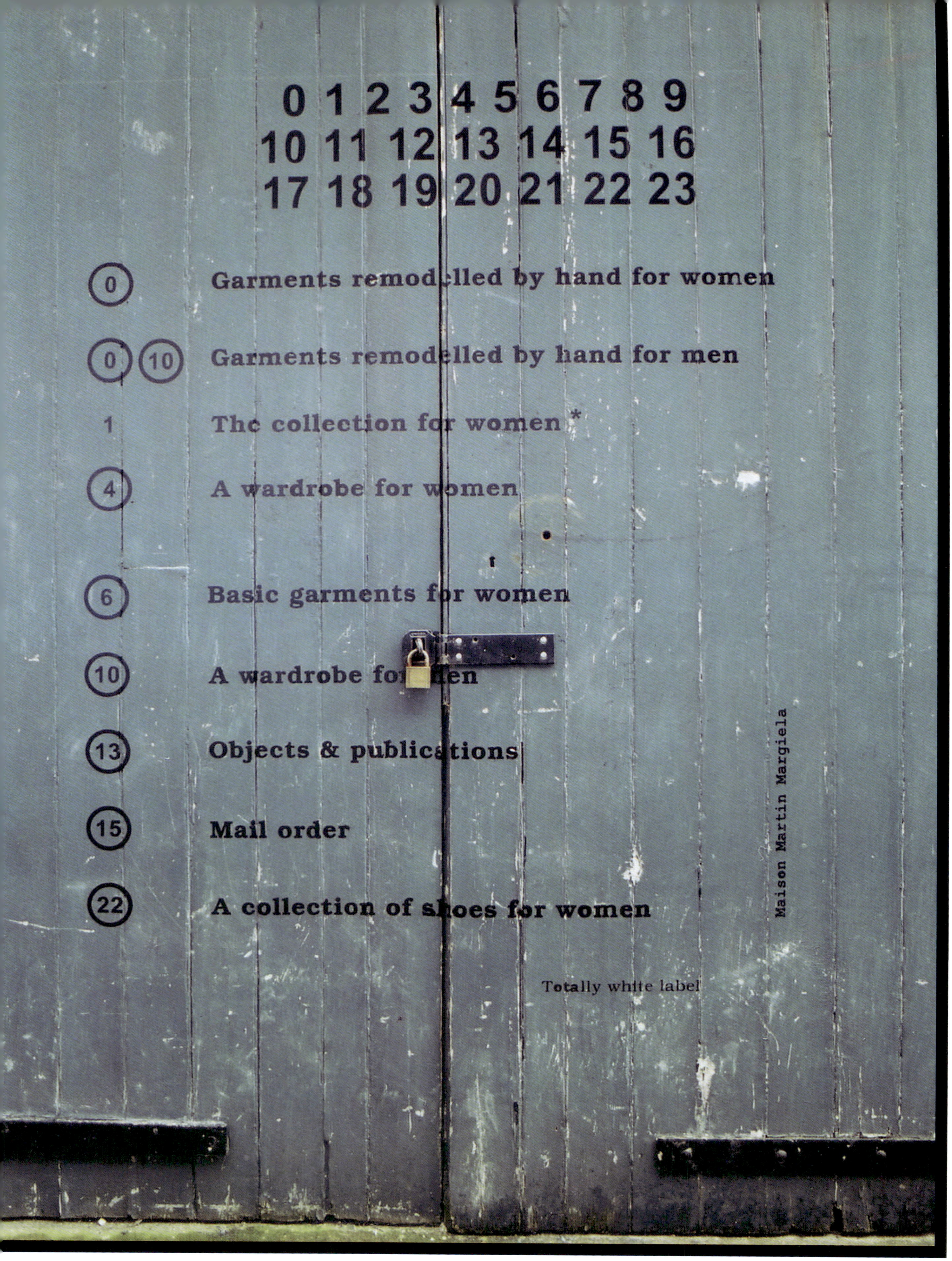
0 1 2 3 4 5 6 7 8 9
10 11 12 13 14 15 16
17 18 19 20 21 22 23
0 Garments remodelled by hand for women
0 10 Garments remodelled by hand for men
1 The collection for women *
4 A wardrobe for women
6 Basic garments for women
10 A wardrobe for men
13 Objects & publications
15 Mail order
22 A collection of shoes for women
Totally white label
Maison Martin Margiela

伦敦布鲁顿广场店 _ 2004 年 4 月 1 日至 2008 年 12 月 11 日营业 _ 侧门上绘有传单的复制品，罗列了 Maison Martin Margiela 的各个系列

PARIS

MARVELOUS MARTIN

PARIS — Martin Margiela may be the next, long-awaited rising star on the Paris fashion front. And he's not even French. The 31-year-old Belgian certainly has good credentials. He graduated with the Six from Antwerp from the Belgian Royal Academy of Fine Arts and spent three years as an assistant to Jean-Paul Gaultier. He struck out on his own last year and packed in the fashion hounds for his first collection last October.

Margiela's style could be labeled avant garde, but, for him, the highest compliment is simply "different." Kal Ruttenstein, Bloomingdale's senior vice-president who rushed over to the showroom after last Thursday night's presentation, called the collection, "fabulous, young, exciting, very original, tongue-in-cheek and irreverent." That's more than has been said about any new designer for quite some time. The store bought a sampling of everything in the 50-piece collection.

The quiet but self-assured Margiela turns fashion inside out and often upside down. "I react against everything that's chic and traditional. If you don't revolt, then you don't go anywhere," he said.

His style, he adds, is composed of "everything I couldn't do as a kid and everything I like."

The collection is based on the traditional English tailoring which Margiela loves. Jackets, vests, pants and shirts are done in men's wear fabrics like twill, shetland, corduroy and denim in shades of brown. The irreverent twist in is the tailoring and the cut.

But it's his new shoulder proportion that excited Ruttenstein. Margiela got so tired of shoulder lines which obscured the real thing that he pulled his in toward the neck and raised them slightly with crescent roll-shape padding. "I wanted a very narrow shoulder that showed the natural line underneath."

His slightly 18th-century shapes feminize his jackets and heavy woolen coats, which have men's wear-style handstiched lapels and ribbons to pull them back closer to the body. These fitting ribbons are sewn on the outside of many shapes. Several jackets are worn completely "inside out," seams and all. Margiela simply wraps some coats with duct tape to get the shape he wants.

He takes waistcoats, lengthens them to the ankle and puts them over full-length cotton shirts which have men's wear-style pleats at the neckline. He likes shirt and sweater sleeves extra long to fold back over the jacket. He even has separate tied-on sleeves to wear as alternatives.

Wool pants get another treatment — the hip area is in lining fabric with a drawstring waist or features an attached skirt. "I attach them so that I'm sure the customer will wear my look," he said.

Wool pants or jeans were cut up the inseam and turned into full-length skirts similar to the ones girls made themselves in the Seventies. The most basic pants have horizontally ironed creases.

Hemlines, though, are not an issue — there are none.

"There's no problem with lengths — you just cut the hems," explains Margiela. He prefers scissors and darts to seams so that "You can see a body under the clothes even when no one is wearing them, like worn jeans."

Darts give shape to knees, elbows, bodices and derrieres. He cut and darted his bicolor ribbed knit sweaters, making graphic patterns. "They said I was crazy," he remarks of his Italian manufacturers, whose name he won't disclose.

When the sweater necks were too big, he stitched them with darts, too. Other sequined sweaters were washed to get that beaten, worn feeling. Margiela took his scissors to shearling, chopping it into reversible patchwork coats which Ruttenstein called "incredible."

This collection is clearly not for everyone — and Margiela doesn't pretend it is: "It's for a tiny group of women, and not everyone will like it. It's important to do what you want, and there will always be some people who agree." While Margiela hasn't made any style concessions to commercial concerns, "We did everything possible to keep prices down," he says.

Wool jackets wholesale for about $500; sweaters, pants and skirts for $330 and coats for $660. Bloomingdale's will be Margiela's first New York outlet and other American retailers are showing interest. Repongi in Los Angeles carries the line, as do several Italian and Belgian boutiques.

— ELIZABETH ALLEN

"It's for a tiny group of women, and not everyone will like it. It's important to do what you want, and there will always be some people who agree."
— Martin Margiela on his collection

Margiela's black and white cut-up wool sweater and tobacco denim skirt with a brown wool, mohair and polyester coat (right); a back view of one of Margiela's ultra-long vests (above)

PHOTOS BY PHILIPPE COSTES

PARIS — Emanuel

RUSSO PRESIDENT, 14

WWD

SPORTSWEAR REPORT

WOMEN'S WEAR DAILY WEDNESDAY, MARCH 22, 1989 VOL. 157 NO. 56 ONE DOLLAR

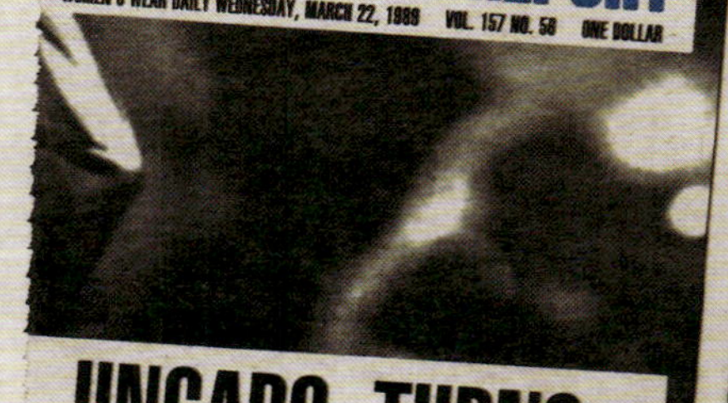

UNGARO TURNS UP THE HEAT — AND PARIS MELTS

PARIS — **FEROCIOUS FASHION** is n the prowl. It's the newest direction vertaking Paris and overpowering the afe, well-bred fashion lambs. The old idea civilized-yet-sanitized fashion and elegance-for-elegance's-sake clothes for ure-bred customers is passe. Colors are olent and often vulgar, and the mood is e for clothes that roar.

On Tuesday, it was juicy Emanuel Unro's turn to unleash his untamed mesge to quench fashion's current thirst for edatory clothes. He did it with more than soupcon of verve.

EMANUEL UNGARO: Ungaro gave his dience a jolt of energy Tuesday morning h a collection full of character, richness

See A COLORFUL, page 5

OMEO AND PARIS: NEW LOVE STORY

By DENNIS THIM

PARIS — "No photos, please," pleads dark-eyed and reserved new toast of s. "For me," confides Romeo Gigli, ving my picture taken is like violence." rring to Oriental philosophy, he elabos: "It's like giving up a part of what's le of me."

Thirty-nine-year-old Gigli, while not as as he's reputed to be, is dead set nst becoming a star. "I'm reserved private and would like to remain that People should be interested in my on, not my face." He invariably res from taking a bow at show's end, is absence is as conspicuous as the

See PARIS, page 6

1989/1990 秋冬 _《Women' s Wear Daily》_ 秀评

SOULEYMANE CISSÉ
by Andrea Spotorno

2008/2009 秋冬_《L' uomo Vogue》_14 系列_第一个"Sartorial"系列，苏莱曼·西塞 [Souleymane Cissé] 穿着羊绒双排扣大衣

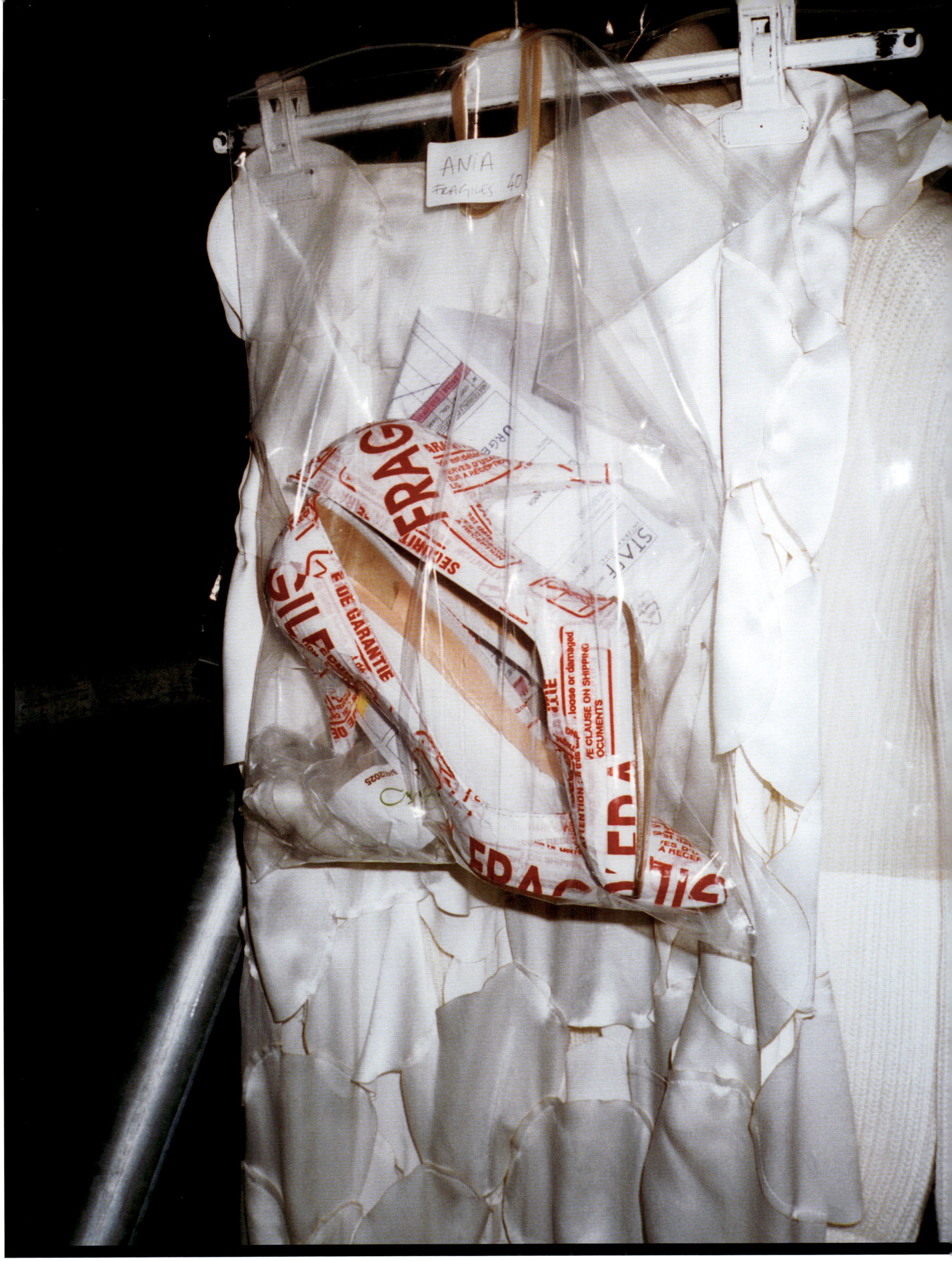
ANIA
FRAGILES 40
FRAG
STAFF
DE GARANTIE
loose or damaged
FRAG

2006 春夏 _ 女装秀 _ 后台 _ 手工贴有“Fragile”胶带的高跟鞋，由镂空圆点和白色“Truck Driver”拉链毛衣制成的丝绸短裙

巴黎总部 _ 圣丹尼斯大道马丁 · 马吉拉工作室的人台 [1990 年至 1994 年 Maison Martin Margiela 总部]

BENEDIKTE

1991 春夏 _ 女装秀 _ “太阳钟” [Solar Clock] 项链 _ 长晚礼服 _ 宝丽来照片上的外套，是用 20 世纪 50 年代的古着礼服制成的套装，前部分叉，穿在牛仔裤和背心外面

0 Garments remodelled by hand for women
1 The collection for women
Ottobre | October 2004 Ottagono 51

伦敦布鲁顿广场店 _《Ottagono》_ 2004 年 4 月 1 日至 2008 年 11 月 12 日营业 _ 这栋由马厩改造的房屋曾经是伦敦西部最后的马厩，之后被改造为当代艺术画廊，然后成为英国第一家 Maison Martin Margiela 商店

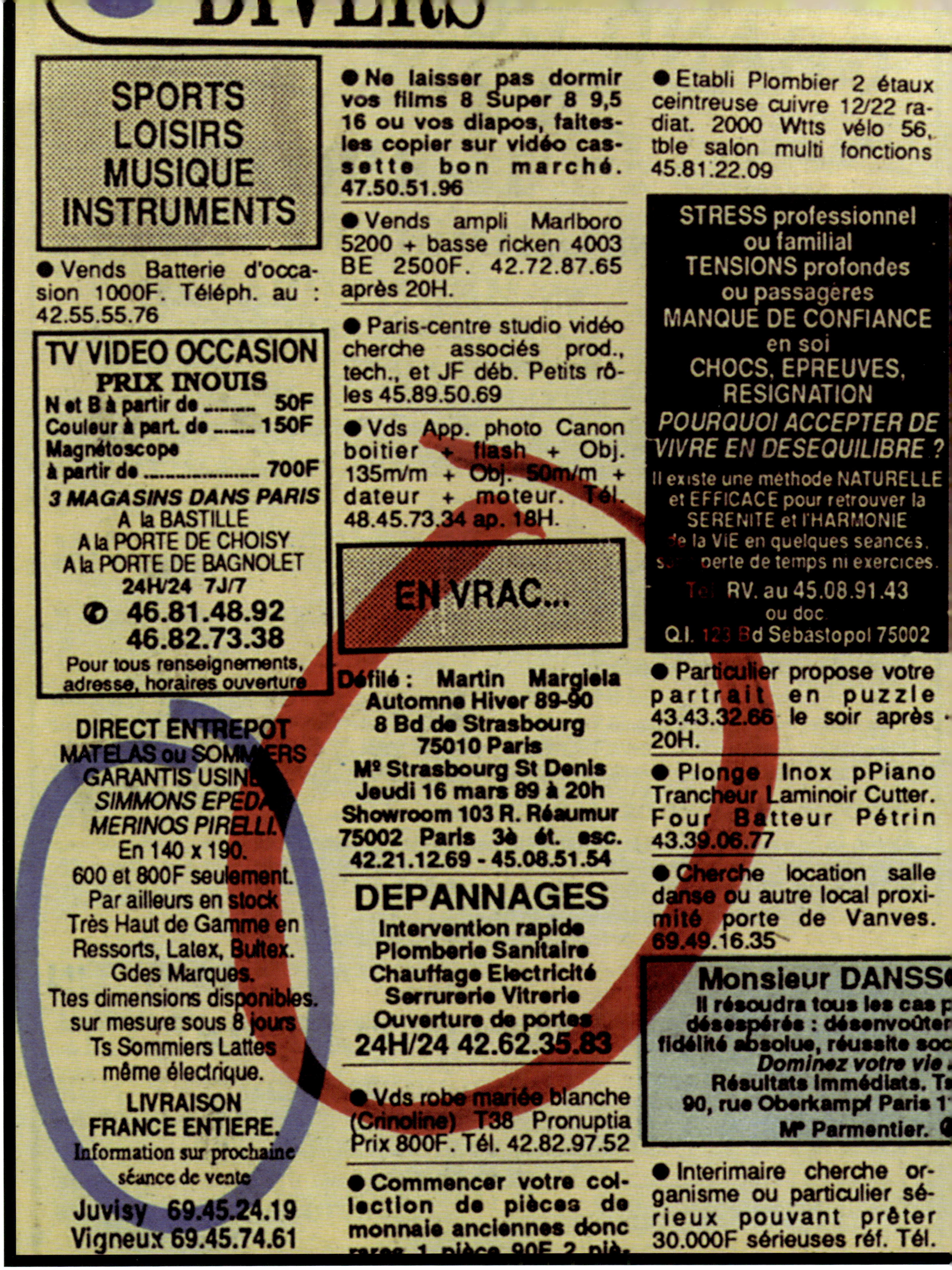

DIVERS

SPORTS
LOISIRS
MUSIQUE
INSTRUMENTS

● Vends Batterie d'occasion 1000F. Téléph. au : 42.55.55.76

TV VIDEO OCCASION
PRIX INOUIS
N et B à partir de 50F
Couleur à part. de 150F
Magnétoscope
à partir de 700F
3 MAGASINS DANS PARIS
A la BASTILLE
A la PORTE DE CHOISY
A la PORTE DE BAGNOLET
24H/24 7J/7
✆ 46.81.48.92
46.82.73.38
Pour tous renseignements, adresse, horaires ouverture

DIRECT ENTREPOT
MATELAS ou SOMMIERS
GARANTIS USINE
SIMMONS EPEDA
MERINOS PIRELLI.
En 140 x 190.
600 et 800F seulement.
Par ailleurs en stock
Très Haut de Gamme en
Ressorts, Latex, Bultex.
Gdes Marques.
Ttes dimensions disponibles.
sur mesure sous 8 jours
Ts Sommiers Lattes
même électrique.
LIVRAISON
FRANCE ENTIERE.
Information sur prochaine séance de vente
Juvisy 69.45.24.19
Vigneux 69.45.74.61

● Ne laisser pas dormir vos films 8 Super 8 9,5 16 ou vos diapos, faites-les copier sur vidéo cassette bon marché. 47.50.51.96

● Vends ampli Marlboro 5200 + basse ricken 4003 BE 2500F. 42.72.87.65 après 20H.

● Paris-centre studio vidéo cherche associés prod., tech., et JF déb. Petits rôles 45.89.50.69

● Vds App. photo Canon boitier + flash + Obj. 135m/m + Obj. 50m/m + dateur + moteur. Tél. 48.45.73.34 ap. 18H.

EN VRAC...

Défilé : Martin Margiela
Automne Hiver 89-90
8 Bd de Strasbourg
75010 Paris
Mº Strasbourg St Denis
Jeudi 16 mars 89 à 20h
Showroom 103 R. Réaumur
75002 Paris 3è ét. esc.
42.21.12.69 - 45.08.51.54

DEPANNAGES
Intervention rapide
Plomberie Sanitaire
Chauffage Electricité
Serrurerie Vitrerie
Ouverture de portes
24H/24 42.62.35.83

● Vds robe mariée blanche (Crinoline) T38 Pronuptia Prix 800F. Tél. 42.82.97.52

● Commencer votre collection de pièces de monnaie anciennes donc rares 1 pièce 90F 2 piè...

● Etabli Plombier 2 étaux ceintreuse cuivre 12/22 radiat. 2000 Wtts vélo 56, tble salon multi fonctions 45.81.22.09

STRESS professionnel
ou familial
TENSIONS profondes
ou passagères
MANQUE DE CONFIANCE
en soi
CHOCS, EPREUVES,
RESIGNATION
POURQUOI ACCEPTER DE VIVRE EN DESEQUILIBRE ?
Il existe une méthode NATURELLE et EFFICACE pour retrouver la SERENITE et l'HARMONIE de la VIE en quelques seances, s... perte de temps ni exercices.
Tél. RV. au 45.08.91.43
ou doc.
Q.I. 123 Bd Sebastopol 75002

● Particulier propose votre portrait en puzzle 43.43.32.66 le soir après 20H.

● Plonge Inox pPiano Trancheur Laminoir Cutter. Four Batteur Pétrin 43.39.06.77

● Cherche location salle danse ou autre local proximité porte de Vanves. 69.49.16.35

Monsieur DANSS...
Il résoudra tous les cas p...
désespérés : désenvoûte...
fidélité absolue, réussite soc...
Dominez votre vie...
Résultats Immédiats. T...
90, rue Oberkampf Paris 1...
Mº Parmentier.

● Interimaire cherche organisme ou particulier sérieux pouvant prêter 30.000F sérieuses réf. Tél.

1989/1990 秋冬 _ 女装秀 _ 在免费报纸《Paris Boum Boum》上刊登了一则分类广告，邀请人们去一家地下俱乐部 El Globo 看秀

巴黎总部＿圣莫尔街的新闻发布室，一排人台被罩在一块沙发套下

8

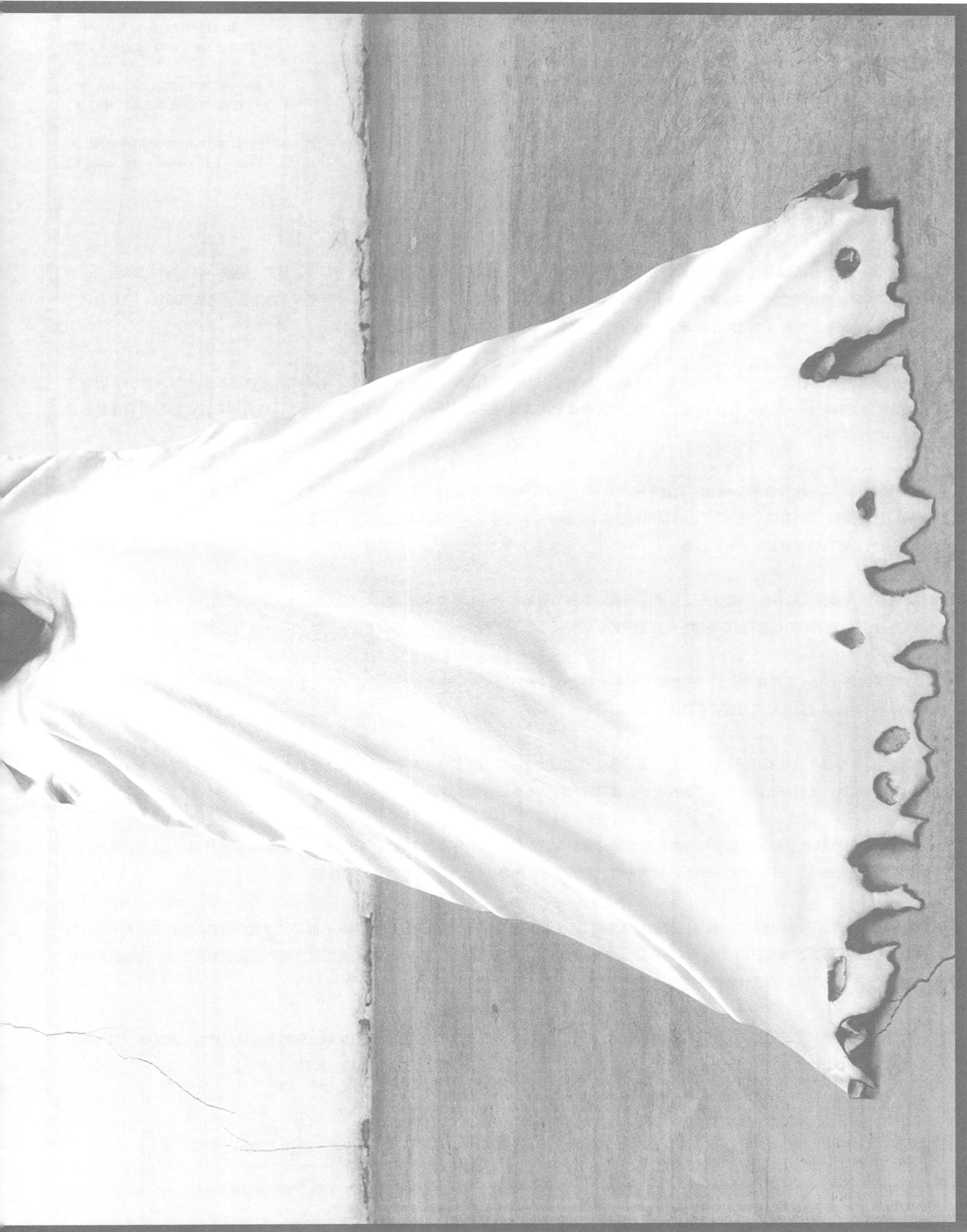

MMM 与美

美的主要形式是秩序、匀称与明确。
［亚里士多德《诗学》，公元前 4 世纪］

瓦妮莎 · 比克罗夫特［Vanessa Beecroft］

凡是使人喜欢而不引起欲望的，就是“美”。
［托尔斯泰《什么是艺术》，1897 年］

美是一种触动心灵的方式，将原始的悲痛转化为平静的忧伤。
［阿瑟 · 丹托《美丽与道德》，1992 年］

“美”终将终结。但人们不满于此，幻想“美”可以永无止境。

MMM［Maison Martin Margiela 团队对自己的称呼］对“美”则十分坦诚。MMM 的美伴随着缺陷、烧痕、撕裂，以及对过去的回忆、梦想和悲剧。这种美是超现实的，不对称的，不分性别，没有地位象征。这种美没有性别歧视，不自诩奢侈，亦不区分金钱和阶级。它有时化为白色，有时化为黑色，它可以像“Replica”一般还原生活场景的味道，不带一丝一毫的矫饰虚伪。

一件 MMM 服装看上去似乎已历经生活，摒弃了那些虚假的、似乎可以让美变得永恒的元素。MMM 的服饰在概念上是永恒的，因为它现下的品质是其外观的一部分。它是历经生活的写照，即便它尚未历经生活。最触动我的是，这种撕裂、烧痕或不相称的感觉就像是为我量身定制一般。

我拥有一条制作精美的粉红色 MMM 裙子，裙子底部烧焦，这也确保它不会再出现瑕疵。这条裙子也违背了惯例：名媛贵妇永远不会身着破裂的衣服。在南苏丹，人们着装“正式”［由慈善机构提供］。这些衣服非常耐穿，苏丹人会穿到这些衣服破裂为止。马吉拉用第一世界的品质来打扮第一世界，但用的却是第三世界的心态。

MMM 的一些作品将“脆弱性”展露无遗。像我们害怕失去的其他东西一样，MMM 服装也很脆弱。但是，看上去似乎已经受到过侵犯的 MMM 服装会让我们对服装损坏或丢失的担忧烟消云散。

MMM 旗下的 Replica 香氛提醒人们过去的美好是永恒的。这种美持续至今，未有丝毫改变。不断的变化或不断求新产生不了这种美，这种美是在当下的时代通过重构经典元素来实现的。

马吉拉创造的美不是先验性或理想化的。它既不取决于创作衣服的个人，也不取决于模特的神秘感［模特的脸通常被遮盖］。MMM 的作品是由一个团队完成的，他们或改造经典作品，或对新服装进行解构，再用革命性的观点重组。

当您身着一件 MMM 的衣服，您就自动开始抵抗服装的庸俗化、品牌化、富丽堂皇和暴发户般的无知。MMM 不去颂扬什么，也不加搭扣，不喜用金色，不添商标，但却能传达出幽默、实质内容、新的思潮、抽象概念、社会挑衅、幸福和美丽。

MMM 参照经典的资产阶级服装，对其进行改造、翻转或上下颠倒。MMM 拒绝理想概念的实物化，而是把这些概念嵌入到昔日的灵魂中。你会在祖母的衣橱里找到这种昔日的灵魂。而一旦我们的衣服被撕破、尺寸过大或性别不符，我们就会给这些缺点赋予新的意义，而这则为新的服装概念创造了基础。这种方式让我们不再保守，与我们的本源相连。

真正的美是不加修饰、毫无遮掩的。它不会承诺虚妄的永恒，而是向世人展示自己的短暂。我们会爱上它的不完美和脆弱，意识到“美”是美好的体验而不是晦涩难懂的物件。当美变得真实，而并非完美或理想化时，任何事物都可以是美的，美可以永远存在。

—

艺术家瓦妮莎 · 比克罗夫特于 1969 年出生于热那亚，目前居住在洛杉矶。自 1993 年以来，她的作品备受赞誉，并在国际上展示，经常招来挑衅性的社会评论。比克罗夫特因其创新的表演和非常规的图像创建和沟通方式而闻名。Maison Martin Margiela 曾与她合作完成了多个项目。

tion for men
ummer 2008
OS :
ll:
hopping)
la.net
aris
1.Veste double croisure avec col châle en satin noir (30BN079) portée avec un jean slim (30KA115), un tee shirt couleur chair (28GC060), un bracelet guitare décapsuleur (35UY050) et des chaussures papier postal logo noir et jaune (37WQ046).// Black exaggerated shoulder jacket with a satin shawl collar worn with slim jeans, a flesh tone tee shirt, a guitar shape bottle opener bracelet and loafers with overnight express paper motif.
①
11. Veste double croisure col italien (30BN073) portée avec un tee shirt blanc (28GC059), un pantalon rouge sombre slim (30KA115), un bijou clé métal laqué blanc (35VK002) et des chaussures bicolores à lacets (37WQ047).// Exaggerated shoulder black jacket with pointed rever worn with a white tee shirt, red slim trousers, a white lacquered key and bicolred brogues.
②
③
⑱
⑲
⑳
Maison Mart
Pour emprunter
To borrow piec
Bureaux de Pres
Germany, Henri+
Shopenstehl 22
20095 Hamburg
Tel: +49 40 3202
Email: frank@hen
Italy, Maison Ma
Viale Famagosta
20142 Milano
Tel:+39 02 84 80
e-mail:press_it@
Japan, Maison Ma
Kyoden Building
2-8-13 Ebisu, Sh
Tokyo 150-0022
Tel:+81 3 5794
e-mail:press@ma
United Kingdom,
28-32 Brittania
London WC1X 9JF
Tel:+44 207 841
e-mail:press_uk
USA, Staff Inte
495 Broadway
New York, NY 10
Tel:+1 646 613
e-mail:press_us

2008 春夏 _ 10 和 11 系列 _ 型录

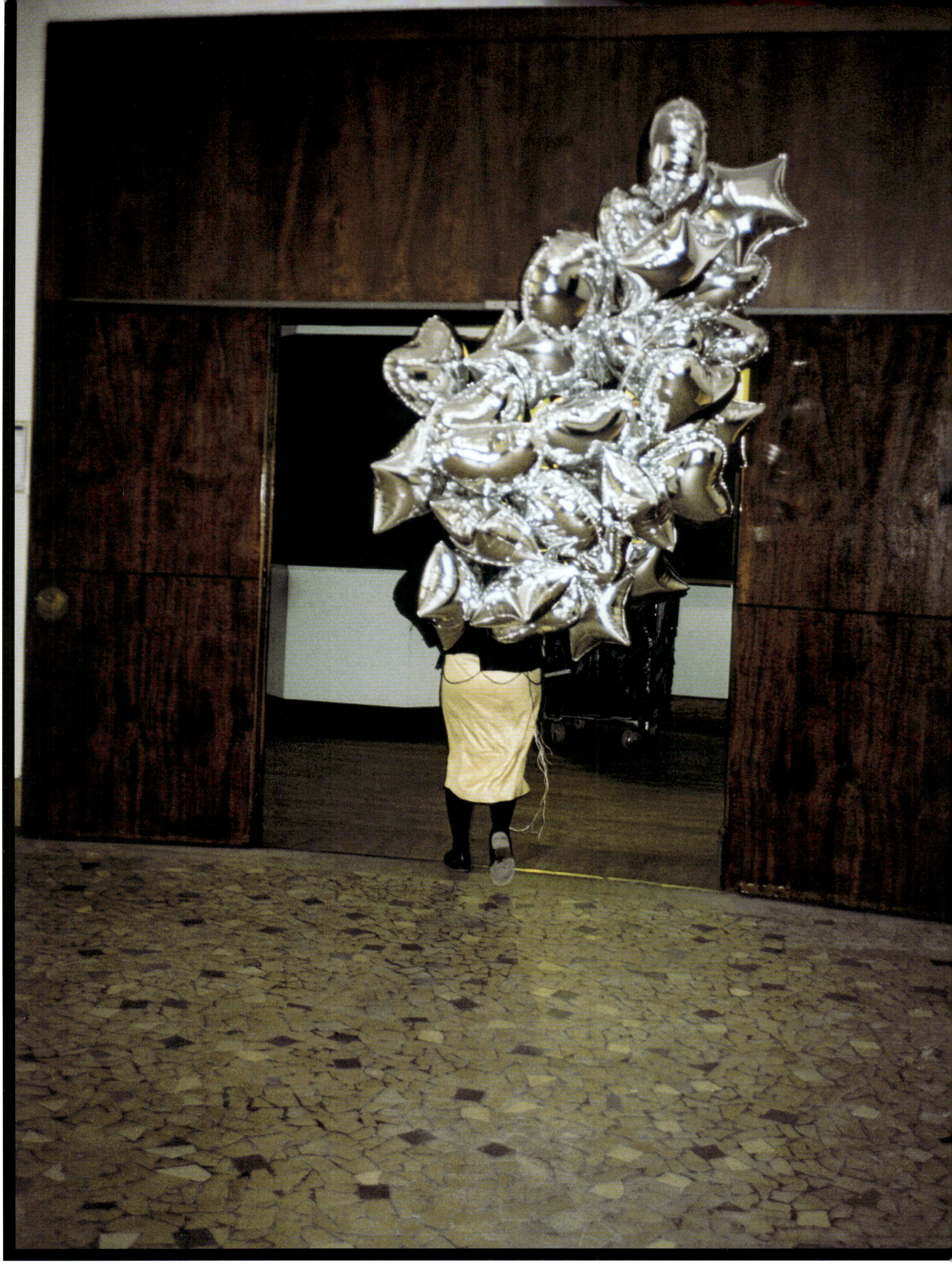

2006/2007 秋冬 _ 女装秀 _ 后台 _ 走秀结束时使用的银色气球

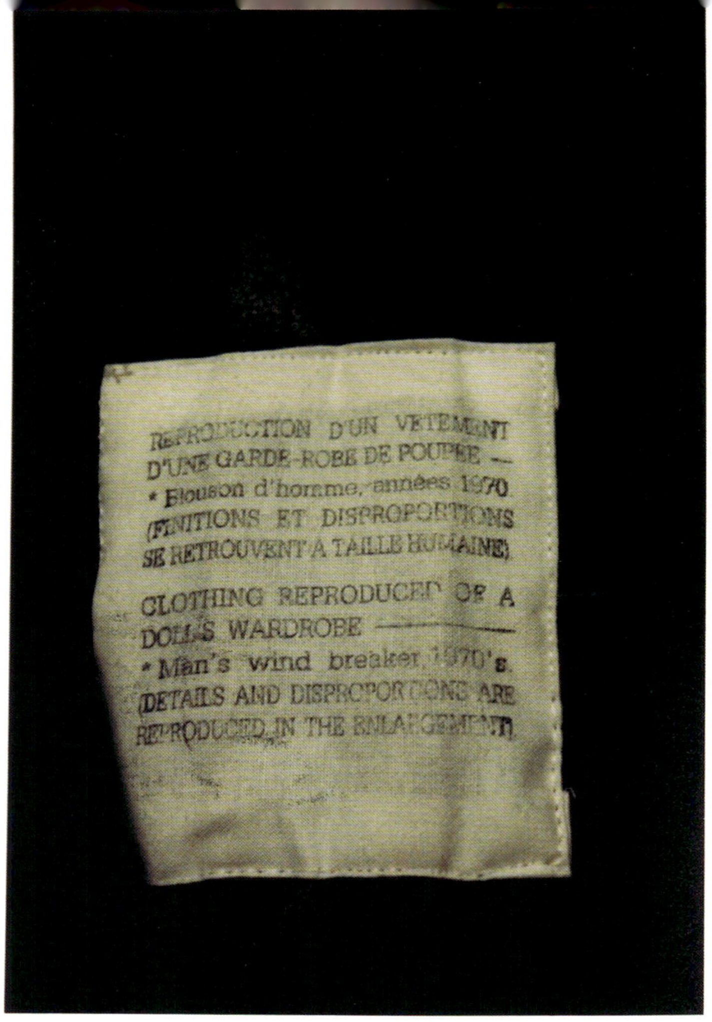
REPRODUCTION D'UN VETEMENT
D'UNE GARDE-ROBE DE POUPEE —
* Blouson d'homme, années 1970
(FINITIONS ET DISPROPORTIONS
SE RETROUVENT A TAILLE HUMAINE)
CLOTHING REPRODUCED OF A
DOLL'S WARDROBE —
* Man's wind breaker 1970's.
(DETAILS AND DISPROPORTIONS ARE
REPRODUCED IN THE ENLARGEMENT)

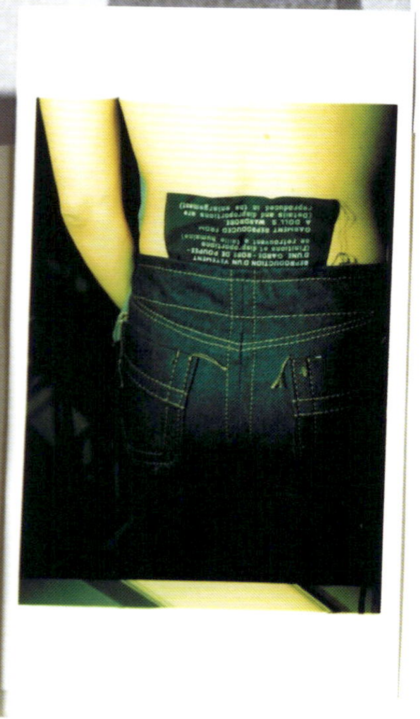

1994／1995秋冬 和 1999春夏＿1 系列＿服装是从芭比娃娃、肯和G.I.JOE［鸣谢美泰和孩之宝公司］的衣柜中复制的：通过把玩具娃娃服装放大真实地再现了其细节和比例。这些专门为女性制作的服装带有描述性标签，详细说明了其设计来源

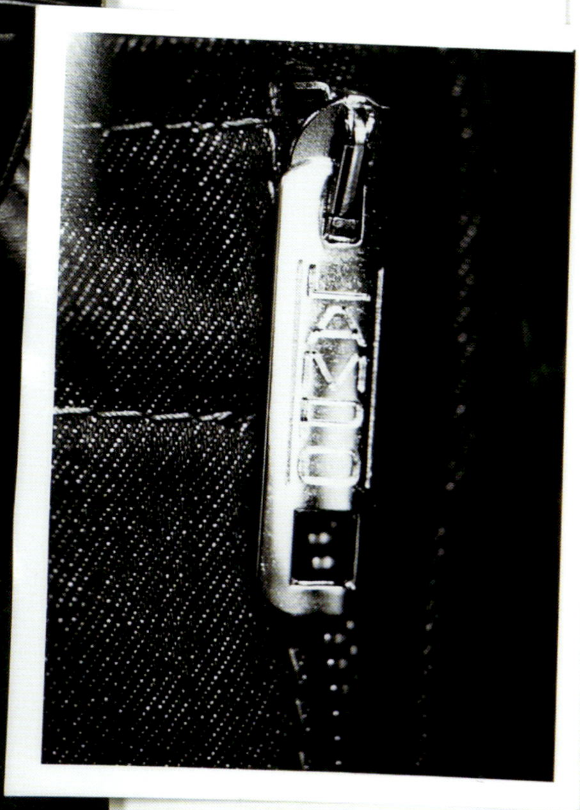

GARMENT REPRODUCED FROM
A DOLL'S WARDROBE.
(Details and disproportions are
reproduced in the enlargement)

2009 年 4 月 _ 米兰移动沙龙 _ Maison Martin Margiela 通过艺术装置、 垫子、绸缎、灯光介绍了室内建筑的概念，Maison Martin Margiela 品牌特征和哲学的各种创造性表达，重现了室内设计工作室的环境和氛围

1999 春夏 _ 女装秀 _ 球链上的超大号 G.I.JOE 标签

2009 春夏 _ 女装秀 _ 后台 _ 第一外套 [1989 春夏] 的底片被印在丝绸缎面上，并附在身体上，模特将两端拉住贴在身上，作为“海报裙”展示 _ 为 Maison Martin Margiela 20 周年庆祝活动生产的特别版系列

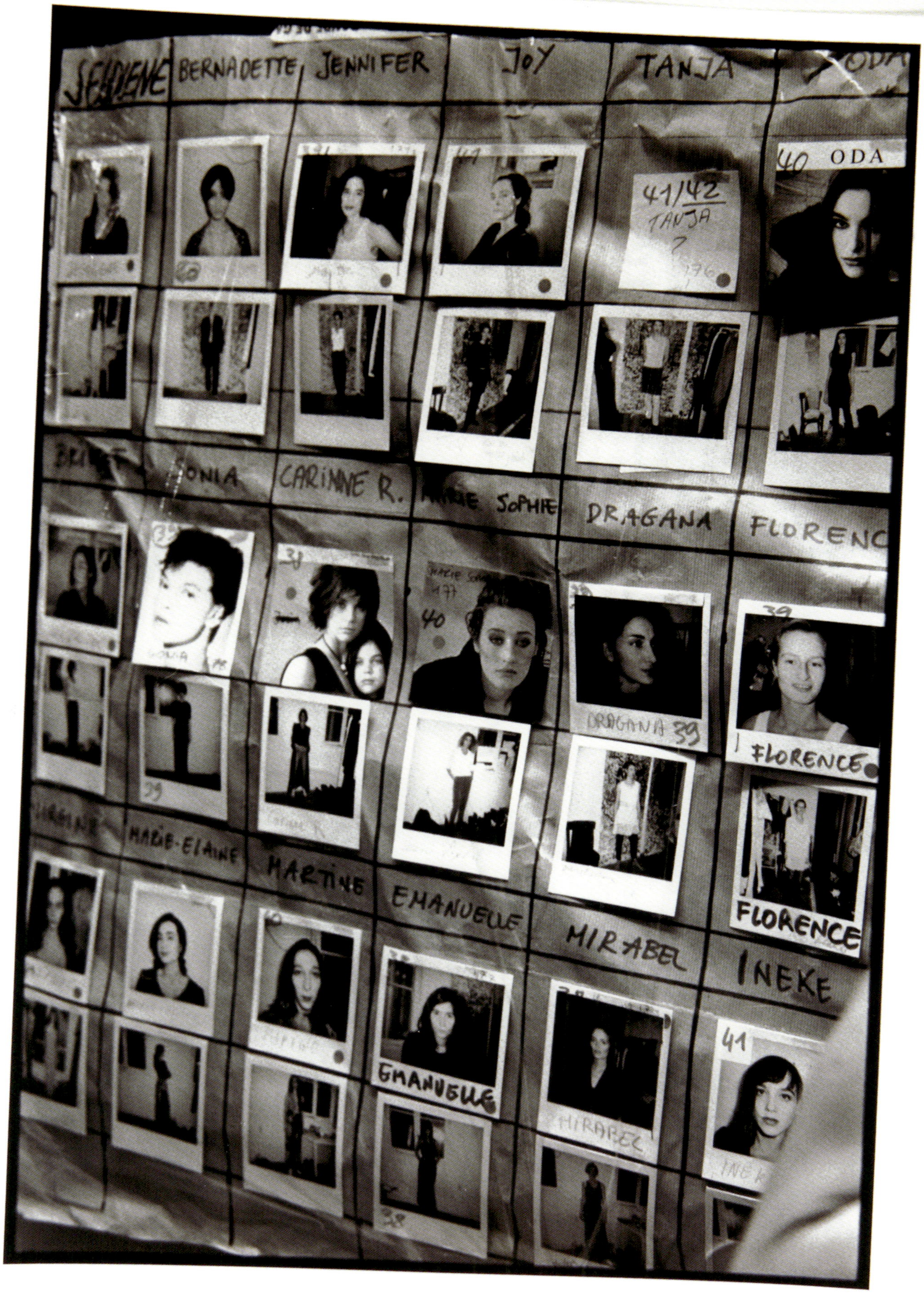
BERNADETTE
JENNIFER
JOY
TANJA
ODA
41/42
TANJA
SONIA
CARINNE R.
SOPHIE
DRAGANA
FLORENCE
MARIE-ELAINE
MARTINE
EMANUELLE
MIRABEL
INEKE

1992 春夏 _ 女装秀 _ 秀场安排公告板

TIREZ

巴黎格勒内勒店 _ 2005 年 9 月 21 日开业 _ 入口贴着普通的白色贴纸，上面有接受信用卡的标志

1993 春夏 _ 女装秀 _ 女模特穿着过度染色和重新加工的天鹅绒古着剧院服装 _ 白色时装秀中的凯特 · 莫斯 [Kate Moss]

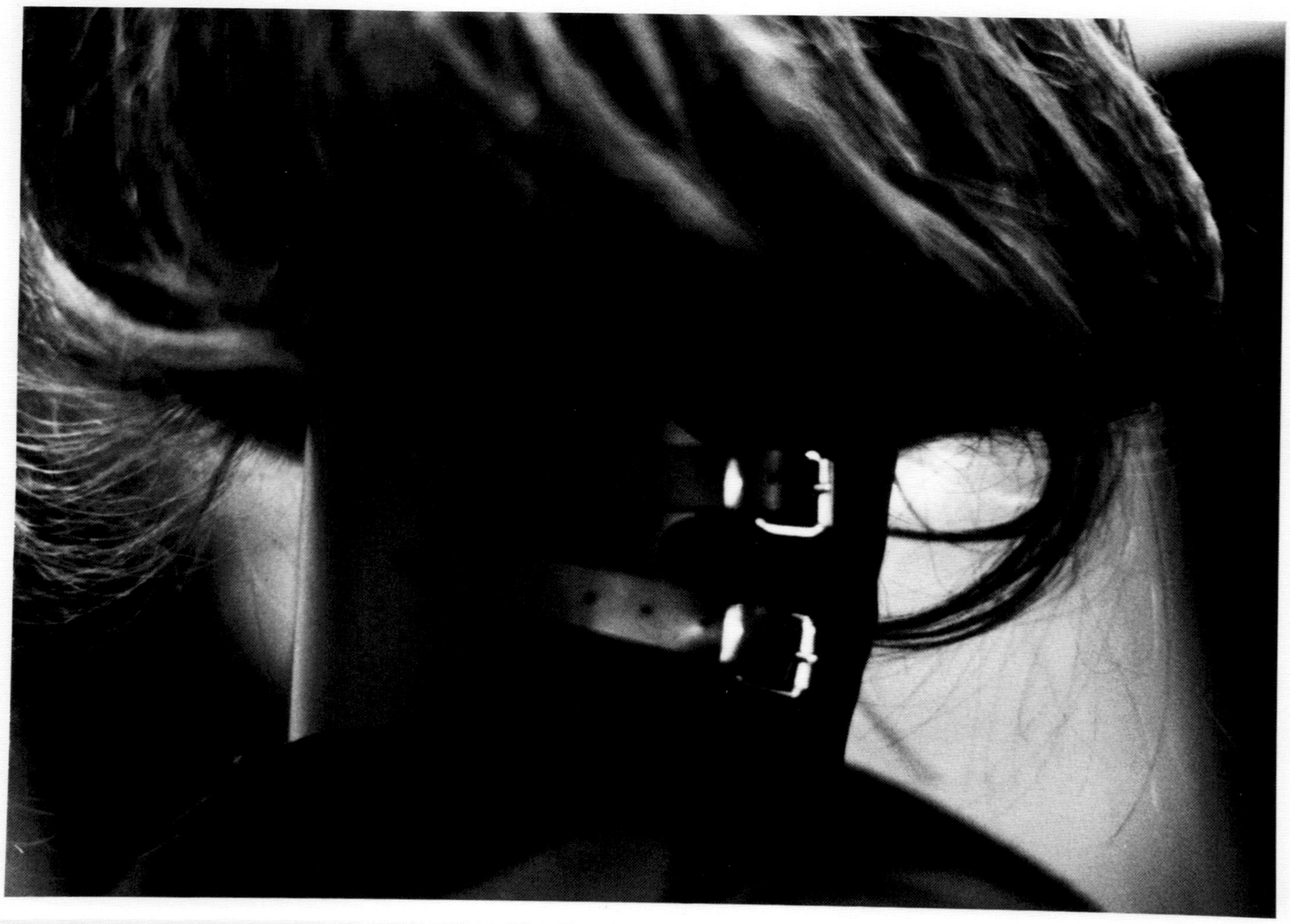

1989/1990 秋冬 _ 女装秀 _ 撒上粉末的头发用缎带绑在脖子上，缎带隐藏在放大版的皮革腕带下

ARCHIVE

2006 春夏 _ 0 系列 _ Maison Martin Margiela 在米兰卡拉索萨尼 - 科索科莫广场 10 号展览馆举行的“Artisanal”展览，马甲是用扑克牌经过染色、磨砂、熨烫等工序洗涤、陈化后，再用纳帕皮作衬里制成的

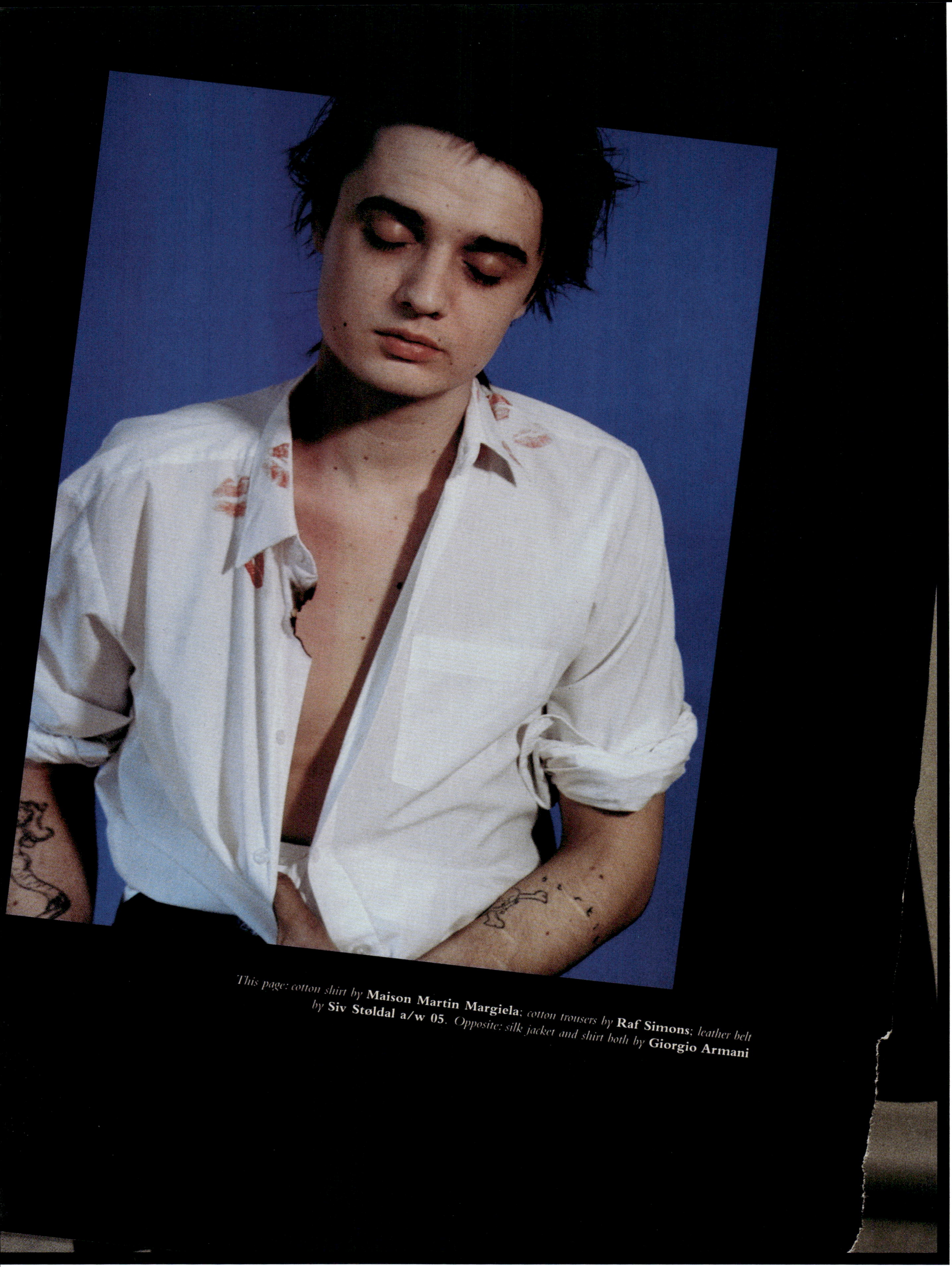
This page: cotton shirt by **Maison Martin Margiela**; *cotton trousers by* **Raf Simons**; *leather belt by* **Siv Støldal a/w 05**. *Opposite: silk jacket and shirt both by* **Giorgio Armani**

2005 春夏 _《Arena Homme+》_ 0 系列 _ 彼得 · 杜赫提 [Peter Doherty] 穿着印有口红吻痕的衬衫

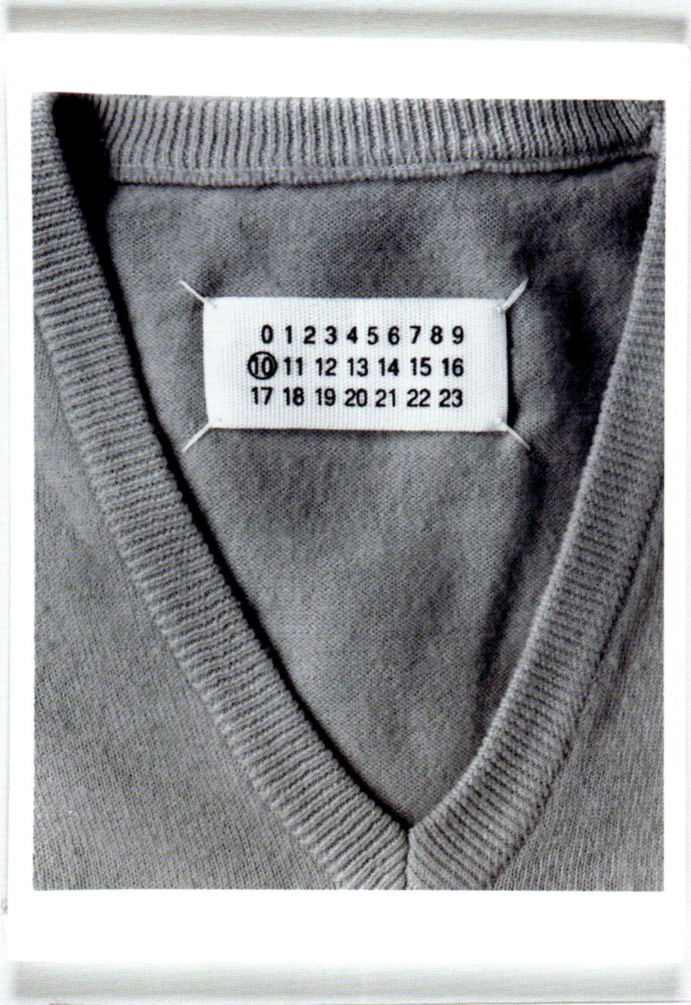
0 1 2 3 4 5 6 7 8 9
10 11 12 13 14 15 16
17 18 19 20 21 22 23

HR
MOUSTACHE
100% HUMAN HAIR
MODEL NO: M/H
COLOR NO: 52

1997/1998 秋冬 _ 1 系列 _ 冬季版外套是 1997 春夏服装未完成且未加衬里的首次试穿版再现，充分展示了衣服的内部结构

9

Maison Martin Margiela——一种风格的创造者

奥利维尔·塞拉德 [Olivier Saillard]

2007 年 10 月，马丁·马吉拉发布了其品牌 2008 春夏成衣系列，彼时我在本子上写下了一些个人感受：

“在时装秀或时装表演结束后，衣物是最真实的表达媒介。但是，今天人们参加的时装秀，很少专注于服装本身。马丁·马吉拉的服装系列则独树一帜，仿佛是这个有病不治的时代里的一股清流。马吉拉使用了肉色的色调，轻薄如丝袜般的面料和锋利的肩部设计，整个系列十分轻巧，足以装进一只手袋——低碳环保。模特身着迷你裙、拼接的布料，提醒人们关于这些服装的记忆，这曾经是人们普遍的关注点，后来却像雪一样在阳光下融化。”

我在这个服装系列看到了一个明显的隐喻，就是时尚圈濒临疲惫的边缘。被马吉拉缩小，被其他设计师放大的是，随着其生产步伐的加快，时尚正在因失血过多而死。接受静脉输液的时装编辑走上前来，穿着比他们的腿还细的尖头高跟鞋。

在这种创造力和情感的大出血中，马吉拉向我们提供了止血绷带，以应对服装在其他地方的不安流动。墨镜包裹住眼部，戴上即可隐匿其中。可以确定的是，这场时装秀才真正结束了 20 世纪，并最终宣布了 21 世纪的到来。

几个时装季之后，马丁·马吉拉举行了庆祝 20 周年创作的时装秀。这位被谣言包围的比利时设计师，用一场活生生的回顾展，深度剖析了自己的作品，全然无畏众人的凝视。模特的脸被茂密的假发淹没，作为一种风格的基石，这种隽永的风格亦是一种时装的方法论，自 1988 年他创立之初就未曾改变。

在回到 Maison Martin Margiela 创立以来所揭示的各种服装风格之前，需要先详细了解与之相伴并运作的逻辑和原则，这与了解新一季的设计一样重要。很少有人能够通过时尚的表达和赋予形式的新维度来突出自己。在那些已经定义或重新定义了设计师的媒体身份的人中，在那些试图更新时装秀或服装发布方式的人中，马丁·马吉拉就是一个极好的例子。

从 1988 年推出第一个系列开始，他就拒绝采访、出席活动，以及所有和媒体相关的事宜，尤其是让自己而非衣服成为品牌代言的事情。他的这种个性也成为他作品的一个个人符号，在自愿的隐居生活中他拒绝了表演者的身份，他谢绝所有官方摄影，正式或私人的肖像拍摄。他象牙塔里的个人形象并没有被神圣化。相反，“Maison Martin Margiela”的集体签名凸显出来，他将自己藏身于品牌影子中，这也成为他的个人原则。

像在他之前的一些设计师有自己的哲学一样，马丁·马吉拉提出了自己的时装文化，比任何花哨的设计或标记都更具辨识度。马吉拉在当代时尚历史留下了一页白纸，并在描绘一条介于匿名和非凡之间的路线。他没有因为出名而改变，而是不断地强调自己的作品，甚至在超级名模备受推崇的时候，他选择遮挡模特的脸。

Maison Martin Margiela 镇定自若地发展着，绽放着。美学上一如既往的审慎指引是一种令人心安的品牌遗产。当同时代的其他人因为拥有自己名字的商店而迷失在极简主义和崇尚昂贵材料的巴洛克风格中时，马吉拉选择用白纱轻松地装点自己的每一家门店，而财务方面的需求似乎都是次要的。

马吉拉属于让·杜布菲 [Jean Dubuffet] 或罗伯特·菲利乌 [Robert Filliou] 那样的艺术家群体，他们是反文化的载体，对他们来说“做什么”比“怎么做”更重要，想法支配着方法。这是避免在时间变幻中迷失自我的最可靠方法之一。

为了彰显法国高级定制时装的卓越品质，马吉拉以其“Artisanal”系列作出回应，在简单的材料上施以谦和智慧的手法，比那些用大量使用刺绣证明自己高级定制合法化的时装屋更奢华。在人们谈论复古、创作和再造溯本创新之前，他早已开始并保留了过去的诗意与概念。皱巴巴的围巾在马吉拉那里重获新生，旧的戏服被改造为晚礼服，昔日衣服的照片被印在现在的衣服上。不用担心那些困扰所有设计师的关于过去的问题，他质问过去，并编织出一种无意识的集体主义的服装。他重新引入了简单的装饰手法：香槟软木塞作为耳环，鞋底和胶带构成的鞋子，彩色的冰块——在女孩脖子上融化的昙花一现的珠宝。马吉拉创造了所有前人反抗的一切，他为当代时装指出、列举和建立了参考的范本。

可以这么说，自19世纪以来，所有时装工作室每天都在不停地工作，里面的人们的鼻子和眼睛都凹陷进去了，就像扎在仓库里模特和模型上的大头钉一样，各种人台和工具也随处可见。但是在马吉拉之前，没有人想过把这些变成服装，一种框架成了主题，甚至成了创作本身。

他是时尚学者，他用分类学的方法对潮流进行梳理，他的时装词汇的录入通常从概念的早期阶段汲取，而无须担心重复。

让同行惧怕的事物，马吉拉却能信手拈来。像一位开明的当代时装的博物馆学记录者，他创作并保存或者说他在创作的那一刻即被记录下来，不同产品线的命名，犹如博物馆的藏品，被细致分类归档。

他的销售人员身穿白大褂，像博物馆馆长一样一丝不苟，这种状态只有在文物修复实验室里才能看到。

这种不可调和的逻辑是在当下打破时尚机制的一种方法，因此被很多设计师所推崇。MMM 的现代感体现在它的时装秀的方方面面：首先是更城市化，更民主，更快乐。走秀可以在世界各地的街道上、楼梯上、地铁站里，在桌子上或商店的橱窗中，马吉拉让时装秀的概念重获新生，并创造了自己独有的姿态与廓形的语汇，梯台赋予穿不出门的衣服戏剧性，而梯台无须考量其背后的风景的。

每天化无为有，将框架变为创造的基础，这种风格已广泛渗透到每个人的衣橱里，这样一种时装的野心不应被掩盖。可能正是因为它潜藏于衣柜里，不是在过度曝光的设计师衣服的下方，而是在日常的衣服、无名的衣服里，这样我们就不会成为反复无常的时装的受害者。在马丁·马吉拉那里，一件毛衣、一件外套和一条连衣裙都可以成为欲望和宣言的代表。他可以将他们调整为放大的尺寸或缩小为极微小的版本，这些作品因高超的制作散发着古典壮丽的、不可逾越的美。

在20世纪90年代末，除了进入奢侈品牌就任高职，时装院校学生们想象不到自己的前途还有什么可能性，而他们常常对这种俄罗斯轮盘赌游戏的本质一无所知。当一些高级品牌垄断了时尚品位，这时候每个人都会恐慌，就像在玩抢椅子的游戏，在短短的时间之内就被决定了命运，所以这些学生从未想过马丁·马吉拉走的道路。从他身上能够看到“做什么”与“成为什么”的结合，自主性和对成功的追求的平衡，而不管条件如何。

除了被所有人都发现并指出的乌托邦之外，他还揭示和完美地诠释了真正的时髦：他是隐身的。

毕加索说：“要花很久的时间才能变年轻。”而毫无疑问，如今 Maison Martin Margiela 是一个有很多东西可教给大家的少年。

—

学了艺术史之后，奥利维尔·塞拉德于1995年至2000年担任马赛时尚博物馆的文物保护员，并自2002年以来一直负责巴黎防止和时装博物馆的展览策划。在此期间，他主持了许多有关时装及其设计师的展览。他还编写了一系列作品，通过诗歌来记载时装和服饰的历史，他在展览和高级时装秀上展示这些诗歌。在这种背景下，2005年日本授予他京都艺术家聚集区九条山别墅 [Villa Kujoyama] 的居住权。作为时装史学家，人们公认他是研究 Maison Martin Margiela 作品最重要的专家之一。

SARL NEUF
MARTIN MARGIELA

巴黎总部＿在圣莫尔建筑大街的办公室的门

1996 春夏 _ 女装秀 _ 女模特走在自助餐厅的桌子上，桌子上到处都是客人的红酒和白色塑料杯

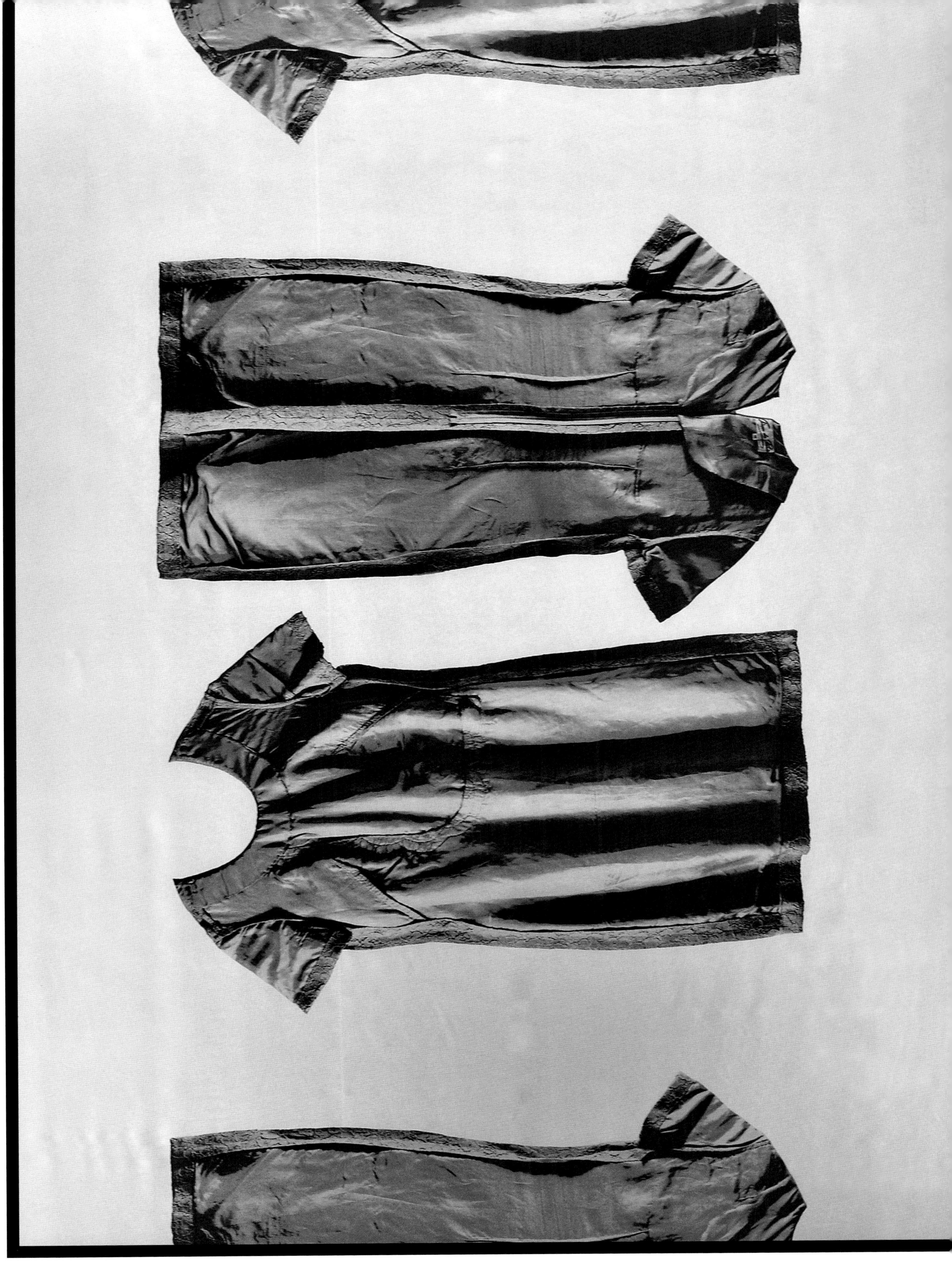

1996 春夏 _ 系列 1 _ 衣服的照片印在一块块轻质面料上，并将面料量身定制做成衣服，从而形成了 Trompe-L' oeil 视错效果

2000/2001秋冬_《The Fashion》_马丁·马吉拉本人一直回避公众的关注，用设计来说话。所有采访均与Maison Martin Margiela团队进行，并以第一人称复数形式讲述，设计师从未出镜

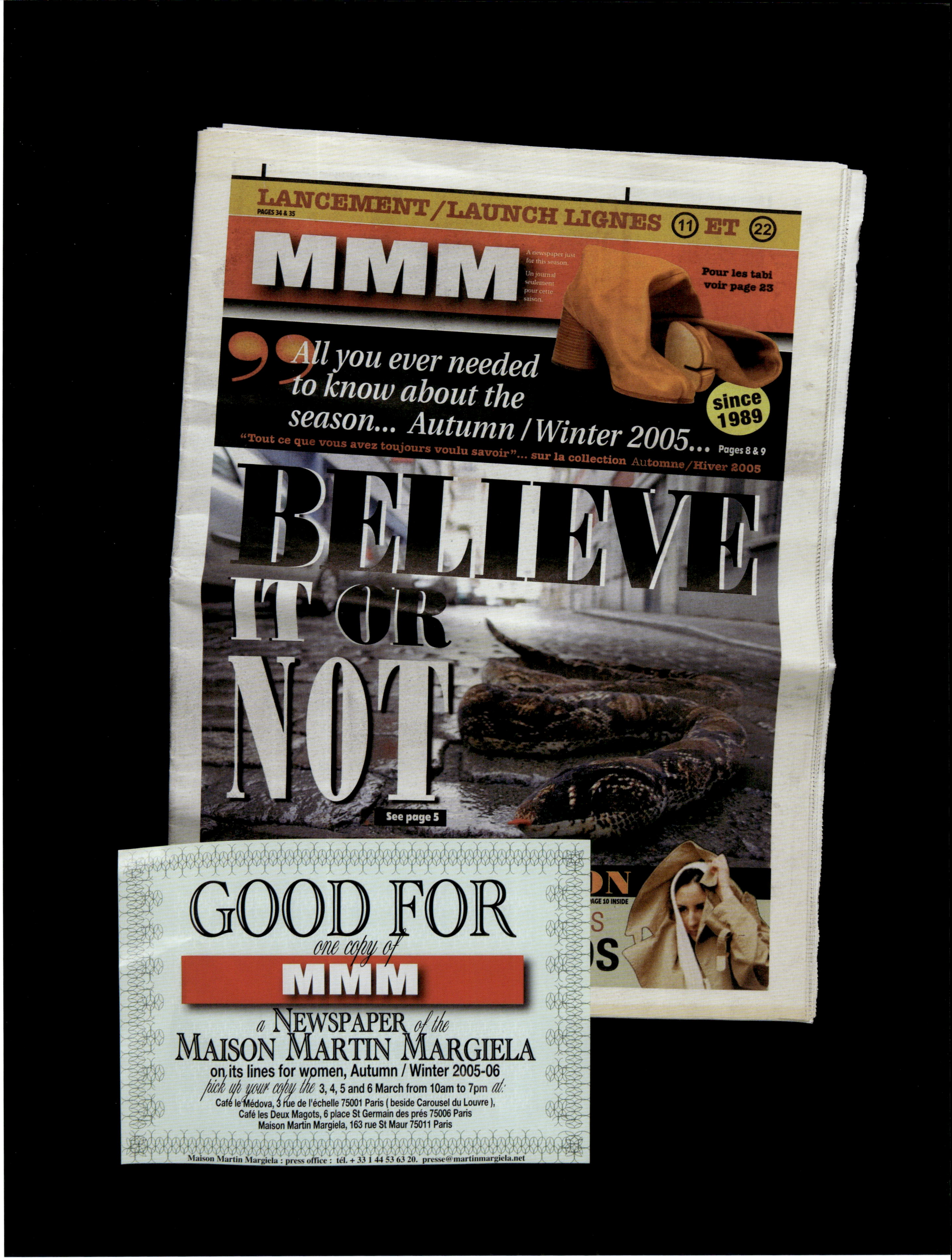
LANCEMENT / LAUNCH LIGNES 11 ET 22
PAGES 34 & 35
MMM
A newspaper just for this season.
Un journal seulement pour cette saison.
Pour les tabi voir page 23
All you ever needed to know about the season... Autumn / Winter 2005...
Pages 8 & 9
"Tout ce que vous avez toujours voulu savoir"... sur la collection Automne/Hiver 2005
since 1989
BELIEVE IT OR NOT
See page 5
GOOD FOR
one copy of
MMM
a NEWSPAPER of the
MAISON MARTIN MARGIELA
on its lines for women, Autumn / Winter 2005-06
pick up your copy the 3, 4, 5 and 6 March from 10am to 7pm at:
Café le Médova, 3 rue de l'échelle 75001 Paris (beside Carousel du Louvre),
Café les Deux Magots, 6 place St Germain des prés 75006 Paris
Maison Martin Margiela, 163 rue St Maur 75011 Paris
Maison Martin Margiela : press office : tél. + 33 1 44 53 63 20. presse@martinmargiela.net

2005/2006 秋冬 _ 这个系列不是通过一场秀，而是通过《MMM》的虚拟报纸介绍该系列的，该报纸还介绍了新的 11 系列和 22 系列

獨家內幕
李蕙敏
性感預告
書兩冊
售 $ 15

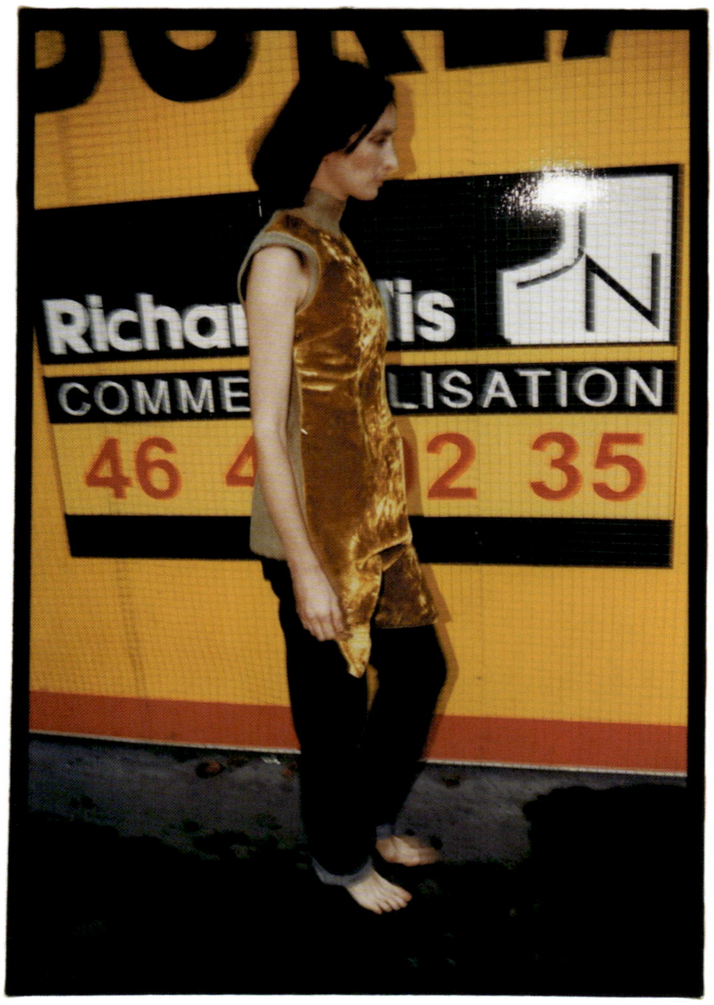

1997 春夏 _ 垂褶真丝雪纺面料研究，手工制作弹性结构和紧身胸衣框架 _ 黄色天鹅绒露背上衣

1999/2000 秋冬 _ 10 系列 _ 漂白的蓝色牛仔夹克，带可脱卸的羊皮衬里，配以涂有白色文字的棕色 AIDS T恤

2009 春夏 _ 0 系列 _ 在肩膀和腰围处手工编织了各种材质的鞋带，形成连衣裙裙身，裙摆是不规则的

Maison Martin Margiela

a le plaisir de vous convier à la présentation de
ses lignes Artisanales pour Femme et Homme, 0 et (0/10)

Printemps / Été 2007

Maison Martin Margiela

75011 Paris

RSVP
Téléphone : 01 44 53 63 20

2007 春夏 _ 0 系列 _ "Artisanal" 系列展的邀请函：在浆洗的棉布上加上白色刺绣，自 2006 春夏以来，一直保持这种形式

SONY

2002 春夏 _ 男装展 _ 五个男人在巴黎总部和街头穿着 10 系列的服装拍摄影片 _ 视频截图

ure
le

gered rings
played the
s' weapons.
mer, when
ext spring
much qui-
spect skin
ite, light
blue and
he order of
the overall
designers
s more im-
you look"

idea that
you come
thes don't
anymore.
inexpen-
designer
ion gurus
ught at a

g more in
with the
we see a
es as an
y, on the

sex, gen-
becom-
nnot ex-
y by na-
and gen-

ers are
n their
aving a
, held a
n at his
eo shot
shown
able to
a made
y-con-
eries of
colors
ay and
es are
back),
g and
apron
s and
les in
n-like
ugh.
e too
of the
ome-

Martin Margiela's Tailor's Dummy sleeveless jacket

RONALD STOOPS

where, either on the back or across the stomach. The unzipped line creates a lascivious curvaciousness (*tounure*) as you walk.

Most remarkable of Margiela's designs is a vest made out of the surface of a tailor's dummy.

I couldn't decide whether this was a second skin or armor to protect the body in the urban jungle.

Shinichiro Arakawa, who is receiving attention because of his newly opened boutique in Paris, opened a small exhibit focused on dark colors with architectural cuttings that subjected the human body to geometric examination.

By AMY M. SPIN

PARIS, Oct. 11 — It is
that three designers wi
lively, small and exclus
es — Helmut Lang, J
and Martin Margiela —
affected the 1990's as p
they have. Take away t
of those three, and Pari
be awash in the boxy pr
the 80's. Along with Ka
they have stood as fou
fashion's compass for t
of this decade: all roa
looks new today lead ba
them.

Mr. Galliano's stage w
circus ring straight fr
"La Strada," bales of ha
bright red fabric sep
guests from the acts. T
moment when accordion
playing and Helena
emerged swathed in a si
cape and a star-speckled
dysuit, like one an except
tightrope walker might
mood, the music and the
all pitched so perfectly
could almost imagine
into the dark Paris night
yourself in a cafe with H
(perhaps defending Ms.
from him).

Conventional fashion w
that Mr. Galliano is a
owned by Bernard A
chairman of LVMH Moët
Louis Vuitton, who holds
Galliano house and is
ready to shuffle Mr. Gal
his company from G
Christian Dior. But it has
since Mr. Galliano desig

1997 春夏 _《东京新闻晚报》_ 模拟裁缝的样衣，被当作无袖外套穿着

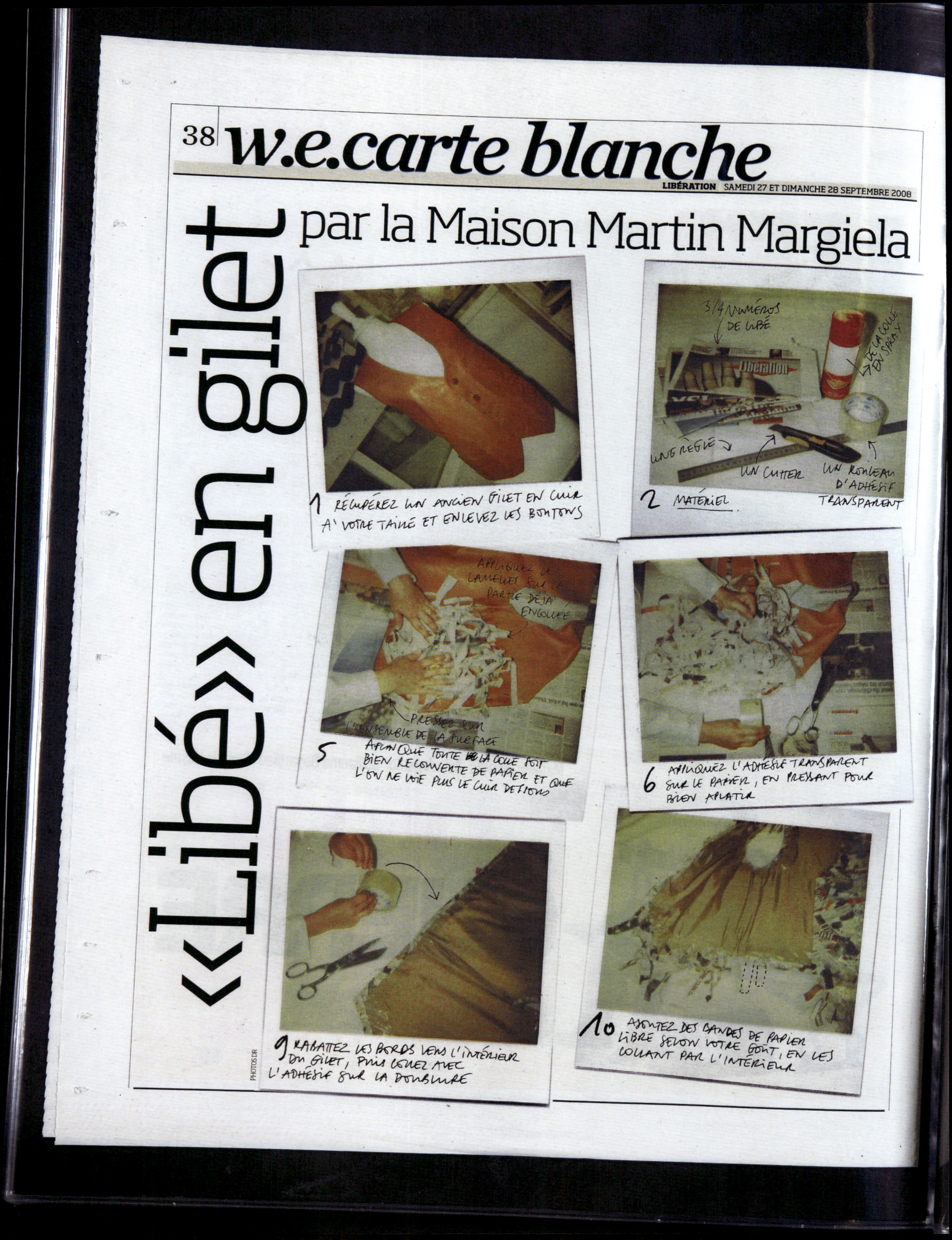

38 **w.e.carte blanche**

LIBÉRATION SAMEDI 27 ET DIMANCHE 28 SEPTEMBRE 2008

«Libé» en gilet par la Maison Martin Margiela

3/4 NUMÉROS DE LIBÉ
DE LA COLLE EN SPRAY
UNE RÈGLE
UN CUTTER
UN ROULEAU D'ADHÉSIF TRANSPARENT

1 RÉCUPÉREZ UN ANCIEN GILET EN CUIR A' VOTRE TAILLE ET ENLEVEZ LES BOUTONS

2 MATÉRIEL

APPLIQUEZ LES LAMELLES SUR LA PARTIE DÉJA' ENCOLLÉE
PRESSEZ SUR L'ENSEMBLE DE LA SURFACE

5 AFIN QUE TOUTE LA COLLE SOIT BIEN RECOUVERTE DE PAPIER ET QUE L'ON NE VOIE PLUS LE CUIR DESSOUS

6 APPLIQUEZ L'ADHÉSIF TRANSPARENT SUR LE PAPIER, EN PRESSANT POUR BIEN APLATIR

9 RABATTEZ LES BORDS VERS L'INTÉRIEUR DU GILET, PUIS COLLEZ AVEC L'ADHÉSIF SUR LA DOUBLURE

10 AJOUTEZ DES BANDES DE PAPIER LIBRE SELON VOTRE GOÛT, EN LES COLLANT PAR L'INTÉRIEUR

PHOTOS DR

2008 年 9 月 27 日和 28 日，为庆祝时装屋成立 20 周年，法国《解放报》给予 Maison Martin Margiela 全权委托。时装屋用旧版《解放报》制成了一件背心，并拍摄了全过程作为指南

Cadeau du créateur belge qui fête lundi les 20 ans de sa maison: un recyclage du journal.

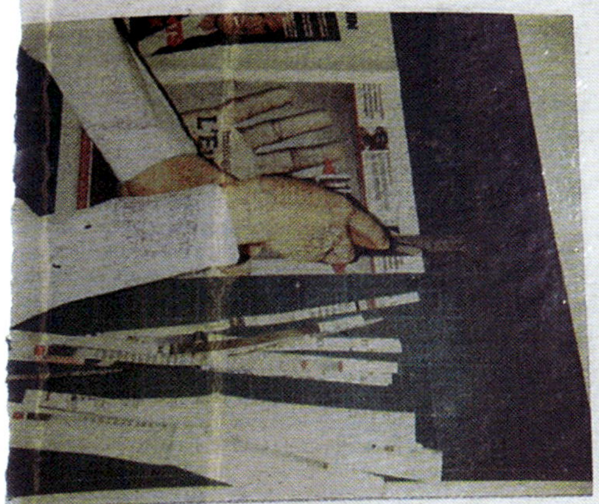

3 DÉCOUPEZ LES JOURNAUX EN LAMELLES DE 1,5 À 3 CM DE LARGEUR

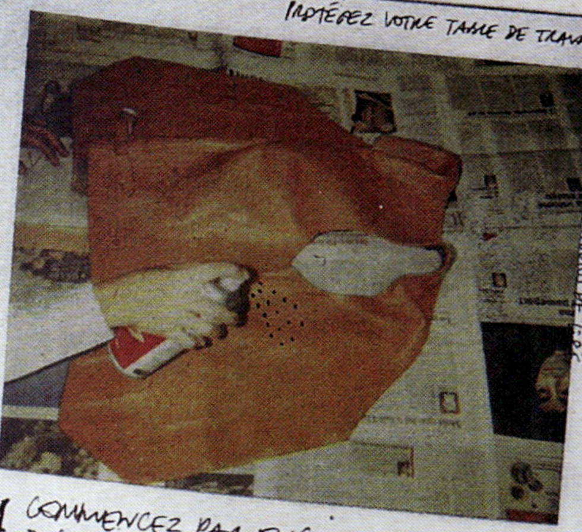

PROTÉGEZ VOTRE TABLE DE TRAVAIL AVEC LES PAGES RESTANTES DE LIBÉ

4 COMMENCEZ PAR ENCOLLER UNE PETITE PARTIE DU GILET

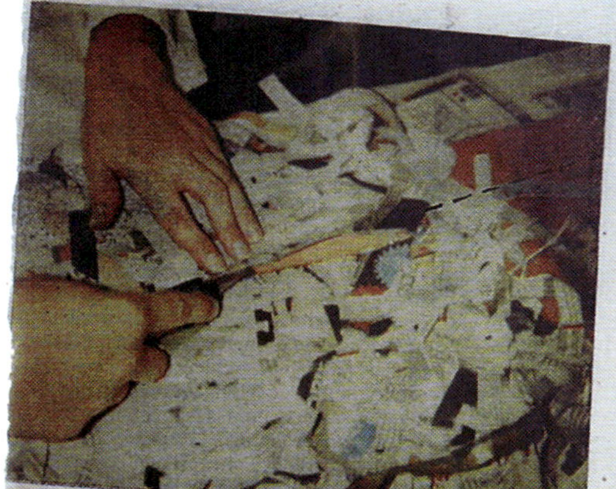

7 OUVREZ LA POCHE À L'AIDE DU CUTTER, ET APPLIQUEZ UN MORCEAU D'ADHÉSIF SUR LE BORD

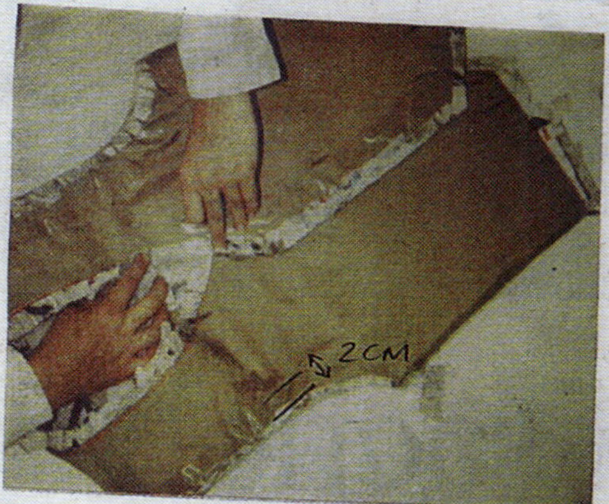
2CM

8 GARDEZ 2 CM TOUT AUTOUR DES EMMANCHURES ET DU BORD POUR LES FINITIONS

VERSION HOMME

11 POUR UNE VERSION HOMME, …

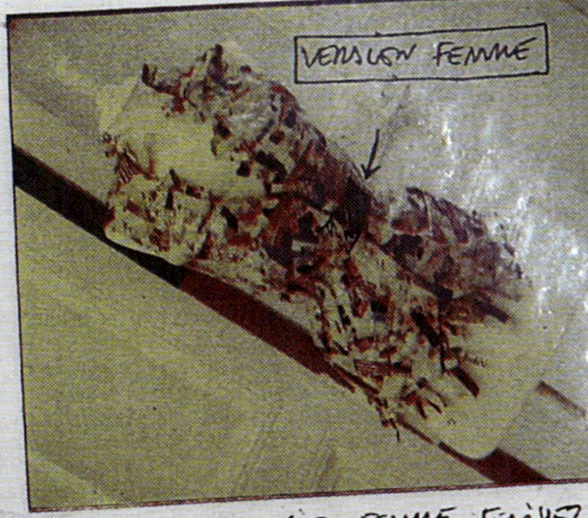
VERSION FEMME

12 POUR UNE VERSION FEMME, FINISSEZ EN UTILISANT UNE BANDE D'ADHÉSIF POUR CEINTURER LA TAILLE.

Eux trinquent plutôt avec du rouge, et dans des gobelets en plastique, mais bon: champagne! La Maison Martin Margiela fête lundi ses 20 ans, avec un défilé au CentQuatre, le nouvel espace de création et de production de la Ville de Paris, et cela devrait constituer un des pics de la semaine du prêt-à-porter printemps-été 2009, qui s'ouvre ce samedi dans la capitale.

«Maison Martin Margiela»: dans le milieu de la mode, ce label à écho de raison sociale bénéficie d'une aura insoupçonnée du grand public, et pour cause. Les vêtements MMM, plutôt spectaculaires dans le détail qu'ostensiblement, sont en outre dépourvus de logo qui claque (des chiffres constituent l'étiquette, ils correspondent à des lignes – masculine, féminine, etc.) Seul un initié peut reconnaître les quatre points blancs de couture extérieurs qui sont la signature MMM. Et puis il y a cette impersonnalisation publique de Martin Margiela lui-même: le créateur belge (il aurait la cinquantaine, né à Louvain ou Genk selon les sources) est depuis quinze ans l'homme invisible, qui refuse toute photo ou interview. Snobisme? Peut-être. Mais une visite au siège de la marque, 3000 m² dans le XIe arrondissement de Paris, suggère aussi une volonté de renouer avec un état d'esprit: celui des maisons de mode d'avant la production de masse, où prévalait la dimension artisanale. Chez MMM, c'est ambiance atelier plutôt qu'antre du luxe mondialisé.

Depuis vingt ans, Margiela, diplômé de la Royale Académie d'Anvers, qui a fait ses classes chez Jean Paul Gaultier avant d'épater aux commandes de la ligne femme d'Hermès de 1997 à 2003, développe sans faillir une identité singulière, simultanément patrimoniale et expérimentale, classique et programmatique, virtuose et ludique.

Les musées ne s'y sont pas trompés, qui archivent ou exposent régulièrement son travail (ces temps-ci, celui de la mode d'Anvers). Et le fait que Renzo Rosso, le flamboyant patron de Diesel, soit, depuis 2002, actionnaire majoritaire de MMM, n'y a rien changé. Margiela poursuit son *work in progress* de construction-déconstruction du vêtement qui convoque outre les ressorts de base (coupe, assemblage…), le recyclage et le détournement (ça va de la chaussette dépareillée à la capsule de bouteille), la réédition (de modèles vintage chinés aux quatre coins de la planète), le trompe-l'œil, la peinture… Conceptuel? Sans doute, mais inscrit dans la réalité, comme le prouve sa proposition ci-contre, de réaliser un gilet avec des lamelles de *Libération*. A vos ciseaux!

SABRINA CHAMPENOIS

2000/2001 秋冬 _ 女装秀 _ Oversize 系列 _ 按照意大利尺寸 78 号制作衣服，当妇女或较小的女士穿着时，却保持衣服的合身性

Maison Martin Margiela

V&A Exhibition

Box : 8 BIG SIZE TAYLOR'S DUMMY 148%

Display: 3/4 profile on pedestal 62 x 66.8 cm, 27 cm high

Lining: mirrors on pedestal, ceiling and four walls

Image*: original photograph: green pull on dummy or girl wearing green pull

place on dummy hiding the year, 16 x 24

Audio: yes, referring as well as boxes B and C

HAUT
BAS

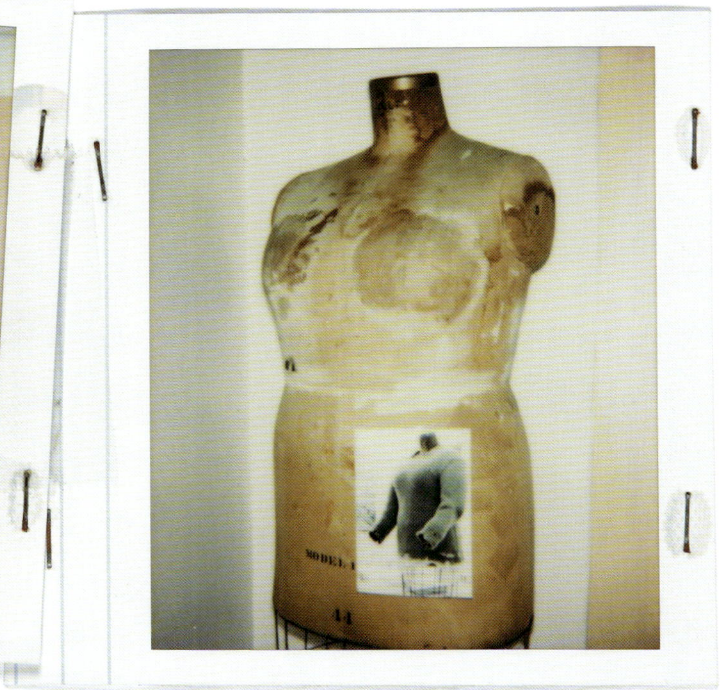

*to decide on the spot

2001 年 10 月至 2002 年 1 月，伦敦维多利亚和阿尔伯特博物馆 [V&A] 的《激进时尚》[*Radical Fashion*] 展览的规格表：从 2000 春夏到 2001/2002 秋冬的 Oversize 系列服装被陈列在纸板箱中，其中包含扩大的百分比以及摄影或文字说明的信息，用以解释这件衣服或其背景

NE BONNE
LES FEMMES AVERTIES
ACHETENT POUR
LES HOMMES EXIGEANTS
DES CHEMISES
ns essayé pour vous quatre
avec le même café (« de
») en grains.
, une cafetière à lixiviation
filtre en faïence rose (4 mo-
2 à 12 tasses). A partir de
Melitta, B.H.V.). Cette cafetiè-
une mouture aussi fine que
A mon premier essai, le café
de même un peu faible car
vais pas tenu compte (l'eau
sée très rapidement, en une
A part l'inconvénient de re-
les filtres en papier, je ne
vé que des qualités : simple
page 225

1995 春夏 _ 女装秀 _ 二手男士白衬衫和睡衣，改为无肩带的上衣和连衣裙

2008 年 11 月 3 日 _ 法国版《ELLE》_ 走在巴黎总部圣莫尔街楼梯上的一名员工

ÉLASTIQUE VISIBLE OU RENTRÉE (PASSANTS INVISIBLES)!
1A
K79
"JUPE TROP LONGUE" PORTÉE EN ROBE BUSTIER
CHAUSSURES TOPLESS
N+B N°27
01'.04".41
VESTE À EMMANCHURES REPORTÉES DEVANT + "ECRASÉES"
COL N°31
VESTE COL BOUTONNÉ
OUVERTURES EMMANCHURES PORTÉES BIEN RAPPROCHÉES
5"
DETAIL BOUTON PRESSÉ
SILHOUETTE JUPE ROBE BIEN VISIBLE DANS TROUS EMMANCHURES
COL N°32
CUT
CHAUSSURES TOPLESS
T-SHIRT DEVANT

1998 春夏_1 系列_型录_“扁平”[Flat]服装系列

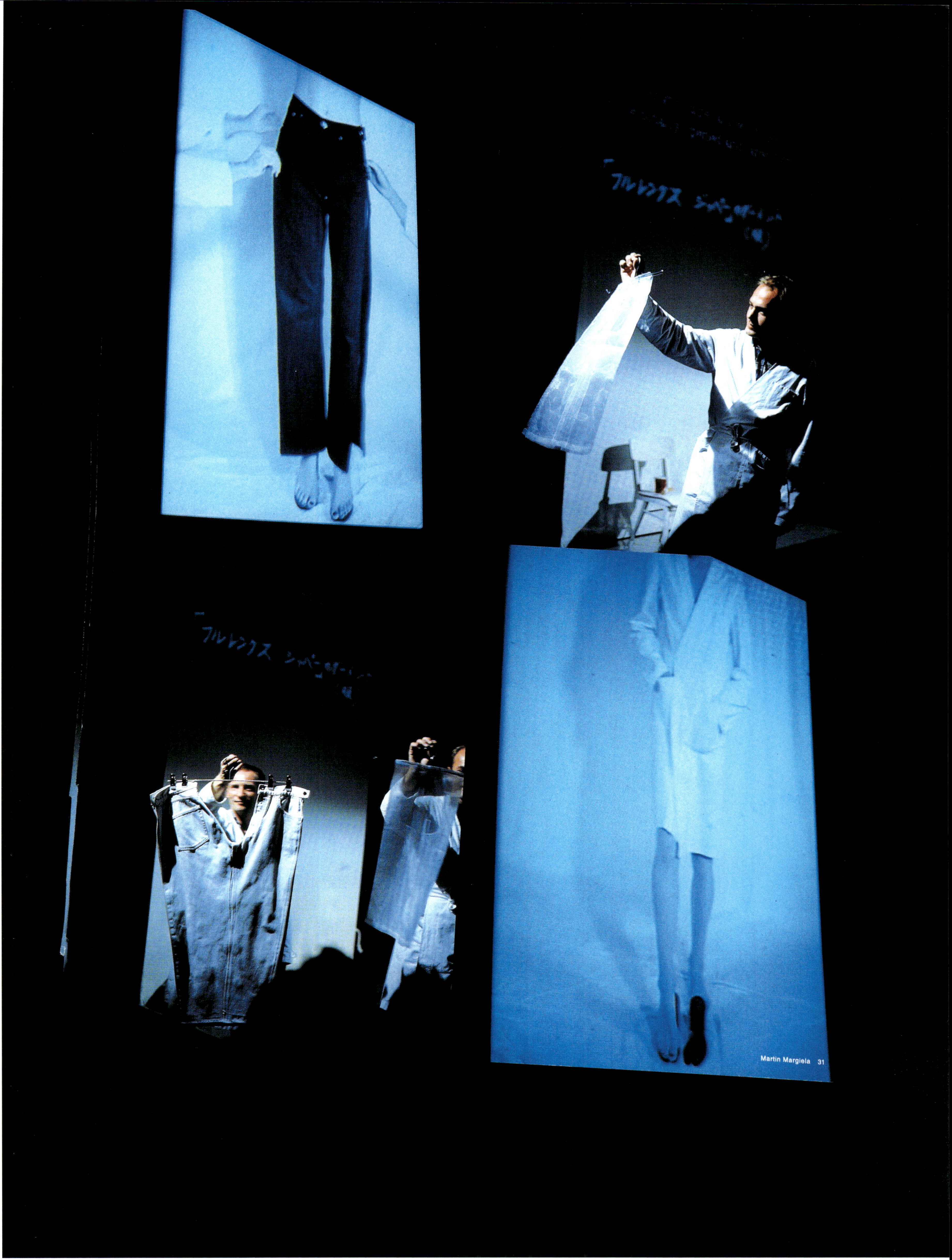
Martin Margiela 31

1998 春夏 _ 这场时装秀与 Comme des Garcons 一起在巴黎礼堂举行 _ 秀场中播放了一部电影，该电影在 1 分钟内展示并解释了 10 套服装，穿着白色外套的男人手里拿着的衣架上挂着对应的衣服

1998 春夏 _ 1 系列 _ “扁平”系列上衣

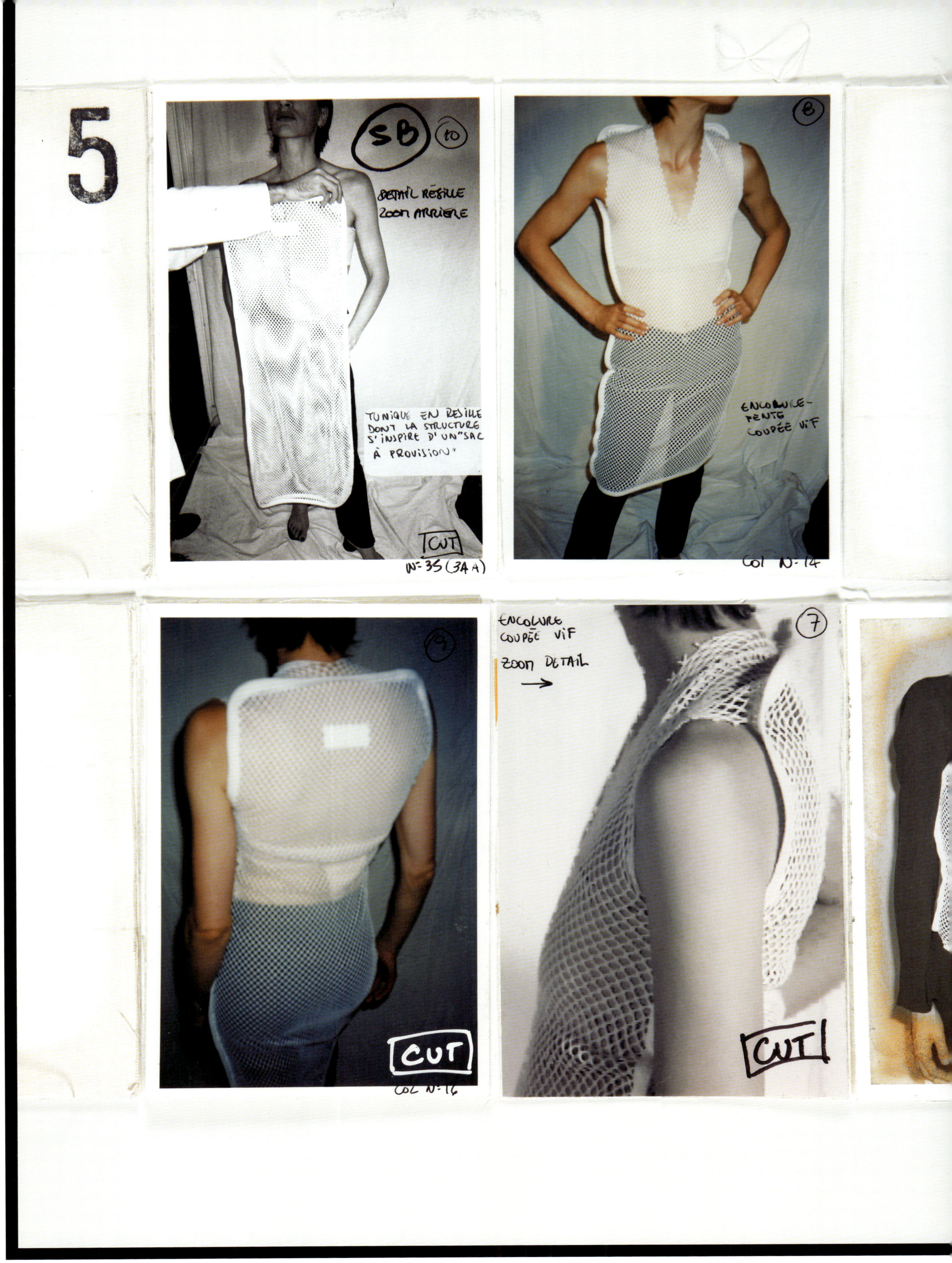
5
SB
10
DETAIL RESILLE
ZOOM ARRIERE
TUNIQUE EN RESILLE
DONT LA STRUCTURE
S'INSPIRE D'UN "SAC
À PROVISION"
CUT
N° 35 (34 A)
8
ENCOLURE-
FENTE
COUPÉE VIF
COL N° 14
9
CUT
COL N° 16
ENCOLURE
COUPÉE VIF
ZOOM DETAIL
7
CUT

1998 春夏 _ 1 系列 _ 型录 _ 受传统网眼启发的“扁平”系列渔网连衣裙

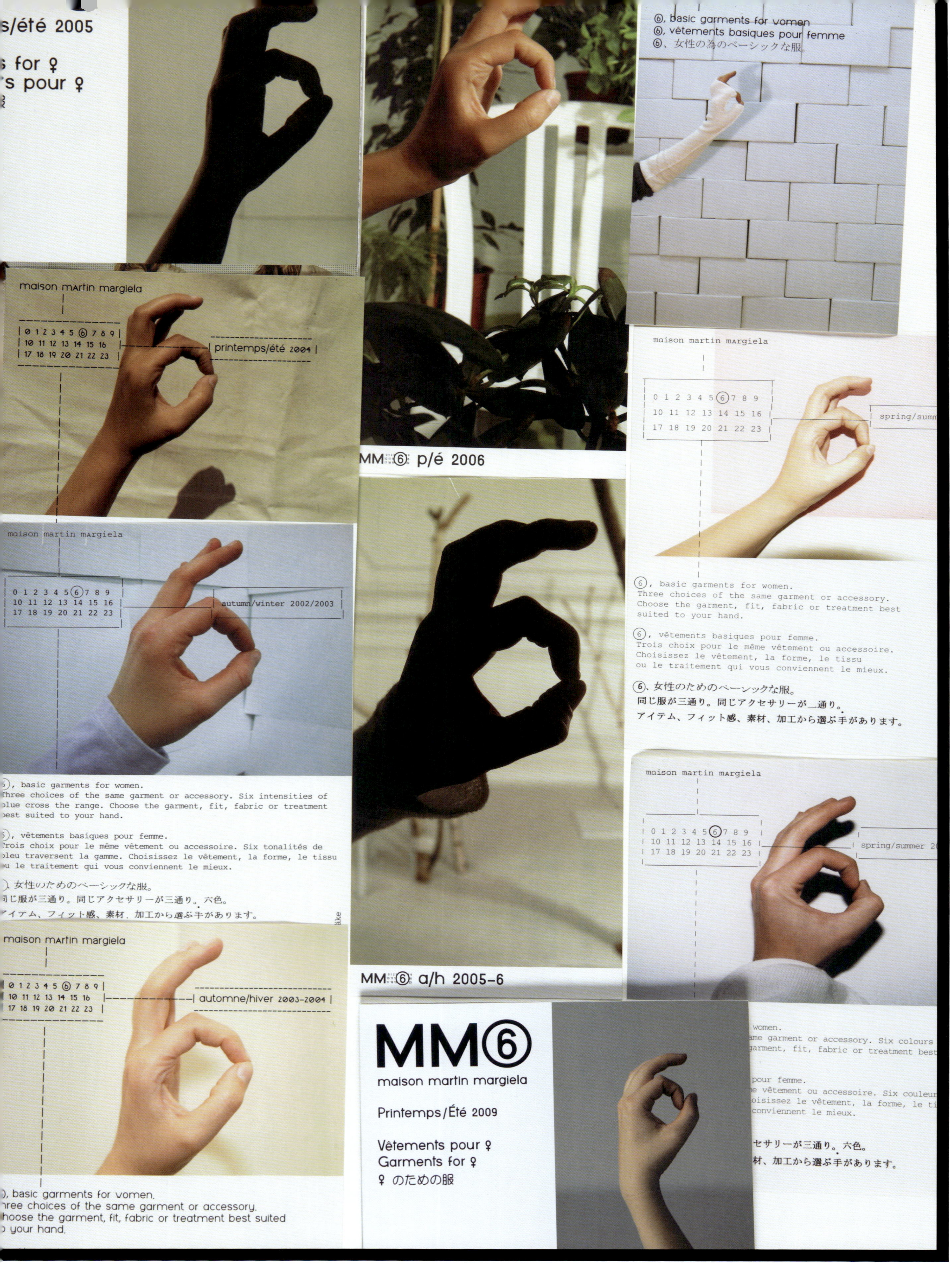
s/été 2005
s for ♀
's pour ♀
⑥, basic garments for women
⑥, vêtements basiques pour femme
⑥, 女性の為のベーシックな服。
maison martin margiela
0 1 2 3 4 5 ⑥ 7 8 9
10 11 12 13 14 15 16
17 18 19 20 21 22 23
printemps/été 2004
MM⑥ p/é 2006
maison martin margiela
0 1 2 3 4 5 ⑥ 7 8 9
10 11 12 13 14 15 16
17 18 19 20 21 22 23
spring/summ
⑥, basic garments for women.
Three choices of the same garment or accessory.
Choose the garment, fit, fabric or treatment best suited to your hand.
⑥, vêtements basiques pour femme.
Trois choix pour le même vêtement ou accessoire.
Choisissez le vêtement, la forme, le tissu ou le traitement qui vous conviennent le mieux.
⑥、女性のためのベーシックな服。
同じ服が三通り。同じアクセサリーが三通り。
アイテム、フィット感、素材、加工から選ぶ手があります。
maison martin margiela
0 1 2 3 4 5 ⑥ 7 8 9
10 11 12 13 14 15 16
17 18 19 20 21 22 23
autumn/winter 2002/2003
⑥), basic garments for women.
Three choices of the same garment or accessory. Six intensities of blue cross the range. Choose the garment, fit, fabric or treatment best suited to your hand.
⑥), vêtements basiques pour femme.
Trois choix pour le même vêtement ou accessoire. Six tonalités de bleu traversent la gamme. Choisissez le vêtement, la forme, le tissu ou le traitement qui vous conviennent le mieux.
⑥、女性のためのベーシックな服。
同じ服が三通り。同じアクセサリーが三通り。六色。
アイテム、フィット感、素材、加工から選ぶ手があります。
maison martin margiela
0 1 2 3 4 5 ⑥ 7 8 9
10 11 12 13 14 15 16
17 18 19 20 21 22 23
spring/summer 20
maison martin margiela
0 1 2 3 4 5 ⑥ 7 8 9
10 11 12 13 14 15 16
17 18 19 20 21 22 23
automne/hiver 2003-2004
MM⑥ a/h 2005-6
MM⑥
maison martin margiela
Printemps/Été 2009
Vêtements pour ♀
Garments for ♀
♀ のための服
women.
me garment or accessory. Six colours
garment, fit, fabric or treatment best
pour femme.
e vêtement ou accessoire. Six couleur
oisissez le vêtement, la forme, le ti
conviennent le mieux.
セサリーが三通り。六色。
材、加工から選ぶ手があります。
⑥, basic garments for women.
hree choices of the same garment or accessory.
hoose the garment, fit, fabric or treatment best suited
o your hand.

MM6 系列＿产品目录封面和不干胶标签

esterel
Sillage

巴黎总部＿旧的露营房拖车用作圣莫尔街办事处的接待处

1997／1998 秋冬 _ 1 系列 _ 古着皮草制成的假发 [柏林 Bless 公司生产]

14

12

1997／1998 秋冬 _ 女装展 _ 系列的展示在三个不同的时间和地点进行。铜管乐队在街上弹奏，而女模特们则在人群中行走

Hi, I'm
ADRIEN
From
CHICAGO
Live it Up
CADRAGE CONTACT
TRÈS CLAIR
CONTACT

2001 春夏 _ 男装展

Welcom

巴黎总部 _ 圣莫尔办事处接待区

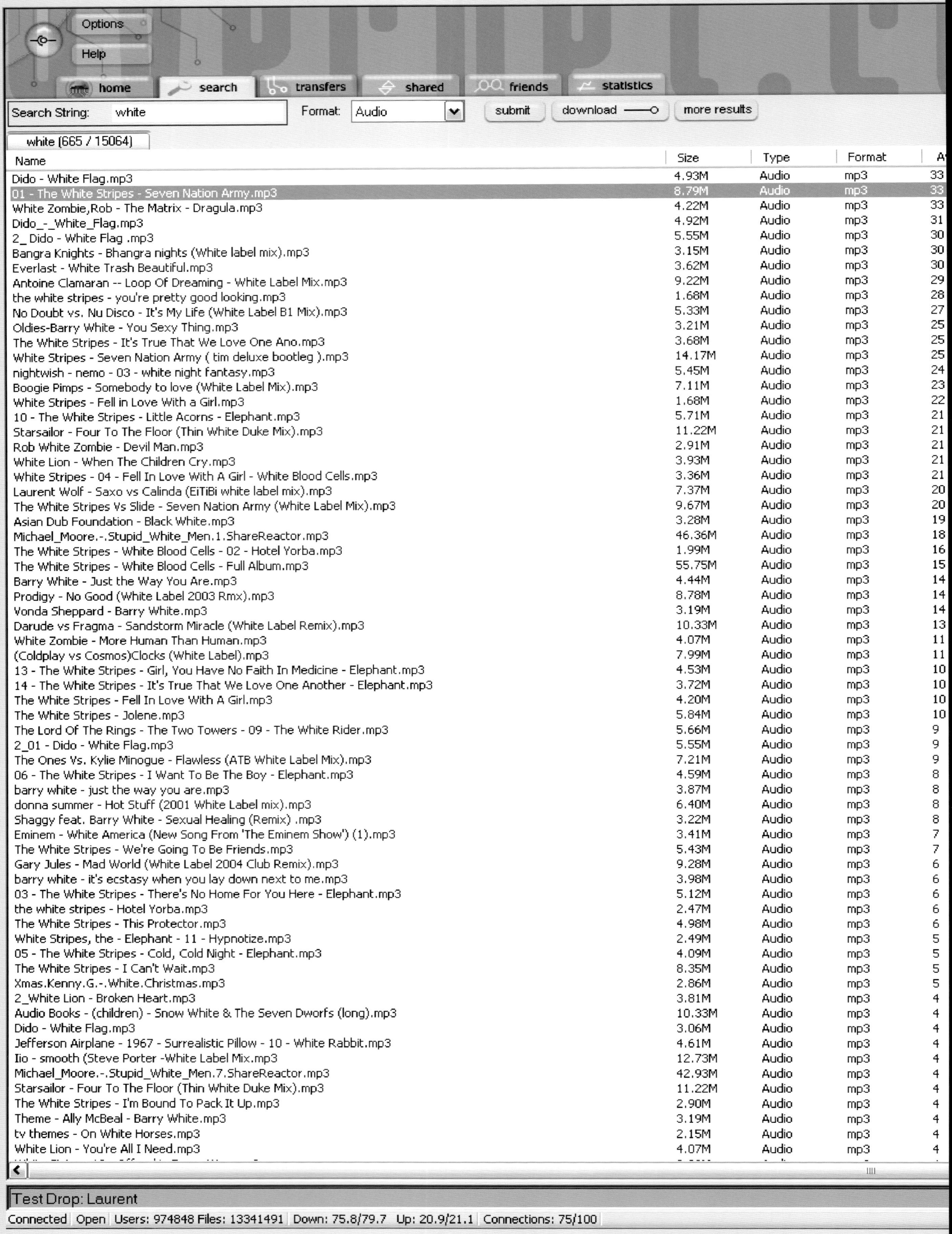

Options
Help
home
search
transfers
shared
friends
statistics
Search String: white
Format: Audio
submit
download
more results
white (665 / 15064)

Name	Size	Type	Format	A
Dido - White Flag.mp3	4.93M	Audio	mp3	33
01 - The White Stripes - Seven Nation Army.mp3	8.79M	Audio	mp3	33
White Zombie,Rob - The Matrix - Dragula.mp3	4.22M	Audio	mp3	33
Dido_-_White_Flag.mp3	4.92M	Audio	mp3	31
2_ Dido - White Flag .mp3	5.55M	Audio	mp3	30
Bangra Knights - Bhangra nights (White label mix).mp3	3.15M	Audio	mp3	30
Everlast - White Trash Beautiful.mp3	3.62M	Audio	mp3	30
Antoine Clamaran -- Loop Of Dreaming - White Label Mix.mp3	9.22M	Audio	mp3	29
the white stripes - you're pretty good looking.mp3	1.68M	Audio	mp3	28
No Doubt vs. Nu Disco - It's My Life (White Label B1 Mix).mp3	5.33M	Audio	mp3	27
Oldies-Barry White - You Sexy Thing.mp3	3.21M	Audio	mp3	25
The White Stripes - It's True That We Love One Ano.mp3	3.68M	Audio	mp3	25
White Stripes - Seven Nation Army (tim deluxe bootleg).mp3	14.17M	Audio	mp3	25
nightwish - nemo - 03 - white night fantasy.mp3	5.45M	Audio	mp3	24
Boogie Pimps - Somebody to love (White Label Mix).mp3	7.11M	Audio	mp3	23
White Stripes - Fell in Love With a Girl.mp3	1.68M	Audio	mp3	22
10 - The White Stripes - Little Acorns - Elephant.mp3	5.71M	Audio	mp3	21
Starsailor - Four To The Floor (Thin White Duke Mix).mp3	11.22M	Audio	mp3	21
Rob White Zombie - Devil Man.mp3	2.91M	Audio	mp3	21
White Lion - When The Children Cry.mp3	3.93M	Audio	mp3	21
White Stripes - 04 - Fell In Love With A Girl - White Blood Cells.mp3	3.36M	Audio	mp3	21
Laurent Wolf - Saxo vs Calinda (EiTiBi white label mix).mp3	7.37M	Audio	mp3	20
The White Stripes Vs Slide - Seven Nation Army (White Label Mix).mp3	9.67M	Audio	mp3	20
Asian Dub Foundation - Black White.mp3	3.28M	Audio	mp3	19
Michael_Moore.-.Stupid_White_Men.1.ShareReactor.mp3	46.36M	Audio	mp3	18
The White Stripes - White Blood Cells - 02 - Hotel Yorba.mp3	1.99M	Audio	mp3	16
The White Stripes - White Blood Cells - Full Album.mp3	55.75M	Audio	mp3	15
Barry White - Just the Way You Are.mp3	4.44M	Audio	mp3	14
Prodigy - No Good (White Label 2003 Rmx).mp3	8.78M	Audio	mp3	14
Vonda Sheppard - Barry White.mp3	3.19M	Audio	mp3	14
Darude vs Fragma - Sandstorm Miracle (White Label Remix).mp3	10.33M	Audio	mp3	13
White Zombie - More Human Than Human.mp3	4.07M	Audio	mp3	11
(Coldplay vs Cosmos)Clocks (White Label).mp3	7.99M	Audio	mp3	11
13 - The White Stripes - Girl, You Have No Faith In Medicine - Elephant.mp3	4.53M	Audio	mp3	10
14 - The White Stripes - It's True That We Love One Another - Elephant.mp3	3.72M	Audio	mp3	10
The White Stripes - Fell In Love With A Girl.mp3	4.20M	Audio	mp3	10
The White Stripes - Jolene.mp3	5.84M	Audio	mp3	10
The Lord Of The Rings - The Two Towers - 09 - The White Rider.mp3	5.66M	Audio	mp3	9
2_01 - Dido - White Flag.mp3	5.55M	Audio	mp3	9
The Ones Vs. Kylie Minogue - Flawless (ATB White Label Mix).mp3	7.21M	Audio	mp3	9
06 - The White Stripes - I Want To Be The Boy - Elephant.mp3	4.59M	Audio	mp3	8
barry white - just the way you are.mp3	3.87M	Audio	mp3	8
donna summer - Hot Stuff (2001 White Label mix).mp3	6.40M	Audio	mp3	8
Shaggy feat. Barry White - Sexual Healing (Remix) .mp3	3.22M	Audio	mp3	8
Eminem - White America (New Song From 'The Eminem Show') (1).mp3	3.41M	Audio	mp3	7
The White Stripes - We're Going To Be Friends.mp3	5.43M	Audio	mp3	7
Gary Jules - Mad World (White Label 2004 Club Remix).mp3	9.28M	Audio	mp3	6
barry white - it's ecstasy when you lay down next to me.mp3	3.98M	Audio	mp3	6
03 - The White Stripes - There's No Home For You Here - Elephant.mp3	5.12M	Audio	mp3	6
the white stripes - Hotel Yorba.mp3	2.47M	Audio	mp3	6
The White Stripes - This Protector.mp3	4.98M	Audio	mp3	6
White Stripes, the - Elephant - 11 - Hypnotize.mp3	2.49M	Audio	mp3	5
05 - The White Stripes - Cold, Cold Night - Elephant.mp3	4.09M	Audio	mp3	5
The White Stripes - I Can't Wait.mp3	8.35M	Audio	mp3	5
Xmas.Kenny.G.-.White.Christmas.mp3	2.86M	Audio	mp3	5
2_White Lion - Broken Heart.mp3	3.81M	Audio	mp3	4
Audio Books - (children) - Snow White & The Seven Dworfs (long).mp3	10.33M	Audio	mp3	4
Dido - White Flag.mp3	3.06M	Audio	mp3	4
Jefferson Airplane - 1967 - Surrealistic Pillow - 10 - White Rabbit.mp3	4.61M	Audio	mp3	4
Iio - smooth (Steve Porter -White Label Mix.mp3	12.73M	Audio	mp3	4
Michael_Moore.-.Stupid_White_Men.7.ShareReactor.mp3	42.93M	Audio	mp3	4
Starsailor - Four To The Floor (Thin White Duke Mix).mp3	11.22M	Audio	mp3	4
The White Stripes - I'm Bound To Pack It Up.mp3	2.90M	Audio	mp3	4
Theme - Ally McBeal - Barry White.mp3	3.19M	Audio	mp3	4
tv themes - On White Horses.mp3	2.15M	Audio	mp3	4
White Lion - You're All I Need.mp3	4.07M	Audio	mp3	4

Test Drop: Laurent

Connected | Open | Users: 974848 Files: 13341491 | Down: 75.8/79.7 | Up: 20.9/21.1 | Connections: 75/100

2006 年 1 月，Maison Martin Margiela 展览在佛罗伦萨男装周＿展览上所用的音乐，标题中带有“White”字样的歌曲列表

CLAUDE
KORET
92 M
40

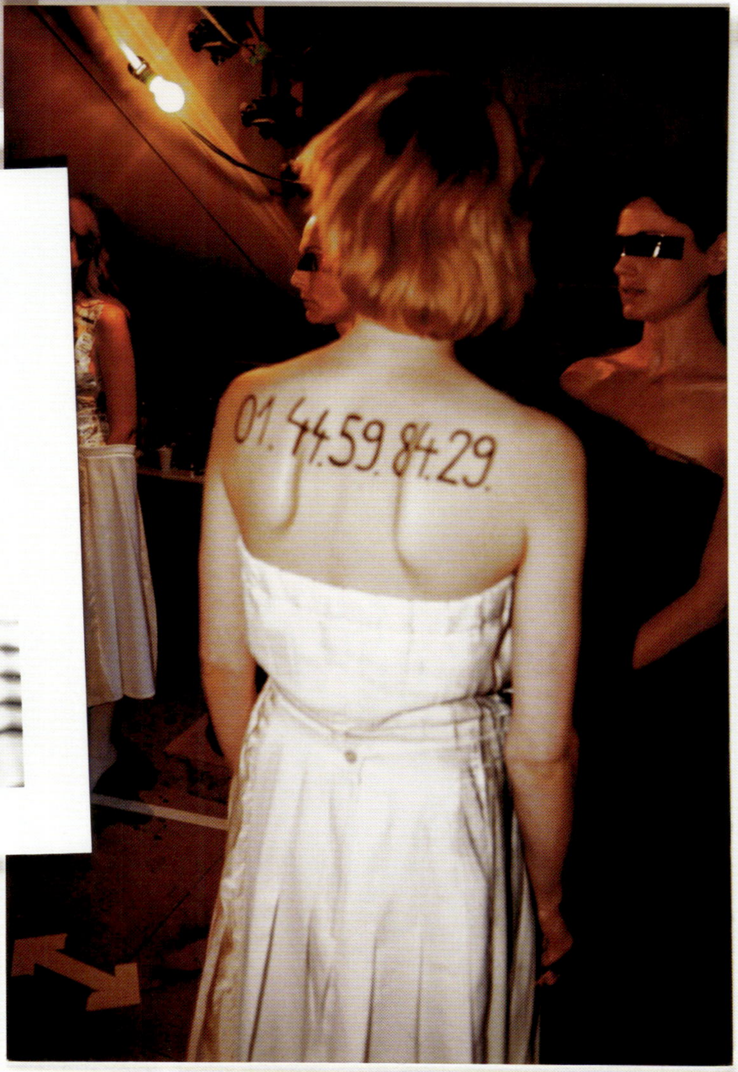
01.44.59.84.29

2001 春夏 _ 女装秀 _ 露背上衣由标签或旧衣服制成 _ 由古着白色和黑色皮革手套组装成的露背上衣，搭配百褶裙，模特穿着时将手臂从腰围处伸进去提住裙子，以突出其 Oversize 效果。走秀时，模特后背上印有电话号码

T-shirt artisanal surbrodé et imprimé,pantalon en cuir lavé impression retourné(30PP006)
ceinture en cuir avec poche à monnaie(35ZR016)collier en metal,bottes,bracelet en cuir
// Vintage logo t-shirt over embroidered by hand, leather trousers,belt with attached
money bag,metal necklace, leather bracelet and boots.
2
Veste en trois couleurs de bleu(30G105)pull en mohair(30YM089)echarpe(30YQ009)
pantalon en velours(30P023)chapeau et bottines(37Z006).//Jacket in three shades
of blue with vented pockets, worn over an argyle mohair pullover, scarf, corduroy
trousers, hat and ankle boots.
3

2005/2006 秋冬_男装展_邀请函和型录

1996/1997 秋冬 _ 女装秀 _ Oversize 皮带的细节

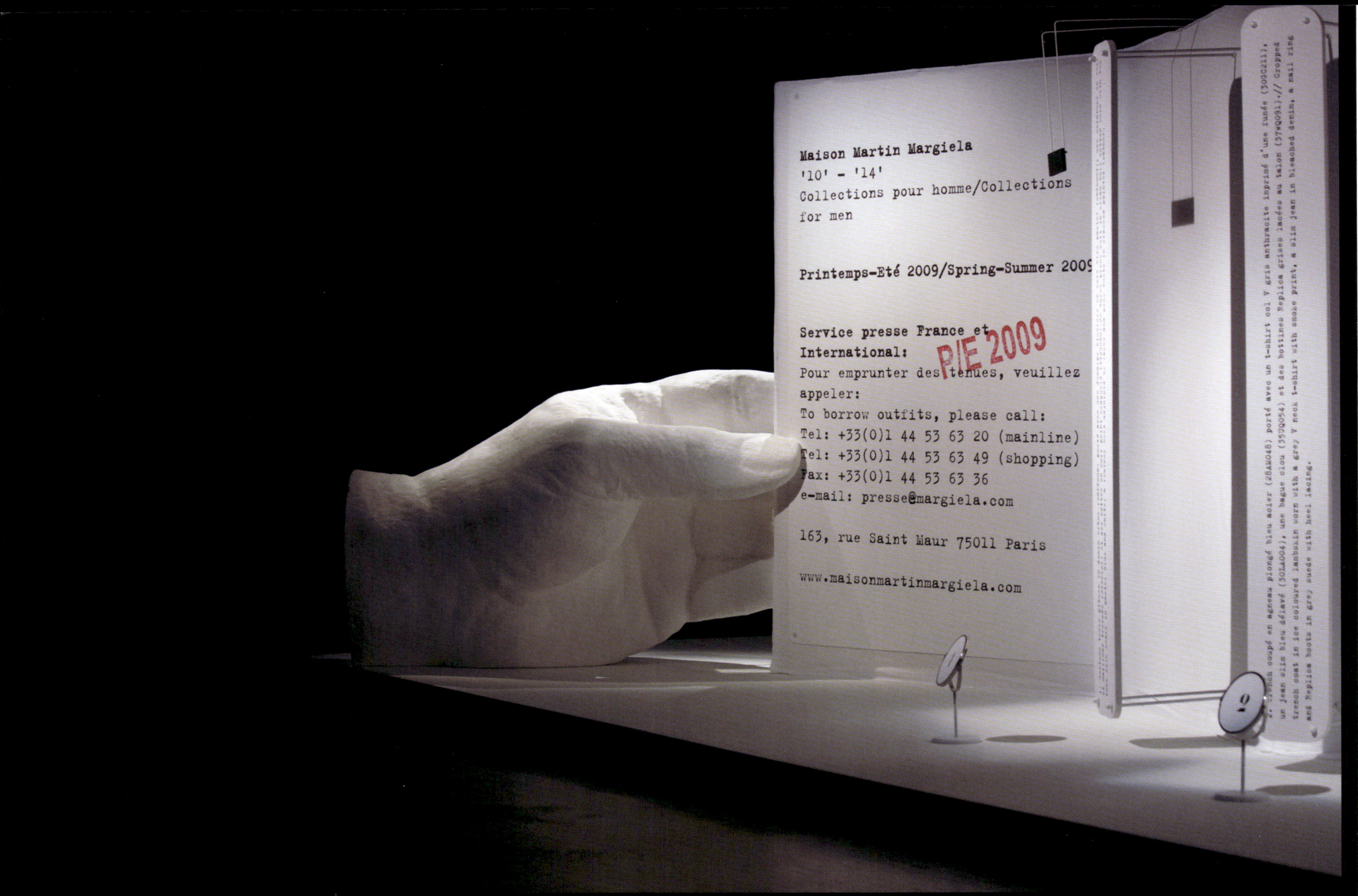
Maison Martin Margiela
'10' - '14'
Collections pour homme/Collections
for men
Printemps-Eté 2009/Spring-Summer 2009
Service presse France et
International:
Pour emprunter des tenues, veuillez
appeler:
To borrow outfits, please call:
Tel: +33(0)1 44 53 63 20 (mainline)
Tel: +33(0)1 44 53 63 49 (shopping)
Fax: +33(0)1 44 53 63 36
e-mail: presse@margiela.com
163, rue Saint Maur 75011 Paris
www.maisonmartinmargiela.com
P/E 2009

2009 春夏 _ 男装秀 _ 在巴黎金属剧院的地下室搭建的一本实物大小的相簿 _ 原始相簿页面上印有 20 套服装，模仿原版型录照片 _ 按比例复制了详细描述，如描述贴纸、外观和编号等

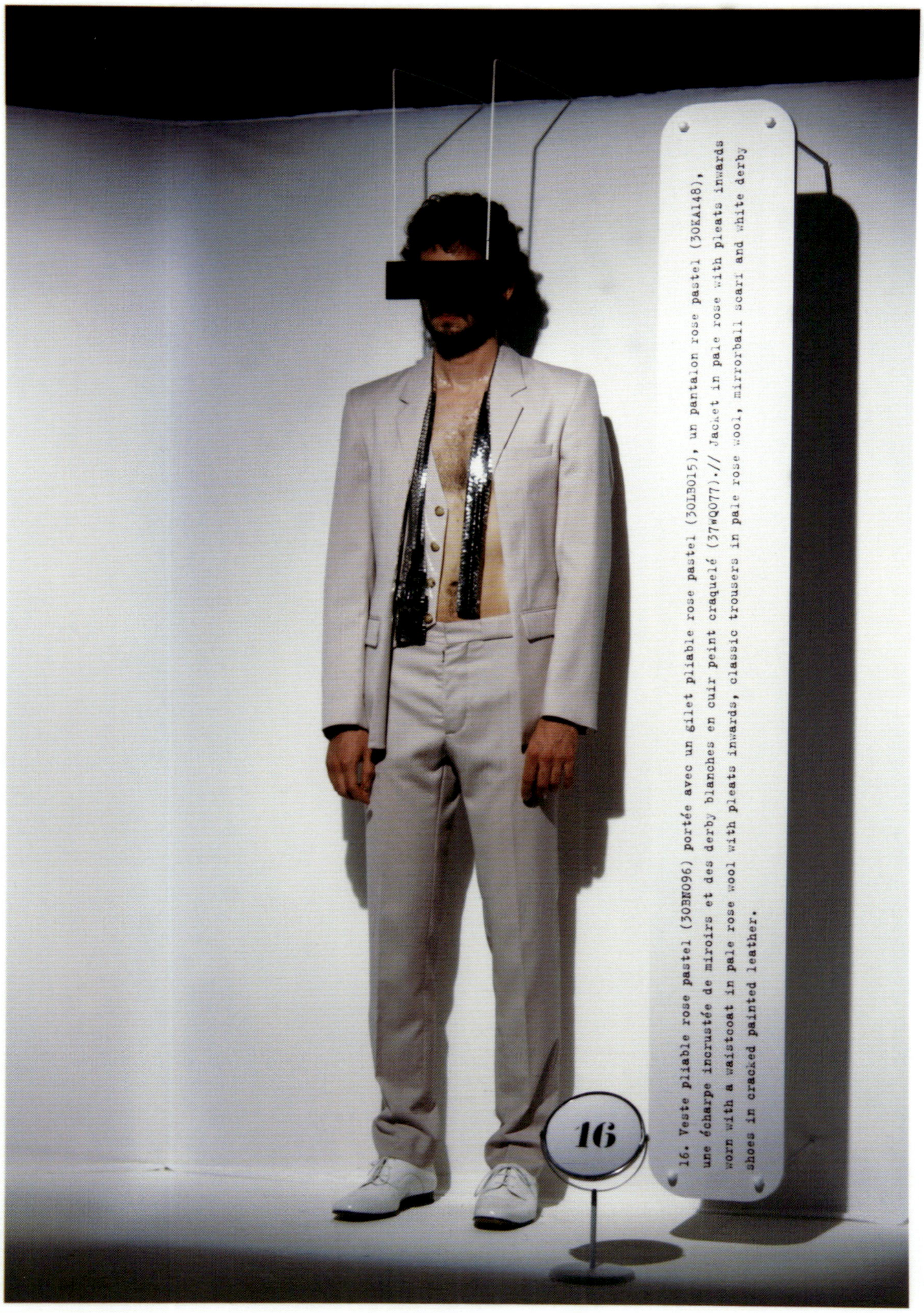
16. Veste pliable rose pastel (30BN096) portée avec un gilet pliable rose pastel (30LB015), un pantalon rose pastel (30KA148),
une écharpe incrustée de miroirs et des derby blanches en cuir peint craquelé (37WQ077).// Jacket in pale rose with pleats inwards
worn with a waistcoat in pale rose wool with pleats inwards, classic trousers in pale rose wool, mirrorball scarf and white derby
shoes in cracked painted leather.
16

2005 春夏 _ 女装秀 _ 后台 _ 亮片覆盖了各种配饰、服装以及女性的皮肤和指甲

I2I

2008/2009 秋冬 _《L' officiel Hommes》_“M”带T恤

1997 春夏 _ 女装展 _ 改造的男装外套放大比例，双肩线

42

2008/2009 秋冬 _ 女装秀 _ 后台

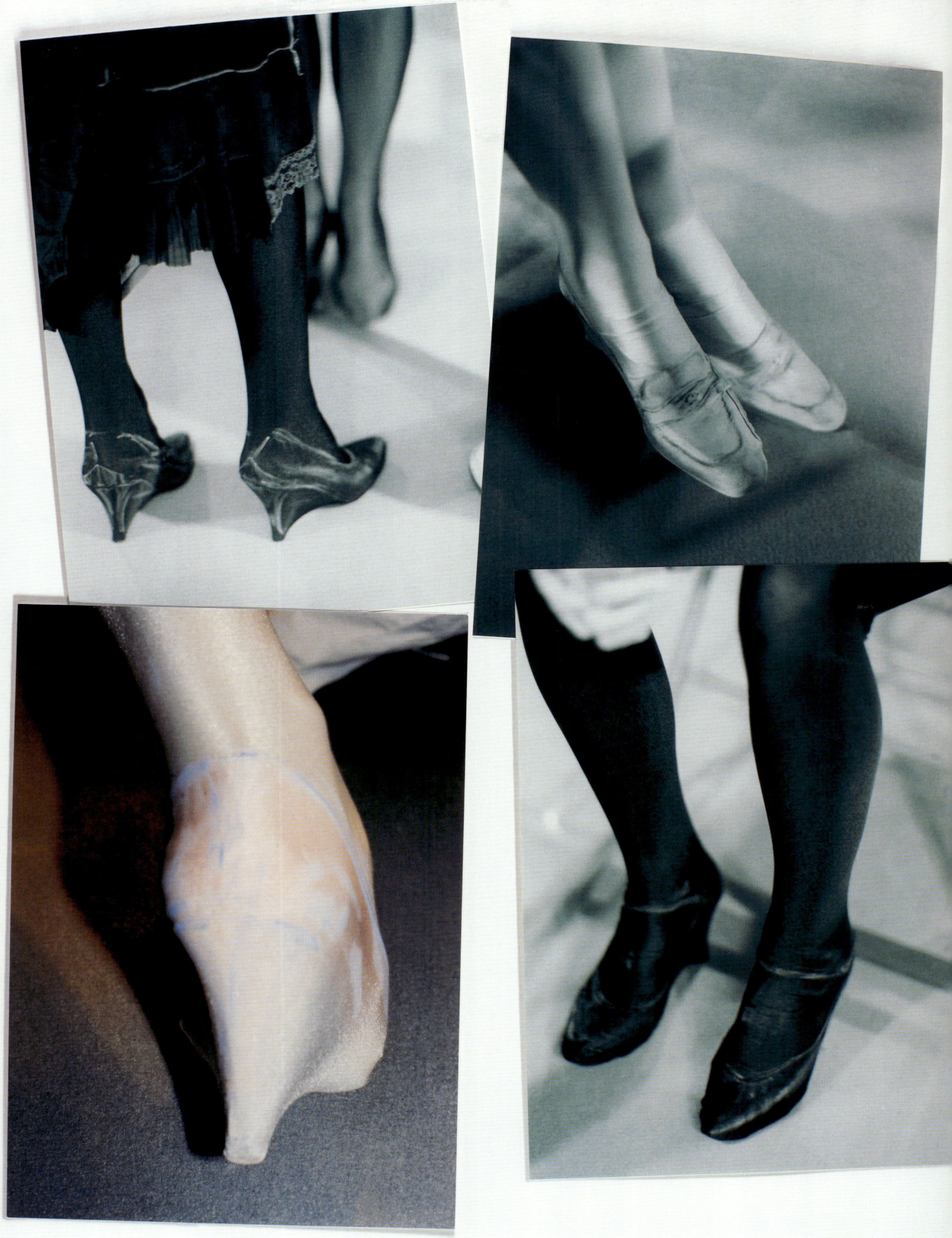

2003 春夏 _ 女装秀 _ 20 世纪 80 年代的鞋子被穿在了莱卡紧身裤里面，并用炭笔勾勒轮廓

JACKET MARTIN MARGIELA HOMME

2002 春夏 _《Purple》_ 莫瑞吉奥·卡特兰 [Maurizio Cattelan] 和朋友所穿的男式外套

2008/2009 秋冬＿MM6 系列

Maison Martin Margiela for View on Colour. 04/02/1998

(BEGINS)

WHAT IS COLOUR?
An intensity, a temperature, a clash, a harmony.
AND
HOW DO YOU USE IT?
When it asks.
WHAT IS BLACK?
An absence, a presence, a mood, a mantle.
WHAT IS RED?
A blush, a flush, a fever, a command.
WHAT IS SKIN?
A protection.
WHAT IS FABRIC?
A medium.
WHAT IS TEXTURE?
A result of time.
WHAT IS CONSTRUCTION?
A means to an end.
WHAT IS FUNCTION?
A reply to a need.
WHAT IS ART?
A need to reply.
WHAT IS CRAFTMANSHIP?
A fruit of time.
WHAT IS CLOTHING?
The final layer.
WHAT IS FASHION?
A series of propositions.
WHAT IS RECYCLING?
Another chance.
HOW DOES RECYCLING FIT INTO YOUR WORK?
By nature.
HOW DOES A CONCEPT DEVELOP AT MAISON MARTIN MARGIELA?
Time, a question, a reply.
HOW DOES A CONCEPT DEVELOP AT HERMES?
Time, another question, another reply.
WHAT WOULD YOU LIKE TO DEVELOP? BESIDES CLOTHING?
An understanding.
WHAT WORDS DO YOU LIVE BY?
We.

(ENDS)

1998 春夏＿《View On Colour》＿访谈

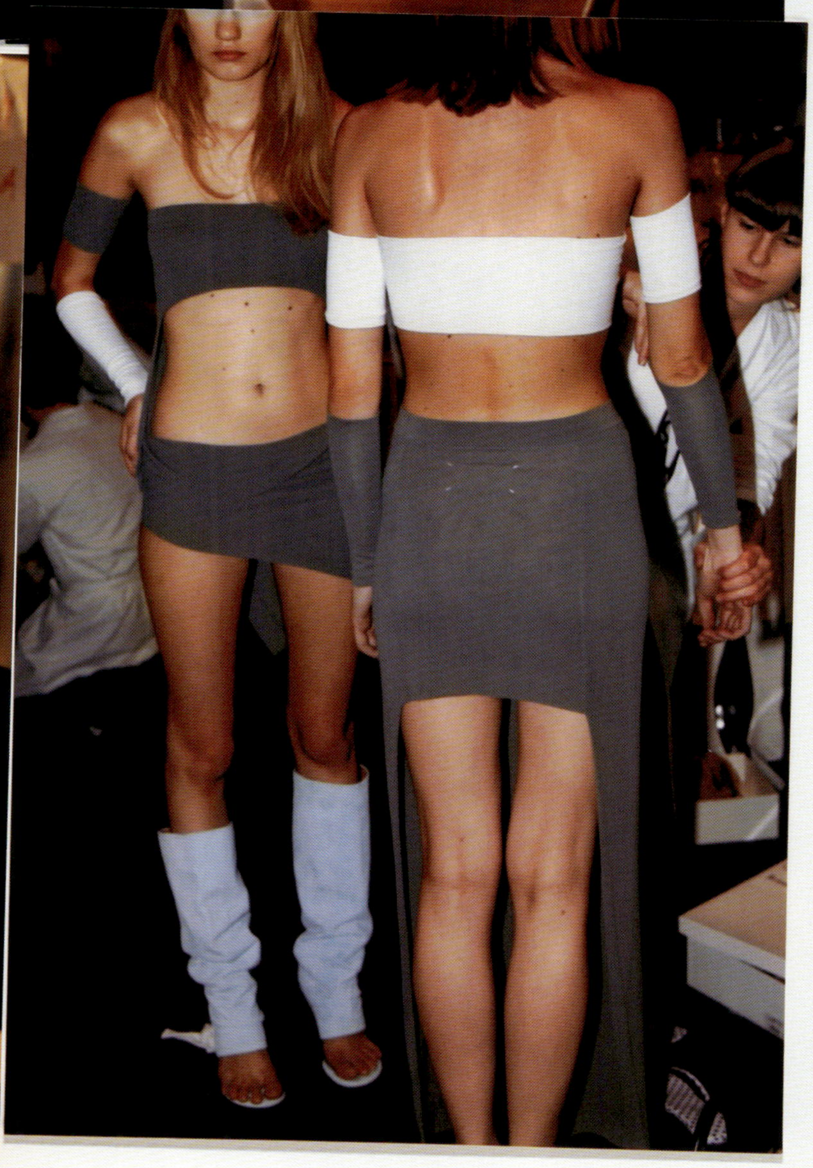

2008 春夏 _ 女装秀 _ 后台

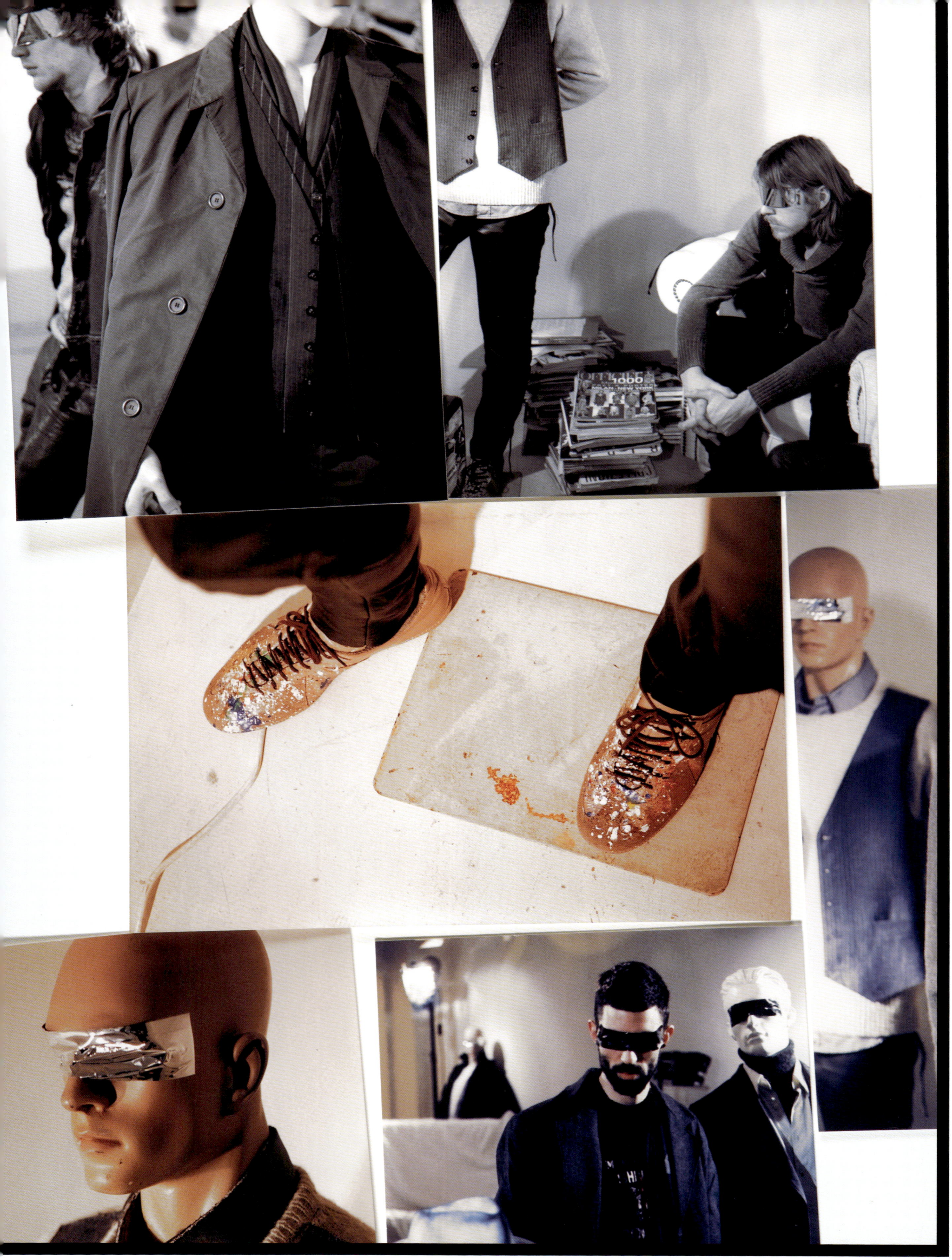

2004/2005 秋冬 _ 巴黎 Montpensier 的男装店中的男模风采，其特色是无论男模还是人体模特，眼睛都罩着黑色或银色塑料带

法国巴黎圣莫尔街总部 _ 办公室接待区，盖上白色棉布的家具

法国巴黎总部 _ 圣莫尔街 Maison Martin Margiela 的工作坊

PAS DE DÉFILÉ MAIS "UN JOURNAL" EXPLIQUE
UN TRENCH
DÉFORMÉ DEVIENT CAPUCHE, DES BOTTE
PÊCHEUR EN CUIR FAÇON GOMME.
87

2005/2006 秋冬 _ 1 系列 _《Mixte》_ 领口加长的 Oversize 围巾和战壕风衣，走秀时用围巾和风衣盖住头部，给人穿着者可以用大衣挡雨的视觉效果

e TWIN-SET

2009 春夏 _ 8 系列 _ 法国版《Vogue》_ 马丁 · 马吉拉受邀担任庆祝时装屋 20 周年专刊的特约编辑 _ 克里斯蒂 · 图灵顿 · 伯恩斯 [Christy Turlingtom Burns] 戴着“隐身明星”[Incognito Star] 太阳镜

10

CARINE ROITFELD

Margiela for ever !

On peut évoquer son luxe de détails, son artisanat haute couture parfaitement équilibré entre éléments recyclés et matières choisies, on peut parler de son propos toujours essentiel, le refus de fioritures inutiles, rappeler combien il a toujours eu, et continue d'avoir, une allure d'avance sur les autres, créateur d'incroyable influence. Mais au-delà des mots, des explications, ce qui, chez Martin Margiela, reste le plus parlant, c'est le vêtement lui-même, dans son ensemble, création radicale souvent,

classique transgressé toujours, dans lequel on se sent totalement soi-même ni déguisée, ni ridicule, ni déplacée. Et si l'homme ne se montre pas (je suis l'une des rares à connaître sa casquette de marin!), ses vêtements restent la meilleure preuve de lui-même. Des vêtements d'avant-garde et honnêtes, audacieux et sincères. Pas de tricherie, ce qui, dans le domaine de la mode, n'est pas si fréquent!

Carine.

永远的马吉拉！

卡润·瑞福来德［Carine Roitfeld］

我们谈到他充实的细节，他的高定服饰工匠精神，高度平衡的回收再利用元素和精心挑选的材料；我们谈到他的方法——总是恰到好处，舍去不必要的装饰。我们认为他是永远的先锋设计师，他总是敢为人先，是影响力极大的艺术家。马丁·马吉拉最重要的还是他的服饰本身，这是任何言语都无法描述的。他的作品十分超前，颠覆经典，穿上他的设计服装，人们绝不会感到荒唐、伪装或不合时宜。如果他不抛头露面［我是为数不多的见过他水手帽的人！］，他的服饰是他存在的最佳证明。他的作品带有实验性，却很真实、大胆且真诚，从不欺骗穿上它的人，这在时尚界是多么少见的事啊！

—

卡润·瑞福来德在法国工作，她的职业生涯始于法国版《ELLE》杂志，后继续在《Glamour》工作，在这里她遇到了马里奥·特斯帝罗，与他专门合作了多年。瑞福来德成了业内最受青睐的国际造型师，后来成为汤姆·福德在 Gucci 的顾问和缪斯，她积极参与了 Gucci 这个传奇意大利品牌的复苏。她从 2001 年 4 月开始担任法国版《Vogue》的主编，从 2007 年开始担任《Vogue Hommes International》的主编。她是马丁·马吉拉的好朋友，是马吉拉作品的忠实拥趸，在 20 世纪 90 年代甚至作为其作品流动展的模特出镜。

—

1992 春夏 _ 女装秀 _ 后台 _ 前景：卡润·瑞福来德在右边，爱慕略特·沃特［Emmanuelle Alt］在左边 _ 背景：马吉拉团队成员。

东京惠比寿店 _ 2000 年 9 月 21 日至 2006 年 2 月 22 日 _ tabi 靴的展示

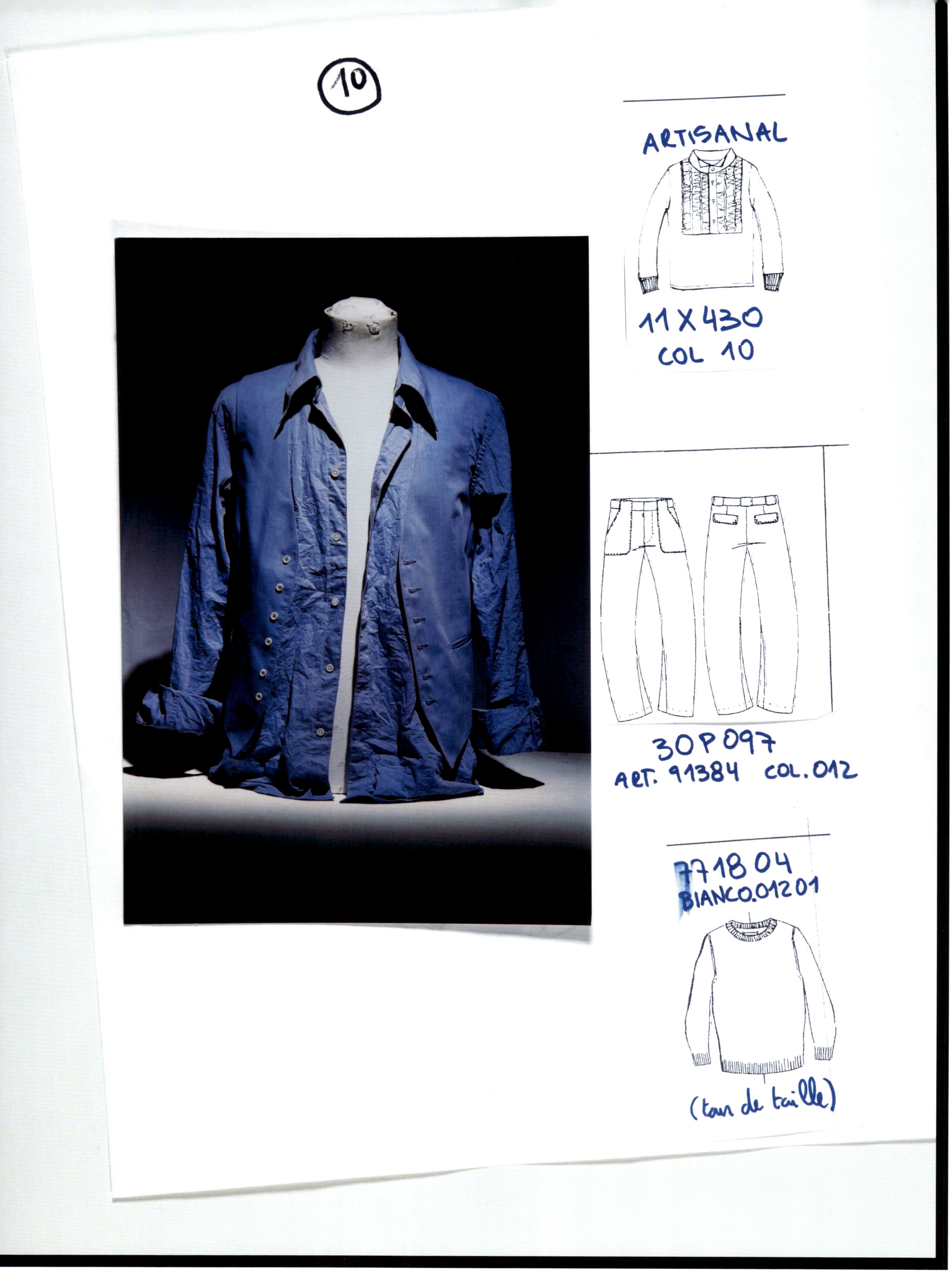
10
ARTISANAL
11X430
COL 10
30P097
ART. 91384 COL.012
771804
BIANCO.01201
(tour de taille)

2003 春夏 _ 10 系列 _ 青年布 [chambray] 背心和配套的褶皱棉质衬衫 _ 该系列的设计草图，服装主要是用牛仔布制成的

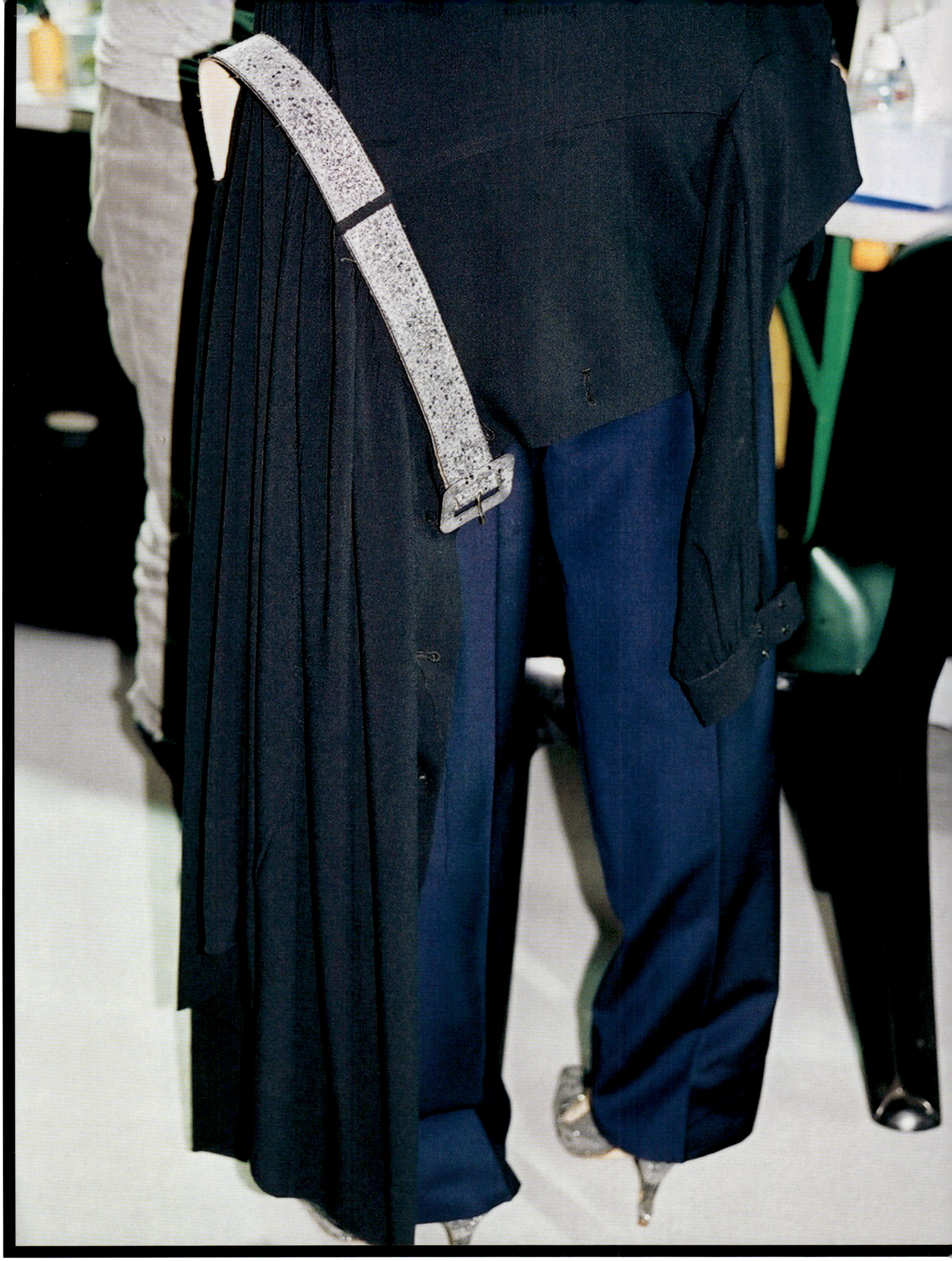

2005 春夏 _ 女装秀 _ 后台 _ 经过重新设计，黑色连衣裙改制为衬衫 [将连衣裙重构后，横向穿着]，侧面配闪闪发光的皮带作为装饰

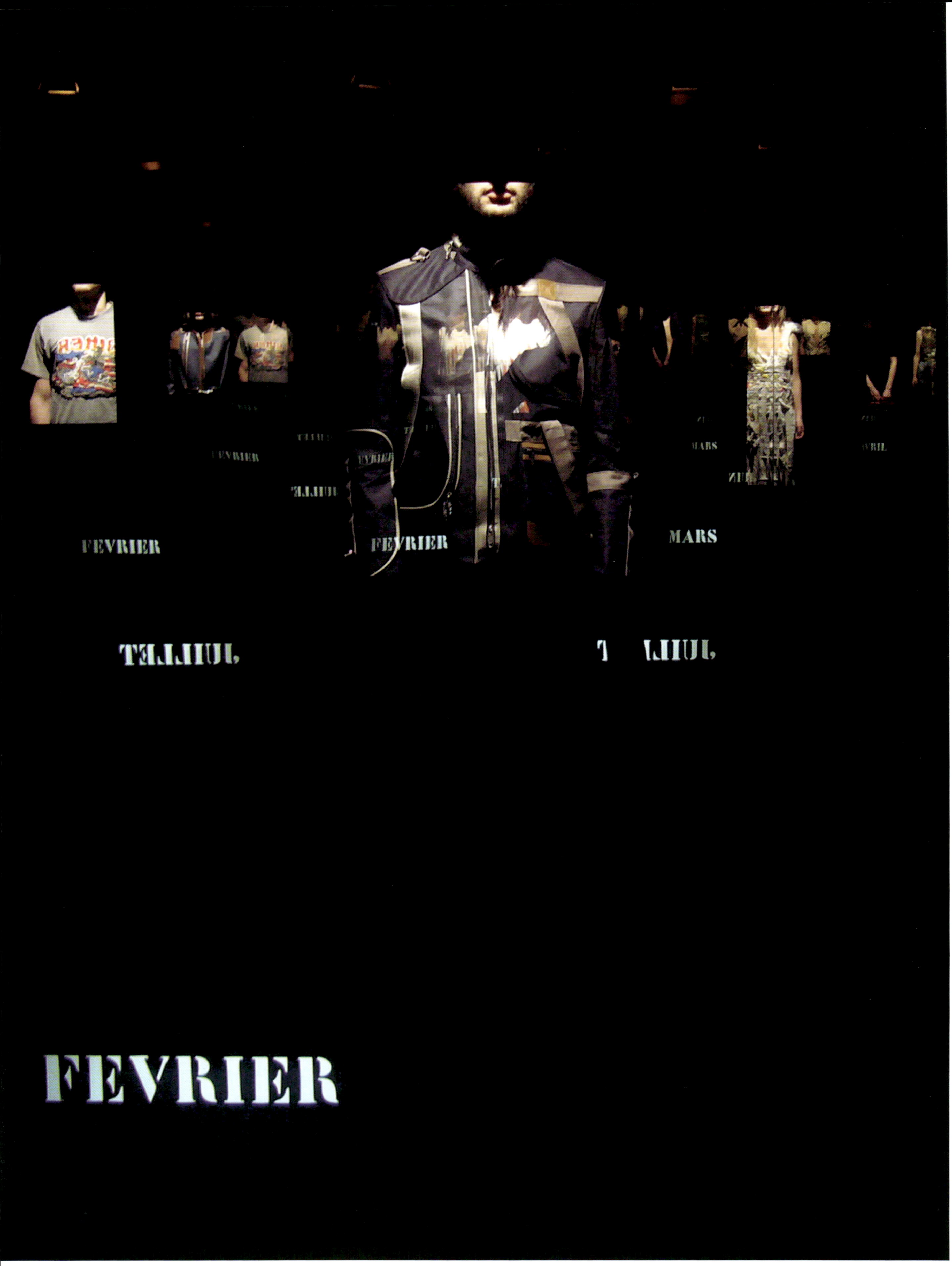
FEVRIER
FEVRIER
MARS
FEVRIER

2007 春夏 _ “Artisanal” 系列展 _ 12 个具有特殊灯光效果的展位，创建一种单向镜视觉效果，12 个展位代表了将每件服装交到店铺的月份

2000 春夏 _ 女装秀 _ Oversize 毛衣和太阳镜，与带有透明饰条的黑色裙子相搭配

2006 春夏 _ 女装秀 _ 缎子连衣裙的背面，缠有最原始的松紧带

OUTILLAGE

巴黎总部 _ 新闻展示厅位于大楼院子的仓库中，该仓库以前是工业设计学校的学生上课的地方。工具棚和桌子保持原始状态

lklore is private and intimately shared by groups in informal settings, it is also the most public
s when used by groups to symbolize their identity to themselves and others. Baron and Spitzer, Public Folklore, 19

2003 春夏 _《View On Colour》_ 将老式胶片的银色胶片用在古着衬裙上

ファッション週刊紙WWDジャパン
ウーマンズ・ウェア・デイリー・ジャパン
2003年（平成15年）
MARTIN MARGIELA
今年末までに大阪にブティックオープン
パリ発—2004年春夏コレクションを最後に「エルメス」との契約が終了するマルタン・マルジェラが、シグニチャーブランドのレディスウェアを強化する。同社のスポークスマンは、2004年春夏シーズンからレディスのトラディショナルラインと、アクセサリー及びシューズの販売を開始すると発表した。卸売りは今年8月から始める。が、どちらも、ショーは行なわない予定だ。新レディスラインは「4」と名付けられ、マルジェラのランウェイ・コレクションライン「1」より価格は高くなる。
また、同社は今年末までに6店舗目のブティックを大阪にオープンする。現在はパリと東京に2店ずつ、ブリュッセルに1店と計5店舗を構えている。
OPEN
Aug. 28, 2003-
マルタン マルジェラ オオサカ
〒542-0081 大阪府大阪市中央区南船場 3-2-6
大阪農林会館 202 号室
Martin Margiela, Osaka
Osaka Norin Kaikan, No. 202
3-2-6 Minami Senba, Chuo-ku, Osaka 542-0081
tel: 06-6282-0009 fax: 06-6282-6668

大阪店＿2003年8月28日开业＿邀请函以及鞋子陈列

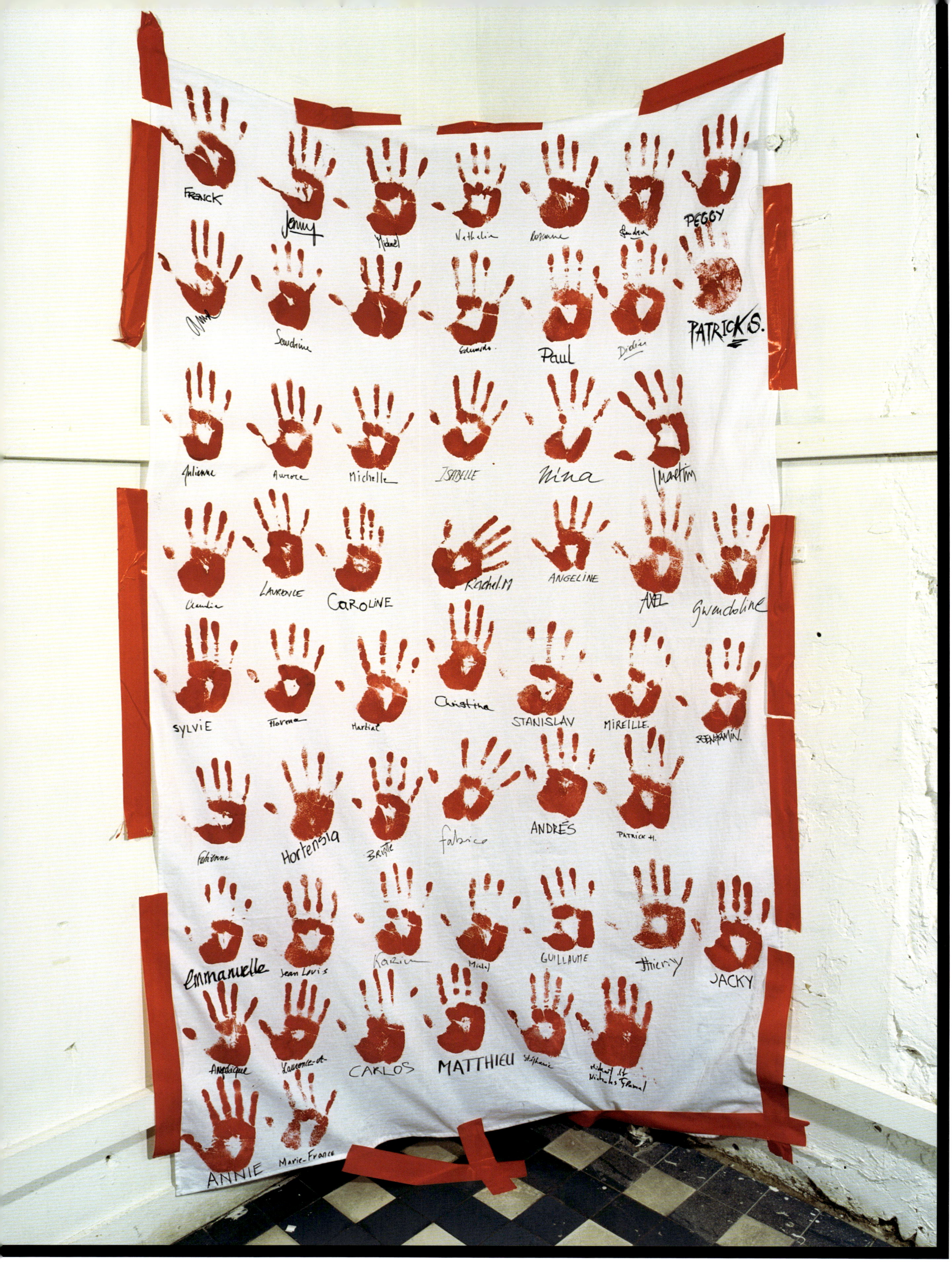
FRANCK
Jenny
PEGGY
PATRICK S.
Paul
ISABELLE
Nina
LAURENCE
CAROLINE
ANGELINE
AXEL
Gwendoline
SYLVIE
Christina
STANISLAV
MIREILLE
Hortensia
fabrice
ANDRÉS
Emmanuelle
GUILLAUME
Thierry
JACKY
CARLOS
MATTHIEU
ANNIE
Marie-France

巴黎总部 _《Mixte》_ Maison Martin Margiela 一处特点，2002 年 10 月至 11 月 _ 灵感来自东京一家饭店的一面墙，上面印满了著名相扑选手的红手印，Maison Martin Margiela 团队成员将手放在红色的油漆中，在白色棉布上印上手印，签上名字

1995/1996 秋冬 _ 女装秀 _ 用于制衣的黑色、红色、粉红色和紫红色织物的样品

THIBAUB

MARIE
1.80
CLAIRE L.
1.75.
BARBIE
1.83
26
27
DUNE V.
1.82
1.76
CAROLINE H.
1.80
HSP 454

2004 秋冬 _ 女装秀 _ 后台 _ 带有个人标签的黑色塑料包，里面装有团队所穿的白色棉布织物外套 _ 秀场安排公告牌

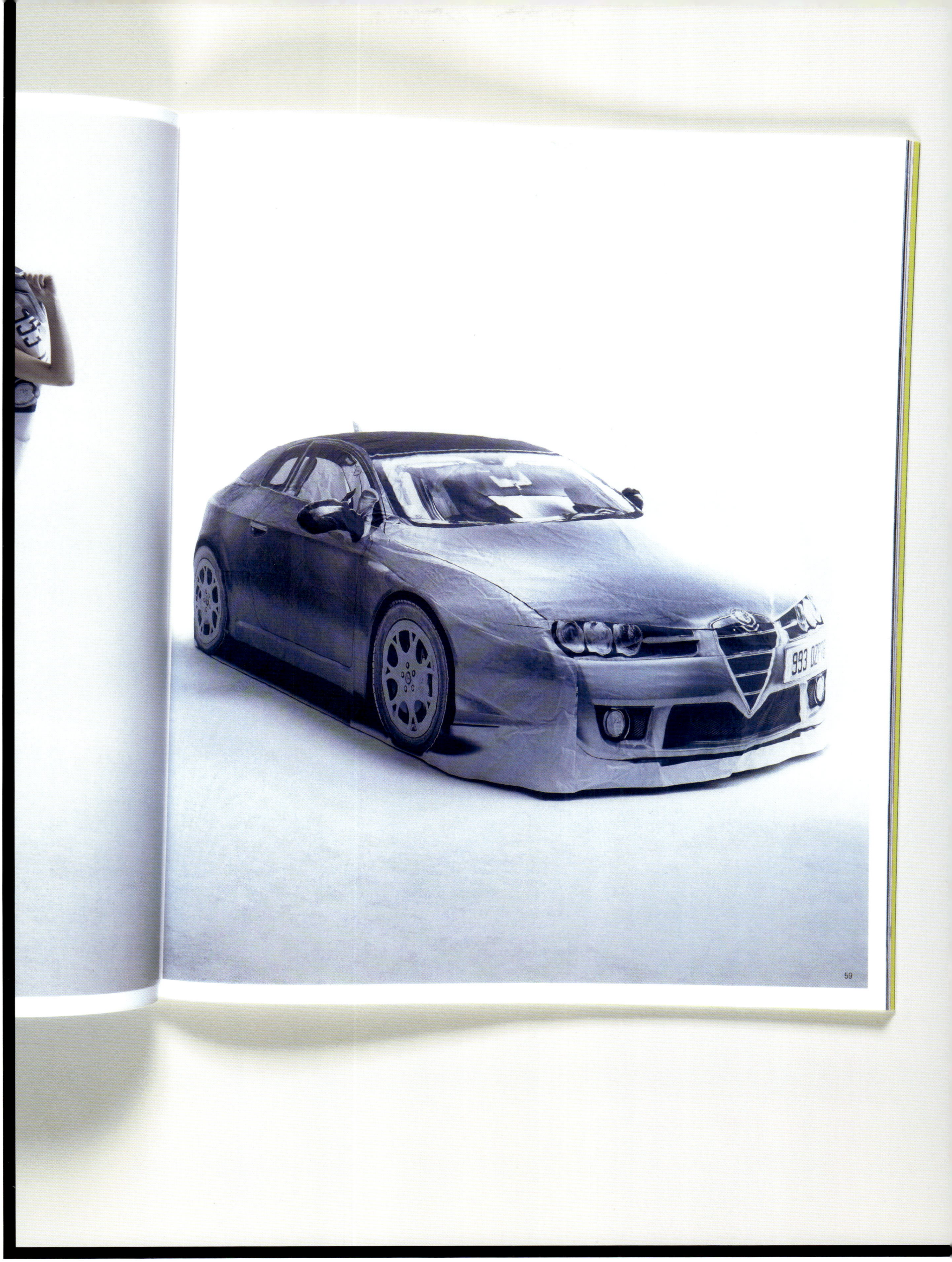
993 DZT
59

2008 _ 与《Intersection》 杂志合作推出的车套 _ 将作为家具套的白色棉织物，水煮之后，印上与汽车等比大小的照片，制造出 Trompe-L' oeil 视错效果

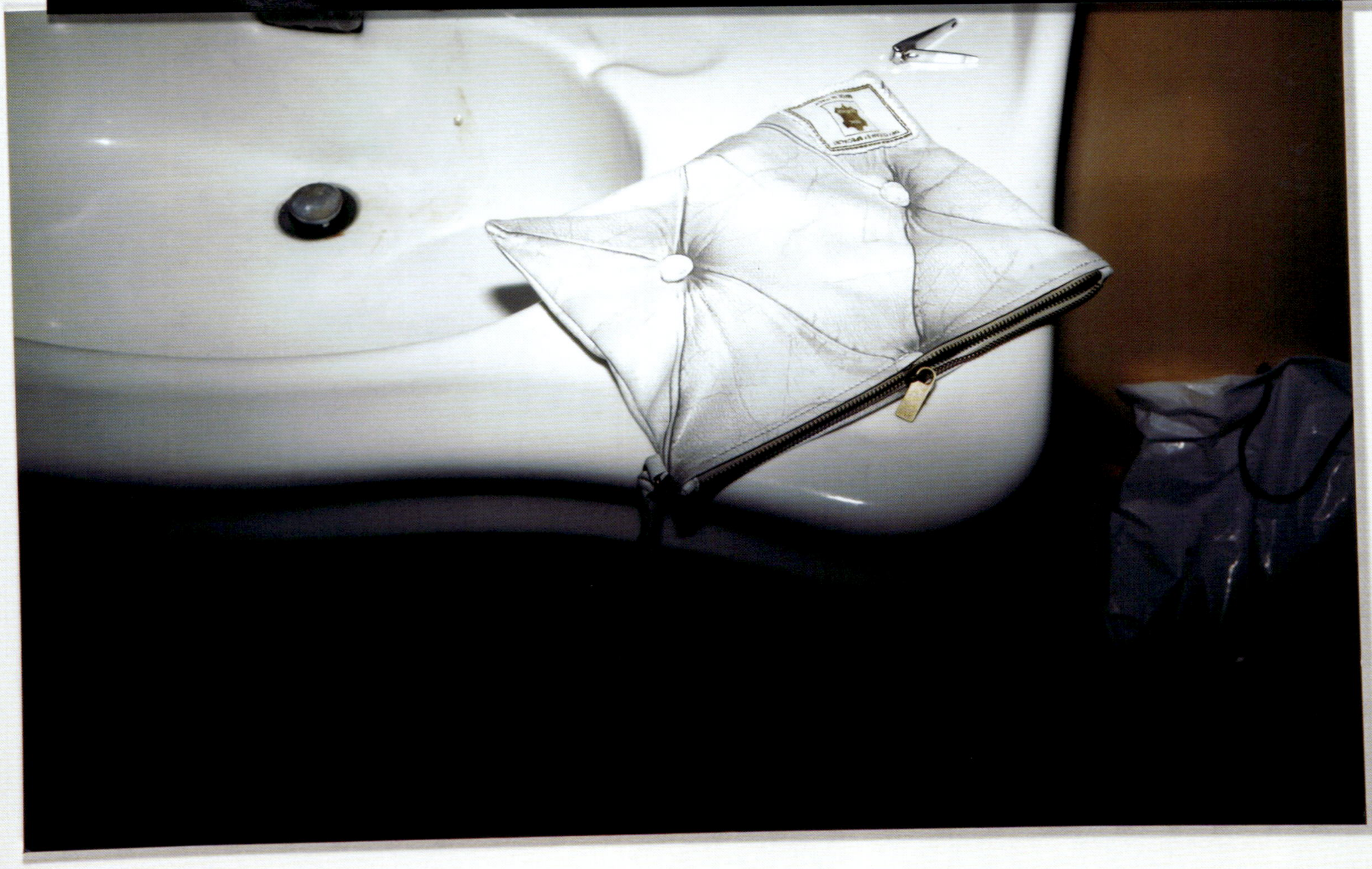

2004／2005 秋冬 _ 女装秀 _ 该系列包括四大类服装 _ 拍摄了各种纹理并将其印在不同的面料上，以产生 Trompe-L' oeil 视错效果

1993 春夏 _ 女装秀 _ 服装上的图案涂在了模特身上，她们的指尖被染成鲜艳的色彩

ıa
que,
com a
endido
ela
ares!
sadas
ões
mentos
anto
aisa
no
te
anton

1989/1990 秋冬 _ 美国版《ELLE》_ “Artisanal” 背心，由破碎盘子的瓷块，通过线绑在一起制成

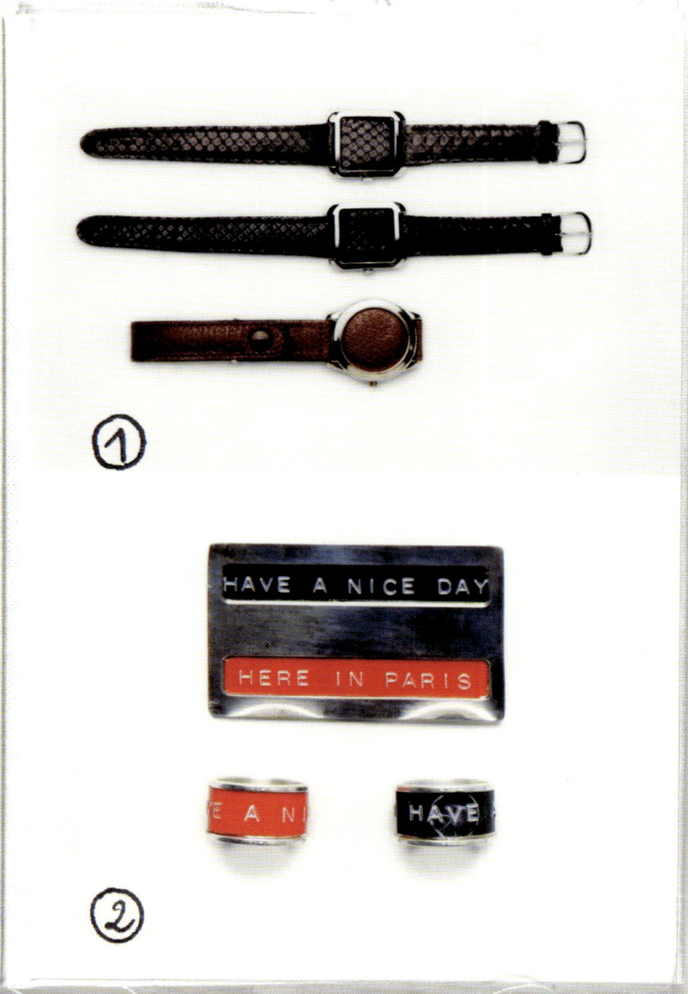

HAVE A NICE DAY
HERE IN PARIS

MAISON MARTIN MARGIELA
PRESENTATION HOMME
A/H 2006 DU VENDREDI
27 AU MARDI 31 JANVIER
2006 DE 10H00 A 18H00
SUR RENDEZ-VOUS, 01.44.53.63.20
163 RUE ST MAUR 75011 PARIS

2006/2007 秋冬 _ 男装展 _ 11 、14 系列手册 _ 邀请函

2008 春夏 _ 0 系列 _ 缝在丝绸雪纺上的古着纽扣，组成像素一样的张口图案

巴黎总部 _《High Fashion》_ 2008 年 12 月 _ 室内设计办公室：为商店、陈列室和装置设施提供建筑概念的工作坊

PANINI
FRITES
SANDWICHS
SALADE

2002 春夏 _ 10 系列 _ “白色” 和 “黑色” 机车夹克

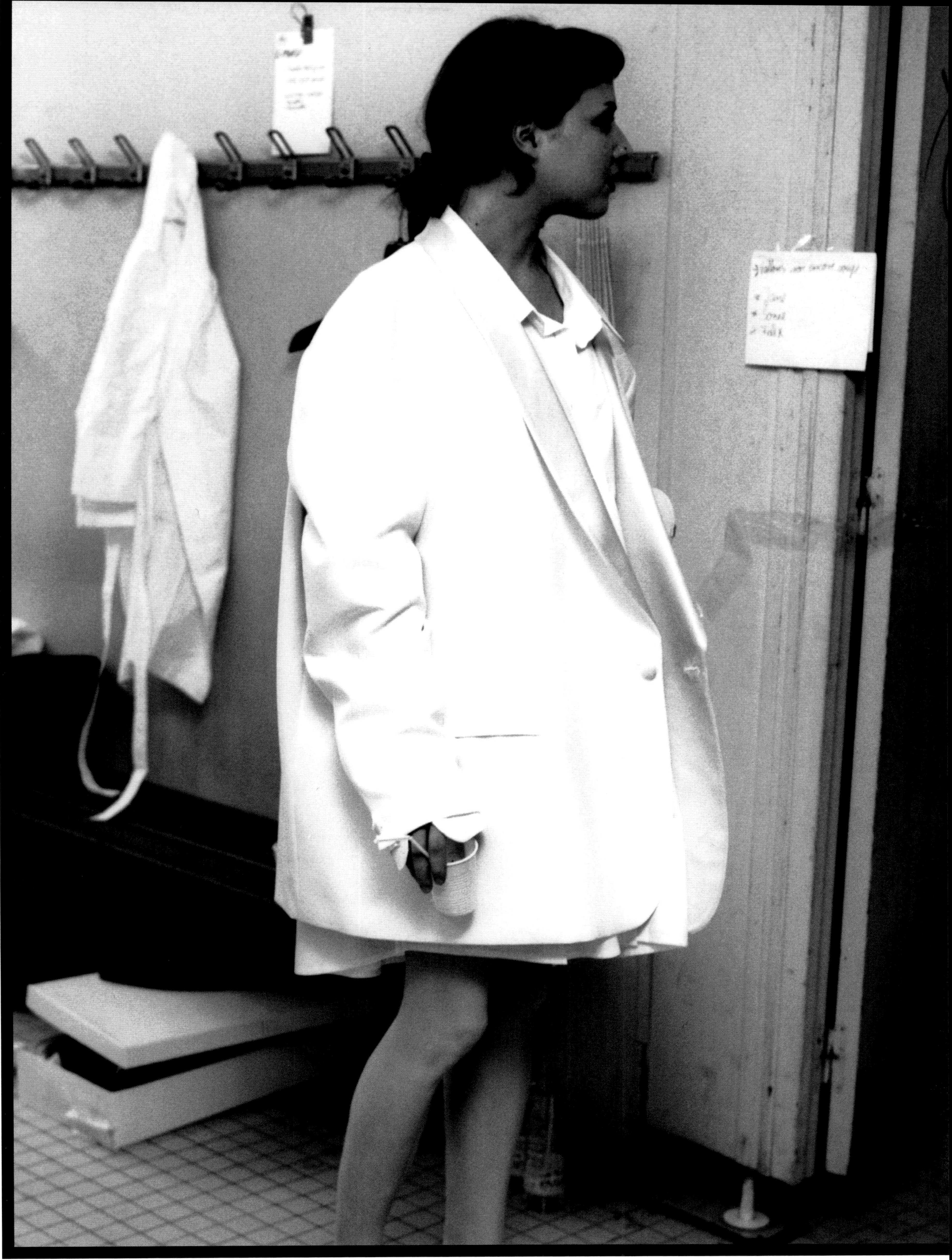

2000 春夏 _ 女装秀 _ Oversize 白色晚宴外套

NEROSUNUDO
SOVRAESPOSIZIONE DI PELLE NUDA E PORNO CHIC? C'È CHI SORRIDE DEI LUOGHI COMUNI... E ATTIZZA L'INTERESSE PER IL CORPO CON INVENZIONI E ILLUSIONISMI SPIAZZANTI
IN 3 STORIE
SPALLEPIPEDO
Incredibile la sostituzione delle spalle da due tratti verticali fino a nascondere il viso... Dall'abito inguinale alla giacca alla tuta.
Mises plasmabili... Si prestano a trasformismi e atteggiamenti misteriosi.
CORPOBARRATO
Erotica geometria: è il turno della diagonale... Abito obliquo ridotto a puro e semplice pannello di seta, ma anche di rete. Su body monomanica o catsuit color nudo.
SCRAPBOOK
DI LELE ACQUARONE
Vogue
Invito ai giochi grafici fra abito obliquo e body. Un paio di leggings è sufficiente a completare.
Corpo barrato anche dai zip... Funzionano nei due sensi: dall'ombelico ingiù o dalle caviglie insù. Zip da un polso all'altro per il top.
CLERGYDOLL
Arditi cenni clericali sopra sexy gambe con giarrettiere reggi-cuissardes. Notare gli shorts diagonali.
Un lungo chiodo da ferramenta il tacco favorito. Sul filo del nuovo eros...
Nuovo gioiello: il collare rigido di metallo. Indispensabile per la serie "talare".

2008/2009 秋冬 _ 意大利版《Vogue》

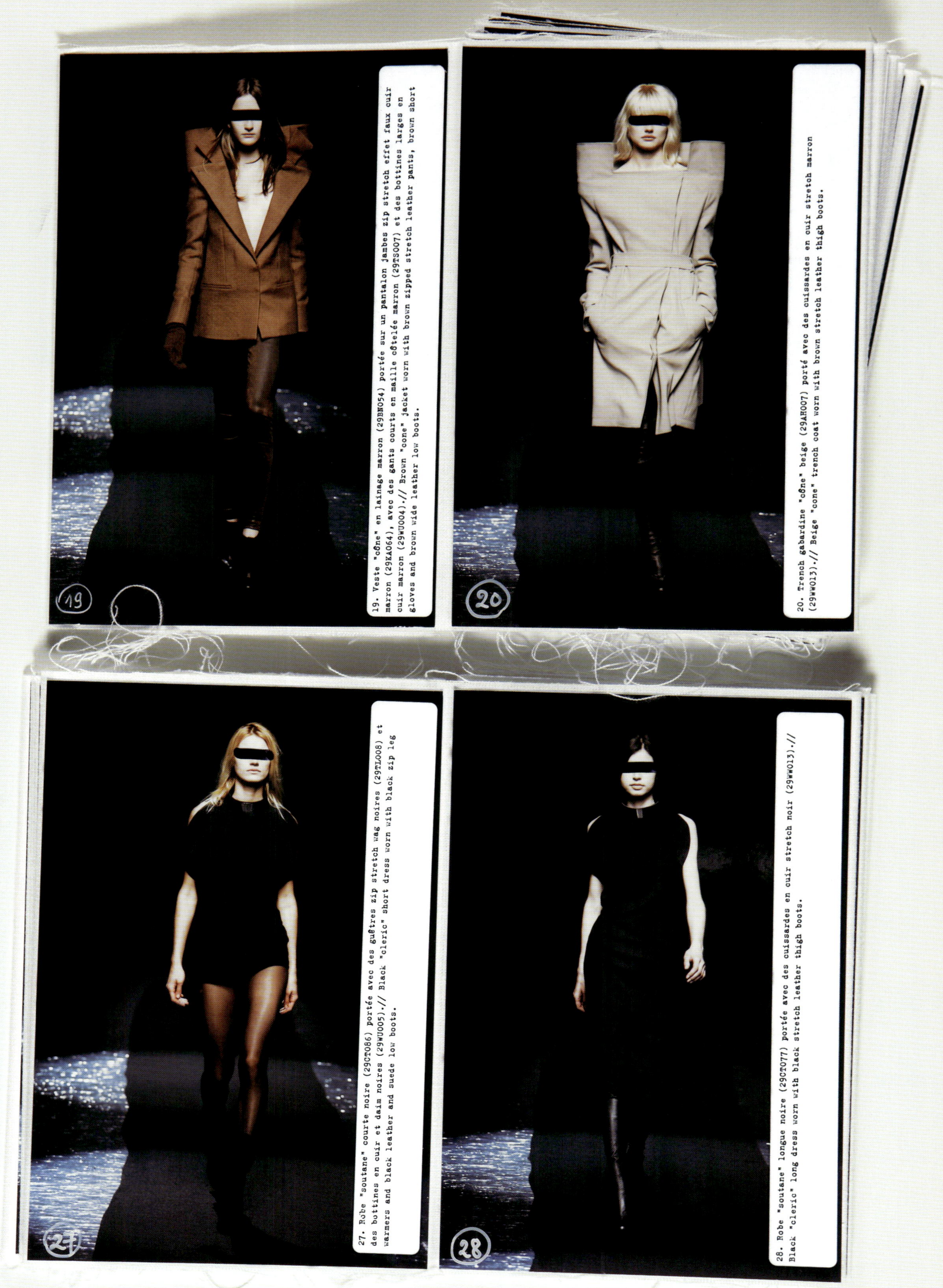
19
19. Veste "cône" en lainage marron (29BN054) portée sur un pantalon jambes zip stretch effet faux cuir marron (29KA064), avec des gants courts en maille côtelée marron (29TS007) et des bottines larges en cuir marron (29WU004).// Brown "cone" jacket worn with brown zipped stretch leather pants, brown short gloves and brown wide leather low boots.
20
20. Trench gabardine "cône" beige (29AH007) porté avec des cuissardes en cuir stretch marron (29WW013).// Beige "cone" trench coat worn with brown stretch leather thigh boots.
27
27. Robe "soutane" courte noire (29CT086) portée avec des guêtres zip stretch wag noires (29TL008) et des bottines en cuir et daim noires (29WU005).// Black "cleric" short dress worn with black zip leg warmers and black leather and suede low boots.
28
28. Robe "soutane" longue noire (29CT077) portée avec des cuissardes en cuir stretch noir (29WW013).// Black "cleric" long dress worn with black stretch leather thigh boots.

2008/2009 秋冬 _ 走秀系列 _ 型录

2007 春夏 _ 1 系列 _ 这款结构的夹克采用超大号棉垫肩设计，并配有大比例、开放式针织渔网袖子

THE WHITE SHIRT
FANTASTIC
MAISON MARTIN MARGIELA's shirt from the 14 line ('a wardrobe for men') is a one pocket shirt with an exaggerated tail. The cotton used here is simple and elegant without too much fuss or sophistication.
- 67 -

2007 春夏 _《Fantastic Man》[图中文字 :14 系列“男人的衣柜”[a wardrobe for men] _ 马吉拉设计的一款男士衬衫，只有一个口袋，衬衫的尾部设计比较夸张。所用的棉布简单优雅，没有过多烦琐装饰]

1992 春夏＿女装秀＿女性的皮肤上涂有衣服面料的图案，每个女性都在双眼的内眼角都贴了一颗莱茵石

14
pour

巴黎总部 _ 男士商业展示厅 _ 定制的行李箱和裁缝师的白色人台确定了 14 系列的概念：经典而永恒的男士衣橱

2006/2007 秋冬 _ 0 系列 _ 用古着皮革风衣的皮带，组合制成独特的夹克。强调多色皮革和不规则线条，精心挑拣了一些皮带保持原样，用在衣服正面，可以用它们将衣服扣上

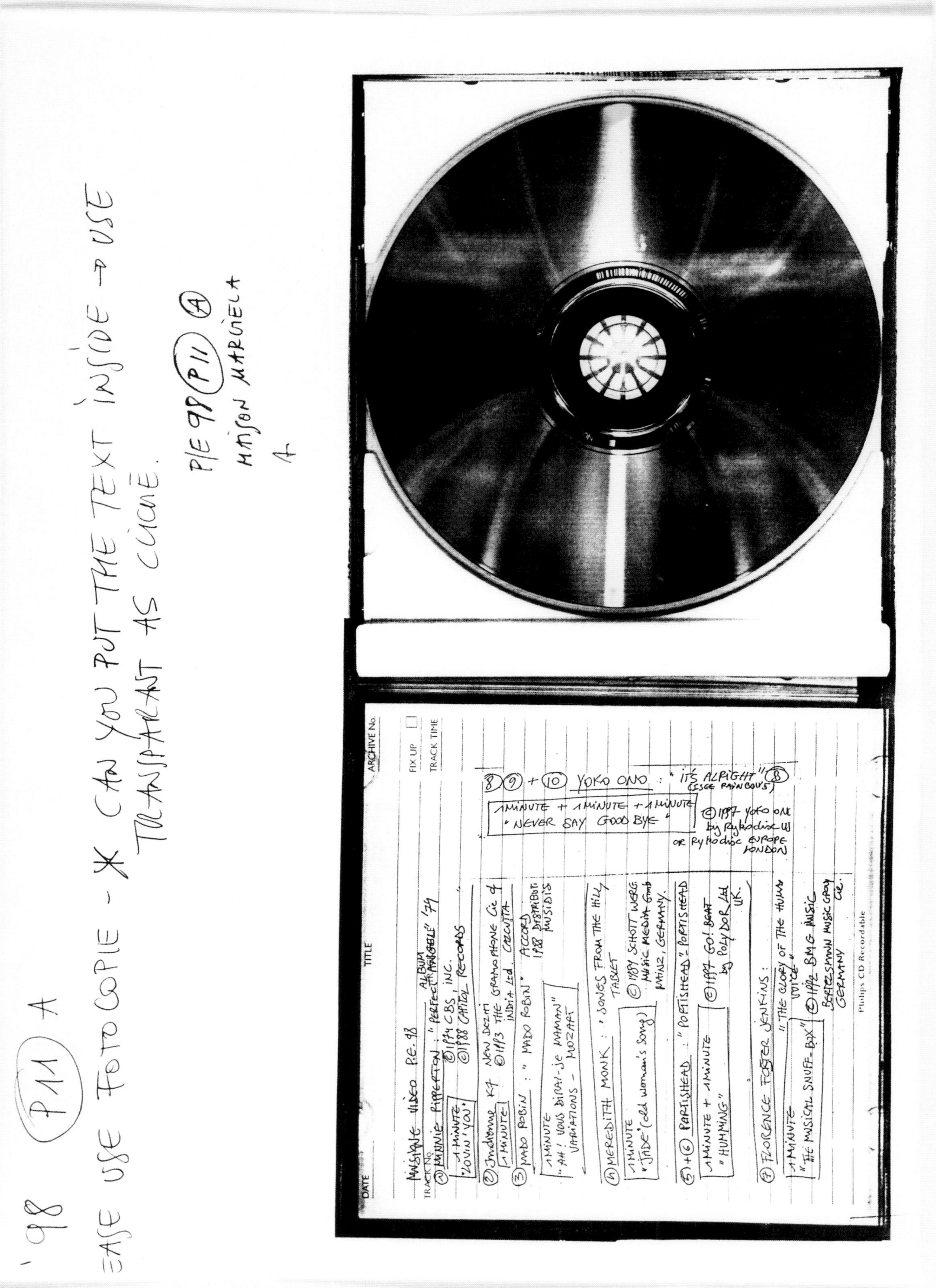
'98 P11 A
EASE USE FOTOCOPIE - * CAN YOU PUT THE TEXT INSIDE → USE
TRANSPARANT AS CLICHÉ.
P/E 98 P11 A
MAISON MARGIELA
YOKO ONO : "IT'S ALRIGHT"
"NEVER SAY GOOD BYE"
MEREDITH MONK : "SONGS FROM THE HILL"
PORTISHEAD : "PORTISHEAD" PORTISHEAD
FLORENCE FOSTER JENKINS :
Philips CD Recordable

1998 春夏 _ 女装秀 _ 配乐

巴黎建筑与遗产博物馆举办的“La Suite Elle Décoration”展览 _ 2008 年 12 月 20 日 _ 继克里斯汀 · 拉克鲁瓦 [Christian Lacroix] 之后，2009 年 Maison Martin Margiela 团队应邀担任“ La Sutte”的客座室内设计师

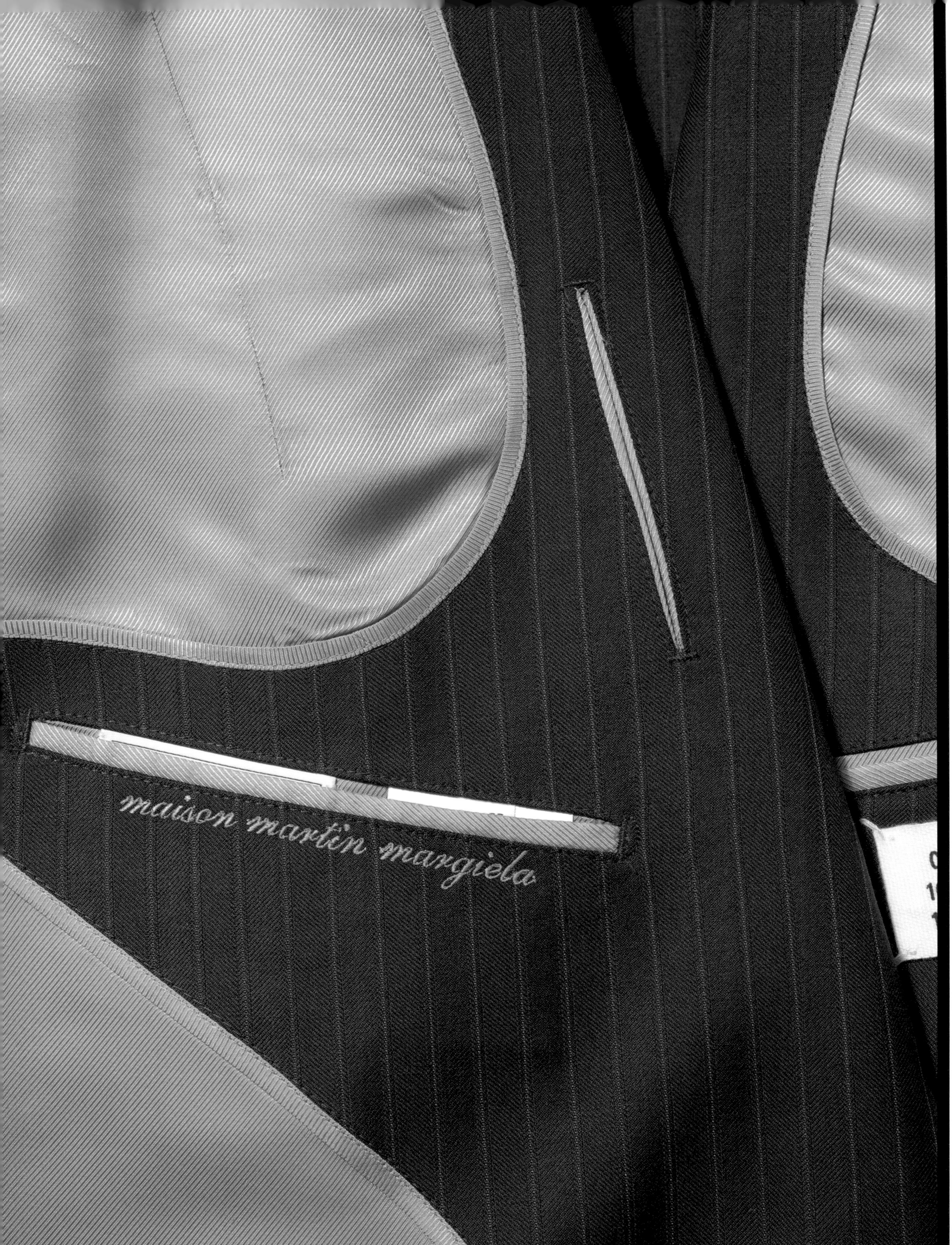
maison martin margiela

2008/2009 秋冬 _ “Sartorial”系列 _ Maison Martin Margiela 通过创作“Sartorial”系列，拓展了其 14 系列，使用了来自那不勒斯和萨维尔街裁缝传统的手工艺和珍贵材料。这一系列很容易被辨识，标志是金色走线以及内口袋的刺绣

11

四十个时装季的邀请与创造

文森特·威林克 [Vincent Wierink]

你认识喜欢收电报的人吗？尤其是在 1988 年，当时电报还没有被废弃，但无疑只有很少的人还在使用。电报总是让人联想到坏消息，令人很不安，收到的时候会心跳加速，惴惴不安……

而这就是来自比利时的珍妮·梅伦斯 [Jenny Meirens] 和马丁·马吉拉选择送邀请函的方式：作为位于巴黎的一家时装屋的联合创始人，他们决定用这种方式来邀请时尚界的专业人士、买手和爱好者来参加他们的第一场时装秀——1989 春夏女装成衣系列。10 月 23 日下午 4:30，时尚界的新人将在巴黎的咖啡馆剧院 [Café de la Gare] 开启新的篇章，而在通常情况下，这里从来不会用来举办时尚相关的活动。[1]

在那个时代，由于受到日本设计师的影响，时装秀的邀请函突破了各种限制，各品牌每六个月都要对邀请函的版式、颜色、材料、尺寸和包装的创意设计进行比拼，不过这至少代表了一种所谓的"突破性沟通"。而这场特别的时装秀通过一个大胆的选择来暂停这样的创意比赛和设计攀比：此次的邀请函绝对标准化，盖上邮戳，没有参照当时流行的邀请函形式。收到邀请的 300 多人，首先要克服让人联想到坏消息的电报带来的刺激，然后将参加一场摆脱了许多惯例的时装秀。这又说来话长了……让·保罗·高缇耶坐在秀场的第一排最好的座位之一，他非常激动而且自豪，他的出席对马丁·马吉拉也是一种莫大的鼓励，因为马丁在之前三年曾经是他的助理！

六个月后，又来一封新的信件，装在一个普通的信封中，就这样"嗖"地就跌进了信箱。信封里面，就一张简陋的软纸，还是从《Paris Boum Boum》上撕下来的，周刊上刊登各种免费的小告示，就像我们在咖啡馆、火车站或面包店随便拿起来看，看完了通常也就随手扔掉的那样。在非常不友好的版式里密密麻麻地排着成千个字符，充斥着不美观的字体和看起来像骗人的小广告，在"社会新闻栏"的"其他"板块，一个小小的从未发布的小告示，写着也许只针对一些人的一个活动，只有一个地址、日期和时间……平淡无奇、简陋，甚至有点俗气，如果没有被红色圈起来，几乎发现不了。[2] 对于时尚界这样经常与精英阶层挂钩的领域，这样的表达方式无疑非常的少见；尤其在那些年里，很多品牌还会在时装秀的邀请函上悄悄喷上独特的香水……但是这种"少即是多"的理念后来显得很恰当。

这样的态度奠定了一种新的表达方式。这种比较经济的手段 [这个词很弱] 当然是有多个原因的：首先显然是缺乏资金，对于初来乍到的品牌来说，这是令人忧伤但是非常正常的情况。但几乎可以肯定的是，如果你对这个品牌有一些了解，那你就会知道即使创始人有更多的预算资金，他们也还是会选择这样做的。从这里还可以看出一定的自主权 [自那以后披上了传奇的色彩，并引发出一些滑稽的假设]，还有谦虚、害羞，甚至是面对狂热和夸张的本能克制，也许是在面对媒体和买家时，他们表现出的恐惧感，更倾向于来自弗拉芒地区的"震惊感"，而不是巴黎式的"时髦感"。从这里也可以看出一种强烈的愿望，他们想要将邀请函的形式从服装系列的主题中剥离开来。

虽然一开始财力有限，但效果还是很好的，这几乎代表了 Maison Martin Margiela 的沟通方式和结构形式。这当然是一种独创性，与其说是艰苦的探索，不如说更像是个性的延伸。极简主义源于马丁强调的缺席和隐形，这一点获得了他的联合创始人的充分理解和支持。

在二十年的发展历史中，Maison Martin Margiela 也解构了时间，不断探究服装的外形和突破服装的功能，时装秀的邀请方式也不断地受到外界的质疑：从 1992 年到 2005 年的十几个时装季，他们沿用自己大胆而前所未有的方式来做邀请函。面对别人使用他们的"代码"，则表现出图案设计者的一种不干预的状态：继续使用印台完成其工作。他们直接忽略了竞争，这种克制的状态 [也有人说是"悲惨主义"] 显得有些讽刺，微妙而持久。

后来，我们看到，参加时装秀的客人带着硕大的字母邀请函，尺寸都超出了衣服口袋，这些大白纸板上面印有红色或黑色的字，写了日期、地点、具体时间和地铁站。[3] 每个字母代表着观众所在的观看区域。但有很多悬念……因为字母 A 不一定会比字母 E 的位置更好！站着、坐在前排，还是在看台的顶部？要去了才知道……

这种看起来不容易再有新意的"字母"邀请函，有被厌倦的风险，于是也被其他的方式所取代了。有时是充满象征意义的语言，有时是温柔的信息，有时是字谜，有时是游戏［甚至是有点难度，有时候服装季的邀请函就像是做智商测试］，有时是独一无二的画作，如 1990 春夏系列时装秀：数百个预先切割好的硬纸板被放在包装中，然后让幼儿园的孩子们以时装表演为主题自由地发挥，他们的想象力如脱缰野马，[4] 所以最后需要额外加上一个戳、一张地图以及从日历上截下来的日期。

然而任何实验都是有风险的，也有失败的可能……人们在重要日子来临前总是胆战心惊，而过去之后则一笑了之。比如有一次，邀请函是一个装在信封里的便利贴，上面潦草地写着一个电话号码，尽管有好几台答录机，但打过去总是占线！[5] 答录机告知的时装秀时间是一直到晚上 7 点，而大多数人则在晚上 7 点的时候才到达！

幸运的是，大多数时装季都没有发生这种意外。有时候是一张摇滚音乐会的门票，[6] 有时候是一张葡萄酒的标签，上面印有红色的字［"来和我们一起喝一杯吧！"］。还有时候是一小块橡胶，上面印有"超级小"的文字，只有用手指撑开才能看清。[7] 还有可能是一包卷起来的纸片，一打开信息就飞散开来……[8] 还有纯粹的超现实主义，一年 365 天只有一个日期出现，指的就是时装秀的那一天！[9]

1992 春夏时装秀的邀请函则在被忽略的边缘游走：蜷缩在信封底部的一张几乎看不到的小名片，如果没有手写的"邀请"一词，那就要被忽略了。马丁 · 马吉拉似乎是以这种让人容易错过的方式，来笑对其他品牌对时装秀投入太多的关注吗？

多年以来，使用这种套印的主题也有几个扩展：比如在由法国高级时装协会编辑的时装秀日历［临时版］上，印上了 1999 春夏时装秀邀请函，在 89 个品牌的时间安排中，关于 Maison Martin Margiela 的那一行只是简单地勾画出来了而已，告知大家走秀的时间地址。[10] 还有的时候，巴黎的各种咖啡馆、酒馆、啤酒店的广告翻印在一个版面中，而这中间就有参加时装秀的通行证，只有一个箭头指向参加的地点［2004 / 2005 秋冬时装秀］。[11] 邀请函还可能是一张颜色与莎玛丽丹百货公司一样的地铁路线图，上面印有各种印章，将带你前往 Gibus——在 Faubourg-du-Temple 街上一个著名的迪斯科舞厅［1997 / 1998 秋冬季时装秀］。

《J'aime pas la culture "I don't like culture"》展览的宣传单则成为 2003 / 2004 秋冬系列时装秀的邀请函，[12] 时装秀在该展览令人印象深刻的城市装饰中举行，地点为巴黎的人工湖盆地 Bassin de La Villette。装饰物不是专为时尚设计的，没有任何修饰，也印证了品牌回收利用的理念。

有时候充满概念的游戏［2006 春夏时装秀］还挑战了刻板印象。通常，你会打开一个写着你的收信地址的信封，而不是这一个，它被嵌在一个长方形的硬质透明塑料包装中。正面是你的地址，而背面是你要去的地方。极其简单，而又很巧妙，原本承载内容的载体成了内容本身。

下一个时装季的邀请函成了一张信用卡，当然是马吉拉世界里的白色［但印出来是银色的］，这张卡将带你进入巴黎装饰艺术博物馆。[13] 六个月后，则是一条身份手环，[14] 通常是给参加摇滚音乐会的人［或者套在新生儿的手腕上……］，这是你进入巴黎美术学院看秀的"通行证"。

在 1998 春夏时装秀，Maison Martin Margiela 决定与川久保玲的品牌 Comme des Garçons 一起办秀，这仿佛是为了表明他们的互相欣赏，这样的情况是很少见的。观众可以在巴黎古监狱［La Conciergerie］观看这两场秀，中间只间隔几分钟。"芝麻"大小的邀请函是由古老的机构巴黎钱币博物馆打造的铜币，[15] 放在一个用于收藏钱币的纸板套中，这个纸板被放进塑料信封中。川久保玲设计的邀请函也被放进同一个信封中。

多年来，邀请函的颜色基本限制在几个固定的颜色［白色、红色和黑色］。在一个时尚让人狂热、兴奋、激动和烦恼的世界中，现实生活和梦幻之间的界限消失了，而这些看起来"缺乏魅力"的邀请函则突显了时尚这个领域能有多么与众不同。这个拥有来自十六个国家的员工的时装屋，没有产生任何的优越感。缝纫车间及其"手工人"的工作氛围是 Maison Martin Margiela 最具标志性的印象之一，在时装秀期间，员工们所穿的白色大褂的地位超过了其他一切服装。

这种对色彩的专一也体现在盛有［红色］葡萄酒的［白色］塑料杯中，每次在时装秀开场前 Maison Martin Margiela 都让观众边喝边耐心等待。在陶瓷质地的咖啡杯上，侧面印着佛罗伦萨男装周的邀请函；[16] 在盘子的底部，有一张字条，上面是用不能擦掉的毡笔写的字［2006 春夏男士系列］。仍然跟"美食"有关，毫无疑问是来自比利时——这个以美食为代表的国家，一板巧克力［黑巧克力，可可占 72%］被包装在白纸中，作为参加 2007 / 2008 秋冬时装秀的邀请函。[17] 为了方便所有人，入场时只需要提供包装纸即可……除了这些充满惊人想象力的邀请函，在这 20 年来所选择的地方中也能看出明显的相似点：废弃的地铁站、马戏团、在建停车场、体育馆、空荡的超市、空置地段、百货商店的橱窗、火车的车厢、餐厅、私人宅邸、剧院、桥墩……

Maison Martin Margiela 选择了一种回归最初的方式，毫无疑问是对“第一次”的致敬，因为没有第一次时装秀就没有“时装”，这次的邀请函是一张被裁剪成方形的棉布，上面绣有一段文字，邀请参加系列时装秀［2006 春夏］。[18] 还需要说出是什么颜色吗？

拆开信封，展开上了浆的织物，用手指在字母的浮雕上触摸，仔细阅读暗淡的布上面有光泽的织线……来吧，你被邀请参加时装秀了！

—

文森特 · 威林克是一位作家兼出版商，他先是在 Reed-OIP［1980-2000］工作，之后在 Documentation Francaise 出版社工作。他主要在巴黎工作生活。

1.. 见第 22 页
2.. 见第 247 页
3.. 见第 25 页
4.. 见第 111 页
5................................. 见本文章后图片 A
6................................. 见本文章后图片 B
7................................. 见本文章后图片 C
8................................. 见本文章后图片 D
9.. 见第 129 页
10...................................... 见第 149 页
11...................................... 见第 161 页
12.............................. 见本文章后图片 E
13..............................见本文章后图片 F
14...................................... 见第 125 页
15.............................. 见本文章后图片 G
16.. 见第 89 页
17.............................. 见本文章后图片 H
18...................................... 见第 273 页

MARTIN MARGIELA
tel.(1)42-21-36-10

A

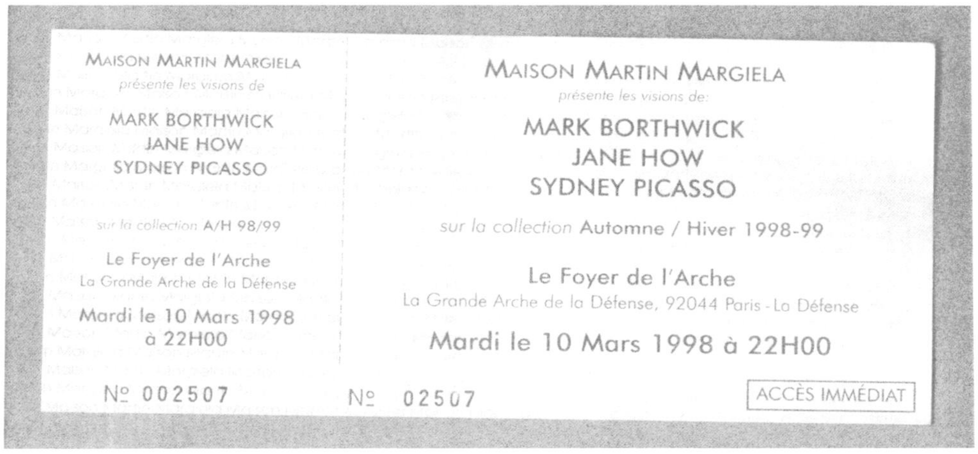
MAISON MARTIN MARGIELA
présente les visions de
MARK BORTHWICK
JANE HOW
SYDNEY PICASSO
sur la collection A/H 98/99
Le Foyer de l'Arche
La Grande Arche de la Défense
Mardi le 10 Mars 1998
à 22H00
Nº 002507
MAISON MARTIN MARGIELA
présente les visions de:
MARK BORTHWICK
JANE HOW
SYDNEY PICASSO
sur la collection Automne / Hiver 1998-99
Le Foyer de l'Arche
La Grande Arche de la Défense, 92044 Paris - La Défense
Mardi le 10 Mars 1998 à 22H00
Nº 02507
ACCÈS IMMÉDIAT

B

C

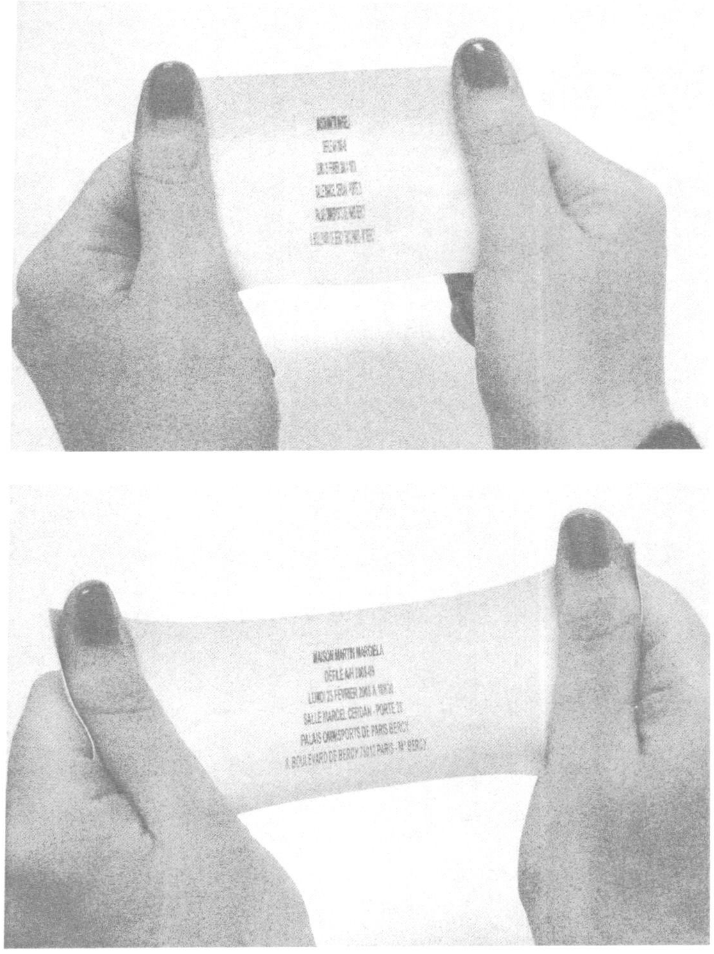

LA MAISON DES MÉTALLOS
MAISON MARTIN MARGIELA
PRÉSENTATION HOMME
PRINTEMPS-ÉTÉ 2009
LE SAMEDI 28 JUIN 2008
DE 10H À 19H, SUR RENDEZ-VOUS
TÉL. 01 44 53 63 20

D

E

EXPOSITION
Défilé
MARTIN MARGIELA
A/H 2003-04
LA CULTURE...
UN VOYAGE UNIQUE
À TRAVERS
LA CULTURE DU XXe SIÈCLE.
Mer 5 Mars 03 à 20h00
68, quai de la Seine - 75019 Paris
(Bassin de la Villette)
www.euroculture.fr
Avec le soutien de
MADE of STEEL
www.made-of-steel.com

MAISON MARTIN MARGIELA
AUTOMNE / HIVER 2006 - 2007
001 004 0022 0011
03/03/06 A 18H30
PALAIS DE LA PORTE DOREE
293. AV. DAUMESNIL PARIS 12

F

G

DÉFILÉ
Lundi 26 Février 2007
16h00
MAISON
MARTIN MARGIELA
Paris depuis 1988
Chocolat Noir
72% cacao
DÉFILÉ
Lundi 26 Février 2007
16h00
MAISON
MARTIN MARGIELA
Paris depuis 1988
Chocolat Noir
72% cacao

H

Kodak 160NC
2401

2008/2009 秋冬 _ 0 系列 _ 由金色假发做成的皮草外套

COTTON RECYCLED DENIM JACKET RE-TAILORED INTO WAISTCOAT: FIRST OFFICIAL MEN'S COLLECTION AND INTRODUCTION OF THE 'GARDE-ROBE POUR HOMME/WARDROBE FOR MEN' CONCEPT, S/S 1999 'ARTISANAL' LINE '0-10'; COTTON ULTRA-BLEACHED 5-POCKET JEANS WITH 'HOOK-FLY': A/W 1999-2000 'GARDE-ROBE POUR HOMME' LINE '10'; HAND-BRAIDED THIN LEATHER BRACELET: A/W 2004-2005 'COLLECTION D'ACCESSOIRES POUR HOMME' LINE '11'; HAND-BRAIDED LEATHER BRACELET: S/S 2007 'COLLECTION D'ACCESSOIRES POUR HOMME' LINE '11'; SILVER BRACELET: A/W 2008-2009 'COLLECTION D'ACCESSOIRES POUR HOMME' LINE '11'; COTTON GAUZE VEIL: FIRST MARTIN MARGIELA COLLECTION S/S 1989: ALL MAISON MARTIN MARGIELA.

2008/2009 秋冬 _《Arena Homme+》_ 专为庆祝 Maison Martin Margiela 20 周年和男装系列 10 周年而作

MM6
maison martin margiela
printemps/été 2009
Vêtements pour ♀
Garments for ♀
♀ のための服
MM6
maison martin margiela

MM6 系列 _ 每季可重复使用的购物袋，上面都印有品牌型录中的图像

1990 春夏 _ 女装秀 _ 后台

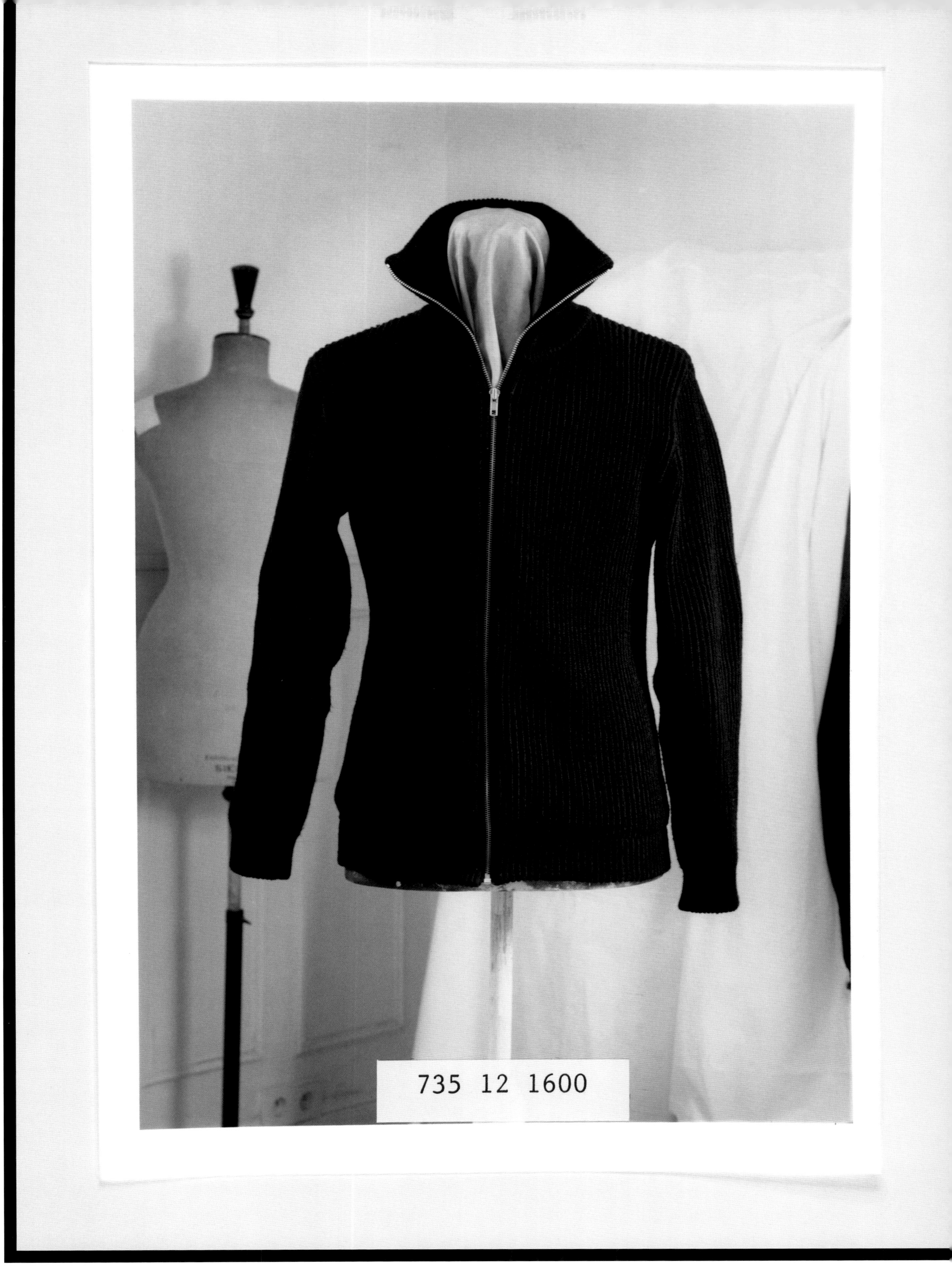
735 12 1600

1995/1996 秋冬 _ 4 系列 _ 这款“Truck Driver”毛衣每一季都以不同的颜色和材料展示

CITROËN
REPRISE

2009 春夏 _ 女装秀 _ 后台 _ Oversize 贴满迪斯科球亮片的晚宴外套

Christopher Moore/Andrew Thomas

ds

rtswear in-
ood, cotton
s and knits
trees and
ine drops
roidery on
at was not
lso had a
ut of the
h territo-

s been a
isticated
Gains-

MARTIN MARGIELA

am with the Duke of Windsor. Hey! Don't forget Bonnie Prince Charlie! A Scottish plaid theme turned the show into a tartan fest, although skinny kilts, worn with blazers or knits made a surprisingly acceptable substitute f... shorts. A...

COM
GA

statement or a co
The Hussein
was described as
interpreted as en
establishment coo
mality, when a ja
pinstriped shirt, a
wing tips to the co
peared on raincoa
was a pair of hand
collage of subtle
cerebral designer
codes il...

2005 春夏 _《国际先驱论坛报》_ 0 系列 _ 足球迷俱乐部围巾制成的无袖衬衫

13 系列 _ “瓶灯”：将带有白色标签的透明玻璃酒瓶和白酒瓶，改装成灯 _ 首个“白色物体”[White Object] 系列是专为 2002 年巴黎 montpensier 店开业而设计

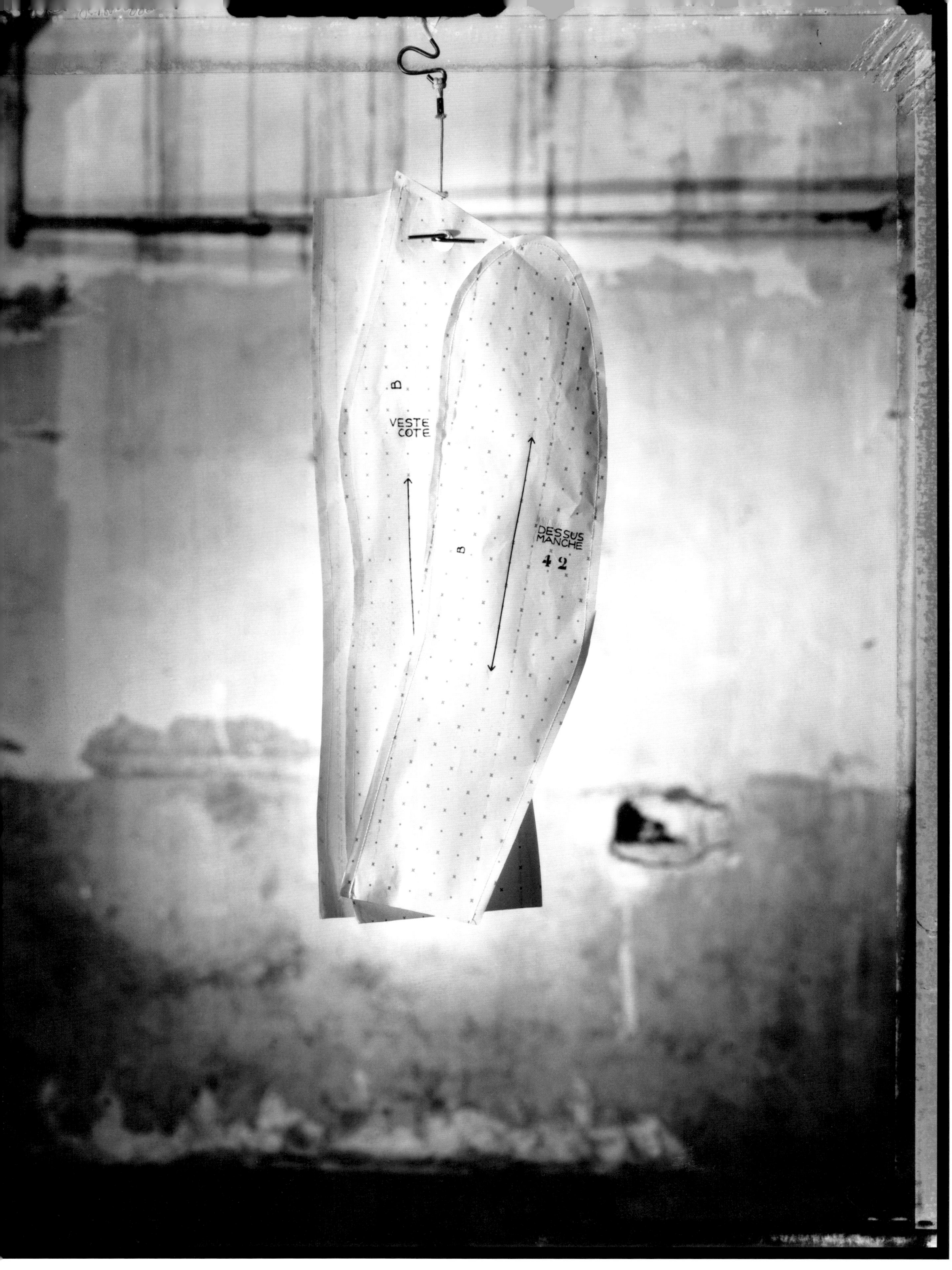
B
VESTE
COTE
B
DESSUS
MANCHE
4 2

1997／1998 秋冬 _ 1 系列 _ 由工业防撕纸做成的并线装饰外套纸样模版

2003 春夏 _ 女装秀 _ 在每个女人戴的古着眼镜周围勾勒出眼线的轮廓，然后在此基础上涂满颜色，形成不透明的面具

1997 春夏 _ 女装展 _ 未完成的正方形布料，改制成不规则下摆的连衣裙

2007/2008 秋冬 _ 女装秀 _ 后台 _ 部分头发染成与外套一样的颜色

米兰店＿2007 年 9 月 25 日开业＿店铺模型：天花板由各种废弃窗户拼接覆盖形成，在地板上形成棱角分明的阴影

(95)
(97)
(94)
(96)
MARTIN MARGIELA
MARTIN MARGIELA / A group of enlarged generic garments, which includes men's clothes, such as trench coat, jacker, vest, shirt, T-shirt, sweater, as well as women's second-hand dresses and slips. All the garments in this group have had their form and original size transformed by hand and enlarged to size 74.
(Belgian designer based in Paris)

2000 春夏 _《Purple》_ 科洛·塞维尼 [Chloë Sevigny] 穿着 Oversive 服装，包括男式风衣和男式衬衫，以及古着连衣裙和便鞋，都是按照意大利尺寸 74 号制作

2009 春夏 _ 女装秀 _ 3D 立体裙子，由印有蛋糕照片的布料制成，由两名女模特穿着，作为 20 周年系列最后一件外套作品展出

12

词汇表

●白色 [WHITE]

这里的白色是黑色或者黑色帆布的二元对立面。不仅仅是单纯的“白色”，还包括整个阴影。白色是马吉拉工作室和商店使用的主要颜色，在一些服饰上也使用白色。

●白色外套 [WHITE COATS]

属于马吉拉工作室的标志，是对阶层、往年高定服饰工作室的一种批判。

●循环 [RECYCLING]

复古的味道。给予服饰第二次生命的渴望，用新旧装饰品对服饰进行更新、重构，彻底脱离以前的形式。“Replica”服饰：对从前风格的精准再造。

●匿名 [ANONYMITY]

对无处不在的明星制度的反抗，让想法占据主导的渴望。没有人发布过设计师的画像，也没有私人面谈。通常情况下，模特脸上蒙着纱布，在 T 台上走着猫步，模特的眼睛蒙着黑色的带子，或者戴着超长的刘海或者“Incognito [无法识别]”墨镜。

●错觉系 [TROMPE-L'OEIL]

一种欺骗双眼的游戏、材料或形式。对衣服而言：一种流体材质，图案像是一种宽松编织，一件肉色的衣服，穿上近乎裸体，等等。对于配饰而言：用橡皮绑住的一捆美元现金变成了一个钱包，等等。对于建筑而言：实物尺寸的黑白照片覆盖了 Maison Martin Margiela 店铺整个墙面、地板或天花板。

●白色标签和四处白色针脚 [WHITE LABEL AND THE FOUR WHITE STITCHES]

声称匿名的标志，不影响带有品牌的服饰的渴望，对商标暴政的回应。最初是为 1 系列设想的，但之后白色标签留给了“走秀”系列作为专属标签。四处针脚最初设想是为了固定住标签，然后被松开。尽管如此，它变成了一种标签，从远处就能识别出来。

●服装工作室的史托克曼雕塑 [THE STOCKMAN BUSTS FROM COUTURE ATELIERS]

从一开始，这些雕塑一组一组地被用来装饰 Maison Martin Margiela 工作室的空间，他的工作室清一色地被涂成了白色。覆盖这些雕塑的帆布被解构，预制成了有名的背心。
[1997 春夏和 1998 / 1999 秋冬]

●时装屋 [THE MASION]

选择这一集体名称用来突出团队的作品而不是一个设计师的作品。在对外沟通中使用“我们”而不是“我”。

● 0 系列—男女“ARTISANAL”系列 [LINE 0—“ARTISANAL” COLLECTION FOR WOMEN AND MEN]

手工再造的服饰、材质和配饰，这是男女“Artisanal”标签这一名称的由来。从 1988 年开始，Maison Martin Margiela 开始使用配饰和二手物件，偶尔使用新物件，富有技巧地将这些原材料打造成全新的设计。每一件设计都是在巴黎 Maison Martin Margiela 工作室通过手工重新改造。每件设计制作时间五至六天不等，每件物品都是独一无二的，只小规模生产。
标签，也就是数字“0”，根据服饰的材料和组成被缝制或印刻在服饰上。这一系列每年在巴黎的高定收藏系列展出两次。

●针对女性的“走秀”系列—完整的白色标签 [THE “SHOW” COLLECTION FOR WOMAN]

Maison Martin Margiela 女装中最初的和主要的系列在 1989 春夏首次展出。传统意义上来说，这一系列一直是 Maison Martin Margiela 时尚表演和展览的主题。
但是 Maison Martin Margiela 所有其他的系列都印有“0”或“23”标签，这一系列仍然带有纯空白，在无线条服装的外部，四处白色针脚固定住这一标签的位置。最初，白色标签是给 1 系列使用，1 系列从 2008 年开始成为独立系列。

● 1 系列—女装系列 [LINE 1—THE COLLECTION FOR WOMEN]

Maison Martin Margiela 从 1989 春夏开始着手女装系列。通过 1 系列，Maison Martin Margiela 表达了对概念、设计、流程、创造力和前卫的热爱。正是通过这一系列，工作室不断地质疑对于时尚的既有观念，并通过解构和改造的方式呈现新的版本。截止到 2008 / 2009 秋冬，这个标签会有一个“1”环绕。

● 4 系列—女士的衣橱 [LINE 4—A WARDROBE FOR WOMEN]

“4”是 Maison Martin Margiela 对女性衣橱的构想，是女性服饰的第四个标签；首次是为 2004 春夏引入，也是对 1 系列的肯定。4 系列服饰唤起了无时间性。它的基础是个人的穿着方式，专注于品味而不是季节性的设计方式，或者是特定的年龄阶段。对所有的服饰的结构、搭配、材质选择、手工收尾和内外部完善都付出了额外的关注和精心制作。

● MM6—女士服装 [MM6—GARMENTS FOR ♀]

这是 Maison Martin Margiela 对女性主义观点的又一个赞美性观点：一般但不总是概念性较弱，这些服饰从人生因果的层面汲取灵感并在此得到体现，通常伴随着滑稽的转折。
MM6 结合了服饰、鞋子还有配饰。

● 8 系列—眼部装饰系列 [LINE 8—EYEWEAR COLLECTION]

“8”首次是为 2008 春夏系列引入的，第一次引入“Incognito [无法识别]”模特的概念：穿过脸部和鼻子的平行带子，成为双眼的眼镜。每一个流行季，有很多新的潮流追随这一模特。

● 10 系列—男装系列 [LINE 10—THE COLLECTION FOR MEN]

"10" 是 1 系列的男士版本。在 1998 年 10 月为 1999 春夏首次引入。

● 14 系列—男士衣橱 [LINE 14—A WARDROBE FOR MEN]

"14" 是 4 系列的男士版本。在 2004 年 7 月为 2005 春夏首次引入。

● 11 系列—男女配饰系列 [LINE 11—A COLLECTION OF ACCESSORIES FOR WOMEN AND MEN]

"11" 包含了配饰物件系列的传统类别：包、皮带、小皮制品和一些珠宝制品。

● 12 系列—精美珠宝系列 [LINE 12—A COLLECTION OF FINE JEWELRY]

这一系列是 Maison Martin Margiela 和达米亚妮集团合作的成果，结合了传统手工艺和创新性科技，使用的材料包括贵金属和石头。

● 22 系列—男女士鞋子系列 [LINE 22—A COLLECTION OF SHOES FOR WOMEN AND MEN]

自从 Maison Martin Margiela 首次为 1989 春夏系列设计出 Tabi—boot [Tabi 靴子]，该系列打造了小规模的男女士鞋子季节性选择作为 1 系列和 10 系列的一部分。

2005 / 2006 秋冬是首款男女士鞋，都属于这一系列，有自己的结构和发展计划。Maison Martin Margiela 创建了一个制鞋手工艺的"实验室"，以在意大利最小的工作室生产鞋子为傲，通常都制作定制鞋，以最好地生产特定种类的鞋子。

● 13 系列—物体和出版物 [LINE 13—OBJECTS AND PUBLICATIONS]

"13" 包括 "白色物体" [羽毛笔、瓶型台灯]，白色基调为主的家具设施 [地毯、墙纸]，书籍 [《Street》，《2000-1》]，以及特殊物件。

● 3 系列—男女士香水 [LINE 3—FRAGRANCES FOR WOMEN AND WEN]

Maison Martin Margiela 一直对嗅觉设施进行投资。自从公司成立以来，广藿香水精华在它的商店内一直作为熏香使用。

● "SARTORIAL" 系列 ["SARTORIAL"]

作为 14 系列的一部分，这是一个微型系列，能够通过用在外套和套装前部弯曲省轻松识别出来，或者是通过绣有 "Maison Martin Margiela" 字样的金色衬里识别出来。Sartorial 这一系列使用了来自 Naples 和 Savile Row 裁缝传统的处世之术和技艺。外套和夹克衫的内部构造是用手工编织的马毛制成的，呈现出完美无缺的搭配和造型，以及长时间的保养状态。

● "REPLICA" 系列 ["REPLICA"]

每个流行季，4 和 14 系列都包含了一组 Replica 物件。这些物件是 Maison Martin Margiela 珍视的现有服装、配饰和其他物品。因此，更希望保留这些物件的本来面目。然后对这些物件进行大规模复制，贴上第二个标签，解释其来源、功能和所属时期。马丁 · 马吉拉作为设计师的角色是为了确保材质的选择和这些物件的建构尽可能地保留原汁原味。

● AIDS T 恤 [AIDS T-SHIRT]

制作去性别化的 AIDS T 恤的目的是为法国公益组织 AIDS 筹集款项。文本如下："除了这件 T 恤之外，对抗 AIDS 还有很多需要做的，但这是一个很好的开端。" 折叠 T 恤时可以看到这些文字，但是穿上之后就看不到这些文字了。材质、颜色和字母样式每个流行季都会变化。

过去 20 年我们所做的事情

马丁 · 马吉拉

● 1977—1979

比利时，安特卫普皇家艺术学院，服装部

● 1984—1987

法国，巴黎，设计助理，让 · 保罗 · 高缇耶

Maison Martin Margiela

● 1988

与珍妮 · 梅伦斯女士一起建立了 Maison Martin Margiela [NEUFSAS]，总部位于巴黎 75002 rue Réaumur 大道 102 号。墙壁和家具都粉刷成白色或者用白色棉布覆盖。

● 1988 年 10 月 23 日

首个 Maison Martin Margiela 女士成衣系列 [1989 春夏]。

● 1989 年 6 月

ANDAM 大奖首位获奖者。

● 1990 年 3 月

Maison Martin Margiela 工作室总部搬到巴黎 75002 圣丹尼斯 13 号大道，位于粉刷成白色的六间屋子的公寓里，吊灯用白色的平纹细布覆盖。

● 1993 年 10 月 11 日

Maison Martin Margiela“回顾展”展览 [1994 春夏]。

● 1994 年 4 月

Maison Martin Margiela 工作室总部搬到巴黎 75018 鲁埃尔路 2 号大道，这里之前是一个工作坊。进行“Artisanal”生产的工作室目前也在这个展厅内。

● 1994 年 9 月 7 日

代替巴黎时尚秀 [1994 / 1995 秋冬], 同时在巴黎、米兰、纽约、东京、伦敦以及伯恩的店进行展示。

● 1995 年 9 月 / 1996 年 1 月

在布鲁塞尔 Palais de Beaux-arts 举办 Maison Martin Margiela 展览。

● 1995 年 10 月

关于 Maison Martin Margiela 系列的专栏 [从 1989 春夏到 1995 / 1996 秋冬] 在日本《Street Magazine》刊登。

● 1996 年 9 月 / 1997 年 1 月

参加佛罗伦萨时装与艺术双年展，“参观者”部分，巴迪尼博物馆。

● 1997 年 5 月

纯白色的长方形标签加入了新的标签：印成黑色且带有数字 0-23 的白色长方形。
被围绕的数字表明 Maison Martin Margiela 收藏的服饰属于哪一系列。

● 1997 年 6 月 / 8 月

在鹿特丹博伊曼斯 · 范伯宁恩美术馆举办的首场 Maison Martin Margiela 个人展 [9 / 4 / 1615]。
1999 年，这一展览将分别在京都 [4 月]、纽约 [5 月]、东京 [8 月] 举办。

● 1997 年 10 月

作为 Maison Martin Margiela 系列的一部分，6 系列是对女性主义的肯定。2004 年 6 月，6 系列演变成了 MM6——女士服装，并获得了新的标签。

● 1998年3月
22系列——女士鞋子系列，是 Maison Martin Margiela 系列的一部分。

● 1998年3月9日
马丁·马吉拉设计的首个 Hermès 女士成衣系列展。他一直担任 Hermès 女士成衣系列艺术总监，直到2003年10月[2004春夏]。

● 1998年3月10日
马克·博斯维克、简·豪和西德尼·毕加索对 Maison Martin Margiela 1998 / 1999 秋冬系列的诠释展览。

● 1998年4月
马丁·马吉拉担任最初的《A Magazine》的客座主编 / 策展人。

● 1998年10月
10系列——男士系列，是 Maison Martin Margiela 系列的一部分。
13系列——物件和出版物，马克·博斯维克的处女作《2000-1》出版。

● 1998年10月15日
Maison Martin Margiela 第二十个女士成衣系列展览[1999春夏]。

● 1999年3月
《Street Magazine》杂志特别版第二次刊登1996春夏至1999春夏系列。

● 1999年11月
作为系列13的一部分，第二部书籍在全世界出版，对《Street Magazine》杂志两期关于 Maison Martin Margiela 特别版进行了汇总。

● 1999年12月18日
Maison Martin Margiela 工作室总部搬到了巴黎第九区 Faubourg Poissonniere 街175号。这个新地址是一个巨大的“豪宅”，位于 Barbes 地区花园内。

● 2000年9月
第一家 Maison Martin Margiela 商店在东京开业。位于城市的惠比寿区域，这栋建筑里有 Kokonoe 公司[负责日本 Maison Martin Margiela 品牌的合资企业]的办公室和销售室，以及一层的一家商店。2006年2月，这家商店搬去了惠比寿区域之前是电子产品工厂的地方。

● 2001年10月
参加了伦敦维多利亚 & 阿尔伯特博物馆的激进时尚展览。

● 2002年2月
Maison Martin Margiela 布鲁塞尔店是欧洲第一家专门陈列 Maison Martin Margiela 系列的商店，位于 Flandre 街道 。

● 2002年6月
Maison Martin Margiela 第一家巴黎女装店在 Montpensier 25号开张，位于巴黎皇宫[Palais Royal]隔壁。

● 2002年7月
Only the Brave [OTB] 集团的所有者兼主席，Diesel 创始人伦佐·罗索，作为多数股权持有者进入 Neuf SAS。

● 2002年8月
Maison Martin Margiela 仙台店在日本开业。

● 2002年9月
Maison Martin Margiela 首家男士系列专门店铺在巴黎 Montpensier 23号开业，位于女装店铺旁。

● 2002年10月
Maison Martin Margiela 青山[Aoyama]店在东京开业。

● 2003 年 9 月

Maison Martin Margiela 大阪店于 9 月初开业。

● 2003 年 10 月

4 系列——女士衣橱加入系列 。

● 2004 年 4 月

Maison Martin Margiela 伦敦店在布鲁顿开业，位于伦敦新庞德街，之前是一间艺术工作室。这家店在 2008 年 12 月搬去了布鲁顿大街。

● 2004 年 6 月

系列 14——男士衣橱，作为系列 10 的补充加入了系列。

● 2004 年 12 月 8 日

Maison Martin Margiela 工作室总部搬到了巴黎 11 区的圣莫尔街 163 号。新的场所占地 3 000 平方米，位于 Oberkampf 区域，之前是伦敦科文特加登花园和工业设计学校。

● 2005 年 1 月

11 系列——男女士配饰系列加入。

22 系列——鞋子系列，现在为男士和女士提供一系列的鞋子选择 。

● 2005 年 9 月

Maison Martin Margiela 格勒内勒 [Grenelle] 店在巴黎左岸开业。

● 2005 年 10 月

Maison Martin Margiela 台北店在台湾开业。2006 年 12 月，在崇光百货商店变成了一家店中店。

● 2005 年 10 月 / 11 月

Maison Martin Margiela 得到 ANDAM 的全权委托，在巴黎皇家文化和交流部的窗口展示“Artisanal”系列。

● 2005 年 12 月

Maison Martin Margiela 第一家美国店在纽约开业，位于西村区。

● 2006 年 1 月

马丁 · 马吉拉担任佛罗伦萨男装周客座设计师。马丁 · 马吉拉成为高定服饰委员会通讯成员。高定服饰 2006 春夏时尚周期间进行了首次“Artisanal”展示。

● 2006 年 6 月

Maison Martin Margiela 香港店在其预选的店址表示，装修之前举办一场展览。

● 2006 年 7 月

Maison Martin Margiela 香港店开业。

● 2007 年 2 月 / 3 月

Maison Martin Margiela 意大利首场展览在 Galleria CarlaSozzani 举办——位于米兰 Corso Como 10。这场展览主题是时装屋的创意过程，展示了自 1989 年开始创作以来男女士“Artisanal”系列。

● 2007 年 9 月

Maison Martin Margiela 洛杉矶店在比弗利山庄开业。

Maison Martin Margiela 意大利首店在米兰开业。

● 2007 年 10 月

8 系列——眼部装饰系列，和第一个“Incognito”模特一同引入。

● 2007 年 11 月

Maison Martin Margiela 青山店搬到了表参道 [Omotesando]。

● 2007 年 12 月

Maison Martin Margiela 俄罗斯拉圣匹茨堡店开业。

● 2008 年 3 月

Maison Martin Margiela 宣布与欧莱雅奢侈品分部签署香水系列产品开发合作协议。

Maison Martin Margiela 与《Cream Magazine》合作，发表第九期：《Maison Martin Margiela 专刊 2008》。

“污秽”系列自成系列，带有纯白长方形标签。从那时起，1 系列的标签都有数字“1”包围。

● 2008 年 6 月 / 7 月

Maison Martin Margiela 和合作伙伴 I.T. 一同在北京大山子区 798 艺术区举办了首场中国展览，通过时下的和以前的文件、服装以及视频展示了其作品的不同方面。

● 2008 年 7 月

12 系列——Maison Martin Margiela 创造了首个精品珠宝系列。

● 2008 年 9 月

2008 年 9 月 29 日庆祝秀——Maison Martin Margiela 20 周年纪念日。

● 2008 年 9 月 / 2009 年 2 月

Maison Martin Margiela 20——这场展览是对过去 20 年的回顾展，在安特卫普的 MoMu 时装博物馆举办。

2009 年 3 月，这一展览搬去了慕尼黑艺术之家 Haus der Kunst [2009 年 3 月 / 6 月]。

● 2008 年 10 月

Maison Martin Margiela 香港九龙店开业。

● 2009 年 1 月

继 2008 年委托设计师克里斯汀 · 拉克鲁瓦 [Christian Lacroix] 之后，建筑和文物市政厅以及《ELLE Decoration》全权委托马丁 · 马吉拉负责巴黎公寓 [La Suite] 的室内设计工作，这是一个 200 平方米的公寓，位于埃菲尔铁塔对面，之前属于 20 世纪 30 年代设计了夏悠宫 [Palais Chaillot] 的知名建筑师雅克 · 加吕 [Jacques Carlu]。

● 2009 年 3 月

Maison Martin Margiela 德国慕尼黑店开业。

Maison Martin Margiela 阿联酋首店在迪拜开业。

● 2009 年 4 月

米兰移动沙龙：Maison Martin Margiela 通过装置艺术哑光、闪亮、明亮 [Mat, Satine, Brillant] 引入了室内建筑理念，再现了室内设计工作坊的环境和氛围，运用一系列手法表达 Maison Martin Margiela 的特性和哲学。

● 2009 年 10 月

《马丁 · 马吉拉》[*Maison Martin Margiela*] 是一部庆祝 Maison Martin Margiela 20 周年的书，由 Rizzoli 国际出版社出版。

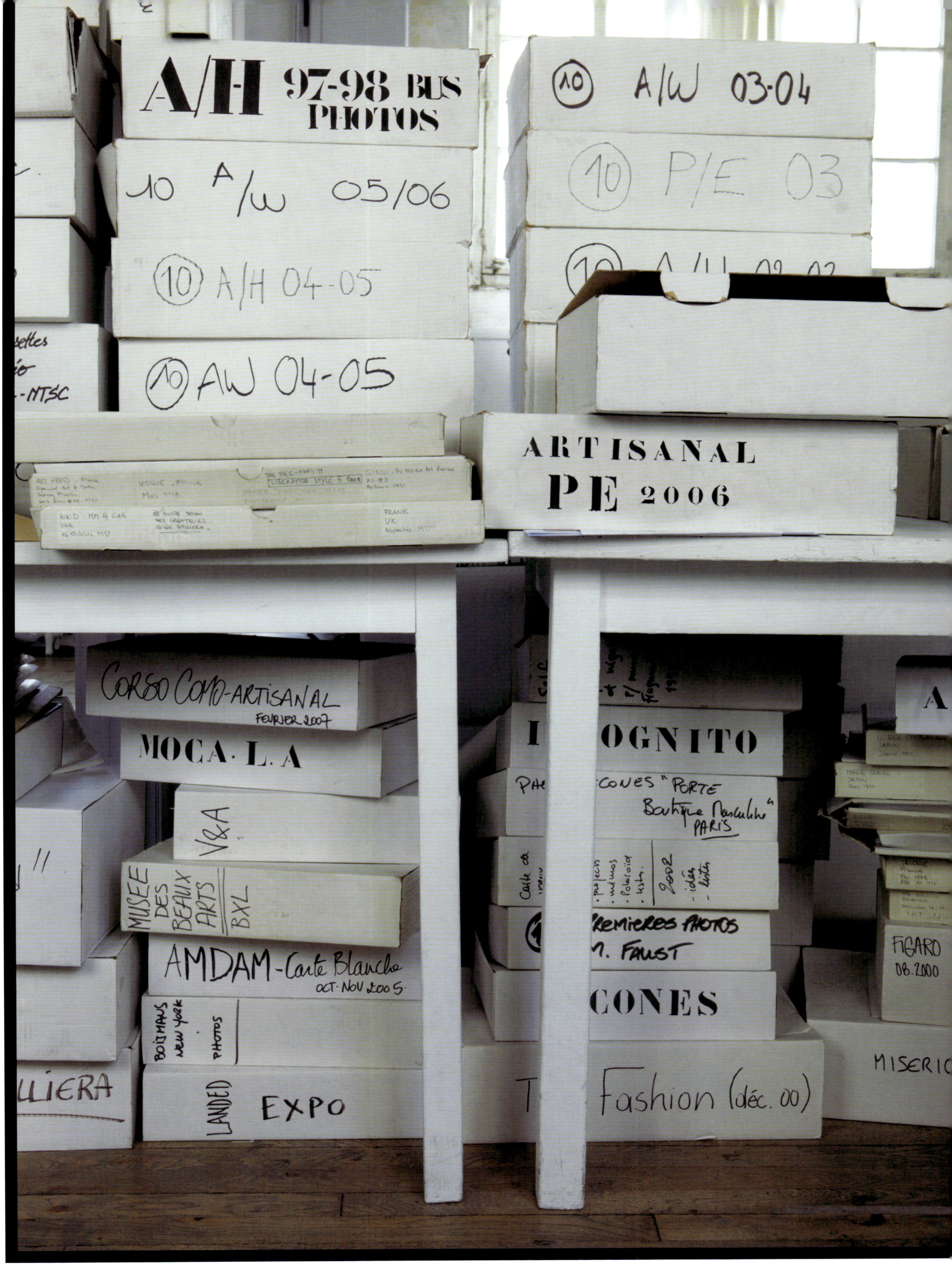
A/H 97-98 BUS PHOTOS
10 A/W 03-04
10 A/W 05/06
10 P/E 03
10 A/H 04-05
10 AW 04-05
ARTISANAL PE 2006
CORSO COMO-ARTISANAL
FEVRIER 2007
MOCA. L. A
V&A
MUSEE DES BEAUX ARTS
BXL
AMDAM-Carte Blanche
OCT-NOV 2005
EXPO
CONES
FIGARO
08.2000
Fashion (déc. 00)

巴黎总部 _ 圣莫尔街总部建筑内的马丁·马吉拉办公室，档案盒

JUIN AU MARDI
2006 DE 10H00
SUR RENDEZ-VOUS
163 RUE ST M
on Novem
0 1 2 3 4 5 6 7 8 9
10 11 12 13 14 15 16
17 18 19 20 21 22 23
Maison Martin Margiela
del ocaso
21 22 23
Pitti Immagine

各种邀请函和礼物

SAM
Pleine Lune 22
soleil : lever 7 h. 38
1
19
NEUF SAS
Maison Martin Margiela
163, rue Saint Maur
75011 Paris
LA MAISON DES METALLOS
94, RUE JEAN-PIERRE TIMBAUD
75011 PARIS
0 1 2 3 4 5 6 7 8 9
10 11 12 13 14 15 16
17 18 19 20 21 22 23
Maison Martin Margiela
PARIS
INVITATION
Paris

PHOTOGRAPHERS: P.01 _ MARINA FAUST **P.04** _ MAISON MARTIN MARGIELA **P.05** _ MARINA FAUST **PP.08-11** _ MARINA FAUST **P.12** _ RONALD STOOPS **P.13** _ MAISON MARTIN MARGIELA **P.14** _ RONALD STOOPS **P.15** _ ART GRAY **PP.16-17** _ JACQUES HABBAH, MAISON MARTIN MARGIELA **P.18** _ GIOVANNI GIANNONI **P.19** _ TATSUYA KITAYAMA **P.20** _ JULIEN OPPENHEIM **P.21** _ JUERGEN TELLER / *PURPLE* **P.22** _ RONALD STOOPS **P.23** _ MARINA FAUST **P.24** _ JULIEN OPPENHEIM **P.25** _ BERTRAND MARIGNAC (TOP), MARINA FAUST (OTHER IMAGES) **P.26** _ CLOCKWISE: LUCAS VISSER, ANNIE LEIBOVITZ, PATRICK DEMARCHELIER, DAVID SIMS, PAUL LEPREUX / *VOGUE USA* **P.27** _ ARTHUR ELGORT (TOP), MARIO TESTINO (BOTTOM) / *VOGUE USA* **P.28** _ MAISON MARTIN MARGIELA **P.29** _ CHI WU **P.30** _ JULIEN OPPENHEIM **P.31** _ JONATHAN HALLAM **P.32** _ GORAN TACEVSKI - O'SPELL / *LIBÉRATION* **P.33** _ RONALD STOOPS **P.34** _ MAISON MARTIN MARGIELA **P.35** _ RONALD STOOPS **PP.36-37** _ MARINA FAUST **P.38** _ MARINA FAUST (BLACK AND WHITE IMAGES), MAISON MARTIN MARGIELA (OTHER IMAGES) **P.39** _ ART GRAY **P.40** _ JULIEN OPPENHEIM **P.41** _ ALL RIGHTS RESERVED / *ROLLING STONE JAPAN* **P.42** _ MAISON MARTIN MARGIELA **P.43** _ MARINA FAUST (RIGHT), JACQUES HABBAH (OTHER IMAGES) / *MF FASHION* **P.44** _ MAISON MARTIN MARGIELA **P.45** _ RAF COOLEN **PP.46-47** _ LINUS SUNDAHL DJERF **P.48** _ ALL RIGHTS RESERVED **P.49** _ JULIEN OPPENHEIM **PP.50-51** _ RONALD STOOPS **P.52** _ FRANCISCO HABER / *MF FASHION* (TOP), JACQUES HABBAH (BOTTOM) **P.53** _ JONATHAN HALLAM **PP.54-55** _ RONALD STOOPS / *I-D* **P.56** _ MARINA FAUST **P.57** _ FRÉDÉRIC BERGUE **P.58** _ MAISON MARTIN MARGIELA **P.59** _ RONALD STOOPS **P.60** _ JENNIFER DOUDOUS (LEFT), MAISON MARTIN MARGIELA (RIGHT) / *DE TELEGRAAF* **P.61** _ RONALD STOOPS **P.62** _ JACQUES HABBAH **P.63** _ MAISON MARTIN MARGIELA **P.64** _ MARINA FAUST **P.65** _ TATSUYA KITAYAMA **P.66** _ ANDERS EDSTRÖM **P.67** _ INEZ VAN LANSWEERDE & VINOODH MATADIN / *VOGUE FRANCE* **PP.68-69** _ JACQUES HABBAH **P.70** _ MAISON MARTIN MARGIELA **P.71** _ RONALD STOOPS **PP.72-73** _ SANNE PAPER **P.74** _ JONATHAN HALLAM **P.75** _ FRÉDÉRIC BERGUE **PP.76-77** _ BARBARA KATZ **P.78** _ TATSUYA KITAYAMA **P.79** _ MARINA FAUST **P.80** _ FRÉDÉRIC BERGUE **P.81** _ RONALD STOOPS / *REGINA MAGAZINE* **PP.82-83** _ MARINA FAUST **P.84** _ TATSUYA KITAYAMA **P.85** _ MAISON MARTIN MARGIELA **P.86** _ RONALD STOOPS **P.87** _ TERRY RICHARDSON / *PURPLE* **P.88** _ GIOVANNI GIANNONI **P.89** _ ALESSANDRO CIAMPI / *LE FIGARO* **P.90** _ MITSUTAKA KITAMURA **P.91** _ FRÉDÉRIC AUFRAY **P.92** _ MARINA FAUST **P.93** _ MAISON MARTIN MARGIELA **PP.94-95** _ MARLEEN DANIELS / *ELLE BELGIË* (BOTTOM MIDDLE), MARINA FAUST (OTHER IMAGES) / *D LA REPUBBLICA* **P.96** _ THOMAS ZANON LARCHER **P.97** _ MARINA FAUST **P.98** _ MAISON MARTIN MARGIELA (POLAROID), RONALD STOOPS (OTHER IMAGES) **P.99** _ TATSUYA KITAYAMA **P.100** _ RONALD STOOPS **P.101** _ JOHNNY GEMBITSKY (TOP), MARINA FAUST (BOTTOM) **P.102** _ ALL RIGHTS RESERVED / *MODE MODE* **P.103** _ JONATHAN HALLAM **P.104** _ MARIO SORRENTI / *VOGUE CHINA* **P.105** _ RONALD STOOPS **PP.106-107** _ JONATHAN HALLAM **P.108** _ MARINA FAUST (TOP LEFT), ANDERS EDSTRÖM (TOP RIGHT), RONALD STOOPS (OTHER IMAGES) **P.109** _ MARINA FAUST **P.110** _ MARINA FAUST **P.111** _ MAISON MARTIN MARGIELA **P.112** _ THIBAULT CAMUS / *LE MONDE* **P.113** _ ANDERS EDSTRÖM **P.114-115** _ ALL RIGHTS RESERVED / *AXIS* **P.116** _ JONATHAN HALLAM **P.117** _ NORIO KIDERA **P.118** _ MARINA FAUST **P.119** _ MARINA FAUST / *COOPERATION MAGAZINE* **PP.120-121** _ MARINA FAUST / *THE FASHION* **P.122** _ RONALD STOOPS / *I-D* **P.123** _ OLA RINDAL **P.124** _ MICHEL MOMY / *I-D* **P.125** _ JOHNNY GEMBITSKY (TOP RIGHT AND BOTTOM LEFT), MARINA FAUST (TOP LEFT AND BOTTOM RIGHT) **P.126** _ PHILIPPE JARRIGEON **P.127** _ ART GRAY **P.128** _ MAISON MARTIN MARGIELA **P.129** _ PHILIPPE JARRIGEON **PP.130-133** _ GIOVANNI GIANNONI **P.134** _ CHRISTOPHER MOORE / *INTERNATIONAL HERALD TRIBUNE* **P.135** _ JULIEN OPPENHEIM **P.136** _ ANDERS EDSTRÖM **P.137** _ JACQUES HABBAH **PP.138-139** _ CRAIG MC DEAN / *ANOTHER MAGAZINE* **P.140** _ TATSUYA KITAYAMA **P.141** _ ALL RIGHTS RESERVED / *FINANCIAL TIMES* **P.142** _ JACQUES HABBAH **P.143** _ MAISON MARTIN MARGIELA **P.144** _ MARINA FAUST **P.145** _ MAISON MARTIN MARGIELA **P.146** _ JACQUES HABBAH / *THE INDEPENDENT REVIEW* **P.147** _ OLA RINDAL **PP.148-149** _ RONALD STOOPS **P.150** _ RONALD STOOPS **P.151** _ MARINA FAUST **PP.152-153** _ TATSUYA KITAYAMA (BLACK AND WHITE IMAGE), KAREN O'DONNELL (TOP LEFT AND MIDDLE LEFT), KATHERINE L. CAULEY (OTHER IMAGES) / *SIKSI MAGAZINE* **PP.154-155** _ MARINA FAUST (LEFT), KAREN O'DONNELL (RIGHT) / *SIKSI MAGAZINE* **P.156** _ STEPHEN LOCK (TOP) / *THE DAILY TELEGRAPH*, JONATHAN HALLAM (BOTTOM) **P.157** _ GIOVANNI GIANNONI **P.158** _ TATSUYA KITAYAMA (TOP), MAISON MARTIN MARGIELA (BOTTOM) **P.159** _ NICK TENWIGGENHORN **P.160** _ OLA RINDAL **P.161** _ MAISON MARTIN MARGIELA **P.162** _ MAISON MARTIN MARGIELA / *STREET* **P.163** _ MARINA FAUST **P.164** _ CHRISTINA HARDY **P.165** _ SANNE PAPER **P.166** _ RONALD STOOPS **P.167** _ MAISON MARTIN MARGIELA **PP.168-169** _ BILL CUNNINGHAM / *THE NEW YORK TIMES* **P.170** _ RONALD STOOPS **P.171** _ MARINA FAUST **P.172** _ ALL RIGHTS RESERVED / *GENTENAAR* (TOP LEFT), MARINA FAUST (TOP AND MIDDLE RIGHT), DALE GRANT (BOTTOM) **P.173** _ NICK TUPIN **P.174** _ JONATHAN HALLAM **P.175** _ NIALL MC INERNEY (TOP), MARINA FAUST (BOTTOM) / *HARVEY NICHOLS MAGAZINE* **P.176** _ MAISON MARTIN MARGIELA **P.177** _ PAUL LEPREUX / *NUMÉRO* **P.178** _ ANDERS EDSTRÖM **P.179** _ CLAIRE ROBERTSON **P.180** _ ALL RIGHTS RESERVED / *LE SOIR* **P.181** _ OLA RINDAL **P.182** _ MAISON MARTIN MARGIELA **P.183** _ JACQUES HABBAH **P.184** _ MARINA FAUST **P.185** _ MAISON MARTIN MARGIELA / *INTERNATIONAL HERALD TRIBUNE* **P.186** _ MARINA FAUST **P.187** _ JONATHAN HALLAM **P.188** _ GIOVANNI METROPOLITANI / *IO DONNA* **P.189** _ RONALD STOOPS (TOP LEFT AND BOTTOM RIGHT), ANDERS EDSTRÖM (TOP RIGHT AND BOTTOM LEFT) **P.190** _ RONALD STOOPS **P.191** _ GIOVANNI PUNGETTI **PP.192-193** _ MARINA FAUST **P.194** _ JACQUES HABBAH **P.195** _ RONALD STOOPS **P.196** _ JULIEN OPPENHEIM **P.197** _ MARINA FAUST **PP.198-199** _ GAUTHIER RAVILLY & SÉBASTIEN DRHEY, ARNAUD BIGEARD, ARNAUD PYVKA **P.200** _ GUY VOET **P.201** _ JONATHAN HALLAM **P.202** _ MAISON MARTIN MARGIELA **P.203** _ LELE ACQUARONE / *VOGUE ITALIA* **P.204** _ MARINA FAUST **P.205** _ RONALD STOOPS **P.206** _ ALESSANDRO DAL BUONI / *ARENA* **P.207** _ MITSUTAKA KITAMURA **P.208** _ MAISON MARTIN MARGIELA **P.209** _ TATSUYA KITAYAMA (TOP LEFT AND BOTTOM RIGHT), ANDERS EDSTRÖM (BOTTOM LEFT), MAISON MARTIN MARGIELA (TOP RIGHT) **P.210** _ MARINA FAUST **P.211** _ JULIEN OPPENHEIM **PP.212-213** _ JACQUES HABBAH **P.214** _ ANDERS EDSTRÖM **P.215** _ MARINA FAUST **P.216** _ MARINA FAUST **P.217** _ OLA RINDAL **P.218** _ MAISON MARTIN MARGIELA **P.219** _ RONALD STOOPS **P.220** _ ANDERS EDSTRÖM (TOP), MAISON MARTIN MARGIELA (OTHER IMAGES) **P.221** _ MARINA FAUST **P.222** _ JACQUES HABBAH **P.223** _ JONATHAN HALLAM (TOP RIGHT), OLA RINDAL (OTHER IMAGES) **P.224** _ RONALD STOOPS **P.225** _ MITSUTAKA KITAMURA **P.226** _ GILLES BENSIMON / *ELLE USA* **P.227** _ MAISON MARTIN MARGIELA **P.228** _ MARINA FAUST **P.229** _ TATSUYA KITAYAMA (TOP LEFT AND BOTTOM RIGHT), RONALD STOOPS (TOP RIGHT) **P.230** _ MARK BORTHWICK **P.231** _ JOHNNY GEMBITSKY **P.232** _ PAUL LEPREUX / *WOMEN'S WEAR DAILY* **P.233** _ MAISON MARTIN MARGIELA **P.234** _ JULIEN OPPENHEIM **P.235** _ BARBARA KATZ (LEFT), TATSUYA KITAYAMA (RIGHT) **P.236** _ ANDERS EDSTRÖM (TOP), MARINA FAUST (BOTTOM) **P.237** _ JULIEN OPPENHEIM **P.238** _ JACQUES HABBAH **P.239** _ ANDERS EDSTRÖM **P.240** _ MARINA FAUST **P.241** _ PHILIPPE COSTES / *WOMEN'S WEAR DAILY* **P.242** _ ANDREA SPOTORNO / *L'UOMO VOGUE* **P.243** _ JONATHAN HALLAM **P.244** _ RONALD STOOPS **P.245** _ RONALD STOOPS (TOP), MAISON MARTIN MARGIELA (BOTTOM LEFT), TATSUYA KITAYAMA (BOTTOM RIGHT) **P.246** _ MAISON MARTIN MARGIELA / *OTTAGONO* **P.247** _ *PARIS BOUM BOUM* **PP.248-249** _ DAVID HUGHES **P.250** _ PHILIPPE JARRIGEON **P.251** _ JONATHAN HALLAM **P.252** _ CLOCKWISE: ANDERS EDSTRÖM, MARINA FAUST, MARINA FAUST, ANDERS EDSTRÖM, MARINA FAUST, MARINA FAUST, ANDERS EDSTRÖM, ANDERS EDSTRÖM, ANDERS EDSTRÖM, ANDERS EDSTRÖM, ANDERS EDSTRÖM, RONALD STOOPS / *WITH THE KIND PERMISSION OF MATTEL AND HASBRO* **P.254** _ MAISON MARTIN MARGIELA **P.255** _ ALL RIGHTS RESERVED **P.256** _ MARINA FAUST **P.257** _ FRÉDÉRIC AUFRAY **P.258** _ MARINA FAUST **P.259** _ TATSUYA KITAYAMA (TOP), ANDERS EDSTRÖM (BOTTOM) **P.260** _ RONALD STOOPS **P.261** _ MARINA FAUST **P.262** _ ALASDAIR MC LELLAN / *ARENA HOMME+* **P.263** _ CLOCKWISE: MARINA FAUST, JACQUES HABBAH, MARINA FAUST, MAISON MARTIN MARGIELA **P.264** _ RONALD STOOPS **P.265** _ JULIEN OPPENHEIM **P.266** _ CLOCKWISE: MAISON MARTIN MARGIELA, ANDERS EDSTRÖM, ANDERS EDSTRÖM, MARINA FAUST **P.267** _ RONALD STOOPS **P.268** _ MAISON MARTIN MARGIELA / *THE FASHION* **P.269** _ MAISON MARTIN MARGIELA **P.270** _ RONALD STOOPS **P.271** _ ANDERS EDSTRÖM **P.272** _ JACQUES HABBAH **P.273** _ MAISON MARTIN MARGIELA **P.274** _ JACQUES HABBAH **P.275** _ RONALD STOOPS / *EVENING NEWS TOKYO* **PP.276-277** _ MAISON MARTIN MARGIELA / *LIBÉRATION* **P.278** _ RONALD STOOPS **P.279** _ MAISON MARTIN MARGIELA **P.280** _ MAISON MARTIN MARGIELA **P.281** _ DOLORES MARAT / *ELLE FRANCE* **P.282** _ MAISON MARTIN MARGIELA **P.283** _ MARINA FAUST **PP.284-285** _ MAISON MARTIN MARGIELA **P.286** _ ESTELLE HANANIA (BOTTOM RIGHT), ÅBÄKE (OTHER IMAGES) **P.287** _ DAVID HUGHES **P.288** _ MARINA FAUST **P.289** _ JOHANNES SCHWEIGER **P.290** _ RONALD STOOPS **P.291** _ JULIEN OPPENHEIM **P.292** _ MAISON MARTIN MARGIELA **P.293** _ RONALD STOOPS (TOP LEFT AND BOTTOM RIGHT), MARINA FAUST (TOP RIGHT AND BOTTOM LEFT) **P.294** _ MARINA FAUST **P.295** _ RONALD STOOPS **PP.296-297** _ JULIEN OPPENHEIM **P.298** _ JONATHAN HALLAM **P.299** _ ANDREW MC KIM / *L'OFFICIEL HOMMES* **PP.300-301** _ RONALD STOOPS **P.302** _ SANNE PAPER **P.303** _ MARINA FAUST **P.304** _ MARK BORTHWICK / *PURPLE* **P.305** _ ÅBÄKE **P.306** _ MAISON MARTIN MARGIELA **P.307** _ JONATHAN HALLAM (BOTTOM RIGHT), MARINA FAUST (OTHER IMAGES) **P.308** _ JACQUES HABBAH **P.309** _ JULIEN OPPENHEIM **P.310** _ JULIEN OPPENHEIM **P.311** _ JACQUES HABBAH / *MIXTE* **P.312** _ INEZ VAN LANSWEERDE & VINOODH MATADIN / *VOGUE FRANCE* **P.313** _ KYOICHI TSUZUKI **P.314** _ JACQUES HABBAH **P.315** _ JONATHAN HALLAM **P.316** _ MARINA FAUST **P.317** _ RONALD STOOPS **P.318** _ JONATHAN HALLAM **P.319** _ JULIEN OPPENHEIM **P.320** _ ALL RIGHTS RESERVED / *VIEW ON COLOR* **P.321** _ MITSUTAKA KITAMURA **P.322** _ MICHAEL BAUMGARTEN / *MIXTE* **P.323** _ ANDERS EDSTRÖM **P.324** _ JASON EVANS **P.325** _ GRÉGOIRE ALEXANDRE / *INTERSECTION* **P.326** _ NIGEL BENNETT **P.327** _ BARBARA KATZ **P.328** _ GILLES BENSIMON / *ELLE USA* **P.329** _ CHARLOTTE LEDUC (LEFT), MARINA FAUST (RIGHT) **P.330** _ JACQUES HABBAH **P.331** _ TOHRU YUASA / *HIGH FASHION* **P.332** _ JACQUES HABBAH **P.333** _ MARINA FAUST **P.334** _ LELE ACQUARONE / *VOGUE ITALIA* **P.335** _ GIOVANNI GIANNONI **P.336** _ MARINA FAUST **P.337** _ MAURICE SCHELTENS / *FANTASTIC MAN* **P.338** _ RONALD STOOPS **P.339** _ JULIEN OPPENHEIM **P.340** _ MARINA FAUST **P.341** _ MAISON MARTIN MARGIELA **PP.342-343** _ MARIE-PIERRE MOREL / *ELLE DÉCORATION* **P.344** _ MARINA FAUST **P.345** _ MARINA FAUST **P.346** _ WILLY VANDERPERRE / *ARENA HOMME+* **P.347** _ ESTELLE HANANIA **P.348** _ RAF COOLEN **P.249** _ ANDERS EDSTRÖM **P.350** _ JACQUES HABBAH **P.351** _ MARINA FAUST **P.352** _ ANDREW THOMAS, CHRISTOPHER MOORE / *INTERNATIONAL HERALD TRIBUNE* **P.353** _ JULIEN OPPENHEIM **P.354** _ MARINA FAUST **P.355** _ ANDERS EDSTRÖM (COLOR RIGHT), JONATHAN HALLAM (COLOR LEFT), MARINA FAUST (OTHER IMAGES) **P.356** _ RONALD STOOPS **P.357** _ JONATHAN HALLAM **P.358** _ MAISON MARTIN MARGIELA **P.359** _ MARK BORTHWICK / *PURPLE* **P.360** _ MARINA FAUST **P.361** _ JULIEN OPPENHEIM **PP.362-363** _ JULIEN OPPENHEIM **P.368** _ MARINA FAUST

JOURNALISTS: **PP.26-27** _ SARAH MOWER / *VOGUE USA* **P.32** _ CÉDRIC SAINT ANDRÉ PERRIN / *LIBÉRATION* **P.52** _ GIAN MARCO ANSALONI / *MF FASHION* **P.89** _ CATHERINE MALISZEWSKI / *LE FIGARO* **PP.94-95** _ CLOE PICCOLI / *D LA REPUBBLICA* **P.134** _ SUZY MENKES / *INTERNATIONAL HERALD TRIBUNE* **P.141** _ AVRIL GROOM / *FINANCIAL TIMES* **P.146** _ SUSANNAH FRANKEL / *THE INDEPENDENT* **PP.152-155** _ SIMON GRANT / *SIKSI MAGAZINE* **P.156** _ HILARY ALEXANDER / *THE DAILY TELEGRAPH* **P.175** _ MARK HOLGATE / *HARVEY NICHOLS MAGAZINE* **P.177** _ PASCALE RENAUX / *NUMÉRO* **P.180** _ PASCALE PEREAU / *LE SOIR* **P.185** _ SUZY MENKES / *INTERNATIONAL HERALD TRIBUNE* **P.203** _ LELE ACQUARONE / *VOGUE ITALIA* **P.232** _ MILES SOCHA / *WOMEN'S WEAR DAILY* **P.241** _ ELIZABETH ALLEN, DENNIS THIM / *WOMEN'S WEAR DAILY* **PP.276-277** _ SABRINA CHAMPENOIS / *LIBÉRATION* **P.334** _ LELE ACQUARONE / *VOGUE ITALIA*

TO ALL PAST AND PRESENT MEMBERS OF THE MAISON MARTIN MARGIELA TEAM

TO ALL THE MODELS, ARTISTS, WRITERS, PHOTOGRAPHERS, JOURNALISTS, FAMILY AND FRIENDS WHO HAVE MADE US WHO WE ARE TODAY

TO THE RIZZOLI INTERNATIONAL PUBLICATIONS TEAM: GLORIA AHN, CATHERINE BONIFASSI, MARIE BOUÉ, NICKI CLENDENING, MARIA PIA GRAMAGLIA, IAN LUNA, CHARLES MIERS, ELLEN NIDY, JENNIFER PIERSON, ALLISON POWER, PAM SOMMERS

TO THE WRITERS: LELE ACQUARONE, VANESSA BEECROFT, CHRIS DERCON, SUSANNAH FRANKEL, JEAN PAUL GAULTIER, DIDIER GRUMBACH, ANDRÉE PUTMAN, SONIA RACHLINE, CARINE ROITFELD, OLIVIER SAILLARD, VINCENT WIERINK

TO THE PHOTOGRAPHERS, JOURNALISTS, MAGAZINES AND NEWSPAPERS: ÅBÄKE, LELE ACQUARONE, HILARY ALEXANDER, GRÉGOIRE ALEXANDRE, ELIZABETH ALLEN, *ANOTHER MAGAZINE*, GIAN MARCO ANSALONI, *ARENA*, *ARENA HOMME+*, FRÉDÉRIC AUFRAY, *AXIS*, MICHAEL BAUMGARTEN, NIGEL BENNETT, GILLES BENSIMON, FRÉDÉRIC BERGUE, ARNAUD BIGEARD, MARK BORTHWICK, SABRINA CHAMPENOIS, THIBAULT CAMUS, KATHERINE L. CAULEY, ALESSANDRO CIAMPI, RAF COOLEN, *COOPERATION MAGAZINE*, PHILIPPE COSTES, BILL CUNNINGHAM, *D LA REPUBBLICA*, ALESSANDRO DAL BUONI, MARLEEN DANIELS, PATRICK DEMARCHELIER, *DE TELEGRAAF*, SÉBASTIEN DRHEY, ANDERS EDSTRÖM, ARTHUR ELGORT, *ELLE BELGIË*, *ELLE DÉCORATION*, *ELLE FRANCE*, *ELLE USA*, JASON EVANS, *EVENING NEWS TOKYO*, *FANTASTIC MAN*, MARINA FAUST, *FINANCIAL TIMES*, JOHNNY GEMBITSKY, *GENTENAAR*, GIOVANNI GIANNONI, DALE GRANT, SIMON GRANT, ART GRAY, AVRIL GROOM, JACQUES HABBAH, FRANCISCO HABER, JOHNATTAN HALLAM, ESTELLE HANANIA, CHRISTINA HARDY, *HARVEY NICHOLS MAGAZINE*, *HIGH FASHION*, MARK HOLGATE, DAVID HUGHES, *I-D MAGAZINE*, *INTERNATIONAL HERALD TRIBUNE*, *INTERSECTION*, *IO DONNA*, PHILIPPE JARRIGEON, BARBARA KATZ, NORIO KIDERA, MITSUTAKA KITAMURA, TATSUYA KITAYAMA, CHARLOTTE LEDUC, *LE FIGARO*, ANNIE LEIBOVITZ, *LE MONDE*, PAUL LEPREUX, *LE SOIR*, JENNIFER LEVY-LUNT, *LIBÉRATION*, STEPHEN LOCK, *L'OFFICIEL HOMMES*, *L'UOMO VOGUE*, CATHERINE MALISZEWSKI, DOLORES MARAT, BERTRAND MARIGNAC, CRAIG MC DEAN, NIALL MC INERNEY, ANDREW MC KIM, ALASDAIR MC LELLAN, SUZY MENKES, GIOVANI METROPOLITANI, *MF FASHION*, MICHEL MOMY, *MIXTE*, *MODE MODE*, CHRISTOPHER MOORE, MARIE-PIERRE MOREL, SARAH MOWER, *NUMÉRO*, KAREN O' DONNELL, JULIEN OPPENHEIM, O'SPELL, *OTTAGONO*, SANNE PAPER, *PARIS BOUM BOUM*, PASCALE PEREAU, CLOE PICCOLI, GIOVANNI PUNGETTI, *PURPLE*, ARNAUD PYVKA, GAUTHIER RAVILLY, *REGINA MAGAZINE*, PASCALE RENAUX, TERRY RICHARDSON, OLA RINDAL, CLAIRE ROBERTSON, *ROLLING STONE JAPAN*, CÉDRIC SAINT ANDRÉ PERRIN, MAURICE SCHELTENS, JOHANNES SCHWEIGER, DAVID SIMS, *SIKSI*, MILES SOCHA, MARIO SORRENTI, ANDREA SPOTORNO, RONALD STOOPS, *STREET*, LINUS SUNDAHL DJERF, GORAN TACEVSKI, JUERGEN TELLER, NICK TENWIGGENHORN, MARIO TESTINO, *THE DAILY TELEGRAPH*, *THE FASHION*, *THE INDEPENDENT*, *THE NEW YORK TIMES*, DENNIS THIM, ANDREW THOMAS, YUASA TOHRU, KYOICHI TSUZUKI, NICK TUPIN, WILLY VANDERPERRE, INEZ VAN LANSWEERDE & VINOODH MATADIN, *VIEW ON COLOUR*, LUCAS VISSER, GUY VOET, *VOGUE CHINE*, *VOGUE FRANCE*, *VOGUE ITALIA*, *VOGUE USA*, CHI WU, *WOMEN'S WEAR DAILY*, THOMAS ZANON LARCHER

AND EVERYONE WHO CONTRIBUTED TO THE MAKING OF THIS BOOK: AIDES ASSOCIATION, CHRYSTELLE AIMÉ, EMMANUELLE ALT, BIRGIT ANSOMS, MICHÈLE ARIGOT, LES ATELIERS RUBY, KATY BAGGOTT, MICHOU BASU, ALL AT VANESSA BEECROFT STUDIO, CHRIS BELL, OLIVIA BERGIN, CAMILLE BIDAULT-WADDINGTON, CHRIS BILLON, LEEN BORGMANS, MARK BORTHWICK, PAUL BOUDENS, MARIE-CÉCILE BOURDILLON (AND ALL AT HASBRO), DAVID BRADSHAW, NATHALIE BRAMBILLA, JULIE BROWN (AND ALL AT MAP), MATHILDE BULTEAU, GISELE BÜNDCHEN, NICKY BURR, SOPHIE CARLIER, MAURIZIO CATTELAN, ANGELICA CHEUNG, MAGGIE CHEUNG, JAE CHOI + THE COLLECTIVE SHIFT, MELVIN CHUA, LA CITÉ DE L'ARCHITECTURE & DU PATRIMOINE DE PARIS, PETER CLEAK (AND ALL AT CENTRAL SAINT MARTINS SCHOOL), PETER CLOSE, NATHALIE CORDOBA (AND ALL AT APOSTROPHE), HULYA CORTY (AND ALL AT PLN MANAGEMENT), JACQUELINE COUDRAY (AND ALL AT *COOPERATION*), MONSIEUR COURTIN AND ALL AT ÉCHANTILLONAGE MODERNE, DAMIANI, ROXANE DANSET, ANGELA DE BONA, DENIS DE BRUYNE, EGLÉE DE BURE, ANNE DE NESLE, KAAT DEBO, ISABELLE DECAMPS, SYLVIE DECHIRÉE, CLEO DERSY (AND ALL AT BLESS), DOMINIQUE DESCHAVANNE, NELLY DHOUTAUT, ENZA DI LIZIA, JENNIFER DIPRETA, PETER DOHERTY, CHRIS DONNELLAN, KERRY DORNEY, NATHALIE DUFOUR (AND ALL AT ANDAM), THE DUMAS FAMILY AND ALL AT HERMÈS, BÉNÉDICTE DUMONT, ISABELLE DUREUIL, GUILLEMETTE DUZAN, PAOLA ELISABETTA, LINDSEY EPPLEMAN (UNITED TALENT), BETSY FARHI, LA FÉDÉRATION FRANÇAISE DE LA COUTURE, DU PRÊT-À-PORTER DES COUTURIERS ET DES CRÉATEURS DE MODE, ANNE FOHLEN (AND ALL AT IMG), MURIEL FORGEUR, VANESSA FRIEDMAN, JO ANN FURNISS, ALL AT GALERIE EMMANUEL PERROTIN, GALLIERA-MUSÉE DE LA MODE DE LA VILLE DE PARIS, DONOVAN GARRETT, CAROLINE GERAUD, PETER GRAY, CHRISTINE GRECO, INGE GROGNARD, JEFFERSON HACK, PASCALE HADORN, CHENELLE HALL, VICKY HAVERSON, MATTHEW HAWKER, DESIREE HEISS, NEIL HOLBROOK, AMANDA HORTON, JANE HOW, ADRIAN HUNTER, STEPHEN HUVANE, SARAH HUYBERECHTS, LISA JACOBSON (UNITED TALENT AGENCY), TERRY AND TRICIA JONES, GERT JONKERS, CHRISTIANE JUERGENSEN, SARAH KETTERER, KRISTINA KITAYAMA, KANAKO B. KOGA, MARC KROOP, CAROLINE LEVER, EFFIE LI, IRIS LUDWIG, CATHERINE MALISZEWSKI, ELISABETH MARAIS, MARCOLIN, MARIANNE (AND ALL AT ARTHUR ELGORT), CANDICE MARKS (AND ALL AT ART PARTNER), RUTH MARSH, ANIA MARTCHENKO, MARIE-ODILE MASSON, ZOE MAUGHAN, KOTON MAYUREE, JENNY MEIRENS, JORDAN MINTZER, RASSA MONTASER, STEPHEN MORRISS, KATE MOSS, BERNADETTE MURPHY, THE MUSEUM BOIJMANS VAN BEUNINGEN, NINA NEUHAUS, NICOLAS NEWBOLD, AUDREY NIELSEN (AND ALL AT VIVA), TOMOHIRO OHASHI, ONETA (AND ALL AT PATRICK DEMARCHELIER STUDIO), EMMANUELLE ORENGA, LE PALAIS DES BEAUX-ARTS DE BRUXELLES, TIM PATON, DOROTHÉE PERRET, LOUISE PERRY, ARIANNE PHILLIPS, SYDNEY PICASSO, ALL AT PITTI IMMAGINE UOMO 69, ANNE-LAURE PLANCHAIS, MARIANNE POUTIERS (AND ALL AT MATTEL), VERONIQUE RAMPAZZO (AND ALL AT MARILYN), OLIVIER RIZZO, JOSÉPHINE RODRIGUES, RENZO ROSSO, XAVIER ROUSSEAU, STEPHAN ROUYER, CYBELE SANDY, PATRICK SCALLON, JEAN-LOUIS SCHELL, CATHERINE SCOTTO, MEHDI SEFFRIOUI, CHLOË SEVIGNY, ELEANOR SHARMAN, IVAN SHAW, SALLY SINGER, EMILIE SOLA, CARLA SOZZANI, MARNA SPIOTTA (AND ALL AT ART+COMMERCE), DANKO STEINER, STORM AGENCY, DIETER SULS, ROB TAGGART, STELLA TENNANT, UMA THURMAN, YORGO TLOUPAS, SEBASTIAN TOLA, VALÉRIE TORANIAN, MELKA TREANTON, CHRISTY TURLINGTON BURNS, SANDRA VAN DONGEN, CHRIS VAN LAERE, BOB VERHELST, TIMOTHÉE VERRECCHIA, VASSILLI VERRECCHIA, THE VICTORIA AND ALBERT MUSEUM, ALL AT VILLA EUGENIE, SUSANNE WADDELL, ESMERALDA WAGNER (AND ALL AT 2DM), ALL AT WALTER SCHUPFER, LUCY WATSON, OLIVIER WICKER, RON WILSON, SYLVIE YEU, FIONA YOUNG, OLIVIER ZAHM, RAQUEL ZIMMERMANN, TINE ZWAENEPOEL.

FIN

2005 春夏 _ 女装秀 _ 最后一套服装

P26-27

马吉拉，是我的

莎拉·莫尔[Sarah Mower]在其首场回顾展中称赞了时尚界最难以捉摸的设计师。

我的朋友几乎都不知道，我正在与一个隐形的人建立关系。他是一位 57 岁的比利时隐士，很久以前就消失在一块白色的标签之后，标签上面什么都没有。他最后一次露面是 1994 年在纽约的精品店 Charivari，据说他是一个戴着平顶帽的高个子男人，因为拒绝评价自己的系列，惹怒了记者。

从那以后，再也没了马丁·马吉拉的消息：只有一则来自巴黎十一区的前工业设计学校校址的机械化的声明，那里现在被粉刷成白色，并站满了穿着白色定制外套的男女。我一直崇拜他的智慧并一直购置他的衣服，但最近甚至有谣言说他这个人并不存在。他作品的公众形象——夸张、曲折、双关和奇怪的挪用，也让很多人对他不屑一顾，认为这是时装界最奇特的怪胎秀之一，他们的衣服只能由前卫的怪胎穿着。他们大错特错！

因为就我而言，我对马吉拉是单纯的依赖。没有他，关于自我形象的建立与对这个世界的贡献都会变得不够纯粹。如果今晚有些可怕时尚小偷悄悄潜入我的衣柜，偷走我的海军西装外套、尖肩夹克、华丽的黑色针织单肩礼服、盖肩袖礼服、三条男装制式的长裤、四件衬衫、各种抹胸、裙子、皮带、紧身围巾、人造荧光树脂坡跟鞋、高跟鞋、包包、无数的 T 恤、那件红色锦缎马甲和雪纺披肩，那我明天起来的时候，灵魂肯定是破碎的。就有那么糟。

我宣称自己绝不会成为任何设计师或是其他事物的疯狂粉丝，但我对马吉拉非常依赖，这是一个很有趣的矛盾。如果穿着一件衣服，有一点就可以判断出是出自哪个知名设计师，我都会感到羞辱，对于有些服饰，我也不敢尝试，就是那些可能将我置于时尚的极端边缘并且遭到嘲笑的服饰。我需要的是直接的、别致的时尚衣服，只需在日常、机智、性感方面上一两个档次即可[尽管通常在人们无法理解的频道]，马丁·马吉拉是唯一做到这一点的设计师。深入了解他，你将获得一个很多年都不会过时的衣橱，因为神奇的一点是，没有人能猜出是谁在何时创作的。我已经数不清有多少人在聚会上经过一番凝视，忍不住问我在哪里买到我的亚光黑色单肩针织连衣裙。当他们不得不近距离地问"谁？"，我特别喜欢这种感觉，要么是因为他们从未听说过这位"无名氏先生"[太棒了！]，要么是因为他们努力使获得的信息与他们对马吉拉的认知保持一致，他展示了用派对气球制作的系列衣服[新的"Artisanal"系列]或沙发套[2006 年秋季]或用再生皮草外套制成的假发[1997 年秋季]。我的确有点小坏，当某些女士听说这条裙子再也买不到第二条时，气得噘起来嘴巴，那一刻我很享受：她明明穿的只是条旧裙子，但怎么看起来这么棒？

穿着马吉拉设计的衣服，会有让人觉得很聪明，心满意足。他的设计并没有赋予太多其个人的色彩，不同的人穿总是可以穿出自己的味道。马吉拉的作品通常比时尚领先几步[或者因为其他设计师将他作为参考]，如果你买了一件马吉拉的作品，会在购买后的三四季，衬托出你的好品味和魅力，因为也是在这个时间点，潮流界才追上马吉拉的设计，这些衣服看起来恰到好处。1988 年从他的第一个系列中买了一件夹克的人现在应该开怀大笑；窄肩蓬袖的设计，与当时主流的内衬大垫肩的廓形的设计完全不同。由此可见，他的设计影响力久远，哪怕现在穿着他的设计款，人们仍然会问在哪里可以买到。

但现实生活中，马吉拉如此神秘，甚至假装自己很愚昧，他很少因为自己的设计居功自傲。当真正去分析他的设计时，会发现所做的一切呈现出巨大的动态矛盾。他是解构主义者，实际上也是该行业中最好的结构主义者之一[他对男女服装有丰富的剪裁经验]；他是一个淘气的反公司制的打标机器[空白领标]，具体操作就是对店铺墙壁和二手家具的粉刷，所有员工身着实验室外套，用白色的帆布购物袋，甚至连他的新闻稿都被装在棉质信封里。作为替代街头时尚政治的早期拥护者[他曾经在巴黎大街、地铁和废弃的超市举办过时装秀]，马吉拉现在是奢侈品服装和配饰的大师，并开创了高级珠宝系列[译注，区别于时装珠宝用合金与人工宝石制作，高级珠宝使用贵金属宝石制作]，明年将与欧莱雅合作推出一款香水。虽然他被认为是设计师中的高知分子，但他"挪用"的创作方式却也令人捧腹。有一次，他的团队人员在一个安静的陈列室里向媒体庄严地展示一条蟒蛇。其实是一条围在女孩脖子上的平绒毛茸茸蛇玩具，造型为一条巨型蟒蛇。看到这个我不禁大笑，不得不离开房间。另一方面，只有用严肃的方式评估马吉拉才是对的，他的作品值得这种严肃。在挪用"早已存在的"物品并将其重新制作成时尚单品时，他与超现实主义者、达达主义者和废料艺术家们直接联系在了一起。说起这个，不得不提到马吉拉手工系列中最新的白色晚礼服，这件礼服下半身是真丝薄绸连衣裙的一部分，上半身由两个白色塑料袋制成，并配有提手。

我个人收藏中的很多物件都属于他偶尔放到店铺的"Replica"系列。都是新的，但是每件衣服内的标签都标明了其来源：20 世纪 70 年代，一位男孩的定制夹克，来自法国；20 世纪 80 年代，来自意大利的一件晚装斗篷，诸如此类。这算是"设计师"的创作吗？不，这些按照所示，如实记录了设计来源，并且经过了精心地挑选，算是一种复刻，而非是创造力。同样，还有其他一些事情：最近，当其他人都在对古着、回收面料与可持续资源大声疾呼，马吉拉这么多年一直在默默实践这些。

当我听闻马吉拉本月将要在安特卫普的 MoMu 开幕一场 20 年回顾展，这也是他读皇家艺术学院的地方，我有些焦虑不安，因为这意味着，本来只有欣赏马吉拉的秘密观赏协会可以理解的东西，现在对所有人都公开透明。但如今，我仍然充满希望。因为尽管我非常努力地试着去理解马吉拉的编号系统，很显然这是有条理和秩序的，系列作品编号是从 0 到 23，但我仍然理解不了这里面的奥妙。0 系列代表了"Artisanal"制作的商品，6 代表定价合理的运动服装，但是由于一些数字跳过了，所以除了上述的两个数字，我感到非常迷茫。

这太典型了，对我而言，这就是典型的马吉拉式周密却又混沌的命名方式。就此推断，展览也不会按时间顺序排列的：更多的是个人主题的混合，从中可能会琢出令人惊讶和给人启示的东西。还是那句话，其实我个人强烈希望不要这样。与这个男人这么远，对他的了解这么多，我真的更愿意将他留在自己身边。

P32

潮流
购物

马丁·马吉拉又将餐具装饰到手腕上

马丁·马吉拉的叉子手镯

每个服装季，马丁·马吉拉不仅会在服装的解构方面创造出令人惊叹的作品，还会有饰品脱颖而出。这次他的餐具手镯均采用银质或金属镀银而成，每一个都是独一无二的。这些配饰比服装系列更能体现马丁·马吉拉的嘲弄意味，他总是把世界当作心灵的游戏。

P42

横线上方：
马丁·马吉拉套装 1989 / 1990 秋冬
横线下方：
* 有型的夹克，正面可以扣上，袖子有开叉
* 衬衫塞在迷你裙裤装中，袖口向外翻，领口处折叠起来[领尖向外]翻到夹克外
* 超长的迷你裙裤装，搭配银色靴子
* 大号短领带系在夹克领子里，外面搭配香槟色大衣

P43

马丁·马吉拉时装屋的复古奢华

品牌大胆玩转老唱片、旧款衬衣及废旧报纸，在"Artisanal"系列高定创作中引领时尚新高度。

自 1988 年起，马丁·马吉拉便开始了寻觅二手旧物的环球旅程，无论是老旧服饰、配饰，或是其他任何二手物品，都被设计师视为珍宝。多年以来，品牌文化本身也主要致力于旧物的二次创作，因此，今年的创作灵感也不例外，"Artisanal"系列为旧物注入新生，将原本被人搁置角落的物品又活灵活现起来。一些二次创作的素材，在它们前世的生命中与服装世界并无丝毫关系。曾一时辉煌的老唱片，在 CD 和 iPod 盛行时即被抛之脑后，成为坠入深渊的过去，如今在这件单肩礼服中却获得了重生。它们一张接着一张，排成了礼服骨架上坚实的阶梯，在髋位大胆凸显单腿优雅线条 。富有诗意的塑料袋为纯白长裙添置一笔玩世不恭的大胆之意。通常用于点缀礼物包装的彩色卷形带，被巧妙地运用在这件性感的上衣中，尽显体态之魅力。老旧衬衣的衣袖，经由热带雨林色系晕染之后，在一件衬衣里重获新生。废旧报纸的碎片，做成了一件颇有造型的深 V 单开口式夹克。所有定制创作皆由品牌匠人全手工精制而成，单件创作耗时长达五至六天。创作限量版成品仅限于品牌位于巴黎、伦敦、纽约、洛杉矶、东京及大阪的旗舰店出售。

P89

Maison Martin Margiela 打造的男装展

Pitti Uomo 男装展

Maison Martin Margiela 这个前卫的品牌一直以低调而闻名，这一点同样体现在 Pitti Immagine Uomo 男装展上，该[商业的]男装展于佛罗伦萨举行，本次展期一直持续到 1 月 14 日。

——来自《费加罗报》特约记者佛罗伦萨报道

MMM[Maison Martin Margiela 团队对自己的称呼]做的事情总是和别人不一样。通常情况下，"Pitti Uomo 客座设计师"的头衔就预示着将有一个大型的展览，在一个专门的殿堂级的展厅中举行。该品牌的发言人 Patrick Scallon 叹息道："如果是那样的话，就只涉及少数的精英人士。我们希望与所有参加男装展的人分享我们的美学，为大家提供放松的时刻。"因此，就出现了在 Pitti Uomo 男装展历史上的第一次——"客座设计师"的展览分布在 18 个展台上，紧挨着其他的品牌。展位都是白色的：这边卖真花和假花，那边是中空的"雪花球"，形状有埃菲尔铁塔、比萨塔……还有一些气球和旗子、一个放置冰的展台、卖棉花糖的人、抓娃娃机……这一切都是白色的。准确来说是不同的白色[带灰度的，明亮的，有阴影的等]——白色是比利时设计师马丁·马吉拉从一开始就青睐的颜色，他觉得白色"既强大又脆弱，既存在又仿佛缺席"，这就跟马丁·马吉拉本人很像，他躲避媒体，以团队的名义署名，在衣服上仅以白色布片或写上数字的布片来作为标签。

吸引和激发

MMM 的另一个特色：反差。品牌平时以严肃著称，这次则选择挑战趣味性。"我们喜欢吸引和激发大家的好奇心。"这是一种概念美学吗？"这听起来很浮夸，但我们拥护真实性，并愿意与大家分享：这次我们在 Pitti Uomo 男装展的目标也是打造真实的冰。"这是个充满创意的做法，最终的效果是一流的。MMM 不是精英主义的，也鲜少与人交流：在很长一段时间里，这个品牌唯一的一家店铺位于巴黎的一条小道，毗邻皇家宫殿花园。在商店的橱窗里，既没有品牌的名字，也没有服装展示，只有堆起来的纸箱子。而这一次在 Pitti Uomo 男装展，MMM 则选择了一种有趣的方式与大家见面，体现了该品牌一种前所未有的开放战略，这一点在其新的店铺开张上也展现出来[从巴黎格勒内勒街到纽约，以及台北的店铺]。

MMM 在被 Diesel 集团及其老板伦佐·罗索[Renzo Rosso]收购之前，一共拥有 3 家专卖店。如今一共有 11 家。自 2002 年以来，该集团已在该品牌上投资了 1500 万欧元。而 MMM 的营业额也暴涨：2004 年的时候为 2700 万欧元，而在 2005 年达到了 3200 万欧元。对于周四将迎来 MMM 设计的 Pitti Uomo 男装展，伦佐·罗索还给出了一个解释："为什么我们将这个品牌重组，并给它一个新的管理模式，是因为我们希望保护该品牌的精神——变化、极简主义和复古的混合，此外，市场和潮流在 MMM 的风格上实现了统一。"

——凯瑟琳·马里谢夫斯基[Catherine maliszewski]

图 / MMM 是此次 Pitti Uomo 的"客座设计师"，品牌的展台遍布整个男装展：那边有一些花，这边有棉花糖机，还有 MMM 设计打造的"雪球"，呈现出不同色调的白色——该品牌青睐的色彩。亚历山德罗·坎皮[Alessandro campi]拍摄

P114

Maison Martin Margiela

2002 春夏系列

伦敦的 INTRO 拍摄

照片来自 INTRO 为品牌 2002 春夏系列拍摄的影片，取景于巴黎的一家咖啡馆。该系列有三组构成：圆形、对折与裁切面料。

图为一件古着男士牛津衬衫被裁成圆形。裙边上搭配了粉色弹力缎带。

新闻办公室
地址：巴黎 Faubourg Poissonnière 街 175 号
邮编：75009
电话：+33 1 44 53 43 20
传真：+33 1 44 53 43 36

P120

冲击 90 年代的紧身时装版型，马丁·马吉拉开创了新的时装版型。他在这里解释道。

2000春夏，马丁·马吉拉的Oversize时装系列像一个引爆装置一样，深深地震撼到了观众。这个系列的廓形非常宽松，和时下紧身版型时装的风格迥异。但是，为什么马吉拉的宽松版型时装能够让观众深深地感到震撼？他对开创全新时装版型的渴望源自 1999 / 2000 秋冬一个具有转折意义的时装系列，这个时装系列不仅对过去五年的时装系列做了总结，也就未来时装系列的发展方向提出了疑问。

马吉拉的版型实验始于 1994 / 1995 秋冬，他的灵感来自芭比娃娃和肯［Barbie and Ken］的衣柜时装系列，这个时装系列再现了人型娃娃时装中使用未经熨烫的宽松廓形，不成比例的大纽扣、按扣、缝线和特大号针织纱线。在接下来的五年里，马吉拉不断地问自己该如何设计版型，他的想法不断变化，最终他决定使用最宽松的版型。2000 / 2001 秋冬时装系列把原本设定 100% 的正常时装版型大小扩大到了 150%、200%，甚至到了 600%，远远超过正常标准。马吉拉对这个主意非常心动，他把这样的版型设计运用到了三季的时装上，来看看人们会不会改变观点喜欢上这种宽松版型时装，利用这段时间处理好技术上的一些细节。从一开始，他就在敦促自己的意大利生产商不断进行创新，为了能够在技术层面上生产出高级成衣。第一次面对马吉拉提出的巨大的版型要求时，工厂发现没有电脑能够完成这项工作，只有重新使用几乎已经被遗忘的手工方法，马吉拉喜欢手工制作的触感。等到去年冬天，也就是生产第二个时装系列时，马吉拉又一次提高了要求，把目光放在了更大的版型上，他把版型设计从标准的意大利尺码 42 码调整到了超大号 68 码。他还给生产商提出了另外一个难题，那就是要给衣服做两个“内面”，在衣服外面重复衣服内面再做一层，这对于缝纫工作来说是个噩梦。这样做的目的是使衣服足够宽大，能够漂浮在身体周围。

P124

Maison Martin Margiela

摄影：米歇尔·莫米［Michel momy］
拍摄地：Maison Martin Margiela 办公室，巴黎

你穿的是什么？电梯。你做些什么？认真工作，在应付工作负担的情况下，努力给自己留下空间和时间去创新、成长、自我激励和过自己的私人生活。你如何理解职业巅峰？ a］能够在做我们自己喜欢的事情中受到激励，并按照我们喜欢的方式去做。b］找到了既可以激励我们自己也可以激励别人的东西。c］一起建立了一个团队。d］截至目前，共计设计了 21 个时装系列。e］在过去两年的时间里介绍了不同编号的时装系列。0、6、10、13 和 15。f］i-D i-Q 页［1997 年 7 月］你现在在做些什么？ a］继续之前做的事情。b］变得更加强大。c］允许脆弱性的存在。d］继续向前的同时做出改变。e］让其他人一起加入我们。做的这些事情有什么影响？ a］我们日常生活的众多内容和方面都受到了影响。b］彼此之间的相互影响。c］影响跟我们关系亲密的人和喜欢我们所做事情的人。d］收获了体验和自信心。e］获得了经验，也产生了疑虑。什么让生活有价值？事实上这个问题的答案根本不用思考。对别人和所有事情保持真诚和敏感让生活有价值。理想的电梯音乐是什么？这个问题有点儿难回答！我们得收集一些大家喜欢听的歌，满足大家不同的音乐喜好。你不想和谁一起困在电梯里？一个完全不了解电梯的维修工。维修工就在身边，却不能修好电梯。

P141

比利时式的精致—从富人到乞丐

有人真的穿过解构主义者设计的衣服吗？
艾薇儿·格鲁姆［Avril Groom］看着 T 台上的服装，想象着穿在现实中顾客身上的效果

截至目前，我认为最有趣、最反传统的服装包括，一个男人用旧的地铁海报做成的夹克衫，和一个女人用医院里的医用绷带为衣服做装饰点缀。这些做法听着像先锋派所为，先锋派催生了许多时尚的受害者。他们发明了长长的黑色长裙，除了骨瘦如柴的女人外没人能穿得进去。但是越来越多喜欢这些衣服的成熟女性却给我讲了一个不同的故事。

安·德莫勒梅斯特、马丁·马吉拉、德赖斯·范诺顿三人是最多被人提及的比利时设计师、解构运动领军人物。他们将传统的成衣理念彻底颠覆，将缝线织物、钝边、缝线等展示在服装外表。

这些都是具有争议性的想法。这些想法曾在经济衰退时期对日常服装设计产生过重要影响。但是这三位设计师坚持认为，这些想法只是他们服装设计中的一小部分。

这三位设计师是老一辈先锋设计师的继承者。老一辈先锋设计师包括川久保玲、山本耀司、三宅一生，他们经常涉猎这些主题。日本设计师从本国文化和未来愿景中寻找心目中的服装样式，而比利时的设计师们则对欧洲过去的时尚风格抱有强烈的怀旧情绪。

比利时设计师们都于 20 世纪 80 年代中期从位于安特卫普的皇家艺术院校毕业。他们都信奉一种在当时看来相当具有颠覆性的设计哲学，即服装就应该是各种新旧衣服的安静混合体，用来增强个性。衣服上缠绕着黄铜、镀金材质的纽扣徽标，这些服装的设计者们需要一些出其不意的招数才能吸引世人的关注。

因此，马吉拉在废弃医院和停车场展出的无政府主义时装秀包括缠有塞勒塔皮的塑料袋连衣裙和救生员穿着的围裙。德莫勒梅斯特设计的超长袖和扎带让人想到束缚外套或医院长袍。范诺顿的设计则回归常规，将服装设计成灰色或亚麻色的宽松制服。

既然，时装的风格发生了巨大变化，一些复古风格也卷土重来。简约的服饰和精细的细节又得到了人们的喜爱。这些比利时设计师又成了时尚先锋，进而放松了之前的坚持。他们并不想将女性裹在丑陋的黑色布料里，而是致力于使女性展现自然之美。这一转变体现在他们的春季时装系列。诸如马丁尼·西本［Martine Sitbon］和海尔姆特·朗［Helmut Lang］等志趣相投的作品都给人一种抒情的、新鲜的感觉。这使那些还照着老路进行创作的设计师们看起来像笨拙的恐龙一般。

这些比利时设计师和那些只会虚张声势的虚幻主义者完全不同。马吉拉是一位迷人且温柔的巨人。他那件矮胖的毛衣和海狗帽让他看起来更像北海渔夫，而不是设计师。他发现，通过改造旧衣服，并以现代的形式展现会给衣服带来美感。

他的创意介于机智和古怪之间，且非常注重质量。柔软、厚实的阿兰岛民风格毛衣罩在一层细网中，紧身的短款上衣是由一双长筒袜制成的，古朴的络纱连衣裙上设计有经过精心挑选和挤压的下摆，裁剪得很讨喜。窄肩线和超长袖子彰显出女性气质，还有男士夹克等，数不胜数。

马吉拉的春季时装系列再次展示了他对当今时尚圈的影响。这次时装系列中没有一件新作品，只有他以前收藏的藏品。这些时装全部为灰色，并以其设计年份进行标注。包括印有文身的肉色雪纺围裙、再生纸夹克等，首次在国际时装展上亮相。

60 岁的希拉·康宁汉姆是纽约东区的社会工作者，是纽约时装设计师戴安娜的助理，也是马吉拉的粉丝。“他的衣服是一种私人的愉悦。他们不会喊他设计师，服装可以是二手货，但服装做工精良，感觉很棒。深色适合工作和通勤。样式特殊且超前。我在挑选服装时特别关注它们是否耐穿。”

安·德莫勒梅斯特是一位矮小且肤白的金发女郎，有着蓝色的眼睛，是位完美主义者。她的事业自负盈亏且可控。她说：“只有在我觉得自己有话要说时我才会开始设计，让我的灵魂穿上衣服。当主流是戏剧时，我想谱写出诗歌。”

她的服装都经过精心的手工制作。细小的系带在柔软的连衣裙后部固定好，给人以讨喜的感觉。斜裁的天鹅绒短裙充满女性气息，上身穿着人造的绸缎。穿着这一身给人一种微妙的乐趣。

她的春装柔美纤细，细小的亚麻吊带衫悬挂在网眼上衣和系紧的维多利亚式裙子上，淡而精致的颜色取代了黑色。她说：“我不想让我的衣服看着感觉很悲伤，尽管悲伤是一种很好的情感。”

范诺顿看着和他的印花雪纺衫一样漂亮精致，是这三位设计师中最容易让人接受的。他喜欢使用各种颜色，喜欢精美的民族风格织物、古董刺绣和串珠，将所有这些元素与纯色纹理混合在一起。

右上方大图：
28 岁的媒体活动组织者萨拉·布朗斯坦说：“我从来都不是一个很强势的穿着者。我更喜欢街头时装。但现在我年纪大了，我想要一个更优雅的版本，所以我穿了二手衣服。

“马吉拉的时装非常适合身材凹凸有致的女性。我喜欢那种浮动的纯色图层的流畅外观，它们看上去很吸引人。他的想法很有趣。对我来说，这是时尚圈出现新事物以来的头一遭。”

她穿着一件由安·德莫勒梅斯特设计的黑色丝绒锦缎无袖大衣［590 英镑］，由马丁·马吉拉设计的银色金属 / 纤维上衣［165 英镑］，由海尔姆特·朗设计的尼龙上衣［150 英镑］和由范诺顿设计的羊毛围裙［200 英镑］。拍摄于伦敦南莫尔顿街。

P146

不适合胆小鬼的颜色

这听起来似乎有些不大可能，但黄色是春夏不可或缺的颜色。更不可思议的是，据苏珊娜·弗兰克尔说，这个色调是马吉拉提出来的。

去年 3 月份在巴黎，马丁·马吉拉 2003 秋冬时装系列拉开帷幕，由鹅卵石铺成的走秀台上撒满了黄色纸屑。模特们在走秀台上走秀时，还有黄色的花瓣从空中撒下。对于马吉拉这样通常会喜欢使用暗淡色调甚至更深颜色的设计师，人们不会想到他会使用黄色这种颜色。暗淡色调没有黄色那边富有热情，毕竟热情过头的衣服也不是 Maison Martin Margiela 的风格，设计热情过头衣服的事情还是留给 Gucci 和 Dolce & Gabbana 去做。

但是，等一等！这不是普通的黄色。

“这种泛黄的颜色是由于［白色］布料时间久了老化产生的，成了设计的主色调”，时装屋的一份声明中写道，确保设计师使用的黄色被赋予了独特的信息。马丁·马吉拉出了名地不喜欢接受面对面的采访，但是他很乐意通过传真的方式向对时装感兴趣的人解释任何理念。传真里写道：“除了这些泛黄的衣服之外，还有泛黄的和烟熏色的 PVC 塑胶腰带和纽扣，嵌有旧剪刀和一串串钥匙的黄色有机玻璃，它们被设计成坠饰或者钥匙环上的小饰品”。这和目前流行款式浪漫而又怀旧的氛围很好地融合起来，尤其唤起了人们在战时和战后时期“将就凑合着用”的心态。

考虑到时装屋的特点，颜色选择和季节性地参观布料展览一样平淡无味，这并不足为奇。然而，难以捉摸的设计师马吉拉在度假时，受到了泛黄意大利建筑外表的启发。

不管这想法背后隐藏着什么，马吉拉对颜色的使用可以说是触及要害的。春夏的库存在下个月开始销售时，所有的品牌都会选择黄色。从 Burberry Prorsum 风衣上的淡黄色耸肩到 Emma Cook 带有蝴蝶袖和精美装饰的连衣裙，从 DKNY 没有圆点花样的阳光黄色比基尼到日本设计师 Miki Fukai 霓虹黄降落伞绸短裤。

显而易见，Marni 的淡黄色手提包会比 Gucci 金丝雀黄的鹳毛夹克和贴满小亮片的金黄条纹连衣裙更容易搭配。毕竟，淡黄色手提包可能会被认错成奶油，而 Gucci 的这两件衣服可能会被认错成电视剧《芝麻街》［*Sesame Street*］里的大鸟。

不出意料，马吉拉使用的颜色中没有比芥末色和脱脂乳色更耀眼的颜色。黄色并没有被用来突出强调什么或者用来博眼球，相反黄色被视作是一种浅色调，对那些肤色不好又羞于尝试新颜色的顾客也具有吸引力。然而，马吉拉是世界上最敏锐的设计天才之一，尽管是他的一些实验时刻也需要在脑海中让有需要的女人穿上这些衣服。关于马吉拉的这些事情大家都知道。1959 年，他在比利时林堡出生。18 岁的时候，他去安特卫普皇家艺术学院学习时尚设计，然后给让·保罗·高缇耶做了三年的助理。据说，马吉拉从高缇耶那里学到了很多东西，1988 年他开始独立设计时装的时候，高缇耶还慷慨地赞助了马吉拉。尤其是马吉拉不相信宣传，据说至少有一部分原因是为了对高缇耶受到强烈抵制做出回应，高缇耶出演过《欧洲败类》［*Eurotrash*］这部电影，至少在高级时尚圈里，人们抵制高缇耶，认为他跟随主流完全是为了一己私利。

马吉拉在国际舞台上的亮相引人注目，因为在 20 世纪 80 年代他开始时尚设计的时候，炫耀性消费行为依旧盛行。蒂埃里·穆勒［Thierry Mugler］，克洛德·蒙塔［Claude Montana］，甚至高

缇耶等人让马吉拉对于设计引人注目的解构式想法显得像是反对时尚的主张。那个时候，他的成功作品包括把屠夫的围裙变成高雅的连衣裙，把老式薄纱长舞裙变成一系列夹克，效果非常好。如果这些还不够用来抵制传统风格，那 Maison Martin Margiela 的标签本身也是对那些自以为是想法的回应。时装屋的标签，过去是现在也仍然是一个空白的白色标签，随意地钉在衣服上边。把标签放在那里不管，衣服看起来会显得有些乱。但是把标签去掉之后，就没有人知道你的衣服出自设计师之手。那么做的意义何在？

过去 5 年的时间里，马吉拉与备受推崇的 Hermès 进行合作。他们之间的合作关系将于 10 月份终止，也许有些讽刺，高缇耶被任命为继他之后的设计师。尽管马吉拉为 Hermès 设计过一些奢侈又珍贵的衣服，这些衣服和马吉拉一样并没有得到太多认可。马吉拉是一个时尚天才，他不会玩这种把戏。值得高兴的是，马吉拉从 Hermès 退出之后，他有时间推出他自己更经典的马吉拉 4 系列，春夏季之初在附近的商店里就可以看到。这个系列的衣服属于前卫时尚，而不是主流系列，主要面向那些懂时尚的顾客，她们愿意穿袖子上没有标签的衣服。

P153

新奇的可回收衣服

马吉拉在安特卫普皇家艺术学院接受学习培训，之后跟着让·保罗·高缇耶工作过一段时间。自 1989 年起，马吉拉时装屋一共举办了 18 场时尚和艺术秀。最近，他在巴黎被任命为 Hermès 的时尚总监，这个夏天马吉拉时装屋的 9 / 4 / 1615 系列在鹿特丹的博伊曼斯·范伯宁恩美术馆展出。

——西蒙·格兰特 [Simon Grant]

马吉拉在时尚领域颇具影响力，他率先开创了在 T 型台上的摇滚风造型。马吉拉出了名的孤僻，他从来不接受面对面的采访，在任何地方都找不到他的照片。马丁·马吉拉如今已经成为一名备受尊崇和富有创造力的时尚设计师。他坚定不移地使用自己的原材料，使得他与同时期的设计师与众不同。当许多设计师只关注衣服成品外表审美时，他却让时尚重新回到原始根源。以工艺为关键，他的风格以拆线接缝和不寻常的剪裁为特征，显示了设计师对自己的原材料有着强烈的激情，这些原材料在视觉上与传统的耐磨性概念融为一体。塑料袋、陶瓷碎片、人型大小的芭比娃娃针织衫、刺青 T 恤等都是些新奇的可回收衣服。

原始直接但又精致女性化，马吉拉设计的衣服给人一种“局外人”的感觉。其中一部分原因是他不想过分宣传 [他设计的衣服标签是空白的，看不出来衣服是哪来的，是谁设计的]，直到现在马吉拉还是这样把自己边缘化，这不可否认地增加了人们对他设计方法的兴趣。

马吉拉这种把自己边缘化的做法引起了许多领域的关注和兴趣，很多高级艺术机构邀请他展示他的设计也就不足为奇了。最近他的一些设计作品在鹿特丹的博伊曼斯·范伯宁恩美术馆展出。博伊曼斯·范伯宁恩美术馆以 15 世纪和 16 世纪的荷兰艺术闻名，美术馆邀请马吉拉在建筑背景下展示艺术作品，以配合展馆的翻新。这样的展品项目需要和建筑有明确的关联，马吉拉拒绝了这个邀请，而是选择和微生物学家 Dr AWSM van Egeraat 合作。

p152 图 / 马丁·马吉拉 1995 年在马戏团帐篷里举行的时装秀存档。8 个不同造型的模特来回穿梭在观众面前，场地线会随着时间从黑色变成红色。
p153 图 / 马丁·马吉拉，1993 年时装系列。

P154-155

时尚是富有吸引力的，艺术是难以捉摸的。这就让马吉拉的情况变得有些复杂，因为他不仅富有吸引力也难以捉摸。

图 / Maison Martin Margiela，1997 / 1998 秋冬。
- 左图 / 回收的旧皮毛外套重新组装成假发。
- 中图 / 按照裁缝店人台模板制作的粗麻夹克或背心。
- 右图 / 用撕不碎的工业用纸组装成夹克。

为了清楚地把注意力放在衣服上，他把注意力放在衣服的本质和基本特性上，在这种情况下也就是布料随着时间推移会老化褪色的特性。取一种经过准备和控制的细菌，以他展示的衣服为例，经过细菌处理之后产生了 18 种不同颜色深浅的剪影，人台身上穿的衣服也受到这种元素的侵蚀。

这种方法令人耳目一新，这种方法揭去了时尚程序中商业化错综复杂的东西，也提醒了我们这些好看东西的实用主义功能。马吉拉解释得很浅显，他做的东西是手艺，是必须要学的传统手艺。因此这种展览经常会引发对艺术和时尚糅合的潜能辩论，显现出艺术和时尚之间的差别。当一系列的时尚单品在白色的立方体背景下展出时，它们通常所具有的美感就无法显现出来，这种感觉处于一种不稳定的状态，直到有人提醒我们它的现实功能。“时尚作为一种外在的欲望薄膜存在于世界上，它无处不在，无所不能，无比流畅，”艺术家杰克 [Jake] 和迪诺斯·查普曼 [Dinos Chapman] 写道。艺术是边缘的，严格自我提升的，凌驾于时尚之上人类境况的权威。

这其中的区别似乎很清楚：时尚是富有吸引力的，而艺术则是难以捉摸的。这就让马吉拉的情况变得有些复杂，因为他不仅富有吸引力也难以捉摸。然而，《Purple Prose》杂志的共同编辑奥利维尔·扎姆 [Olivier Zahm] 一直都很欣赏马吉拉设计的衣服，他对马吉拉更加了解。他把马吉拉看作是一个有叛逆精神的设计师，他边缘化自己的设计作品作为单纯的实验，满足那些更愿意在博物馆里而不是在马路上看到马吉拉设计的衣服的人。

他的实验包括使用五花八门的原材料和在不同寻常的场地举办新颖的季展，场地从马戏团帐篷到大商场，他的实验吸引了那些喜欢马吉拉怪异演出风格的人。马吉拉的时装设计没有迎合那些看时尚杂志的时尚买手，他的时装设计使用传统的方法，探索时装设计中最核心的内容，好像要把裁缝店人台的里外翻一遍来探索新思路。

博伊曼斯美术馆的展览，除了自身在社会文化方面的吸引力外，和其他艺术家正在合作的一些项目也受人喜欢。挪用其他领域元素已经被认为是一种流行的且使用越来越多的“做”艺术的方法 [这种挪用其他领域元素的做法没有起到挪用之外的作用，因为其他领域的元素和艺术没有处在平等地位上]。克里斯汀·波兰 [Christine Borland] 和法医科学家合作，用一堆骨头重新搭建起了一副完整的人类骨骼或卡斯滕·霍勒 [Carsten Holler] 钻研动物学实验都让他们的设计有了人类学基础，对于那些艺术机构来说看起来似乎很新颖。

然而，和马吉拉的合作分为几个不同层次。没有对艺术代表政治的屈服。9 / 4 / 1615 系列虽然在艺术画廊里展出，但是却不是艺术展，艺术背景只能暂时帮助塑造，但作用不大。他直截了当地展示和并列展出图像，让带有细菌产品照片的设计剪影看起来像牛奶和细菌，从而使它们与艺术区分开来。

马吉拉的独特吸引力来自他的深思熟虑和风趣幽默，还有他坚持把时装的特色摆在最重要的位置上。

马吉拉最近被任命为传统时尚品牌 Hermès 的时尚总监，他们的合作会产生什么样的火花，更国际化的商业压力是否会影响到这位神秘而又优秀的设计师的独特创意。

问答集合

西蒙·格兰特：您的设计作品曾有机会在鹿特丹的博伊曼斯·范伯宁恩美术馆展出，您为什么会选择和微生物学家合作呢？

马丁·马吉拉：美术馆最早向我们提出展览提议。如果我们要进行展览的话，要求展览在他们的玻璃临时展馆中举办，并且计入他们之前举办的一系列合作展中。我们的展览将在展馆关闭进行翻新前最后一个举办。

事实上，我们有点儿担心或者敏感，把 9 / 4 / 1615 系列作为我们的第一个“单独”展览。在过去 9 年的时间里，我们在博物馆和其他地方举办过很多展览，无论是集体展览还是单独展览，我们都把这种参与视作我们作品的一种感情表达。在每一个展览中，我们都投入了同样的精力和感情。

我们决定跟荷兰瓦格尼根农业大学的教授，微生物学家 Dr AWSM van Egeraat 合作是因为我们想要在一个新的领域合作，而不是和博物馆提出的建筑领域合作，这和我们日常工作没有联系。我们选择把 18 个穿着时装的人体模特放在展厅的外边，这样一来人们就只能从展厅里边透过玻璃来看人体模特，展厅依旧空空的，保持着原本的样子。

西蒙·格兰特：随着霉菌改变了时装的表面、材质和白色布料的状态，这些时装也在不断变化。展览是如何融入您的时装系列审美的？

马丁·马吉拉：我们把这个展览看成是两个同时进行的故事。我们时装系列的故事跨越 18 个季节，从 1989 春夏到 1997 / 1998 年秋冬。18 种不同颜色深浅的剪影，每一种颜色都代表着一个独特的季节，以及细菌，霉菌和酵母菌是如何发生变化的。至于这两个故事是如何联系起来或者应该如何理解，我们更愿意让那些看过展览的人去描述。

西蒙·格兰特：您用的许多材料都是回收得来的，例如塑料袋和陶瓷碎片。您为什么会选择用这些材料？

马丁·马吉拉：我们一直都很想改变人们对材料用途的看法。当一件物品被当成衣服去穿——材料或者衣服就被赋予了二次生命——对不同材料的需求也是其中的一部分。

西蒙·格兰特：您的作品中存在人为手工的东西，您设计的衣服将机器美感和手工技艺相结合——例如在模特脖子上印上时装系列的日期，还有短袜短靴。您是有意想要让自己远离日常生活吗？

马丁·马吉拉：我们不认为我们的作品和设计的时装远离日常生活。精彩的展览或展示不应该和现实的系列时装混为一谈。通常在一个展览中，整体效果会比部分效果更好，然而我们系列时装展览中所有的衣服都是可以买到的。

西蒙·格兰特：在一些展览中，您似乎强调忽略模特作为人的身份 [蒙住他们的眼睛，用一些材料遮住他们的头和脸]。如果模特在展览中是次要的，您为什么还要用华丽的模特？

马丁·马吉拉：对于我们的大部分系列时装来说，我们认为将关注放在不同年龄女性身体在我们提供的背景和衣服下所产生的效果是不合理的。18 个系列中有 3 个时装系列，我们都认为需要把观众的注意力吸引到时装本身。魅力也是一个很主观的东西。

西蒙·格兰特：您在博物馆里做展览，一些人可能会觉得这让您的合作性实验成为艺术。您如何看待？

马丁·马吉拉：时尚是一种技艺，一门专业技术知识，而不是艺术。创意让每个世界都能分享同一份感情表达，分享这份感情表达却需要迥异不同的媒介和过程。

1997 年 4 月 15 号，马丁·马吉拉和微生物学家 Dr AWSM van Egeraat 在鹿特丹的博伊曼斯美术馆所做的实验。

所需材料：

a] 培养基。所需培养基的种类为 no1 红色的细菌培养基，no3 粉色的酵母菌培养基，no4 绿色的霉菌培养基和 A 黄色的细菌培养基。培养基 [nos 1,3&4] 放入试管中加入 8 毫升的水。A 培养基在试管内培养 6 天。

方法和步骤：

第一阶段：装置准备。人台 1 号。用带水的扎孔试管绑在 1 号人台上，然后铺上一层棉花填充物。模型原来的表面就会延伸至试管和填充物。人台 no2。因为人台没有扎孔的试管。

第二阶段：分开培养。100% 纯棉的布料沾水，拧干，然后贴在装置上：人台 1&2。

第三阶段：使用培养基。人台 1 号。将琼脂涂抹在人台上确定的部分 [前边和后边]。用喷雾器将发生变化的 [nos 1&4] 喷雾喷在人体模型的各个部分。人台 2 号，用喷雾器将发生变化的 [nos1,3&4 and A] 涂抹在人台上确定的部分 [前边和后边，左边和右边]。

第四阶段：培养。特殊设计的培养装置安装在室外。人台 [1&2] 分别在培养装置中放置 4 天。

第五阶段：结果。4 天后，人台从各自培养装置中移出。人台 1 号用扎孔试管额外灌水几天。人台可以在露天条件下进行干燥。

结果：培养基会在衣服上出现 [可以看试管、琼脂板和人台的照片]。

P156

设计大胆、颜色明亮、不适合胆小者穿着

作者：希拉里·亚历山大，巴黎的时尚总监

作为一名隐世的比利时设计师，马丁·马吉拉可能是“国际时尚圈

的神秘人"，但昨天于巴黎发布的秋冬时装系列把他的秘密一股脑展示了出来。

马吉拉从未上过照片，也从未接受过采访。但昨天，他为世人展示了一套大胆且颜色明亮的时装系列。这一系列用"大衣衣架般的肩袖"覆盖上半身，下装从大腿到膝盖逐渐变窄，凸显出了臀部线条，模特脚穿银色和荧光色混搭的丝网长靴。

该系列通过圆形和三角等形状探索了一个既现代又生动的样式。采用亮粉或粉灰色的圆圈、兔毛、霓虹黄和山羊毛等形状和材质，像内部水管一样在肩部绕一圈。荧光色的毛绒绳和装饰有亮片和珠子的薄纱像是超大项链或围巾挂在长而紧的弹力连衣裙上，从背面看像是紧身连衣裤。

上衣带有尖的肩章，像《王朝》[*Dynasty*] 电影中琼·柯林斯 [Joan Collins] 所穿的那款夹克衫的外星人版本。这些设计理念上的创造力掩盖了这些配件具有实穿性的事实。这些时装显然不是为那些胆小的人设计的。夹克有时采用翻领设计，下装是半托的长裙，而宽松的披肩领风衣薄得像一件衬衫。

米兰达·理查森 [Miranda Richardson] 是一位巴西女演员，已连续 17 年购买马吉拉的时装，是本次秀场的前排观众。"我爱他的服装，因为他的服装不拘一格。这些衣服和别人家的都不一样，"说着她消失在后台。

P163

Maison Martin Margiela
'0+1'
2000 春夏

照片：玛瑞纳·福斯特 [Marina Faust]，巴黎

加大到 74 码 [意大利] 的风衣，用长腰带在腰部固定住。细高跟女鞋的后跟被拆掉，搭配金属脚踝环。

媒体：
巴黎 75018 Ruelle 通道 2 号
电话：+33144896526 传真：+33144896529

P169

在街道上

——比尔·坎宁安 [Bill Cunningham]

北方人的慰藉

正值 1888 年 3 月的那场大暴风雪一周年纪念日，像羽绒被一样的外套出现在了纽约和巴黎的街头。在 1937 年，有先见之明的设计师查尔斯·詹姆斯 [Charles James] 展示了一件用白色缎子缝制的晚礼服，这件晚礼服现在藏于伦敦维多利亚和阿尔伯特博物馆。

三十年前，在纽约的一个时尚集团展上，时尚艺术家安东尼奥 [Antonio] 为詹姆斯的底稿勾勒出草图，建议以睡袋为模型做长外套，用作皮草的轻便替代品。观众席中的一些设计师们领悟了这个想法；有很多人穿诺玛·卡玛丽 [Norma Kamali] 设计的长外套。去年，比利时设计师马丁·马吉拉设计的外套在这里亮相，他设计的外套看起来很像羽毛填充的方形被子，用内嵌的袖子确保外套的形状。他设计的外套有多个防尘套——羊毛的，供雨雪天气使用的塑料的，还有装饰印花图案的。正如皮草风靡势头强劲，也许这也是轻便羽绒外套回归的好时机。

P175

马丁·马吉拉是谁？

这位比利时设计师可能不会公开地去吸引人们的注意，但是他低调的做事方法和富有想象力的作品却使他成为众人瞩目的焦点。

——马克·霍尔盖特 [Mark Holgate]

在过去的十年里，比利时设计师马丁·马吉拉创作出了很多引人入胜又富有影响力的作品，而他在大众视野的曝光度却和萨尔曼·拉什迪 [Salman Rushdie] 被穆斯林封杀时期差不多。只有那些在巴黎工作室工作的人才知道，像马吉拉这样有影响力的设计名师是什么样的。马吉拉避开时尚焦点，坚持"好衣服自己会说话"的做事方法。甚至 Hermès 指定要他设计女装系列，以及今年春季他自己设计的男装系列上市，都没有强迫他走进公众视野。也许，缝在衣服里的空白白色标签能够最好地代表马吉拉的形象。

当然，使用白色标签既是自我谦虚也是自我肯定。尽管马吉拉不愿意在衣服标签上表露自己，从外表来看衣服的缝线恰到好处，显而易见是出自马吉拉之手。同样地，保持低调是获得关注和认可的最好方式。一位 15 年前从安特卫普皇家艺术学院毕业来到巴黎为让·保罗·高缇耶工作的设计师也这么认为。让·保罗·高缇耶的宣传策略也几乎完全如此。不管怎么说，马吉拉出色的服装设计要归功于他巨大的天赋，丰富的想象力和讲究诚信的品质。

他在巴黎的最后一场时装秀验证了他提出的大量女装系列的创意，许多已风靡各地。其中包括：在衣服表面印上"错觉系"图案 [Trompe-L' oeil]，把毛衣缝在丝绸雪纺上衣上，或者把一条粗花呢裤子拆成拖裾装在另外一条裤子上。这场时装秀本身就是最典型的马吉拉风格。这场时装秀在一家时尚赞助商的斯伦贝谢酒店 [Sao Schlumberger's hotel particulier] 举办，很像一场即兴的家庭派对。观众们围在四周，模特们沿着走廊走，其中一些模特穿着广告牌，广告牌上边印有每个季节都会重复出现的马吉拉女装系列的照片。当然，也可以先看看男装系列产品。可以说，这些时装非常独特，但与此同时也十分传统。10 系列时装可以总结为一个全面的，真正不拘一格的男士衣橱系列。马吉拉挑选了在市场摊能买到的最典型的夹克或者一件制衣厂批量生产的衣服，然后用现代布料重新进行制作。他也会将古着衣物重新裁剪拼接，使之融入自己的新系列。

从男士系列时装中我们就可以看到这些创意的存在。使用褪色的牛仔裤，然后把裤子后边的口袋去掉，露出深色的斑块；一系列皱皱巴巴的棉服都有自己的储物袋，用来保留褶皱的痕迹；棉质 T 恤上印有渗透到布料下面的标语；圆领毛衣乍一看很简单，仔细观察会发现是用优质羊毛编织而成的，而且编织的形状也很专业，以后能穿好几年才会穿坏。

历久弥新的传统裁剪与精良的制衣技巧都让马吉拉兴奋不已。他的西服套装由看起来并不搭配的夹克与裤子组成，几乎同等质量的内衬跟触感通常见于萨维尔街的手工定制西服。他的幽默风趣也体现他设计的经典黑色皮夹克上，从胸部到腰部都有巨大的拉链，可直达内部口袋。那些喜欢他设计怪异女装系列的男人也会喜欢这个时装系列。这是投资型时尚，设计的原理是为了衣柜里时装能比衣架存留更长时间。

上图 / 马吉拉首个男装系列令人困惑的宣传照，10 系列是一整个衣柜各式各样的衣服；这些衣服以回收的高级牛仔布为原材料，在传统裁剪工艺的启发和真实生活的影响下制作而成。
下图 / 1999 春夏时装秀。

P177

全屏

——帕斯卡·雷诺 [Pascale Renaux]

始终处于最前沿的 Maison Martin Margiela 在 2008 春夏时装秀中第一次推出了太阳镜。比起眼镜，它们更像是"束发带"，得益于特殊的技术，它们能巧妙地架在鼻子上。这款玻璃做的眼镜没有眼镜架，隐藏了佩戴人的眼神和妆容……这个设计对于有黑眼圈的人来说非常的友好，自推出开始就出现在 Maison Martin Margiela 的所有目录中。这种太阳镜有五种手工着色的颜色选择，直接以 L' Incognito 来命名。仿佛在说"时尚就是隐藏"。

Maison Martin Margiela，巴黎第一区 Montpensier 街 25 号

P200

安装

组装好所有的褶皱和连接处，然后用小钳子安装好模型所有的组件，让每个部分都符合说明的要求，您可以在口袋中找到详细的说明。

试衣

将您的连衣裙的正面和背面的中部放置在适当的位置。如果上身部分不是很服帖，请在衣服的一侧进行必要的调整，并检查连接处和褶皱的位置。在做完所有必要的校正后，如果需要可以放入肩垫，最后裁开领口和袖笼。检查袖子的垂感，然后将肘部弯曲，检查袖子是否合适；把肘部向前伸，以判断背部是否足够宽，袖子是否足够长，抬起手臂以检查上身到腰部的尺寸会不会太短。要小心袖孔太向内凹会对整件衣服造成不可逆转的影响。接着检查接缝的位置和裙子的宽度 [分别站着、坐着和走一走来检查]，进一步调整细节误差。用大头针或粉笔来标记需要修改的地方。脱下衣服后，再用彩色的线来标记这些地方。拆卸衣服的时候，如果两侧的设计是对称的，可以将两侧叠放在一起 [请参见上文]，把有标记线的地方放在一起。

缝纫和熨烫

把您确认的地方都缝制好。一点点地熨烫 [除非另有说明，将开口的地方也一起熨烫一下]。留下衣领，腰部和衣衫接袖处，再进行最后一次试穿。在缝制纽扣、搭扣、拉链和肩垫等配件之前，最后再熨烫一遍衣服。对于斜纹织物，需要按照丝线的方向仔细进行熨烫。最后，进行锁边 [从左到右]，将直裁的部分拉平整，而斜裁的地方不要拉平。

独一无二、可以使用无数次、可调节适应各种体型的"理想人台"，"理想人台"在我们的经销商处有售。

可以在五月刊填写购物单，巴黎第 19 区 Rue des Dunes 街 4 号，联系方式：202-93-52

P204

马丁·马吉拉
1997 春夏

展厅

巴黎 18 区第二通道

展厅主区内有一个白色的装饰物。地板上陈列着仿真向阳花。收藏作品的售卖和新闻发布会都在这片花丛中进行。

系列

定制的人台形式 [或着装形式] 是这一系列的基础。

这件单品可以直接贴身穿着，或者穿在衬裙外，也可以穿在永久染色的牛仔裤上面。像是来自后续工序上的各种元素，都可以用别针固定在人台上。垫肩、镶边、面料研究……

一个简单未完成的正方形织物变成了带有不规则下摆的裙子或连衣裙。

为男士打造的带袖子或不带袖子的夹克装上了垫肩，在形式之内传递出一种瞬时的女性肩部线条之感。

有些编织开襟毛衣没有袖子，洗过的 T 恤衫和夹克衫的肩部线条一致，只能和传统的裙装和裙装线条搭配。

一组黄色天鹅绒前襟胸衣跟他黄色的内衬是这一组白色、灰色、海军蓝、烟灰色与黑色中的唯一一抹亮色。

只有打开隐藏的拉链才能穿下过窄的裙子，这个拉链设计给衣服一种个人和不规则之感。

对雪纺晚礼服的不同部分的研究，是通过松紧带与胸衣的裙骨结构展开的，这个结构本身也成了衣服本身。

即便是我们鞋子的鞋底，加上高跟，被人们穿在了脚上。

P208

马丁·马吉拉 1994 春夏

新的 1994 春夏系列中过去十季最受欢迎的作品。我们通过在每件服饰上套染灰色把不同的流行季联系起来。

从 10 月 9 日至 17 日，我们邀请了买手和记者一同来到这个熟悉的地方。

在这个开阔的空间 [Meaux 街道 55 号一家废弃的超市] 有：

- 架子上的衣服按照季节划分，买手可以预定。
- 展示作品的 10 个女孩身上刻有文字，标明她们所穿的服装的季节。
- 之前 10 场展示的剪辑录像。
- 在开放的工作室展示手工制作的过程。

每件服饰印上最初所属流行季后可以出售。

P233

如果有一个词可以形容我和 Maison Martin Margiela 的第一次见面，应该就是“着魔”或者“一见钟情”。

有人或许认为，我和马丁的世界以及价值观似乎是天壤之别，但实际上我们之间有很多相似性：注重细节、迷恋复古、探索创新，都认为时尚是而且必须是一个梦想，也是艺术表达的一种形式，挑战已有的设计以及沟通方式，也是时尚给我们带来的乐趣。这些共同的理念，让我们从最初就绑定在一起了。

此外，令我欣慰的一点是，我们的合作，让时装屋的事业，更有前途、真实、可见，也更加成功。

永远热爱创造力。
永远喜欢不一样。
永远爱 Maison Martin Margiela。
伦佐·罗索

P241

神奇马丁

巴黎的马丁·马吉拉有可能是人们翘首以盼的下一位站在巴黎时尚圈前端的新星，虽然他不是法国人。这位 31 岁的比利时人绝对有资格。他毕业于比利时皇家艺术学院，并作为让·保罗·高缇耶的助手长达 3 年之久。去年他才成为独立设计师，并于去年 10 月发布了他的第一套时装系列。

马吉拉的风格是先锋派的，而他自己所认为的最高赞美是“别具一格”。卡尔·鲁滕斯坦是布鲁明戴尔百货店的高级副总裁。他在周四晚的秀场结束后冲到展厅，说这一时装系列是“完美的、年轻的、令人兴奋的、非常原汁原味，但同时也是随性的、失礼的”。他已经很久没这么评价一位年轻设计师了。百货店将所有 50 件展品都买了个遍。

马吉拉是一位安静，但又笃定的设计师。他将时尚的概念内外颠倒，上下翻飞。他说：“我对一切时髦和传统的东西都反应过度。作为设计师，如果你没有反叛精神，那你就会一事无成。”

他还说，他的风格集合了“所有我孩童时期没法做的东西以及我喜欢的所有东西”。

这次的服装系列的灵感来源于传统英式裁剪工艺，马吉拉很喜欢这种工艺。夹克、背心、裤子和衬衫都是用棕色打底的斜纹布、牦牛毛、灯芯绒和牛仔布等面料制成，以男装的形式呈现。真正别具一格的是其裁剪工艺。

但正是他的这种新肩部比例让鲁滕斯坦兴奋异常。马吉拉厌倦了肩部的线条，这种线条使东西变得模糊不清，于是他将肩部线条伸向脖子，并用新月形的卷状衬垫将它们稍稍抬起。“我想要一个非常窄的肩部，露出下面的自然线条。”

他这种略带 18 世纪的风格使夹克和厚实的羊毛大衣显得女性化，而外套和羊毛大衣则配有男士的手缝翻领和缎带，使衣服更贴近身体。

这些用来试装的标记线被缝合在衣服外侧，表现出许多不同的设计廓形。有几件夹克显得“内衣外穿”，接缝全部露在外面。马吉拉只需要用胶带将外套包裹起来就能得到他想要的版型。

他将背心拉长到脚踝处，然后套在长棉衬衫上，这些衬衫的领口处有男式褶皱。他喜欢超长的衬衫和毛衣袖子，可以折起来盖住夹克。他甚至设计有单独的绑带袖子可以替代穿。

羊毛裤还有另一种处理方法，臀部区域作为衬里面料，并配有抽绳束腰或附有短裙。他说：“我附上它们，以确保客户会喜欢穿上我设计的外观。”

羊毛裤子或牛仔裤被剪掉了下摆，变成了长裙，类似于 20 世纪 70 年代的女孩子们的裙子。基本款的裤子有水平熨烫的折痕。

不过，下摆线不是问题，也没有问题。

“长度没有问题，只需剪边就可以了。”马吉拉解释说。他更喜欢剪刀和缝褶而不是接缝，这样“即使没有人穿，您仍可以看到衣服底下的身体就像穿破的牛仔裤一样”。

缝褶使膝盖、肘部、上身和臀部更有型。他剪裁并缝制了双色罗纹针织毛衣，制作出各种图形。他说：“他们说我疯了。”他不愿透露其意大利制造商的名字。

当毛衣的脖子太大时，他也用缝褶缝它们。其他亮片毛衣都经过清洗，以获得那种破旧的感觉。马吉拉用剪刀剪羊毛，将其剪成两面穿的拼布大衣，鲁滕斯坦称之为“不可思议”的作品。

这个系列显然并不适合所有人，马吉拉并不认为。“它是针对一小部分女性的，并不是每个人都喜欢。做你想做的事情很重要，总会有一些人同意你的看法。”他说道。尽管马吉拉并未对商业问题做出任何风格上的让步，但“我们竭尽所能压低了售价”。

羊毛夹克批发价约 500 美元，毛衣、裤子和裙子 330 美元，外套 660 美元。布鲁明戴尔百货店将是马吉拉时装品牌在纽约的第一家门店，其他美国零售商也表现出了兴趣。洛杉矶的 Repongi 店，意大利和比利时的几家精品店都在排队采购。

右图 / 马吉拉的黑色和白色剪裁羊毛毛衣和烟草色牛仔裙，配以棕色羊毛、马海毛和聚酯纤维外套。
上图 / 马吉拉的一件超长背心的后视图。

P279

Maison Martin Margiela

V&A 展览

盒子：8 / 大号 定制的人台 148%
展览：62cm×66 cm, 27 cm 高的台子上放置 3 / 4 轮廓
内衬：台子上的镜子以及四面墙
图象：原版照片：家人穿着绿色套头毛衣或女孩穿着女色套头毛衣
音效：有音效，参考盒 B、C

P306

Maison Martin Margiela 的颜色概念 1998 / 02 / 04

[开始]

什么是颜色?
是一种强度、一种温度、一种碰撞、一种和谐。
那么
你是如何使用颜色的呢?
当颜色来问我。
什么是黑色?
是一种不存在、一种存在、一种情绪、一种覆盖。
什么是红色?
一种羞涩、一种潮红、一场发热、一种掌控。
什么是皮肤?
一种保护。
什么是材质?
一种媒介。
什么是质感?
是时间的产物。
什么是建构?
是实现目的的手段。
什么是功能?
是对需求的回应。
什么是艺术?
需要回应的需求。
什么是匠人精神?
时间的成果。
什么是服饰?
最终的一层。
什么是时尚?
一系列提议。
什么是循环?
是另一次机会。
你是如何将循环融入自己的作品中?
通过自然。
Maison Martin Margiela 如何培养出一种理念?
时间、问题、回复。
Hermès 如何培养一种理念?
时间、另一个问题、回复。
你想要培养什么? 除了服饰之外?
一种理解。
你的人生信条是什么?
我们。

[结束]

P334

Nerosunudo 黑色系
In 3 storie 分为三类
Spallepipedo 肩部延伸
Corpobarrato 身体缠绕
Clergydoll 神父风格
Sovraesposizione di pelle nuda e pornochic?
过度暴露肌肤和色情?
C’ è chi sorride dei luoghi comuni…… e attizza l’ interesse per il corpo con invenzioni e illusionismi spiazzanti.
有人喜欢陈词滥调……运用令人不安的设计和幻想来唤起大家对身体的兴趣。
Invito ai giochi grafici fra abito obligno e body. Un paio di leggings è sufficiente a completare.
在斜肩连衣裙和身体之间添加图形样式。一副绑腿就可以完成。
Nuovo gioiello: il collare rigido di metallo. Indispensabile per la serie “Talare”.
新首饰：硬质的金属项圈。“黑袍”系列是必不可少的。
[注：Talare 本意指的是天主教神父穿的黑袍]
Erotica geometria: è il turno della diagonale…… Abito obliguo ridotto a puro e semplice pannello di seta, ma anche di rete. Su body monomanica o catsuit color nudo.
情色几何：对角线的运用。斜肩服饰变为简约的纯色丝制品，并且加入了网眼儿设计。在单袖紧身连衣裤或者裸色紧身连衣裤上。
Incredibile la sostituzione delle spalle da due tratti verticalifino a nascondere il viso…… Dall’ abito inguinale alla giacca alla tuta.
难以置信的是使用两个垂直的剖面替换了肩膀来遮挡住脸部……从超短连衣裙到夹克再到西服。
Arditi cenni clericali sopra sexy gambe con giarrettiere reggi-cuis-sardes. notare gli shorts diagonali.
衣服的上半部分让人联想起宗教和神职人员，性感的双腿上穿着吊带袜长靴。参考斜纹短裤。
Mises plasmabili…… si prestano a trasformismi e attegiamenti misteriosi.
可塑的样式……使自己陷入神秘的变化和姿态。
Corpo barrato anche da zip... funzionano nei due sensi: dall’ ombelico ingiù o dalle caviglie insù. Zip da un polso all’ altro per il top.
拉链交叉缠绕在身体上……它们在两个方向上起作用：从肚脐向下或从脚踝向上。拉链从一只手腕拉到另一只的顶端。
Un lungo chiodo da ferramenta il tacco favorito, sul filo del nuovo eros.
受喜爱的鞋跟部分像钉子一样，它被视为激情和诱惑的象征。

FIRST PUBLISHED IN THE UNITED STATES OF AMERICA
BY RIZZOLI INTERNATIONAL PUBLICATIONS, INC.
300 PARK AVENUE SOUTH, NEW YORK, NY 10010

EDITORIAL DIRECTION, ART DIRECTION & DESIGN:
MAISON MARTIN MARGIELA

STILL PHOTOGRAPHY:
JULIEN OPPENHEIM

CHINESE EDITION PUBLISHED BY AGREEMENT WITH RIZZOLI INTERNATIONAL PUBLICATIONS,NEW YORK THROUH THE CHINESE CONNECTION AGENCY,A DIVISION OF THE YAO ENTERPRISES,LLC.

版贸核渝字［2018］第 133 号

图书在版编目（CIP）数据
马丁·马吉拉／马丁·马吉拉时装屋编；董方源，
梁婧云译. -- 重庆：重庆大学出版社，2021.1
（万花筒）
书名原文：Maison Martin Margiela
ISBN 978-7-5689-2375-0
Ⅰ.①马… Ⅱ.①马… ②董… ③梁… Ⅲ.①马丁·
马吉拉—生平事迹 Ⅳ.①K835.645.7
中国版本图书馆 CIP 数据核字（2020）第 141827 号

马丁·马吉拉
MADING MAJILA
马丁·马吉拉时装屋 编
董方源 梁婧云 译
周义 审校

策划编辑：张 维
责任编辑：侯慧贤
责任校对：关德强
责任印制：张 策

重庆大学出版社出版发行
出版人：饶帮华
社址：（401331）重庆市沙坪坝区大学城西路 21 号
网址：http：// www.cqup.com.cn
印刷：天津图文方嘉印刷有限公司

开本：787mm×1092mm 1/8 印张：46 字数：508 千 插页：8 开 46 页
2021 年 1 月第 1 版 2021 年 1 月第 1 次印刷
ISBN 978-7-5689-2375-0 定价：499.00 元